早稲田サッカー
百年の挑戦

伊東武彦著

徳間書店

プロローグ

海はなぎ、冬の陽を受けて遠く続いていた。丘から見降ろす岸は整地され、震災の遺構がひとり取り残されたように屹立《きつりつ》している。かつて漁業で栄えた海沿いの町が無機質な平地になった光景に、以前の姿を知らない者も言葉を失うしかない。

２０２４年1月14日の朝、岩手県陸前高田《たかた》市。13年前の3月11日の津波にもがれた町の跡地を無言で見つめる40数個の若い瞳があった。陸前高田市と隣の気仙沼市で行われる「早稲田カップ」に参加する、早稲田大学（早大）ア式蹴球部の男女の部員たちだ。

ア式のアはアソシエーションの頭文字。かつてはラ式蹴球部と呼ばれていたラグビー部、アメリカンフットボールを示す米式蹴球部と区別して、早大ではサッカー部をア式蹴球部と呼ぶ。歴史の古い東京大学、一橋大学と同じ呼称で、ライバル慶應義塾大学のソッカー部と同じく伝統の重みと誇りが独特の言葉に込められる。

東日本大震災による被害を説明する大学職員の声を無言で聞く男女のまなざしが澄んでいたとすれば、あらためて被害の大きさを目の当たりにしたからだけではない。慰霊碑の前に並び、鎮魂の海に向けてささげる沈黙には、これから始まる戦いへの清冽な誓いが込められていた。

早大ア式蹴球部にとって、１９２４年に創設されてから１００年目となる特別なシーズンが始まろうとしていた。男子部の１００年目のキャプテンに指名された伊勢航《こう》が言った。

「キャプテンは志願しました。震災のときはアメリカから帰国したばかりで実感がありませんでしたが、想像していた以上に生々しい。来てよかった」

女子部の13人も黙禱《もくとう》の列にいた。早稲田カップは、震災後に被災地に入ったア式蹴球部OBの加藤久が、自らの手でつくり上げた陸前高田市の上長部《かみおさべ》グラウンドを活用し、2012年から部員やOBが地元の少年少女とサッカーを通した交流を行う取り組みだ。大学のボランティアセンターからの予算がつき、体育教育センターとア式蹴球部が企画運営する。復興にいち早く身を投じた加藤の精神を敷衍《ふえん》するものであり、部の哲学を体現する催しでもある。

例年、初蹴りとしてOBが集まっていた1月第1週に、2024年はOB・OGと現役生を集めて100周年記念イベントを開催したが、100年目のシーズンインに向けた部の正式な活動としては、この早稲田カップがスタートになった。陸前高田大会に続いて、翌週には気仙沼大会が開催された。男女の部員が子どもたちの監督とコーチになって争う手づくりの催しのあと、気仙沼市の酒店で、店主自らの被災体験とそこからの学びを説く震災講話を聞いた。酒店の女主人は学生たちにこう話しかけた。

「素晴らしい学び舎《や》でいろいろな人に支えられていることを心に留めて、能登のみなさんにも心を寄せて行動に移せるような人になってほしい。いろいろな夢をもってさまざまな分野で活躍するようになってください。それが大きな意味で社会の復興につながります」

ア式蹴球部にはサッカーだけではなく、人間としても社会で存在感を示すという
「WASEDA the 1st」

なるスローガンがある。サッカーで日本一になることはもちろん、グラウンドの外でも日本

一の人材を生み出すというのが部の哲学だ。それは社会的な成功だけではない。社会貢献や弱者救済の思想はその根幹であり、早稲田カップはそれを示す取り組みでもある。

2024年1月1日に起こった能登半島地震の5日後に行われた全日本大学女子選手権（女子インカレ）の会場に、男女部員によって掲げられた「がんばろう能登」の横断幕は、陸前高田と気仙沼にも持ち込まれた。部の歴史を貫く精神を脊髄反射のように体現した加藤久の後輩たちの社会的感度の鋭さは、たしかにア式蹴球部のものではあった。だがそうした精神も、大学サッカーを代表する存在に宿るからこそ価値を増す。サッカーの実力だけが勝る人間にはならないという誓いは、勝てない言い訳にはならない。100周年記念イベントの席上で、OBを代表して川淵三郎がこう言った。

「勝つことだけがすべてではないという言葉は、勝った者だけが言えるものではないか」

100年の歴史において、社会人を含めて日本一を争う天皇杯全日本選手権を3回、全日本大学選手権（インカレ）など大学の全国タイトルを27回、関東大学リーグを27回制覇という成績をもつ男子部はリーグ2部に落ち込み、インカレ優勝からは11年遠ざかっていた。

33年目の女子部は、リーグ優勝を知る4年生が卒業した。つねに目標に掲げるインカレ優勝は2年続けて逃している。2024年の女子部のスローガンは「翔頂」。全国の頂点に立つという決意に、大学女子サッカーのシンボルの存在になるという意味の「象徴」を重ねた。

次の100年に向けてスタートしようとしている男女のサッカー部に足りないもの。それは、「勝利」という2文字だった。

目次

第3章
いちばん暑い夏

第4章

光芒の秋 201

早稲田サッカー　百年の戦績
(1)

第1章

99年目の冬

数分で消えた1部への望み

陸上競技場のトラックで応援の声をからしていた部員の1人が、跳ね上がるようにして駆けだした。ベンチに他会場の試合経過を伝えるためだ。

2023年11月18日、千葉県佐倉市の小出義雄記念陸上競技場。関東大学サッカーリーグ戦2部の最終戦でホームの順天堂大学（順大）とアウェーの早稲田大学（早大）が戦っていた。

試合は前半にフォワード（FW）駒沢直哉がミッドフィルダー（MF）小松寛太のパスから左足で決めて早大が先制した。この試合に敗れると3部との入れ替え戦にまわる可能性がある順大が、後半に入った59分に同点とするが、早大が終盤の83分に左コーナーキック（CK）でできた混戦からディフェンダー（DF）安斎颯馬《そうま》が蹴り込み、再び勝ち越す。早大がそのまま1点をリードして終了間際になったところで、順位を争う他大学の経過が飛び込んできたのだ。

2－1のまま試合が終われば早大の勝ち点は37で得失点差は21。勝ち点36で3位の山梨学院大学（山学大）は2位の関東学院大学（関東学院大）と1－1の同点のまま、残り時間10分を切った。さらには勝ち点35の立正大学（立正大）が1－0とリードした89分に、そこまで勝ち点4で最下位の亜細亜大学（亜大）に同点ゴールを浴びた。3試合のスコアがそのまま動かなければ、勝ち点37で並ぶ山学大を得失点差でかわし、早大が3位に滑り込むことになる。それは入れ替え戦で1部への挑戦権を得ることを意味した。

しかし、スタッフ、選手、関係者がつないでいた一縷《いちる》の望みは、それから数分で絶たれた。

84分に山学大が勝ち越しゴールを奪い、立正大はアディショナルタイムに勝ち越して、ともに2－1で勝ったのだ。早大は入れ替え戦出場に勝ち点2およばない5位に終わった。

監督として最初のシーズンのリーグ戦を終えた兵藤慎剛《しんごう》は、

「あと1勝していれば、あと1点取っていれば、あの失点がなければという思いだけはしないようにやってきたが、これが現実」

と唇をかんだ。4月から11月まで22試合で行われたリーグ戦は、後期に限れば無敗。7月以降、敗れた試合は延期された前期の順大戦だけだ。それでも及ばなかった。

創部100周年のシーズンを1部リーグで戦う。それはア式蹴球部と呼ばれるサッカー部とOB・OG会組織のWMWクラブにとって、最低限のミッションだった。2014年にWMWが打ち立てたプロジェクト「ア式Vision 100」は、こう謳《うた》う。

〈早稲田大学ア式蹴球部は、「創部100周年（2024年）」を一つの節目と位置付け、永続的に頂点に立つクラブを目指します〉

プロジェクトは2024年の目標設定を、関東リーグ、大学選手権（インカレ）、総理大臣杯の大学タイトル3冠達成に加えて、Jクラブを撃破しての天皇杯ベスト8進出、「東伏見グラウンドを毎試合1000人の観客で埋め、地域や大学等から応援を受け続けている」とした。

そのミッションに向けて、財源確保のためのスポンサー集めやOB・OG会の強化、チーム強化のためのコーチングスタッフの充実、個のレベルアップなど具体的な課題解決が挙げられている。

このプロジェクトを立てた翌2015年に、21年ぶりのリーグ優勝を果たし、2016年は11位に沈んで2部に降格したが、翌年には1部に戻って2018年に再びリーグを制した。それが現在におよぶ最後の主要タイトルだ。

2022年はリーグ最下位に終わって2部に降格。100周年にあるべき姿は下方修正をせざるをえなくなった。10年前の理想像には遠い。財政も楽ではない。が、記念の年には是が非でも1部リーグにいるべきだった。

2023年、1年で1部復帰をはたして100周年を迎えようと、Jリーグの横浜F・マリノスなどで長くプロ選手として活躍したOBの兵藤慎剛《しんごう》を監督に迎えた。いわば必勝のシーズンだった。

兵藤はその前年、外池大亮《とのいけだいすけ》監督の下でア式蹴球部のパートタイムのコーチを務めてピッチ内外で選手たちにふれ、今のままの状態ならば、ア式蹴球部はサークルでいいとさえ感じた。

就任1年目の2018年にリーグ優勝して滑り出した外池は、戦績の追求とともに、大学でサッカーをすることを広義で考えることを学生たちに説いた。なぜ大学でサッカーをするのか。4年間、ボールを追いかける意味は何なのか。選手たちが自問するうちに、それがいつのまにか勝てない言い訳になった。

最後に1部で戦った2022年は勝ち点14で最下位。得点17に対して失点は40で、22試合中半分は無得点だった。大学選手権出場に目標を切り替えた後期はわずか2勝で、残留がかかった終盤は3連敗で終わった。

自信を失った選手たちがスタッフに求める要求は不満に変わり、チームはばらばらになった。主張の強さに比して責任感がない。自主運営は部の標榜《ひょうぼう》するところだが、兵藤には、「自主」の考え方が歪《ゆが》んでいる気がしてならなかった。

外池の後任として、WMWの強化委員会はOBのベテランらを対象に人選を進めた。日本代表監督経験者などに打診したが、強化委員長の矢野眞光には兵藤をコーチにして経験を積ませて、次の監督にという腹もあった。

矢野と面会した兵藤は、監督でなければ受けないと言った。チームを根本的に変えるには、コーチの立場では弱い。本気でやるならばグリップを強く握る立場にいるべきだし、コーチをやらなければ監督にはなれないという法は、サッカーの世界のどこにもないはずだった。

結果だけがすべてではないというのは、勝った者にしか言えない言葉だ。

サッカー部員である限り生活と意識の根幹にはあくまでサッカーがあるべきで、そこを突きつめることで横に展開と応用ができて、どんな分野でも成果につなげられる人材になれる。

「WASEDA the 1st～サッカー選手としても、人としても一番であれ～」

という部の哲学の神髄はそこにあるはずだった。少なくとも兵藤の考えはそうだった。日本一を取って、「俺らはサッカーだけじゃない」と選手たちに言わせたい。その一念のためには自分の時間と経験をすべて注ぎ込むつもりだった。

厳しい土壌で育った新監督

1985年、長崎市に生まれた兵藤は小学3年生から地元のスポーツ少年団でボールを蹴り始め、小柄なテクニシャンとして注目された。6年生で九州選抜になり、中学は進学校ながらサッカーに力を入れ始めていた海星中に進む。同校は兵藤が3年生のときに県内負けなしのチームになり、全国中学校大会にも出場した。兵藤は学業成績も学年でトップ、英検準2級も取得した。国見高校を選んだのは、中学で果たせなかった日本一になりたかったからだ。

国見のサッカーは好みではなかったが、自分の力で変えられると踏んでの決断だった。小学生のときから知っている平山相太や中村北斗らとチームメートになれば、高校年代の頂点を目指せる。Jリーグでプレーするには、全国大会で上位に進むことが条件と考えていたのだ。

国見高の蹴って走るだけに見えるサッカーをするには、高い技術が必要だという真理は、高校3冠という実績とともに兵藤の財産になった。

サッカーがうまければいいという選手を監督の小嶺忠敏は許さなかった。厳しい練習にもがいて、少々のことでは折れないメンタリティも育った。自分たちで考える自主性も身についた。あこがれのプロも見える気がした。が、卒業後の進路について相談した小嶺の答えは、「大学に行きなさい」だった。それも早稲田指定。プロから話がきていたかはいまだにわからない。

当時の早大は関東リーグ2部のさらに下の東京都リーグ所属だったが、国見で2学年上の徳永悠平が進んでいたことが決め手になった。高校時代の競技歴は飛びぬけており、評定も3・

５をクリアしていたので、スポーツ科学部のスポーツ推薦を取ることができた。

兵藤の入学と同時にア式を率いることになったのは監督経験のない大榎《おおえのき》克己《かつみ》で、１年目は都リーグを３位で通過した。２部のチーム数が増える巡り合わせによる昇格だった。

２年生で２部リーグを戦い、兵藤自身はＵ－20代表のキャプテンとして２００５年のワールドユースに出場したが、フィジカルの壁に当たった。チームは２部で優勝して１部に昇格したが、２年間、リーグ優勝には届かなかった。

最後はインカレ優勝でＭＶＰ受賞と兵藤自身にとってはきれいな終わり方だったが、４年間で突きつけられたことも多かった。選手たちの能力は高かったが、いいときはいいが、悪い流れになると立て直せない。

大榎は選手たちの自主性を重んじた。それに甘んじて、選手個々が違ったベクトルに向かっている悪い流れのときに、立ち返るものがなかった。最後の年はすべてのタイトルを取るつもりで、実際にそれにふさわしいチーム力があったはずなのに、残った成績はまったく物足りないものだった。

プロ入りして15シーズンを過ごした横浜Ｆ・マリノスで感じたのも、シーズンを勝ちきることの難しさだった。

ＭＦ中村俊輔（元日本代表、現・横浜ＦＣコーチ）、中澤佑二（元日本代表）を中心にしながらリーグタイトルに手が届かなかった。最大のチャンスは２０１３年だったが、最後の最後に涙を飲んだ。優勝に王手をかけながら連敗して取りこぼした。

チーム全体の問題とともに、自分自身もトレーニングの強度やプレーのクオリティで標準レベルに達していながら、タイトルをチームにもたらす何かが足りていなかった。それを突きつけられてモヤモヤしていた。

同時に感じたのは、組織にとってのビジョンの重要性だ。まず、オーナーやゼネラルマネジャー（GM）がどういう未来像を描いているのか。監督はGMと同じベクトルでチームを強化して、それをクラブの広報、営業、マーケティング担当までが共有し、一枚岩になっているか。鹿島アントラーズや川崎フロンターレといった長期的に勝ち続けるクラブにはそれがあり、それがないチームは、1回は優勝してもそれだけで終わってしまう。

横浜F・マリノスでの選手生活の最後は、外資のシティグループがクラブ経営に参入した。監督が代わって戦力が整理された。兵藤自身、新天地を求めていた。兵藤らが去ったあとにF・マリノスはアタッキングフットボールの花を咲かせた。組織に大ナタを振るうときに起こる痛みを知り、一方でそれなしに組織は大きく変わらないことも実感した。

兵藤の指導者観を大きく変えたのは、移籍した北海道コンサドーレ札幌での2年目に監督に就任したミハイロ・ペトロビッチ、愛称〝ミシャ〟との出会いだ。ミシャは兵藤がそれまで感覚的に捉えていた「こういう場合はこうすればいい」という正解を論理的に戦術として示した。〝目からうろこ〟だった。プレシーズンでは勝ち星なしだったのに、シーズンが終わってみればリーグ4位という最高の成績を残していた。

目を見張ったのは、普段の練習だ。ボールの止め方、オフザボールの動き、ポジション取りといった動きの一つひとつについて、選手が選択肢の中から選ぶべき正解をトレーニングから落とし込む。最初はうまくいかなくても、なぜうまくいかないかを問いかけ、選手の理解を引き出す。それを繰り返しているうちに試合で結果が出て、次の成長につながっていく。

ミシャはたった1年で選手の特性を見抜き、それを自分のスタイルに組み合わせてみせたのだ。自分たちのことなのに、トレーニングの3対3が、試合では鮮やかなビルドアップになっていく様は魔術を見るようだった。兵藤が攻撃サッカーを目指すうえで、ミシャの下でつかみ取った、個としてもチームとしても「うまくなっていく」感覚は大きな財産になった。

ボールをどこに止めるのか。では、なぜそこに止めるのか。1つひとつの細かいプレーの意味を深掘りして選手の理解を促していけば、知らず知らずのうちにチームは高みにいけるはずだ。練習でできないことは試合でもできない。それがチームづくりの本質というものだった。

ア式のサッカーのベースが泥臭いものであることも、兵藤は知っていた。まずは目の前の相手との距離を詰めて戦っていかなければ、勝てるものも勝てない。それは百も承知で、サッカーにはまず90分間走りきるスタミナと、少々の負荷に耐えて負傷をしない筋力も必要だ。それらすべてが〝サークル化〟したア式に足りないものだった。

そのベースを取り戻したうえで、ミシャの下で学んだ現代的な攻撃サッカーを展開する。ノウハウは頭と体にしみ込んでいる。伝統を基盤にして現代的なサッカーを植え付けていく。それが兵藤のやり方だった。

原点にあったショートパス

ア式の100年は、伝統と革新の歴史である。

102年前の1922年、前年に早稲田高等学院に入学した鈴木重義が、10人ばかりの仲間を誘ってグラウンドでボールを蹴っていた。鈴木は1902年に福島県に生まれ、東京高等師範附属中から高等学院を経てのちに本学に入学。在学中に日本代表になり2試合でプレーし、のちに日本代表監督になる、ア式蹴球部の祖である。

そこに1人の外国人がやってきた。東京高等工業学校（現・東京工業大学）に留学していたビルマ人のチョウ・ディンだ。ディンはもともと走高跳の選手で、早大競走部の練習に参加するために学院のトラックに来ていた。一緒に練習していたのは、第5回極東大会の走高跳で優勝した平井武。ディンは同じ敷地で練習していたア式蹴球部の選手たちを目にして興味を抱き、平井を通じてコーチに名乗り出たのだ。ディンは陸上選手であるとともに、イギリスでサッカーを学んだ経験をもつコーチでもあった。

当時の日本サッカーは、明治時代にイギリス人教師の薫陶を受けた東京高師（のちの東京教育大学、現・筑波大学）が実践する、ロングキックとウイングの走り込みからのセンタリングという古典的な戦法が主流だった。そこにディンはイギリスで学んだ近代的な手法を持ち込んだ。鈴木は『早稲田大学ア式蹴球部50年史』にこう書き残す。

〈ビルマ人チョーディン（原文ママ）にコーチを頼んでから、いわゆるショートパスに切り替えた。（中略）相手はこの防ぎ方を知らず、この戦法でよく勝った。トライアングル・パスなどで、相手をキリキリ舞いさせて喜んでいた〉

ショートパスを使った画期的なスタイルを習得した学院、通称・早高《そうこう》は、1922年に東京帝大の主宰で公立校の全国大会として始まった第1回高等学校大会に私学で唯一参加し、松江高（現・島根大学）、七高（現・鹿児島大学）、山口高（現・山口大学）を破り、5得点無失点で優勝する。山口高との決勝を「朝日新聞」はこう報じた。

〈早高は5分足らずして2度目の攻勢をとり隅蹴にまずチャンスをつかんだが球はネットを越えて入らず、返って山口の猛襲を受け、両ウイングのドリブルに一時危機に陥ったが（中略）からくも食いとめ、その後20分、早高有馬のパスを山本強蹴して1点を得、さらに32分、（中略）大きなパスをまた山本、門前約2間中央よりシュート、1点を加う〉

1回戦の松江高戦の記事に、〈早高は前衛のパスに、松江は長蹴に激戦を演じた〉ともある。ア式蹴球部の原点にはショートパスがあった。

新しいスタイルのフットボールの薫陶を受けた鈴木重義が学院を出て大学に進んだ1923年、絶対的な勢力をもつ野球部を筆頭に、剣道、柔道、漕艇、庭球、弓道、水泳、競走、相撲、ラ式蹴球（ラグビー）、山岳、スキーが部として認められていた。

鈴木は早高のア式蹴球部を基盤に大学に部をつくるべく動く。バスケットボールなど他競技も部の創設に懸命になっていた。商学部の島田孝一を部長に担いだ鈴木が各所に根回しをした結果、部費は当分の間は支給なしという条件で教授会の認定を受けて、翌1924年の発足が決まった。現在に連なるア式蹴球部の誕生だ。

ア式創設前年には早大のほか、東京帝国大学（現東大）、慶應義塾大学（慶大）、東京商科大学（商大・現一橋大学）、高等師範（高師・現筑波大学）、法政大学（法大）、明治大学（明大）、東京農業大学（農大）などでア式蹴球連盟をつくり、翌年にはリーグ戦を開始することを決めていた。

大人気スポーツだった東京六大学野球にならい、1部を6校としたが、加盟校の選定は難航する。結局、明大と商大が譲るかたちで、早大、東大、慶大、高師、法大、農大で1部リーグをスタートすることになった。名称は「ア式蹴球東京コレッジ・リーグ」。当初はカレッジだったが、慶大の強硬な主張でコレッジになった。

1924年の初回リーグは早大が優勝した。慶大とのリーグ戦は、同年1月に第1回を行った早慶定期戦の第2回として日本初の有料試合で行われ、ア式がソッカー部に3－0で勝っている。入場料は30銭で、経費を除くと33円70銭が残り、リーグの会計に繰り入れられた。

大正末期の1926年からの6年間は東大の天下が続く。インターハイで活躍した全国の公立学校の優秀な選手が集い、正確なショートパスをつないだ厚みのある攻撃を繰り出した。その牙城に攻め入る策を練ったのが早慶両校だった。

慶大が当時のドイツの名コーチの著書を参考に、選手のフリーな動きで角度のあるパスをつなぐ戦法を磨いたのに対して、早大は運動量の豊富さと当たりの強さをハードトレーニングで蓄えた。この時期に打倒・東大、慶大を目指した鍛錬が、早大ア式蹴球部に100年にわたって流れる伝統の端緒となった。１９３１年にはＤＦ堀江忠男、ＦＷ川本泰三というオリンピック・ベルリン大会を中心とした栄華期を支える戦力が加わって、そのスタイルはいよいよ本物になる。

１９３４年の第10回極東大会の日本代表には早大から９人、関西学院大学（関学大）から６人というメンバー編成で臨んだが、当時の２バックの配置が関東と関西では異なったため、ちぐはぐだったと堀江は回想する。

その年も含めて３年間無敗という好成績を残した早大は、１９３６年のオリンピック・ベルリン大会にメンバー23人のうち堀江ら選手10人を送り出す。団長・監督は鈴木重義、コーチはア式蹴球部監督の工藤孝一だった。ベルリンでの戦いは３バックを敷く早大のＷＭシステムの新布陣によって、スウェーデンを３－２と逆転で下す大金星をあげる。

主力がオリンピックから帰国した早大は、ベルリン大会前の４連覇が嘘のように、慶大の前に勝てなくなった。ベルリンに１人しか代表選手を送っていなかった慶大は、最先端の３バックシステムを徹底的に研究した。自チームのセンターフォワード（ＣＦ）があえて下がることで相手のセンターバック（ＣＢ）を釣り出して、そのスペースをインナー（サイドＭＦ）が突くか、サイドバックが絞ったスペースをウイングが突くという「ＷＭ変換」を編み出したのだ。慶大は１９３７年からリーグ戦４連覇を遂げる。

１９４１年に慶大の５連覇を阻止したのは早大と東大で、同率１位で覇権を分け合う。リーグ戦は翌１９４２年の春に東大が優勝、早大は２位に甘んじた。高じる戦火の下で秋にリーグ戦に代わる関東学生選手権が開催されて早大が優勝、関西王者との決定戦で関学を下した。それ以降の3年間、公式戦はない。ア式の部員も数多くが戦地に動員され、大越康弘、柴田淑彦、河西晶三郎、三宅恒好、米谷徳也、島田良彦、村上博治、内堀慎吾、花村卓と9名の戦没者を出した。

１９４５年8月の終戦の翌年、6月に部員総会が開かれて戦後の歩みが始まり、秋には復活第1回のリーグ戦が6校により開かれて4勝1分で優勝した。東伏見グラウンドが復活した翌年も全勝で連覇。１９４８年こそ東大に優勝を譲ったが、１９４９年には覇権を取り戻す。

堀江は戦後2度目のリーグ連覇を果たした１９５０年、ベルリンで体得したWMシステムを日本的に消化したプロセスと成果を、加茂健との共著『サッカー理論と技術』（朝日新聞社）にまとめ、その翌年にア式蹴球部の監督に就く。

１９５１年度の主将、加納浩の回想によると、堀江はリーグ最終戦の慶大戦を前にして週に2回東伏見に現われ、その翌日に速達で課題と取り組みを寄せた。部室には、終戦直後の部員が貼り出したスローガンを基にした「火の如き情熱と氷の如き冷静さをかね備えること」という貼り紙があったという。引き分けで慶大優勝かと思われた終了直前に早大が決勝点、同率で行った再試合も2－1で勝って3連覇を遂げた。

堀江は翌々年途中に工藤孝一に任を譲るが、計5回、延べ15年にわたって監督を務めた。部長だった8年を合わせると、計20年以上もベンチにいたことになる。戦前から戦後にかけて延べ20年以上、監督を務めた工藤孝一とともに、ア式蹴球部の象徴的な存在といっていい。

1909年生まれの工藤孝一は岩手県出身で、盛岡一中時代は野球にいそしんだことから、早高ではゴールキーパー（GK）として全国大会で活躍。FWに転向したあと、商学部3年でマネジャーになる。

卒業した翌年には監督になり、リーグ4連覇。コーチとして参加したオリンピック・ベルリン大会を挟み、岩手に一度戻って軍隊に召集される1943年まで、11年にわたってその座にあった中興の祖だ。

復員後は盛岡で八重樫茂生らを育てたあとに、大同生命や同盟通信（現・共同通信）に勤めながら、薬剤師の妻とともにグラウンドと線路をはさんだ東伏見北口に薬局を構えてア式の指導に心血を注いだ。飄々《ひょうひょう》とした風貌だが直情径行な性格で、同期の井出多米夫は、『50年史』に〈弱気なプレーや、小器用な技術は好かなかったし、強引に体当たりする選手を、特に重用した〉と書く。

工藤が40歳前半でもうけた長男で、ア式のMFだった大幸《たいゆき》（1973年卒）によれば、「家庭では声を荒らげることはなかったが、選手に投げつけるために西武線の線路の石を途中で拾ってグラウンドに出かけていた」ともいう。

あまりの厳しさに排斥運動も起こったが、グラウンドを離れると自宅に下宿をさせていた部員と気さくに雀卓を囲む一面もあった。1957年に復帰してからは、自身二度目のリーグ戦4連覇。1971年に脳梗塞で没すると、葬儀はア式葬として出された。堀江が立てたア式蹴球部の哲学を学生に叩き込み続けたのが工藤といっていいだろう。

堀江が文献に残し、また問われて語っている資料をまとめると、その哲学はこういうことになる。

「闘志と結びついた戦術で、技術を生かす」

「全員攻撃と全員守備」

「大きなゆさぶりと大胆なポジションチェンジ」

浜松一中から早稲田高等学院に進んだ堀江は、「ぶきっちょでおよそ柔らかさのない人間」と自任している。ただ、自分で不器用とは認めなかった。サッカーにおける器用不器用は技だけではないからだ。正しい瞬間に、正しい方向に走れるか。それによって相手選手が抑えにくい動きができるという戦術的素質がまず重要。技術は戦術と組織である程度カバーできるというのが、堀江の考えだった。

また、サッカーの理論を体系的に学ぶだけでなく、ゲームになればそのときそのときで流れを見て、自分自身で一歩先を考えていなければならないとも説いた。堀江はこんなたとえ話をしている。

〈ネクタイの幅は広くなったり狭くなったりする。女の髪型も出たりひっこんだりする。つまりサッカーも守備的になれば次は攻撃的になる。一歩先を考えるということをつねにしていたら、必ずいけますよ〉

堀江の哲学がしばしば誤解されたのは、「相手のクリアボールに頭から突っ込んでいった」

という逸話が残るファイタータイプだったプレースタイルと、選手を「貴様」と呼び捨てる厳しい物言いのせいかもしれない。「全員攻撃と全員守備」は「百姓一揆」や「キックアンドラッシュ」に言い換えられ、「大きなゆさぶり」は「ロングボールの多用」になった。

しかし、大会前に現地で知った新システムをすぐに導入したベルリンでの逸話が示すとおり、新しく採り入れるべきは採り、そこに甘んじることなく咀嚼《そしゃく》して発展させる進取の気性の主であり、結果へのプロセスでベストを尽くさない人物を許容しない苛烈の人でもあった。

その存在はア式蹴球部のあるべき姿を示す1つの指標となり、監督や部長の座になくても部と部員に影響力を持ち続けた。

ア式の100年は堀江のスタイルを時代時代の指導者と選手が応用してきた歴史ともいえる。

堀江のあとを追い、1955年からは日立製作所（日立）で活躍した高橋英辰《ひでとき》が3年間、監督を務めた。

「走る日立」を標榜した高橋の下、リーグ最終戦は立教大学（立大）を相手に運動量に物をいわせて雨中のキックアンドラッシュで圧倒。4年ぶりのリーグ制覇を果たす。

翌1956年も、リーグ戦を連覇して臨んだ大阪経済大学との東西対抗戦では、再び雨中の「百姓一揆戦法がさえ、圧倒的強さ」だったとキャプテンの平林俊次は『75年史』に書く。

翌1957年には大阪・三国丘高を出た俊足FW、川淵三郎らが入部し、戦後初のリーグ4連覇からオリンピック東京大会に至る黄金時代が訪れる。

はね返された3つの提案

2023年4月、兵藤新監督の下、創立100周年を関東大学リーグ1部で戦うための戦いが始まった。

2部リーグに所属するのは12チーム。ホーム・アンド・アウェーで計22試合を戦い、上位2位までが自動昇格、3位は1部10位チームとの入れ替え戦に進む。

リーグ開幕戦は前年に創立100周年を迎えた古豪・立大を東伏見に迎えての一戦で、DF森璃太《りいた》の先制点に続いて、エース駒沢直哉のペナルティキック（PK）と安斎颯馬のフリーキック（FK）で3点を先行し、反撃を終了間際の1点に抑えた。

兵藤は、「22試合を終えて『紺碧《こんぺき》の空』を歌うのが目標。つねに3点を取るチームを目指す」と話したが、キャプテンの平松柚佑《ゆう》は、「無失点でいけなかったのか。後半にプレスバックの力が落ちた」と首をひねった。

第2節は3部リーグから昇格した作新学院大学（作新大）を安斎のPKなどで2−0と退けたが、第3節で青山学院大学（青学大）と1−1の引き分け、第4節の山学大戦を0−2と落とす。第5節は昇格組の亜大を3−0と一蹴し、第6節の日本体育大学（日体大）戦は、駒沢の決勝ヘッドで1−0の勝利。6試合で4勝1分け1敗という滑り出しに、駒沢は「前期で昇格を決めてしまうくらいの勢いでいきたい」と話したが、そうはならなかった。

異変は次の立正大戦で起こった。先制したが前半のうちに逆転され、ハーフタイム直前に追いついたものの、終盤の72分、77分と立正大のエース多田圭佑に連続ゴールを許して2－4と敗れた。次の駒沢大学（駒大）戦も序盤から相手ロングボールに対応できず前半で3失点。後半に追いすがったが、突き放されて2－4の敗戦。続いて関東学院大にも1－1から64分に決勝点を許して3連敗となり、序盤の貯金を一気に吐き出してしまった。兵藤は顔を曇らせた。

「チャレンジアンドカバーなど、当たり前のことを当たり前にやることができていない。トレーニングの甘さなのか、数センチのこだわりがなく失点の癖が抜けない」

1年目の練習スタートは、学生たちとの話し合いで2月に入ってからだった。兵藤はリーグ開始から逆算して2週間は早く始動するべきだと思ったが、学生の意見を尊重した。最初の1カ月で30人が負傷した。体づくりの準備不足だった。

急ピッチでチームをつくったが、兵藤に過信があったとすれば「半年でチームを変えられる」という目算だったかもしれない。2カ月近くは、思うところがあっても、あえて強く要求しなかった。その最後の日に兵藤は選手たちに言った。

「このままでは1部昇格はできない。少しこちらの意見を受け入れてはくれないか」

監督に就任したときに、どんなサッカーをしたいかと学生に問うと、攻撃的なサッカーで得点力を上げたいという考えでいることがわかった。異存はなかった。が、ピッチ外の組織とチーム運営の部分については「自分たちでやります。サッカーはサッカーで別です」という答えだった。始動日の設定もその一部だった。

そもそも兵藤には、監督になったら変えていきたいと考えていることが3つあった。

1つはスケジュールで、1月下旬始動。これはNG。次に、寮の部屋割りを縦割りにしたい。これも上級生と組むとリラックスできないという理由で、NG。次は挨拶。「まずきちんと挨拶をしよう」と提案したが、学生たちはなぜそれが必要なのかと、疑わしい顔だった。もう1ついえば、チームが掲げるミッションも最下位のときのものと同じでいいのか、と付け加えたが、すべてはね返された感覚だった。

3月末、4年生が2カ月にわたって仮入部の1年生を評価する仕組みを見直さないかと提案した。1年生のためになる反面、4年生の時間が教育に取られることで、彼ら自身の成長が止まるのはどうかと考えたからだ。こうも言った。

「自分は3つのことについて君たちに譲った。ならば1つくらいは譲るのが普通じゃないか」

早稲田の学生たちは頭がいいと思う。言葉の意味は知識として入っているし、言葉のチョイスや物語のつくり方も、理にかなっている。が、どうしてもアウトプットに中身がともなっていないと感じてしまうのだ。発信力そのものはあるが、発信する内容はどうなのか。

時代の問題でもある。情報があふれていて、知りたいことがあればネットで検索して答えらしいものは見つけられる。

しかし、そこにはアプローチのプロセスがないので、本当の意味での答えを見出せていない。それは獲得していないことを意味する。

スポーツの現場の質は、量があってのものというのが兵藤の考えだった。方法論と知識だけあっての「できる」は、獲得とはいえない。死に物狂いでやったものだからこそ刷り込まれて忘れないというものなのだ。その意識を変えていかなければならないという思いは、日に日に兵藤のなかで強くなっていた。

　始動が遅れたことで、シーズンに向けてのアプローチの時間がすべてに足りない感覚だった。ピッチ上の優先順位も、守備の整備の遅れを補うだけの攻撃力をつけるというところに重点を置いた。その結果、守備にほころびが見え始めていた。

　立正大戦の後半、兵藤は4・4・2のフォーメーションを3バックに変えた。スコアが2－2の状態で相手が守備を固めて自陣に引いたため、サイドを突いて一気呵成に攻めようと考えたのだ。チャンスはつくったが決めきれず、その間に2失点した。

　試合後のベンチで、安斎がぼそっと言った。

「やったことないことやっても、うまくいくわけがないじゃん」

　兵藤はそれを聞きつけて、こう言った。

「言われたことしかできないのだったら、もう二度と同じことはしない。やったことで結果を出してくれ」

　6月下旬にあった総理大臣杯の出場権を争う「アミノバイタル」カップでは、順大を下して3位に入り、7月の早慶戦は1－0で競り勝った。再開したリーグ戦は、順大との第10節が1－1の同点のまま照明施設の不備で延期。産業能率大学（産能大）戦は3－1で勝ち、リーグは後期に入った。

存分に荒ぶることができない主将の苦悩

後期初戦の山学大戦は痛恨のドローに終わり、キャプテンの平松柚佑は、「1つひとつのプレーのこだわりが甘い」と唇をかんだ。

平松は前年の冬、半ば名乗り出るような経緯でキャプテンになった。2部に陥落した前年、先輩マネジャーが、〈このチームは分断する〉とブログのｎｏｔｅに書き残して卒業した。

平松はまず一体感を取り戻すことだと考えた。トップチームだけではなくて、Iリーグ（インディペンデンスリーグ）や社会人リーグに出るチームとトップチームが相互に応援し合うようなことは、「なし」なのか。自分自身は力まず、等身大で多くの人とコミュニケーションを取ろうと考えた。1年生ともふざけ合えて、2、3年生からはいじられるタイプでいい。高校時代にもキャプテンを務めたが、サッカー言語で物をいえ、トップダウンでよしとされた高校とは、ア式は違う。

頭ではそう理解していたが、後輩の目にあまる言動を注意した際に、「いろんな考え方があっていいじゃないですか」と言い返されたときには、絶句した。飲み込んで、相手の発言を咀嚼するようにした。多くの部員が口にする〝多様性〟について考えた。

コロナ禍真っただ中の世代だ。新入生として活動し始めた時期が新型コロナの感染拡大に重なり、入学後に緊急事態宣言が出された。1年生の授業はすべてオンライン。東伏見での全体トレーニングも中止になり、少人数で組むユニットでの練習が続いた。ア式そのものの風土と習慣について未知のままだし、同期がどんな人間かも、文字どおり顔が見えずつかめない。そんななかで、ブログは部員が何を考えているかを知る場になった。面と向かって話せないことも整理して書き、発信できる。ほかの選手のブログはすべて読み、意味を深く考え、必要とあれば幹部で集まって対応を考えた。

4年目はピッチ上でも戸惑った。シーズン序盤の負傷が長引き、リーグ開幕直前に中谷颯辰《なかたにそうしん》が戦線を離脱したことで、センターバックでの起用が多くなった。声が出せて指示ができるタイプを最後尾に置きたいという指揮官の思惑だった。中谷が復帰しても、夏まで役割はセンターバックのままだ。本来のポジションではない役割をこなしながら、平松はキャプテンとしてチーム全体に目を配ったが、リーグ中盤に負けが続く。

そのストレスが爆発したのが山学大戦だった。1－0でリードしたアディショナルタイムに同点ゴールを蹴り込まれたのだ。相手の攻めを平松がロブで跳ね返したボールが短くなったところからの失点だった。

「ああーっ」

試合後の挨拶を終えて見守った部員の前に歩く途中で、平松の咆哮《ほうこう》が上がった。チームは痛い星を落として首位戦線から引き離されていった。

8月以降、控えにまわることが増えると、平松は、試合に出られないのなら本来のボランチで勝負させてほしいと監督に訴えた。それでもセンターバックの層の薄さというチーム事情で、ベンチからの交代出場が続いた。

後輩たちに1部昇格という置き土産を残すために自分が力を出せば、進路はついてくるという思いでいた。が、プロはもう無理だった。教員免許を取ろうという気持ちを固めたのは、リーグ戦が終わろうとしている11月だ。

浦和レッドダイヤモンズ（浦和レッズ）のお膝元の少年団でサッカーを始め、中学時代は鹿島アントラーズの下部組織でプレー。高校は縁もゆかりもない山梨に行った。

土壌も文化も指導者の考えも違うチームを渡り歩いて感じてきたのは、サッカーはあくまでチームスポーツだということだった。個人の能力に負うところがあるのも理解できる。しかし、断じて個人のためにやるものではない。平松はそういうとらえ方に基づいたチームプレーヤーだった。プロに進む選手を見れば、まず個人の能力が高い。自分の道はそこにはないと、ほかならぬ自分自身がいちばん知っていた。

勝ちきることができない展開は、山学大戦のあとも続いた。第13節は、立大に前半に2点を先行されて後半に追いつくドロー。続く作新大戦は駒沢の5得点などで7－0と大勝したが、1－1で再開された前期延期分の順大戦はアディショナルタイムに決勝点を奪われて落とす。

第15節の立正大戦は、前半に失った1点を追って後半は圧倒的に攻め続けながら、セットプレーの1点に終わり引き分け。続く産能大戦は4－1で快勝したが、苦手の駒大戦は攻めきれず0－0。一様に前半のリズムが悪く、先行を許すと追いつくところまではいくが、追い抜く力がない。守備が踏ん張る試合は攻撃陣が決めきれない。リードしても突き放せないまま、終了間際に追いつかれる悪循環が止まらなかった。駒大の昇格が濃厚になり、早大にとってはもう、1つも落とすことができないトーナメント戦の様相になった。

自分たちで首を絞めたのは、勝たなければならなかった第19節の日体大戦と、続く関東学院大戦だ。攻撃陣が数多くの好機をつくった日体大戦は、先制しながら前半のうちに逆転され、後半は14本のシュートを浴びせたが、ＦＷ鈴木大翔《ひろと》の1点だけに終わる。関東学院大戦は2－1でリードした90＋2分に直接ＦＫを決められた。兵藤がこの時点で昇格の可能性がほぼなくなったとするドローだった。

順大との最終戦を前にした亜大戦も5－1で勝ったが、前半は最下位に沈む相手に眠っているかのようだった。結果は大勝だったが、最終節を前にほぼ望みを失った状態は変わらない。シーズンを振り返って、兵藤は話した。

「立ち上がりと最後のゲームの終わらせ方の悪さはシーズンを通してあったが、練習でできているることがなぜできないのか。後期は7勝くらいでいけると思っていたが、上位相手に勝ちきれなかった。もう少し勝つためのサッカーにこだわっていたら、もっと厳しく追い込んでいたら、あと2勝はできていたかもしれない。自信をもたせることができないのは、自分の経験不足だったのか」

冬の夕日を浴びた顔で、兵藤はこうもこぼした。

「根は深いのかもしれません」

高校選手権で決勝点を決めたDFの要

兵藤の下で守備の中心として期待されながら、シーズン当初の負傷で戦列を離れていたDF中谷颯辰は、後期の11試合にスターティングメンバー（スタメン）で出場した。最終戦の順大戦後、照明の落ちた会場の外で、「プロは、誘われていくものなので、サッカーをどのようなかたちで続けるかは、まだ決めていません」と静かに話した。

3年前、静岡学園高校からア式の門を叩いた。その年の1月に高校選手権を制した国立競技場の大舞台では、ディフェンダーながら決勝ゴールを含む2得点を決めた。ア式の歴史でも3年生で高校選手権優勝を経験したばかりの選手の入部は、かつて藤枝東高校（静岡）を三冠に導いた1971年卒の松永章や兵藤ら10人に満たない。学部は基幹理工学部と、文武両道がユニフォームを着ているような存在といえた。

家族と夕餉《ゆうげ》の場で口論になったのは4年前、大学進学を決めた春のことだった。少年時代から試合のたびに応援にきてくれた両親の下を離れたい思いで、静岡の高校に進んで寮生活を送った。高校の3年間、静岡まで試合を観にくる両親や姉の前で全国優勝も果たし、早大進学も決めた。結果を出したという態度が不遜に映ったのかもしれない。2年生まではあまり試合に出られなかった静岡学園では、ある意味で浮いていた。寮でイヤホンをして勉強しているのは、スポーツ推薦入学ではない自分だけだった。3年間自宅を離れて帰宅した息子を、両親と姉は歓待したが、気づくと、大学に入ったらもう応援には来ないでくれ、と言い捨てていた。

「もう満足したでしょ。大学ではサッカーやらないかもしれないし」

そう言葉を投げつけると、静岡なんて行かせなければよかったと母親が嘆いた。上級生とうまくいかず、人嫌いになっていた息子の内面を感じていたのだろうと、今ならばわかる。

そう思えるまでに4年間で成長できた。最終学年で早稲田カップに初参加した。両親は驚いたことだろう。

最終学年を前に、中谷はサッカー選手としての進路について、1年間フルに出てマックスにプレーしてもJ2がぎりぎりか、と踏んでいた。関東大学リーグ開幕を控えた3月末の天皇杯学生系予備予選の法大戦の前半、味方GKと接触して膝を傷めた。高校時代にも2回経験した痛みで、とっさに「やってしまった」と思った。

内側靱帯損傷で、回復まで1カ月以上かかる重いケガだった。しかし、嘆息している暇はなかった。中谷がすぐに考えたのは、一般企業への就職活動だった。本来であれば、リーグ序盤戦を戦っているはずの3月から4月に、自己分析をしたり、先輩の話を聞いた。面接を受けて内々定をもらったコンサルティング会社は秋口まで処遇を待ってくれると言ってくれた。

リーグ戦は13試合出場に終わり、強化部のスタッフが訪ねてきたのはJFL（日本フットボールリーグ）の1チームだけだった。J1やJ2クラブのトライアウトへの参加の誘いもあったが、中谷の考えでは、ディフェンダーは短期間でのテストには適さない。サッカーをやめるなんてもったいないと何人にも言われた。が、そう言ってくれる人が将来を保証してくれるわけではない。リーグ戦が佳境を迎える10月、中谷はコンサルティング会社に入社の連絡をした。

キャプテンの平松も、その頃に進路を決めた。Ｊ３を目指す都下のメーカーのチームに行く道もあったが、高校の後輩がいる東京ユナイテッドＦＣに加入してサッカーを続けていくことに決めた。週に３日の練習以外で、教職課程の単位も２年かけて取得する。30歳を超えたら教師になろうという計画だ。１部昇格がなくなった12月、ブログを見ていると、１学年下の安斎が試合前にゲームに夢中になっているチームメートを批判していた。

「選手にはそれぞれに集中の仕方があるので、一概に悪いとは言えない。安斎なりに次のチームに自分がいるという前提での書き込みだったと思います」

そう平松は言ったが、年明け、安斎がア式を退部してＦＣ東京入りすることが発表された。ブログを書いたときには、安斎選手はもう心を決めていたのではないか。穏やかな冬の陽が注ぐ大隈講堂の前でそう問うと、平松は、「僕にはわかりません」と静かに首を振った。

安斎のほか、横浜Ｆ・マリノスの下部組織で育ち、日大藤沢高校から入学した技巧派ＭＦの植村洋斗《ひろと》は、Ｊ２からＪ１に復帰したばかりのジュビロ磐田に、横浜ＦＣユース出身で激しいディフェンスと長短の球さばきが冴えるＭＦの小倉陽太は古巣に内定。川崎フロンターレ育ちでスピードが売り物のＤＦ森璃太は、６月にアルビレックス新潟から声がかかり、その前にオファーのあったほかの２チームとの比較で入団を決めた。ＭＦの小松寛太は12月に入ってＪ３のいわてグルージャ盛岡入りが決定。年明けには、学生コーチの濱田祐太郎がＪ１のサガン鳥栖とアナリストとして契約することが発表された。

２０２４年３月卒の代からは、計６人がプロの道に進むことになった。

２年生で退部してスペインへ渡った監督

次の日がア式１００周年のイベントだというのに、なかなか眠りにつけない。頭の中にぐるぐると試合の光景がよみがえる。１月７日、ア式蹴球部女子部（ア女）の監督、後藤史《ふみ》は重い瞼のままスーツに身を通して、東伏見に向かった。

１月６日、３年ぶりの日本一を狙ってア女はインカレ決勝で山学大とぶつかった。パスワークと技術の早大、スピードとパワーの山学大という構図でゲームは進む。開始７分、大会に入ってチームの５得点にすべて絡んでいた１年生ＭＦの大山愛笑《あえむ》がコンパクトに右足を振ると、約25メートルのロングシュートが山学大ゴールのバーを叩いた。そこに走り込んだＦＷの千葉梨々花が頭で押し込んだ。その後は山学大の攻勢に受け身にまわり、19分にハンドでＰＫを与えて１－１の同点に追いつかれた。39分、大山の右サイドへのロングパスを、ＭＦ三谷和華奈が右足ボレーでとらえて叩き込み、２－１とリードした。

後半は一進一退のまま、相手ミドルシュートをＧＫ石田心菜《ここな》がセーブするなど、守りのリズムも出て迎えた終盤だった。山学大の強引な攻撃に対して守備陣が身を挺して守っていたが、ゴール前中央左でＦＫを与えてしまう。壁は５枚あったが、ＤＦ嶋田華の右足から放たれたボールが石田の手をかすめて左上に決まった。

延長戦はシーズンを通して負傷に苦しんだ２年生ＦＷ生田七彩《ななさ》を投入、大山のプレーエリアを前線に近づけて勝ち越しを狙ったが、逆に95分にまたもＦＫからの混戦でこぼれ球を蹴り込まれた。後藤は二度のリードをふいにしての敗戦後、こう話した。

「3失点は、セットプレーにしてしまったことが原因。1年生の活躍で上まで上がってきたが、コロナ禍でスタートして、WEリーグ（日本女子プロサッカーリーグ）に進んだ選手がごっそり抜けた今年、支えてくれた4年生に感謝したい」

学内で〝ア女〟と呼ばれる女子部は、2024年に1991年創設から33年目を迎えた。

当初は人間科学部の有志がつくった同好会的な存在だったが、2000年前後から強化を進めて2003年にインカレに初出場すると、2年後には初優勝。2021年度までに優勝7回、準優勝5回。2007年度に関東大学女子リーグ（関カレ）を初制覇し、2010年度からは4連覇。1987年度の発足時から11連覇の日体大には及ばないが、初優勝以降は優勝7回、2位が9回、3位が3回と、4位以下は24年間で2回だけだ。

スポーツ推薦での1枠に加え、自己推薦枠で高校女子のトップクラスの選手が入るが、部員数をみれば100人近い部員がいる日体大は別格にして、2024年度の部員は34人と、リーグ加盟12チーム中、筑波大の32人に次いで2番目に少ない。そのなかには、Jクラブに紐づいたチームや全国選手権出場レベルの高校以外から入部する選手も複数いる。それでも学生主体の組織運営をしながら好成績を収め、毎年トップリーグに選手を輩出するのが女子部の伝統だ。

ア式の100周年を迎えるにあたり、女子部もあらためて歴史の重みを自覚して、タイトル奪回に踏み出そうとしていた。が、新興勢力の山学大には関カレでも2敗と、シーズンを通して屈した。俊足のフォワードを封じつつ、コンパクトな陣形でロングボールを跳ね返す戦術だったが、最後はセットプレーを止められずに失点した。

リーグ、インカレとも山学大の前に屈した現実があり、そこに東洋大学（東洋大）らが絡む上位の構図は、２０２４年のシーズンも続くはずだった。リーグとインカレで当たる他大学も、パスをつなぐ早大のサッカーに対して長いボールを蹴って、スピード豊かなフォワードを走らせてくる。しかし、後藤にはボールを大事にするア女のやり方を変えるつもりは毛頭なかった。

チームの指揮を執って3年、正式に監督になって2年になる。１９８６年、三重県鈴鹿市に生まれた後藤史は、実家でもある幼稚園に通いながら地元の少年団でサッカーを始めた。細身で走りまくり、小学生では市の選抜にも入った。が、中学に入ると現在マイナビ仙台レディースで活躍する妹の三知が頭角を現したことで、モチベーションが下がってしまう。

父親から常盤木学園の知り合いに紹介すると言われ、地元の進学校に合格していたが、リフティングを10回もできない身で遠く宮城県の女子サッカーの名門校に飛び込んだ。

周囲の部員はテニスボールでリフティングをしていて、レベルの差に茫然としたが、逃げ帰るわけにもいかない。練習中、あることに気づいた。1対1の攻めと守りの練習のとき、ポジションに限らず多くの選手が攻めの側の列に並ぶのだ。守備側に並べば、攻撃側の5倍は練習できる。持ち前の運動能力で食らいついているうちに、指導陣とスタッフの目に留まった。2年生でサイドバック（ＳＢ）として使われるようになった。高校選手権は2年続けて準優勝。ア女の監督である堀野博幸が、ユニバーシアード代表の監督であることを知り、幼稚園を経営する両親を納得させるために教育学部を選んで自己推薦で合格した。

ア女は堀野が就任して7年目で、高校のトップレベルにある選手が入部し始めた時期。右サイドバックとして1年生からポジションを得ると、ぐんぐん自分が成長するのがわかった。が、そのシーズンの夏で堀野が退任することが決まっていた。

刺激と展望がしぼむのが自分でわかった。サッカーノートに、「どうして初心者と一緒に練習しなければならないのか」と書いた。2学年上の総務、江崎康子に「練習は分けてやるべきだ」と訴えた。同期でトップの練習に入れない選手が生まれた。当時の4年生がその選手たちの自主練につき合っているのを見ると、「自分たちも練習しろよ」と舌打ちをした。

その年の最後に、部の歴史で初めてのインカレ優勝を経験する。自分の考えを押し通して、結果を出した。勝つためにという正義を取り下げるわけにはいかない。同期の「史、がんばって」という言葉に、胸がかすかに痛んだ。2年生になると「自分はここにいるべきなのか」という疑念を抱いてプレーし、インカレは日体大に負けて3位に終わる。葛藤と自戒を自分で持て余すようになり、退部を決めてジェフユナイテッド市原・千葉レディースに入った。

ユニバーシアード代表で初めて日の丸をつけた。日テレ・ベレーザ（現・日テレ・東京ヴェルディベレーザ）らの選手は、守備ラインの上げ下げを、足半歩分の単位で話していた。このままのレベルでは、10年間やっていても自分は日本代表にはとても届かない。世界でもトップレベルのヨーロッパチャンピオンズリーグに出てやろう、と思った。知り合いが紹介してくれた、名前も顔も知らない男性を訪ねて、スペイン・マドリードに飛んだ。空港から車に乗せられて練習場に向かう間、臓器売買だったらすぐ飛び降りようと、車のドアロックをつかんでいた。飛び込みのトライアウトで、スペイン代表がそろうラージョ・パジェカーノに入った。

1年目の最後にチャンスをものにして試合に出ると、2年目には目標どおりにチャンピオンズリーグに出場した。イングランドのアーセナルと対戦し、前年に世界一になったなでしこジャパンはこのような相手に組織で勝ったのか、と驚いた。

結果的にファイナルまで進むアーセナルとのゲームは、イングランド代表をそろえる相手に対して弾き飛ばされても食らいついた。結果は引き分けだったが、自分が奪ったボールがゴールにつながった。次の日には体が立たないくらいハードだったが、楽しかった。同時に自分の中で何かが切れる音も聞いた。100の力を出せたからこそ、たどり着けない距離を知ったといえばいいのか。これ以上はがんばれない、と思った。

帰国すると、スペインでの経験から日本人のメンタルのありようについて考えるようになった。自分は劣等感や敗北感のような負の感情をエネルギーにしてプレーしてきたが、スペインではそういった感情に巻き込まれる選手はいない。彼女たちは、勝敗は〝神のみぞ知る〟のだから、相手に影響を与えるために何をすればいいのかだけを考えていた。つまり、自分たちではコントロールできないことがあると最初から知っているのだ。

彼我の精神構造の違いが知りたくなった。ジェフ時代のメンタルトレーナーの会社で、スクールに通いながらさまざまな競技の選手たちにふれ、鹿屋《かのや》体育大学の大学院に学んだ。日本のスポーツ界は、自分との闘いである個人競技に必要な競争のマインドを、集団スポーツにも重ねているのではという疑問をもった。内的集中が必要な陸上や水泳などと違い、サッカーでは相手と対峙するためにどうするかをまず考えなければいけない。そもそもマインドセットの仕方が違うのではないか。そんな疑問を抱いて大学院を終えた2018年に、ア女の監督になったOGの福田あやにメンタルトレーナーとして声をかけられ、翌年、コーチに。2021年、体調を崩した福田に代わって指揮を執り、大雪の西が丘で七度目のインカレ優勝を果たした。

一流のサッカー選手だけを育てようとは思わない。なでしこジャパンにまでなる選手は、生まれながらの才能で階段を上っていく。WEリーグや海外でプロになる選手は、機会や環境をつくることで自ら育っていく。ただ、ア女にはそうした選手だけでなく、4年間ひたむきにボールを追うことに若い情熱を傾ける者たちがいる。彼女たち全員が社会に出ていくときに、自分は何を渡せるのか。

何回試合に勝ったかよりも、サッカーや仲間との間で生まれた感情と経験が記憶に残るのが大学時代だ。4年間でさまざまな感情を経験し、ときに感情をぶつけ合い、自分や仲間と向き合ってほしい。その過程のなかで、周囲に影響を与える人とはどのような人なのかを学び、自分という人間を形成してほしい。それはWEリーガーだろうが、会社員だろうが、この社会を生きるために必要な要素であるはずだ。実際に4年生でアジア大会の日本代表になった前年のキャプテン・後藤若葉は、サッカー選手としては教えることなく伸びたが、対話を重ねるなかで、感情を出して自分の意見を言える人間として巣立っていった。

後藤は監督として、サッカーを通して30数人の部員が、人間としてどう変化していくのかを観察していた。この子たちはどこで感情の動物になるのだろう。そして闘うのだろう。

第2章

早すぎた春

怒れるエースと静かなる主将

背番号９を背に、駒沢直哉は静かに怒っていた。誰にでもない、自分自身に向けた怒りだった。前線で体を張り、ゴールキックのときにはロングボールの落下点で相手選手に激しく体をぶつけ、こぼれた球を強引に足元に引き寄せる。それが味方に勇気を与えるための狼煙《のろし》だ。

体を張るだけではない。

「大丈夫、大丈夫。いいリズムだよ、続けよう」

ともすると下を向いてしまうチームメートを声出しで励ます。自分自身への叱咤《しった》でもあった。

２０２４年の関東大学サッカーリーグ戦２部リーグは、４月７日に開幕した。

前年の首位・駒大と２位関東学院大が１部に昇格して、１部から拓殖大学（拓大）と法大が降格した。３部からは城西大学（城西大）、神奈川大学（神大）、慶大が昇格し、12チームによる２回戦総当たりで争う８カ月の戦いだ。早大の開幕戦は前年と同じ立大戦だった。朝までの雨が上がって快晴微風。満開の桜が、前半に早大が攻める側のゴール脇に咲きこぼれていた。

ＧＫヒル袈依廉《カイレン》（４年）、ＤＦ佐々木奈琉《なる》、笹木大史（ともに３年）、神橋良汰、石川真丸《しんま》（ともに４年）、ＭＦ山市秀翔《しゅうと》（３年）、伊勢航《こう》、東廉《ひがしれん》（ともに４年）、本保奏希《かなき》（３年）、ＦＷ駒沢直哉（４年）、鈴木大翔《だいしょう》（２年）。キックオフの笛をピッチ上で聞いたこの11人による４・４・２の布陣は、１－１で終わった90分後には大きく陣形を変えていた。

アクシデントは７分過ぎに起こった。右サイドバックの佐々木が相手選手と競り合いながらタッチラインの外に出る際に、不自然な態勢で着地して右足首をひねった。快足を飛ばして右サイドを上下動する佐々木は、攻守のリズムをつくり出す重要な駒の1枚だ。

佐々木はしばらくはピッチに留まったが、リーグ戦の序盤で無理をさせるわけにはいかない。ベンチは交代の準備をしたが、佐々木が退いて1年生の林奏太朗が投入されるまで、10分近くを費やした。この空白が立大にリズムを与える分かれ道になった。

40分に立大の左コーナーキックがヒルの頭上を越えて、ゴールに吸い込まれた。林が相手FWに寄せきれずに与えた嫌な流れからのCKだった。0－1で入った後半は立ち上がりから攻勢をかけたが、鈴木のヘッドがGKの正面を突き、守備ラインの裏を突く伊勢のパスは駒沢にわずかに合わない。60分過ぎにはMF松尾倫太郎（4年）を投入し、林を中央に置いた3バックによる3・4・3に陣形を変えて1点を追いかける。同点に追いついたのは71分だ。ゴール正面やや左、25メートルの位置で得たフリーキックを伊勢が直接蹴り込んだ。85分には決定的なピンチを迎えたが、相手のシュートが浮いて難を逃れ、何とか1－1のドローに持ち込んだ。

監督の兵藤慎剛は開口一番、「まったく満足できない」と言った。「開幕の緊張感もあったと思うが、きれいにうまくやりたいという意識が強い。後半はエネルギーが出たが、セットプレーからの失点は課題だ」と述べた。キャプテンの意地でFKをねじ込み、勝ち点1をもたらした伊勢は、狐につままれたような顔をしていた。「緊張か」と記者に問われると、しばらく黙ったあと、「そうかもしれない」と言った。が、顔には、それだけではないと書いてあった。

伊勢は静かなキャプテンだ。現在はともに大阪大学に籍を置く学者の両親の長男として東京に生まれ、物心つく前に両親が研究のために渡ったアメリカ・ミズーリ州セントルイスで育った。冬はバスケットボール、春は野球、夏は水泳、秋にサッカーと多競技にふれ、小学3年生で大阪・吹田市に帰国してからはサッカーに集中する。

「僕はアメリカ人と関西人のハーフです。アメリカでは子ども心にアジア人であることを意識させられて、自己主張の強い人たちのなかでバランスを取る性格が育まれたと思います」

中学からはガンバ大阪の下部組織に入り、新任コーチの宮本恒靖の指導を受けた。中学を卒業時に高校選手権へのあこがれから、ユースの先輩、本田圭佑が進んだ星稜高への進学も考えた。より厳しい環境がいいのではという父親のアドバイスもあり、提携する向陽台高校に通いながらユースの道に進んだ。J3に属していたU－23チームでもプレーしたが、最後の一枠でトップ昇格を逃し、早大に自己推薦で入った。

練習参加のときにはリーグ戦開幕前のたぎった雰囲気に惹きつけられたが、入部希望を出すと新人監督が厳しく、仮入部中に同期と和気あいあいとミニゲームをしていると、真剣みが足りないと怒鳴られた。高校のサッカー部にある上下関係を経験していない身には応えたが、学年リーダーの立場で上級生と触れ合う機会も多く、徐々に関係をつくっていく。

3年目が終わってキャプテンに指名されても、自然な流れと受け止めた。言うときは言うが、言葉で盛り上げて引っ張っていくタイプではない。3年生までのキャプテンを見ていて、どこか無理をしている印象があり、自分は自然体でいこうと思った。

「練習から盛り上げる役目は（駒沢）直哉や松尾、神橋らに任せて、プレーで引っ張りたい」

　まさに、その思いを乗せたFKでドローに持ち込んだ開幕戦のあと、苦難は第2節の日体大戦で訪れた。3バックの中央で予定していた林が練習中に右足の内側靱帯を負傷。伊勢がその代わりに入り、左右を神橋と3年生の増田健昇《けんしょう》で組む急造の布陣で臨んだ。

　追い打ちをかけるように、前半の半ばで増田が負傷。同じく3年生の石井玲於奈が交代で入った。38分に右から石川、山市とつないで本保が浮き球を巧みに流し込んで先制する。

　緑に囲まれた日体大グラウンドのすべての人が目を疑ったのは、前半の終了間際だった。GKのヒルが右足で蹴ったゴールキックが、日体大FW岡崎大志郎の足元に渡り、ドリブルからゴールを割られたのだ。ヒルが深めの人工芝の上からボールを蹴ってしまったのが原因だった。

　2分後には、そのヒルがビルドアップのために足元に置いたボールを相手MFにつつかれて奪われ、無人のゴールに流し込まれる。後半からリーグ戦初出場の海本慶太朗（2年）がゴールを守ったが、終盤に神橋の軽率なプレーなどで2点を許して、アディショナルタイムに駒沢のPKで1点を返すにとどまった。試合終了後、ゴールキーパー陣は内田謙一郎コーチの下に集まり、フィールドプレーヤーは選手たちだけで車座になった。話し合いは30分以上続いた。

　2戦目でリーグ戦初ゴールを決めたエース駒沢には、笑顔のかけらもなかった。

「4失点のうち3点が自分たちのミスでは、勝てるものも勝てない。キーパーが代わるということは、それで交代枠を1つ使うわけだし、もったいない。プレシーズンがうまくいっていただけに、守られると崩せないというところがある」

　崩しきれないもどかしさを、そう口にした。同じ3・6・1の陣形を敷くミラーゲームで、相手エースに冷静沈着な同点ゴールを決められ、自身はＰＫによる1点にとどまった。

「悔しいけれど、勝ったほうがいいストライカーです」

３週間前、韓国・ソウルでの駒沢は明るい笑顔だった。３月22日にアウェーで戦った高麗大学との定期戦は30分までに2点を先行されたが、前半に東が1点を返すと後半は攻勢に転じ、終盤に松尾、本保がクリーンシュートを見舞って逆転した。高麗大の申連浩監督は、

「選抜に入った選手が２人抜けていたので、うちのチーム状態は70パーセントくらいだが、ワセダがよく動いた」

と話した。その前週に長崎県島原市で行われた親善大会では、新潟医療福祉大学との最終戦には敗れたが、関西大学、桃山学院大学、鹿屋体育大、京都産業大学（京産大）には計10得点で4勝していた。うち4点は駒沢によるものだった。

チーム全員が言葉には出さなくても、あと1勝で1部リーグ昇格を逃した前年の悔しさを胸にしまっていた。前年末の天皇杯の学生系の部予備予選を戦った新チームは、その共通認識がポジティブなベクトルになった。そこに新人戦全国大会で初優勝した新2、3年生とフレッシュな1年生の戦力が加わり、勢いが増した。島原遠征は負傷で不参加だったキャプテンの伊勢は、帰京したチームの雰囲気の良さに驚いた。

「宿はヤバかったけど結果も出たし、昨シーズンよりチームの雰囲気は各段にいい」

そう駒沢は言った。月末には天皇杯本大会の出場権を争う東京都サッカートーナメントで1部の国士舘大学（国士大）を下す決勝ゴールを自ら決め、気分よく入ったリーグ戦だった。

チームの1部昇格とともに、背番号9にも、自分が納得したかたちでプロに進むというミッションがあった。悔いを残すわけにはいかないシーズンの序盤で、その顔が険しくなった。

駒沢が生まれ育ったのは、石川県金沢市の南西に隣接する白山市の美川という港町だ。幼稚園で友人の誘いでボールを蹴り始め、4歳上の兄の影響でバスケットボールもかじったが、夢中になったのはサッカーだ。小学校時代は、美川FCジュニアというサッカー少年団で県内屈指のチーム力を誇った。行ける全国大会にはすべて出場したチームのアタッカーとしてゴールを重ね、県のトレセン（トレーニングセンター制度）にも選ばれた。自然と日本代表にあこがれたが、ツエーゲン金沢のジュニアユースに進んで挫折を味わう。反抗期に慣れない環境が重なり、サイドバックに起用されるなどした。練習では「早く終わらないか」と時計ばかりに目がいく毎日だった。

中学3年生になる春休みに、母親とスペイン旅行に出かけた。FCバルセロナなどのゲームを生で観て刺激を受け、サッカーを楽しもうという気持ちを取り戻す。3年生でフォワードに固定され、北信越リーグの得点王になった。ユースに上がるとトップチームの練習にも参加し、1年時の国民体育大会（国体、現・国民スポーツ大会）で石川県勢として初の準優勝。得点王になった。17歳以下日本代表の候補にも選ばれ、日本代表という夢が目標に変わった。

早大に進んだのは、ツエーゲンのトップ昇格を逃したことで大学進学に絞ったなかからの選択だった。金沢桜丘高に入学した頃から大学進学は視野に入れていたが、ア式の練習に参加して環境の充実ぶりに目を見張った。マネジャーをしている先輩の話を聞きながら過ごした3日間で、大学でサッカーをすることの深みを感じ取り、自己推薦で入学を決めた。

入寮は同期の誰よりも早かった。上京する体に緊張感があった。自信がなかったわけではない。が、サッカーのWEBメディアで読んだ早大の新入部員の紹介記事には、高校選手権で活躍した安斎颯馬や、自分が候補になった17歳以下日本代表でU－17ワールドカップ本大会にも出場した光田脩人《みつだしゅうと》が大きく取り上げられ、自分の名前は「ツエーゲン金沢ユース出身の駒沢直哉も加入する」と付け加えられていただけだ。見返してやる、と思った。

寮の部屋割りは到着順で、翌日に入寮してきたのが伊勢だ。「伊勢という同期が来るから」と先輩に言われてネットで調べると、大阪出身とある。関西人にがつがつ来られたらどうしようと警戒したが、実際に顔を合わせてみると優しい印象だった。経歴を話すうちに、国体とクラブユースで対戦していたことがわかり、「ああ、あのときにいたのか」と言い合った。その日から4年間、2人は紺碧寮の316号室で過ごすことになる。

練習が始まると緊張は消え、関東大学1部リーグの開幕戦でもベンチ入りした。夏までの数カ月で自分の武器を見つめ直し、フィジカルを強化したことがベースになった。北信越のレベルではオールラウンドな動きで通用したが、関東では自分ならではの武器を磨かないと生き残れない。左右両足のシュート力を生かすには、走力で背後に抜けるプレーが有効だと悟り、動き出しのタイミングやパスの引き出し方を磨いた。

夏にスタメン出場した早慶戦でゴールを決めたことがターニングポイントになった。1年生で試合に出るという責任感から4年生の思いを背負う意識が高まり、リーグの順位を上げてインカレ出場につなげた。大学サッカーにおけるチーム力のありようを知った。

2年生の1年間は、得点という結果が残せない状態にチームの低迷が重なり、焦りといら立ちが募った。リーグ中盤に連敗が続いても交代出場ばかり。将来の進路についての不安も高まり、他責に陥りもした。チームの目標が1部残留に切り替わり、出場機会を得た同期で「もう一度チームのために戦おう」と話し合い、桐蔭横浜大学戦での2得点につなげた。2年間の経験を通して、18歳から22歳と大人になりかけた選手が集う大学サッカーは難しいとも感じた。中学や高校では当たり前のようにあったフォアザチームの意識が、個々の考えによって醸成しにくくなる。将来への不安も中高より現実的になりがちだ。自分自身も、「自分が良ければいい」という思いがまったくなかったとはいえなかった。

3年生で体験した2部での戦いは、早稲田のエースとしての認識を自他ともに強めた。リーグ戦の得点はトップタイの14点だったが、わずかな差で1部昇格を果たせなかったという事実は、エースが勝負どころであと1点を決めていればという悔恨にもつながる。得点王のタイトルは、同点で並んだ場合は上位チームの選手が取るという規定から、駒大のFW鈴木心月に譲った。いつでも勝利に導くゴールにより価値があり、勝ったチームのストライカーが優れているのだ、と納得した。

最終学年を前に副将に指名された。チームがまとまることの重要さは痛感してきた。1年時のチームには全員の力で戦えている実感があった。2年目はサッカーの質は高くても、その逆だった。3年目は新監督の下で積み上げてきたものを出しながら、何かが足りなかった。その最後のピースを埋めることが自分たちの役割だった。ピッチ内外で頼りがいのある4年生になろうと決めて、新シーズンに臨んだ。

2シーズン目のスタートは、兵藤にとって悪くないものだった。1年前は学生の要望を容れた結果、始動の遅れから2月に負傷者が続出した。シーズンを通してフィジカルの強度をあげ、オフに入る前にシーズンインの心構えを厳しく説いたことで、筋肉系のケガは減った。

2部リーグで5位に甘んじ、ミッションの1部昇格ができなかった1年目の終わりは、将来を仄《ほの》かに照らすものだった。12月上旬に始まった東京都サッカートーナメントは翌年の天皇杯予選に続くもので、学生系の部予備予選は日体大、法大にともに1－3と許した2点のリードを終盤に取り返し、PK戦で勝ち上がった。12月中旬からの新人戦全国大会は決勝で福岡大学（福岡大）を4－0で下し、初優勝を飾った。1年生の鈴木を軸にした攻撃陣が、5試合で13得点を記録した。

「目に見えて成長した選手たちをバックアップにして、競争をうながしていく。勝って2023年を終えたことは大きい」

と兵藤は話した。競争なくして成長はない。その手がかりをつかんで2024年は明けた。

前年より2週間早い1月22日に始動すると、兵藤はチームが目指す方向をパワーポイントと映像で選手たち全員に刷り込ませた。攻撃のコンセプトは、関わり、最速最短、連動連続の3点で示した。まず人と人が関わってスペースを空け、縦パスでスイッチを入れて湧き出るように攻める。次に、相手と同数の局面であれば、手数をかけずに最速の選択で前に迫る。最後にパスを出しても止まらずに次の場所を探してアクションを起こすことを続ける。

では、このコンセプトに従って、どこを狙うか。サイドはあくまで撒き餌《まえ》で、いちばん取りたいサイドバックとセンターバックの間、「Aゾーン」「ポケット」に入るためにすべての動きがあると強調した。そこに侵入できれば中央が空くので、そこがゴールへの「花道」になる。クロスの入れ方ではニア、ファーという呼び方をやめた。ニアには絶対に誰かが入るという意味で「マスト」。ファーは相手が突かれたくないところなので、「ウィーク」。この2つに対応されたときに残されているのが、いちばんおいしいエリアである中央で、「デザート」と呼ぶ。

守備はコーチング、守りきるメンタル、そして攻撃同様の連動連続を挙げた。まずは味方を動かす声の量を増やし、質を上げ、タイミングを考える。次に、15分刻みの時間帯で75分以降が最多だった前年の失点データを元に、この時間に失点するチームは昇格できないという認識を強く共有する。

また、セットプレーからの10失点を半分にしたいと話した。最後に、先頭でプレスにいく選手をフォローするセカンドの存在だけでなく、誰もが3人目になる可能性があることを意識して準備をする動きの重要性を説いた。

リードしても勝ちきれない勝負弱さについては、毎日のトレーニングで意識していく。厳しいトレーニングを続けて脳がフリーズするような状態で、心身の苦しさにどう耐えるか。そもそも練習の最初からトップパフォーマンスで入っているか。そこをより厳しく問うとも話した。

さらに、1年目はスケジュールの関係で実現しなかった遠征とキャンプを組んだ。2月にはチームビルディングの一環で、1グループにつきスマートフォン（スマホ）1台だけ持って山登りをした。3月には島原に遠征し、新人戦の優勝で大学連盟から遠征費が出る日韓新人戦に合わせて高麗大との定期戦を組み、新4年も含めたツアーにした。それもこれも、本当の意味での「チーム」にするためだった。

そのチームが苦しんでいた。開幕戦の立大戦では動きが固く、慎重で腰が引けていた。日体大戦は逆転されてから動きが止まり、先制ゴールで見られた連動を失った。

開幕前、兵藤は攻守にわたる連動連続を実現して、1人あたりの1試合の走行距離約10キロを1キロは上げたいとした。1つのプレーで2メートルから5メートル動くことを続ければ、試合を通して1キロは伸びる。その結果、サイドバックは11キロ、ボランチも10キロ、2桁に届かないセンターバックも9キロよりは伸ばしたい。その要諦は予測に基づいた次のアクションへの準備であり、数メートルの動きを絶え間なく続けることにある。

「裏をつかれて30メートル走って戻るより、それを防ぐために5メートル動くほうが楽だと思わないか」

そう兵藤は問い続けた。プレシーズンの時期の選手たちは自信をもって動き、それが周囲と連動していた。結果が自信につながり、ある選手は、「正直、負ける気がしなかった」と振り返った。2月は練習試合とはいえ1部優勝候補の明大に勝ち、3月には高麗大を逆転し、東京都サッカートーナメントでは1部の国士大を下したのに続いて、リーグ戦で3年間勝っていなかった駒大に2－0と完勝した。

それから半月も経っていない。気負いなのか、自信喪失なのか、負傷者の影響なのか。

序盤戦で、全員の足が止まっていた。

雑草集団に諦めない心を植えつけるベテラン監督

2月に開幕した2024年J1リーグの序盤戦で、チーム全体の走行距離を上げたいと模索しているベテラン指揮官がいた。東京ヴェルディ1969（東京ヴェルディ）を率いる城福《じょうふく》浩だ。

横浜F・マリノスとの開幕戦は、1－0とリードした終了間際からアディショナルタイムに2点を許して逆転されたが、チーム全体の走行距離ではリーグトップの125・6キロと運動量で圧倒して、ライバルをあと一歩のところまで追い詰めた。

「J1での実績がない俺たちが走らないでどうする。125キロ走っているところを、トータルで128キロまでもっていければ、あともう1人がチャンスに絡むことができる。もう5メートル、10メートル、そこにこだわりたい」

城福は63歳と、J1のベンチに座る日本人指揮官としては最年長だ。Jリーグで初めて指揮を執った2008年のFC東京から数えると、ヴァンフォーレ甲府、FC東京、サンフレッチェ広島に次いで延べ4チーム目になる。リーグ優勝にあと一歩まで迫った広島での4年間を終えた段階では、J1での指揮にこだわりがあったが、16年ぶりのJ1昇格に自分で導けばいいと腹をくくり、「うまいけれど怖くない」という印象をもっていた東京ヴェルディを変えた。その幹にあるのは、大学時代から雑草集団に身を置いてきたという自負だ。

徳島県の城北高時代は県内屈指のテクニシャンとして鳴らした。県の国体選抜がほぼ徳島商の選手という時代に2年生で選ばれ、1979年ワールドユースの候補合宿にも呼ばれた。ボールを持ったら離さない。そんなタイプだった。

3つ年上の兄・敬がア式OB。里帰りに同行してきた同期の岡田武史らにも影響を受けて早大を志願し、教育学部に合格した。筑波大や国士大にユース候補らが居並ぶのに対して、ア式は国体選抜の自分の肩書が光るくらいの集団だった。

浪人は当たり前、2浪入学組もいた。監督は4年後の建学100周年に優勝を期待されて指名された宮本征勝で、宮本は記念の年に4年生になる城福らの世代を徹底的に鍛えると決めていた。練習のあとにも暗い中を走らされた。血尿が出るのを初めて見た。

ある日、キャプテンの岡田が走りの途中でみんなを止めて、集まってくれと言った。岡田は監督の宮本に、「監督は4年先のことしか考えていない。俺らは今年が最後なんです」と言った。城福はその直言にも衝撃を受けたが、さらに驚いたのが、そう言い放った岡田が、直後に「さあ、走るぞ」と涼しい顔をしてランニングを再開したことだ。4年生の思いを代表して伝えたまでと、その顔には清々しさすらあった。岡田はそんな男だった。

練習の前には苦行のグラウンド整備が待っている。隣の石神井川が頻繁に氾濫するので、大雨の翌日は朝6時から土を削り、平地にしなければならない。1年生同士で「サボってるんじゃないよ」などと言い合いになり、殺伐とした。春が過ぎると30人の新入生は半分以下になった。同期で1年生から試合に出ていたのは、吉田靖や池田誠剛で、城福も2年になると出番がきたが、3年目は負傷してほとんど出番がなくなった。

宮本に言われるまでもなく、他大学の戦力を見ると相当にがんばらないと勝てないことが徐々にわかってきた。吉田に誘われて練習のあとにトラック用の大型タイヤをゴムで引いた。尻が笑った。4年生で練習メニューを考えるグラウンドマネジャーになった。下級生の回想によれば、走り中心のきつい内容で、その成果かリーグ戦は筑波大に4－0で完勝するなど、6試合で15得点を重ねた。

しかし、中央大学（中大）戦で、大雨にぬかるんだ西が丘のグラウンドで吉田のシュートがゴールライン上でぴたりと止まる不運から、開幕戦で敗れた国士大に優勝をさらわれた。インカレも決勝で国士大に2－3で屈した。在学中に一度もリーグ優勝を経験せず、春季対抗戦も総理大臣杯もインカレも獲得できなかった戦後初の世代になった。

富士通に入社したのは、やり残した思いと将来性の両方からだ。日本リーグ（JSL）2部のサッカー部に所属したが、現役引退後に職場で余剰戦力になるのは嫌だったので、練習後に飲みにいく仲間から抜けて職場に戻り、日曜日も出勤した。

1部昇格を逃した6年目にサッカー部を離れて仕事に集中すると、月の残業時間が130時間を超えた。4年間、遮二無二がんばって同期に追いついたと思ったところで、コーチで部に戻れという命が下る。2年間、スカウトも会計もライン引きもやるコーチをしていると、今度は監督をやれという。チームはプロ化か廃部かで揺れていた。役員からの情報ではほぼ廃部になると聞き、〝火中の栗を拾う〟決断をする。五分の星を残した日本フットボールリーグ（JFL）の最中にJ2参入が決まった。会社がプロ監督にプロコーチの新体制を1日も早く敷こうとじりじりしているのを後日《しりめ》に、天皇杯も勝ち進んだ。

監督を辞すると、会社からは管理職試験を受けろと言われた。合格して赴任した会津若松工場では、課長として50人からの工員のリストラを命じられる。駐車場の車を二度パンクさせられた。そこに東京ガスのスタッフから、プロとして生まれ変わるFC東京に来ないかと声がかかった。サッカー界に戻る最後のチャンスかもしれないと考え、悩みに悩んだ末、妻の後押しもあり決断する。

ところが、仕事はプロ化準備室の営業と運営で、ビラ配りやサポーターが乗る応援ツアーのバスガイドをする日々だった。そんななか、S級ライセンス講座を受けるチャンスをもらった。盗めるものは盗んですべて吸収しようと、最前列で講義を受けた。そんな姿が目に留まって日本サッカー協会に誘われ、籍はFC東京のままトレセンコーチや年代別代表のコーチで経験を積んだ。FC東京に戻ってU－15のチームを立ち上げたところで、再び協会から声がかかり、U－17日本代表の監督に就任する。しかし、大学時代は無名、卒業後もサッカー界の野を歩いた。高校サッカー界のお歴々からは、「あんた誰？」という目で見られた。それでもメンバー選考では名門高校の指導者に忖度《そんたく》せず、公平な目でメンバーを組んだ。国見の小嶺忠敏や鹿児島実業の松沢隆司ら名将の懐に飛び込み、練習試合を組んでもらった、

3大会ぶりにアジアの壁を破ってU－17ワールドカップに導くと、ア式で2学年上の原博実が退くFC東京の監督の席が空いた。FC東京での3シーズンで、リーグ戦は5位に食い込み、Jリーグ杯に優勝した。2016年に再びFC東京で指揮を執り、広島での4年間を経てFC東京のライバルクラブの東京ヴェルディを率いることになる。予想どおり起きた反発をJ1昇格のバネにした。

キャリアに通底するのは、持ち場で最善を尽くす意思と、必ずしも報われないと覚悟しつつも足を前に出す踏ん張りだ。

「大学では死に物狂いでがんばったけど優勝できなかった。やったから何かが約束されるものでもない。でも、雑草だからといってあきらめることなくやり続ける雑草集団にいたことが、難しいなかでも下を向かずにやっていける源になっているのかな」

63歳になっても、城福は伝える言葉を考え抜く。最初に指導していた頃は、選手たちとの年齢差は15歳程度だったのが、今は40歳年下の選手もざらにいる。指導者と選手は対等である以上、選手の感性をキャッチして自分も変わり続けていかなければならない。

しかし、変えてはいけないこともある。それは、なにごとにもひるまない心だ。東京ヴェルディは、リーグ前半戦を終えて20チーム中10位で折り返した。1試合の走行距離はサガン鳥栖に次いでリーグ2位だった。

３月29日、味の素スタジアムで京都サンガＦＣを迎えた一戦で、東京ヴェルディは前半に０－２とリードを許しながら、後半に逆襲して２－２の引き分けに持ち込んだ。同点ゴールは90＋３分という粘り腰だった。敗れた京都の監督、曺貴裁《チョウキジェ》は、ア式の８学年上の先輩にあたる城福と短く握手を交わした。言葉はなかった。

曺は２０２１年、流通経済大学（流経大）のコーチから当時Ｊ２の京都サンガＦＣの監督になった。Ｊ１昇格が現実になったゲームの前日、選手たちの肩に過度の力が入るのを見てとった曺は、こう語りかけた。

「俺は京都の人間だけど、京都サンガの歴史を背負うことはできない。君たちも、今たまたまここにいるだけだから、12年の歴史を背負うことはない」

12年ぶりのＪ１復帰を果たして、４シーズン目を迎える。地元の洛北校時代、３年の高校選手権予選はＰＫを失敗してベスト16で敗れた。京都大学出身の父親から、「サッカーは高校まで、駿台予備校で1年勉強して京大に行け」と言われていた。が、あまりに早くＰＫ戦で負けるという終幕が意地に火をつけた。インカレで地元の山城高出身の先輩、松山吉之らが活躍し、東海大を圧倒するのをテレビで観て早大を目指す。３カ月間、必死に机に向かい、商学部に入った。

ア式の下級生時は堀江監督に胡《えびす》崇人《たかと》コーチ、残り2年はＮＫＫ社員の内館秀樹が監督で、主に土日に通ってくる。それだけに上級生が幅をきかせていたが、厳しいなかにも愛情は感じ取っていたし、試合に出られない者ほどがんばるという気概が部全体にあった。出番をつかんだ3年時は春季対抗戦で優勝したが、リーグ戦は2勝しかできずに6位。4年生でもリーグ戦は4位、最後の大会だったインカレは準決勝の国士大戦でPK戦の末、敗退した。

主要なタイトルには手が届かなかったが、戦術や技術以前に、試合に出たら全力でチームのためにプレーするという真摯な姿勢を叩き込まれた。勝ち負けではないところに何かが残るという確信は、曺のその後のサッカー人生の背骨になった。

入社した日立では花形の宣伝部に配属された。終身雇用が当たり前の時代だが、プロ化の萌芽がふくらみつつある。サッカー部を応援してくれる直属の上司からは、「日立にいれば生涯賃金はこれくらいだぞ」と真顔で数字を示されたが、25歳で浦和レッズ入りし、ヴィッセル神戸に移籍した。合計で4年間プレーしたあと、ドイツに渡った。知人に「語学を勉強して指導者のライセンスを取っておけば損はないだろう」と言われたからだ。

選手が自分で成長しようと思わなければ、コーチにできることはないという考えでいた曺を変えたのは、ドイツ語もおぼつかない自分の指導によって、サッカーをする喜びを体中で表す子どもたちの姿だ。サッカーの技術を教えるというよりは、プレーすることの喜びを教えることが本人と周囲に感動をもたらす。それが指導というものの本質なのではないかと気づいた。ライセンスを取得して帰国すると、当時、川崎フロンターレにいた1977年卒の今井敏明の紹介で、アシスタントコーチに続き、3年間ジュニアユースを指導する。

子どもたちは納得しなければ不満顔だし、得心すれば生き生きした表情になる。伝え方1つの大事さを学んだ。川崎フロンターレ、セレッソ大阪でコーチ経験を積んだあと、湘南ベルマーレの育成に関わり、トップチームのコーチを経て2012年に監督に就任した。

代名詞になった「湘南スタイル」は、曺が指導の原点に置く、感動をもたらすものは何かを示すものだった。マイボールになった瞬間に多数の選手が一気呵成に攻めあがる様が人の心を揺さぶるのは、リスクを恐れないからだ。その着想の原点はア式のサッカーにある。

パスを何本回すのもいい。相手を欺く技もいいだろう。しかし、観ている者やそこにいる者の魂を揺さぶるのは、選手が必死に戦う姿だ。その信念は、スペインのパスサッカーから直線的な攻守に移る、ヨーロッパの最先端のサッカーの時流に合ってもいた。

決して恵まれているとはいえない戦力を駆使してJ2に転落しても、そのたびに這い上がった。三度目に返り咲いた年には、Jリーグカップのタイトルも手にした。就任7年目にスタッフや選手への言動がパワーハラスメントにあたるとされ、公認S級コーチライセンスの1年間停止処分を受ける。そこで、選手の成長をサポートするスタンスは変えないまま、逃げ道をつくることを心がけた。

3月、母校からGKのヒルとMFの山市が京都サンガFCの練習参加にやってきた。チーム状態を訊ねたあとに、曺はこう説いた。

「国士でも筑波でもなく早稲田に入るということは、うまくいかなくなったときに、自分たちで話して解決策を探ることに命をかけるくらいの覚悟をもつことだ。勝とうが負けようが、そういう時間を共有できないのは、もったいない話じゃないか」

開幕から下位3チームのJ2降格圏をさまよっていた京都サンガFCは、春を過ぎて白星を重ね、J2への降格圏を抜けた。

31年前の開幕以降、JリーグおよびJリーグカップのベンチに1試合でも座ったア式出身の監督は、代行を含めて22人。2024年の時点での現役は城福と曺の2人だ。

Jリーグおよびj1リーグの試合数でみると、柏レイソルを手始めにガンバ大阪、ヴィッセル神戸、名古屋グランパスの監督を歴任した西野朗《あきら》が524試合。2位の城福が2023年までで316試合、3位の曺が232試合を更新中で、浦和レッズとFC東京を率いた原博実が207試合で4位。勝利数も西野の270試合がトップで、勝率は5割を超える。西野は年間リーグタイトル、天皇杯、Jリーグカップの3大タイトルを4つ制覇し、アジアチャンピオンズリーグも合わせるとタイトル数は5。横浜F・マリノスでJリーグ年間優勝2回の岡田武史が続く。

試合数は少ないものの、勝率で西野を大きく上回るのが、1993年から2年にわたって鹿島アントラーズを、翌1995年に清水エスパルスを指揮した宮本征勝《まさかつ》だ。

合計110試合で64勝。勝率は5割8分。1993年チャンピオンシップでヴェルディ川崎に敗れたが、ファーストステージを制してJリーグの最初のタイトルに輝いた。

宮本はア式の黄金時代をつくった伝説の存在で、精力的なプレーぶりと背番号8から〝エイトマン〟の異名を取った。1938年生まれで、茨城県出身。日立一高時代に高校選手権で準優勝して得点王になった。早大に進学して在学中に日本代表に選出され、古河電気工業（古河電工）に進んだあとは1964年のオリンピック東京大会のメンバー入り。4年後のメキシコ大会では銅メダルを獲得した。強靱な体から繰り出すハードタックルとキック力、豊富な運動量に裏打ちされた闘志あふれるプレーで日本代表の守備を支え、FIFA（国際サッカー連盟）公認の国際試合出場回数は44回を数える。

指導者としては1980年から3年間、ア式の監督を務めたあとに本田技研工業（本田技研）を率いて、日本代表の北澤豪《つよし》、黒崎比差支（現・久志）らを育てた。その後は、住友金属工業を母体にプロリーグ参入を決めた故郷の鹿島アントラーズに招かれ、ブラジルの至宝ジーコらのかじ取りをこなした。ピッチでのプレーとは対照的に温厚篤実な人物だった。

宮本がア式に入部した1957年は、2学年上の八重樫茂生を中心に関東大学リーグで戦後3回目の連覇を達成し、史上三度目の3連覇、二度目の4連覇に向かう黄金期の幕開けにあった。同期にいたのが、大阪の三国丘高を出た川淵三郎である。2浪の末の入学なのに兄の緑色のマンボズボンを借りて履いた風貌。ちょっと不良がかった新入生が来たと聞きつけ、キャプテンの八重樫茂生が、自ら川淵の来寮を出迎えたといわれる。

日本初のプロサッカーリーグ、Jリーグの初代チェアマンとして後進に道を拓いたその人で、川淵が在学していた4年間は戦後第2期の黄金時代に重なる。

台所から取り出した白米

1950年代、関東大学リーグの試合記録と戦評は、「朝日新聞」の大阪版にも掲載されていた。

川淵は、記事にある轡田隆史《くつわだたかふみ》という活字を見て、この名字はなんと読むのだろうと思った。

サッカーとテニスに夢中になり、自由な学風の下で過ごした高校3年間を経て、関西の国立大学を受けるための受験勉強もおろそかなまま、部のOBとして高校に入り浸る日々を過ごしていた。1年浪人は当たり前の時代だったが、2浪に突入してさすがに将来を真剣に考え始めた。ラジオの東京六大学野球中継から、早大の応援歌「紺碧の空」が聞こえてくる。

大阪湾に面した漁業の町で闊達《かったつ》に育った。生まれた高石町では海岸が遊び場で、学校が終わると漁網を広げるためのスペースで毎日、野球をやった。みんなのポジションを全部決めて自分は投手で四番。兄2人は実直な父に似ていた。末っ子の快活さは母親譲りだ。

保険会社勤めの父は単身赴任も多く、もう1人の父親のような存在が、小学4年生のときに教師として出会った児童文学者の吉岡たすくだった。吉岡の指導でNHKのラジオ劇に出て、6年生で演劇部に入る。自分自身の言葉で人に物を伝えることの大切さを教え込まれた。

早大に進学したのは、2浪時代に都市対抗サッカーの大阪予選に三国丘高OBチームの一員として参加し、川本泰三に目をかけられたのがきっかけだった。ア式入部は高橋英辰監督の下でリーグ連覇を果たした翌年で、復帰した工藤孝一監督の下、充実した戦力に1年生で組み入れられる。システムは4・2・4のボルトシステム。のちの用語でいうスイーパーの伊藤嘉朗によれば、相手CFを宮本がスッポンのようにマークし、轡田、吉本正三郎、栗田英之、服部幸太郎のバックスに加え、八重樫茂生、大橋謙三、川淵、杉本錦治のフォワードが強力な布陣を組んだ。秋にあった関東リーグ戦は第2戦で教育大と引き分けたが、その後は4連勝で3連覇。東西王座決定戦も関学大に2－0で快勝した。

川淵が今でも思い浮かべるのは、食料難による空腹だ。寮は3食付きだったが、朝は脱脂粉乳にジャムかピーナツバターが塗られたコッペパン。昼は外米と日本米のブレンドのごはんに、おかずは一品で、よく出た煮魚が大の苦手だった。残すと寮母の機嫌を損ねるので漬物だけで飯をかき込み、魚は新聞紙にくるんで持ち帰る。

線路向こうにあって歴代の監督、部員が世話になった「三晃庵」は、素の蕎麦かうどんが1杯15円で、気軽には通えない。寮の誰かに仕送りが届くと、寮生が蝟集《いしゅう》した。

「いよいよ誰の懐にも金がなくなって、食料が尽きると、台所から白米を取り出して飯を炊いた。そこにバターと醤油をかけ、丼からかき込んだ。あれはうまかったなあ」

腹を空かせても、選手たちは勝ち続けた。2年生になった川淵は持ち前のスピードとダッシュ力でポジションをつかみ、2つ年かさの経験と貫禄を見せつけた。負傷も多かったが、相手校に狙われてマークされるのは存在感の証だ。1学年下の鬼武健二は、

「当時としては身長も高く、ヘディングも強かった。相手にがちんと当たってボールを奪っては力強く相手ゴールに向かっていく選手だった」

と話す。2年生の早慶戦は新装の国立競技場に3万人の観客を集め、前半1点のリードを許したが、後半に川淵の同点ゴールで引き分けに持ち込んだ。

4連覇を狙ったリーグ戦は盤石の戦いを続けながら、5戦目の中大戦に1－4の敗戦。慶大との優勝決定戦になり、1－1の同点で入った延長に、またも川淵が決勝ゴール。史上二度目、戦後初のリーグ4連覇を達成した。

「自分も足が速かったが、当時のチームはそれぞれに特徴があって、よくいえば個性の集団、悪くいえばばらばら。でも試合になるとまとまった」

とは鬼武の弁だ。鬼武は広島大附属高から入った俊足ウイングで、卒業後はヤンマーに入社。20代で監督兼選手になり、ブラジル人を補強するなどして釜本邦茂中心のチームを固めて日本リーグの強豪に育て、のちに川淵の2代後のJリーグチェアマンを務めた。

川淵の同期には、日本テレビ記者からヴェルディ川崎（現・東京ヴェルディ1969）に転じて副社長になった河野慎二、全日空に入り横浜フリューゲルスの実行委員などを務めた泉信一郎、鬼武の2学年下には日本サッカー協会副会長になった野村尊敬《そんきょう》がいる。

川淵が3年生の年は4年生がベンチを温め、川淵ら3年生以下がプレーするチームだった。春に全日本選手権予選で敗退、10月のリーグ戦は立大の完全優勝を許して2位に甘んじた。川淵は靭帯断裂などの負傷に見舞われたシーズンで、監督の工藤には、「立っているだけでいいから相手ゴール前の真ん中にいてくれ」と言われた。スピードと決定力は大学でも傑出した存在になっていた。

最終年に川淵はキャプテンに指名される。合理性を重んじ、雨が降ったら練習は中止。高田馬場の改札にあった伝言板に「ア式練習中止」と大書する。そもそも1年生のときからいじめめいたことは感じなかったので、そのとおりにした。

4年後のオリンピック東京大会に向けた日本代表強化が本格的に始まり、川淵は宮本、2年生の丹羽洋介、1年生の松本育夫とともにヨーロッパに遠征した。遠征は2カ月にも及び、4人が帰国したのは秋のリーグ戦の2日前だった。

監督の工藤は、代表選手不在の間に汗を流したメンバーを無下にはできないと、開幕戦の農大戦は4人抜きで戦って2－3で苦杯を喫した。相手は代表の4人抜きでも勝てる相手だったので、川淵たちも納得済みの選手起用であり、敗れたのは油断以外の何ものでもなかった。

続く法大戦は大勝し、第3戦の明大戦は辛勝。教育大とは3－3で引き分け、残り2試合で中大と慶大に連勝して最終戦の立大に勝てば逆転優勝という状況になった。

しかし、0－1と敗戦。万事休すと思われたが、早大を含む4大学が勝ち点9で並び、優勝決定戦が行われることになった。まずは明大に3－1で勝ち、王手をかけて臨んだ中大戦。後半に宮本のクリーンシュートが決まり、前年に失った覇権を取り戻した。4連覇の翌年は2位、すぐにまた優勝と、川淵たちの世代は黄金時代を形成して卒業した。

川淵の卒業後の歳月は起伏に富む。在学中の早い段階から三菱重工、日立、古河電工と〝丸の内御三家〟といわれる企業から声がかかり、迷いなく選んだ古河電工は、コネ入社の試験が一般と別にあるほどの人気企業で、東大、一橋大などを出た同期が100人はいた。仕事もしっかりやろうと心に決めた。

アルゼンチンを破る金星を挙げたオリンピック東京大会のあと、社業に打ち込みたいと日本代表からの引退を申し出た。コーチに説得されて残ったが、膝を傷めていたこともあって日本代表からは遠のく。4年後のメキシコ大会ではア式で3年後輩の松本にポジションを奪われる格好になった。社員食堂で日本の活躍を伝えるテレビ中継が映っていると、そっぽを向いた。会社員として同期に負けたくないという気持ちがさらに頭をもたげた。

40歳で横浜の小さな商社に出向し、丸の内の本社では経験できない現場仕事にのめり込んでいく。子会社では銀行に手形の割引をしてもらわなければならない。銀行や取引先によって、つぶれるかつぶれないかの話にもなる。2年で立て直して本社に戻るまで、実地で経営の勉強を積んだ。そこまでは古河電工や日本代表の監督を務めたサッカーと二足のわらじで、40歳代半ばで社業に専念したときには、会社員としてこれからだという清冽な思いだった。

46歳で栄転した名古屋の金属営業部長は、東京本社に戻って役員も狙えるポストだった。しかし、トヨタ関係の主要な取引先で可愛がられて人脈をつくったことが裏目に出た。「川淵を名古屋に置いておいたほうが得だ」という社の判断がある一方で、社内に敵もつくった。6年目に支店長から自宅に電話があって、「古河産業に行ってくれ」と告げられた。

子会社への辞令のタイミングで、日本リーグの総務主事のポストが空いたのも巡り合わせだ。時は1980年代半ば過ぎ、バブル経済のなかでサッカープロ化の機運が高まっていた。

プロリーグ準備室の責任者になったのは、プロ野球が根づいた日本に、地域密着と地方創生を旗印にした新しい文化をつくるという仕事が、進取の気性に火をつけたからだ。50代を邁進して、プロ化の最終バトンを持ってゴールに飛び込んだ。

1993年5月15日、東京は国立競技場。ヴェルディ川崎と横浜マリノスの対戦で日本初のプロサッカーリーグ（Jリーグ）は幕を開けた。

「Jリーグは今日ここに大きな夢の実現に向かって、その一歩を踏み出します」

そう川淵が読み上げた開会宣言は拍子抜けするほどシンプルだったが、誰のものでもない自分の言葉で気持ちを伝えられたのは、子どもの頃に指導を受けた吉岡たすくの教えであり、主体的に物を考えて解決していくというア式の気風の功だ。

10チームで始まったJリーグの開幕節は、ヴェルディ川崎VS横浜マリノスを含めて5試合を行った。ベンチに座ったア式OBは鹿島アントラーズの宮本征勝のほか、ガンバ大阪の釜本邦茂と浦和レッズの森孝慈《たかじ》と、ア式同期の2人が開幕戦で顔を合わせた。

ピッチ上に目を移すと、スタメン出場したのはヴェルディ川崎のDF加藤久、清水エスパルスのMF大榎克己《おおえのきかつみ》、鹿島アントラーズのDF奥野僚右《りょうすけ》。横浜フリューゲルスのMF堀直人とガンバ大阪のFW松山吉之が途中交代で開幕節のピッチを踏んだ。それ以降、Jリーグのピッチを踏んだア式出身者は、2024年にプロデビューしたMF植村洋斗（ジュビロ磐田）らまで100人を超える。

そのうちJ1の最多出場者は359試合の徳永悠平。2位が現監督の兵藤慎剛で338試合。渡邉千真《かずま》が3位の304試合で続く。J2、J3も合わせた合計試合数では、徳永（437試合）、渡邉（347試合）、兵藤（345試合）の順になる。

2024年時点のJリーグ登録選手で、各カテゴリー合計の試合出場数がもっとも多いのは、アルビレックス新潟の島田譲で、313試合。2位が柏レイソルの片山瑛一で303試合だ。片山はサッカーでは無名の埼玉県立川越高校出身。ファジアーノ岡山を振り出しにプロキャリアを歩み、清水エスパルス、柏レイソルとJ1クラブでのプレーが5シーズン続く。

埼玉県川越市の体育教師の夫婦の間に生まれた。両親ともバスケットボール経験者。浦和レッズで活躍したMFの河合竜二やFWの関根貴大が出た隣町の鶴ヶ島FC出身で、中学のサッカー部は市内では無敵、学業成績も学年で3番以内だった。

自由ながら部活にも真剣に取り組む校風に魅力を感じて川越高に進む。高校時代の成績はAからEの5つのクラスでBに踏みとどまり、野球部や陸上部と同居する狭いグラウンドでサッカーに励んだ。3年生で初めて県大会に進出し、2回戦で浦和南高に敗れた。

大学受験では法大、順大にも受かり、父親の母校、順大との間で少し迷ったが、早大のスポーツ科学部に決めた。が、そのままサッカー部にという話にはならない。

入学時は無名ながら3、4年生ではAチームで活躍した高校の先輩の例もあると聞いていたが、監督交代もあり、セレクションによる少人数の体制に変わっていた。スポーツ推薦や自己推薦の選手がまずいて、彼らも含めた15人の枠に走りなどのテストで入らなければならなかった。落ちたらラクロス部に入ろうかと考えていたが、何とか合格した。練習に入るとボールタッチの違いに驚き、評価された運動能力で勝負するしかないと悟った。

同時に、うまい選手から盗めるものは盗もうと決めた。もともと自分を客観的に観る癖があり、他者を自分に置き換えて想像するのが得意だった。1学年上で高校選手権でも活躍した富山貴光の体の使い方を真似た。3年生でインカレに優勝したが、富山と榎本大希の2トップに割って入れず、負傷もあって途中交代が続いた。4年生で関東大学リーグ2位になったが、負傷のため4試合で離脱した。4強入りした総理大臣杯も不出場。あこがれの早慶戦に至っては、4年間で1分もプレーできなかった。

グロインペインやシンスプリントに加えて、やっかいな膝の棚障害も起こしたが、そこで体に向き合ったことが、プロとして長くプレーするための布石になった。4年生は教員とプロの2つの道を意識して過ごした。

「もし早稲田に来なかったら、また最後の最後に入部させてくれなかったら、そんなレベルまで気持ちも上がっていなかったと思います」

ファジアーノ岡山からは、3年生の終わりに選ばれたデンソーカップの関東選抜Bで目をかけられ、負傷気味でも声をかけてくれた。3年契約で終わる可能性は高いと自己分析していたが、FWだけでなくサイドバックなど複数のポジションを体験。どのポジションでもライバルをお手本に成長を続けてJ1クラブを渡り歩く。

30歳を超えてまだ楽しさを感じるのは、自分の体に向き合う探求心と、周りがみんなお手本という意識をもち続けているからだ。2024年に2年目を迎えた柏レイソルで、前年は30試合に出た右サイドバックのポジションを、オリンピック代表の関根大輝に譲る形になった。

「才能のある若手と競い合うことで、また自分の可能性が見えてくる。どんな選手を見ていても、『ああ、そういうことをするのか』と感じられることが僕の財産。練習でもずっと観察しています」


春先につまずいた兵藤率いる現役チームの苦闘は続いた。

関東大学リーグ2部第2節の日体大戦で逆転負けを喫したあと、リーグ戦は2週間のブレイク期間に入った。前年12月から勝ち進む、天皇杯予選を兼ねた東京都サッカートーナメントのためだ。東京都に登録された社会人と大学チームによる大会で、天皇杯決勝のほぼ1年前に社会人と学生の部に分かれて予選が始まり、それぞれの代表2チームがトーナメントで争う。

2024年は国士大と駒大という1部勢を連破して、大会最多優勝の実績をもつ横河武蔵野FCとの準決勝に進出していた。JFL所属の横河は、キャプテンのMF小林大地ら4人のア式OBがスタメンにいる。関東大学リーグ2部で1分け1敗とつまずき、キャプテンのMF伊勢は、「相手は社会人なので受け身ではなくチャレンジ精神で臨み、立ち直りのきっかけにしたい」と話した。

立大との開幕戦の後半と日体大戦で採用した3バックから、基本の4・4・2の陣形に戻して臨んだ試合は、開始早々に与えた左CKから先行された。攻めてはFW駒沢をポストに左右に幅をつくるが、クロスが合わずにチャンスにつながらない。後半に入って47分に、3年生の

ＭＦ谷村峻が倒されて得たＦＫからＤＦ神橋が打点の高いヘッドで決めて同点としたが、攻め込んでいた69分にＤＦのクリアが中途半端になったところをつながれて勝ち越されると、残り時間10分過ぎにＧＫ海本のビルドアップを狙われてダメ押し点を許す。

立ち上がりの悪さ、セットプレーからの失点、同点にしたあとのミス。兵藤は昨年の癖がそのまま抜けずに出てしまったと振り返った。

「ミスをすれば、そこを間違いなくやられるのが社会人の怖さ。ここでメンタルをやられてしまうようでは何にもならない」

チャレンジャーの姿勢で少しでも前を向くきっかけをつかみたかった試合だが、靄《もや》に包まれたままの内容で8年ぶりの優勝を逃し、天皇杯への道は断たれた。

日本一をもたらした多士済々の選手たち

1963年1月15日、神戸市の王子競技場で行われた第43回天皇杯全日本サッカー選手権の決勝で、早大の強力な攻撃陣が日立本社を圧倒していた。

戦前の予想は互角だった。日立は日本代表ＭＦ平沢周作やＦＷ野村六彦ら負傷者が多かったが、持ち前の鋭い守備は健在。対する早大は釜本邦茂、松本育夫と日本代表のＦＷをそろえる攻撃力が売り物で、守りの日立と勢いの早大という構図だった。

スタメンはGK泉山泰一（4年）、DF寺崎亨一（2年）、西山孝朗《たかお》（4年）、野村尊敬（4年）、MF大嶽憲正（4年）、二村昭雄《にむらてるお》（2年）、森孝慈（1年）、桑田隆幸（3年）、FW松本育夫（4年）、釜本邦茂（1年）、赤坂健二（4年）だった。

前半から日立陣内での攻防が続く。釜本には日立のDF鈴木良がマンツーマンマークで着いたが、それを逆手に取った釜本は、23分に縦パスに反応してマーカーの鈴木とGKら3人を引きつけてつぶれ、こぼれ球を松本が蹴り込んで先制する。後半に折り返した53分にも松本がこぼれ球を決め、終了間際にはMF桑田がダメ押し。3－0の完封勝ちで25年ぶりの日本一の座に就いた。

翌朝の新聞各紙は、「日立は早大の早い出足とパスワークにほんろうされ、なすすべもなかった」「日立はほとんど攻撃に手が回らなかった」「この日の早大のプレーぶりは今シーズン最高のものといってもよかった」などと評した。長い天皇杯の歴史を見ても、学生が企業チームをここまで圧倒して勝利した例はない。

日本代表でも活躍した沈着冷静なリンクマンの森、戦術眼と技術に長けたゲームメーカーの桑田、天性の得点感覚をもつ釜本と要《かなめ》はいたが、運動量豊富な松本、寺崎、赤坂らが大きな展開から走り勝った。

その象徴が大嶽だ。静岡県屈指の進学校、沼津東高から1浪して入学。3年生までは一度もAチームでプレーしていなかった。汗かきのがんばり屋で、リーグ戦では、GKが飛び出した無人のゴールにカバーリングに入ってクリアしたこともある。年間を通して敗戦は1－2で負けた早慶戦だけで、監督の工藤が、「今年のメンバーは早大史上最強」と胸を張った11人のなかに大嶽のような選手がいる。それがア式だった。

天皇杯全日本選手権は1921年に大日本蹴球協会創設とともに20チーム参加で始まり、当初は大学およびそのOBチーム、高等学校を母体にしたクラブチームが覇権を争っていたが、1960年代は企業チームと大学勢がしのぎを削る時代に入る。

その後、日本サッカーリーグ所属の企業チームが力をつけた1970年代から大学勢が後退、1993年のプロリーグ開幕後は、80チーム以上がノックアウト方式で戦う大会の頂点をJリーグ勢が占めている。学生最後の優勝は1966年度の早大で、通算3回の日本一は大学単独として慶大、中大の1回をしのぐ最多。企業と学生が競った1960年代の2回の優勝は、早大の歴史でも重みをもつ。

その天皇杯決勝にめっぽう強かったのが1964年卒で、のちにオリンピック・メキシコ大会で銅メダルメンバーになり、全盛期の東洋工業でも活躍した松本育夫だ。

日立を下したこの決勝のクリーンシュートによる2点に加え、東洋工業時代に八幡製鉄との決勝で2点、母校と対峙した1回を含め5回の決勝で7点をマークしている。

栃木県の宇都宮工業高校時代、静岡・清水東高校の杉山隆一、広島大学附属高校の桑田隆幸とともに「高校三羽烏」と呼ばれ、快足フォワードとして鳴らした。大学は中大に進めば学費免除だったが、川淵三郎にあこがれて早大に進む。テクニック中心の中大より、粗削りの早大のほうが自分に合っているという判断もあった。1年時から左ウイングでレギュラーをつかみ、日本代表にも入る。50メートルのタイムは5秒9で杉山と同じだった。

寮では郵便の仕分け係で、4年生の川淵のところに金曜日に届く恋文を持っていった。2年生、3年生でも試合に出続け、4年生で新入生の釜本の教育係になった。2カ月間、グラウンド内外のことを教える役割だ。練習後には2人してグラウンドに出て、シュート練習を繰り返した。並のストライカーはボールを蹴る足でコースをコントロールするが、釜本は軸足のつま先で蹴る方向を決めていた。ただものではないと感じた。

最終学年はリーグ戦、東西学生王座決定戦、天皇杯全日本選手権と3冠を達成。卒業後は2年生の頃から声をかけられていた古河電工に進むと決めていたが、4年生のときに古河が業績不振に陥り採用がゼロになった。同県人の日本代表キャプテン、小沢通宏の紹介で受けた東洋工業の面接では1人学ランで臨み、「これからは大型車の時代だ」と大言壮語してしまう。その理由を聞かれて言葉に詰まっていると、サッカー部部長の役員が助け舟を出してくれた。

関東から東洋工業に入社する選手自体がめずらしく、広島は縁もゆかりもない土地だ。オリンピック東京大会のメンバー選考のために出かけたドイツ遠征は、練習試合の初戦で、のちに西ドイツ代表で世界一になるベルティー・フォクツのタックルに靱帯をやられて、残り50日間を洗濯係として過ごす。

帰国後に選外になると、広島の歓楽街、薬研堀《やげんぼり》で痛飲する毎日を送ったが、翌年には戦力増強のためア式の後輩である桑田らが入ってきて、うかうかしていられなくなった。寮の自室の天井に、自分はこういう選手になるという誓いを書いて貼った。

「自分は杉山ほどのドリブルがないから、味方にワンタッチで正確に預けたボールを相手の背後に入れてもらい、そこで勝負する」

そのぶん、体力が必要になるので寮の前にある神社の階段を早朝から上り下りする。磨きをかけたスピードとスタミナは、東洋工業の日本リーグ4連覇とオリンピック・メキシコ大会で結実した。

1974年に現役引退後はマツダの社員として働きながら、ユース日本代表監督などを歴任。尾崎加寿夫《かずお》、風間八宏《やひろ》、鈴木淳、柱谷幸一、水沼貴史らを抜擢し、日本で開催された1979年FIFAワールドユース選手権で指揮を執った。

1983年に、マツダの研修担当で訪れていた静岡県の研修施設でガス爆発事故に遭い、四肢の複雑骨折と全身40パーセントの熱傷を負う。不慮の事故は、松本の不撓《ふとう》不屈のキャリアをさらに尖ったものにした。

1996年のマツダ退社後は、京都サンガFC、川崎フロンターレでフロントと現場を行き来し、後者のJ1昇格など成果を残すが、ときに情熱を逆手に取られ、権限のない立場に追いやられたりもした。長野県の地球環境高校でわずか7カ月の指導で高校選手権に導くと、続いてサガン鳥栖に請われてS級ライセンスをもたないユン・ジョンファンの代わりに監督として指揮を執り、チームの危機を救った。

その後もサガン鳥栖のサポーターの一部には支持を受け、松本が前立腺がんの治療を受ける際、当時の市長から、先進医療に取り組む鳥栖市内の病院を「お礼に」と紹介されたという逸話もある。２０１３年には故郷の栃木ＳＣに請われてフロントに加わり、急場で指揮を執った10試合で負けなしの記録をつくる。71歳でのＪクラブ監督は史上最高齢だ。

83歳になった今も、サガン鳥栖のオーナーのアドバイザーとして月に数回は九州に飛ぶ。すでに返上したＳ級ライセンスが手元にあれば、ベンチに座りかねないほどのエネルギーだ。

「理想のサッカーを追い求めるのも時と場合で、監督のエゴであってはいけない。チームは選手に合わせてつくるものだから」

と話す。スマホの発信履歴には、サガン鳥栖のスタッフの番号が並ぶ。

松本の2学年下で東洋工業へと軌を一にする二村昭雄は、1学年下の釜本邦茂と京都市内の同町内で育った。

太秦《うずまさ》小時代、近所でやる野球ごっこにはローカルルールがあった。十数メートル先の石段の向こうがホームランゾーンで、そこを越えると、アウトカウントがゼロに戻る。釜本の打席がくると必ずホームランになるので、攻撃がずっと続いた。ともに進んだ山城高校では、3年時の高校選手権で森孝慈のいる修道高校（広島）に敗れて準優勝。京都で育った逸材は府外に出すな、というのが、のちに日本サッカー協会会長を務める藤田静夫（当時、京都サッカー協会会長）の命。二村の進路も同志社大学に決まっていたが、命に背いて関東の大学を志す。

小柄で俊敏さが売りの自分が、詰めが速く当たりの強い関東のサッカーでどこまで通用するかを試したかったからだ。そのなかで自分に合っているとすれば、運動量があって泥臭いサッカーをする早大だった。

寮の4人部屋の2段ベッドには慣れなかったが、普通の会社員だった父親には無理をいったし、すごすごとは帰れない。グラウンドでは詰めの速い関東サッカーに対抗するために、球離れと判断の速さで順応した。早慶戦にはスタメン出場、韓国遠征にも1年生で1人選ばれて参加した。

1年遅れで釜本が紺碧寮にやってきた翌年、事件があった。

寮の朝食は毎日、焼き魚。ある朝、部員の1人が、「サッカーは一流、食事は三流か」と口を滑らせた。憤慨した炊事担当の女性2人がボイコットを起こした。2週間経っても朝食も夕食も出てこない。二村によれば、4年生のキャプテン、西山孝明が頭を下げてようやく解決したという。「一流」という学生の戯言が大言ともいえないほどの黄金時代が訪れつつあった。

副将の竹内民雄は『75年史』にこう書く。

〈昭和38年度（1963年）のチームは、WMW50年の歴史を通じても最強チームの一つに数えられる力をもったチームだったと思う〉

1955年からのリーグ戦4連覇の世代は、八重樫、川淵、宮本という日の丸組で4年間のリーグ戦成績21勝3分け3敗と圧倒したが、天皇杯は取れなかった。

二村が入学した1962年から釜本が卒業するまでの5年は、リーグ戦を三度制覇、天皇杯優勝2回という歴史上屈指の戦績を誇る。松本、桑田、二村、釜本に加えて、森、大野毅と日本代表も生んだ。

1963年、二村が2年生のリーグ戦では、初戦で日本大学（日大）を5－1で退けると、教育大に2－1と苦戦したが、法大に8－0、7月の早慶戦で苦杯を喫した慶大に3－0、続く明大に2－0、中大に3－1と危なげなく勝ちを重ねて、最後は立大に5点を浴びせて完封した。釜本が3点、二村が2点だった。7戦全勝の完全優勝は、5戦全勝の1947年以来。関学大との東西学生王座決定戦も、釜本が引きつけたスペースに赤坂が走り込んで二村からのパスを決めると、釜本が大きな揺さぶりから加点して2－0と完勝した。

オリンピック東京大会に沸いた1964年、二村3年、釜本2年のリーグ戦は4連勝で快走しながらその後の3試合はドローに終わり、無敗ながら明大の後塵を拝した。連覇を狙った天皇杯も、3位決定戦で松本が進んだ東洋工業に1－2で屈して4位だった。

続く1965年は、2年前に続いてリーグで完全優勝を果たす。開幕から5試合で23得点という爆発的な攻撃力を見せつけたのが、明大との最終戦だ。3年後にメキシコでオリンピックに銅メダルをもたらす釜本、杉山隆一コンビの対決は、1960年代後半から日本サッカーリーグの看板カードになったが、2人が学生だったこの頃、すでに高い動員力をもっていた。

第2次世界大戦後、初めての最終戦全勝対決という注目の一番に、駒沢競技場のスタンドは1万6000人の観衆で埋まった。早大は、二村が釜本からのパスに飛び込んで決めたダイビングヘッドの先制点を呼び水に、二村と釜本が2得点ずつをマーク。7点を浴びせ、杉山のPK1点に終わった明大を相手に前年の雪辱を果たした。

小学生から一緒に野球、サッカーと同じボールを追いかけた釜本との最終学年、コンビは成熟の域にあった。二村は振り返る。

「ボールを持ち、釜本をまず見るのは癖だが、相手ディフェンダーにまとわりつかれた釜本は目も合わせない。ボールをキープ。さてどこに出すかは、フリ。相手がふと動きと思考を止めた瞬間、目が合うのが、パスの出しどころ。一瞬の動きで抜け出るポイントでボールを受けるから、そこに出す。一瞬のすばしっこさは、子どもの頃から変わらなかったね」

釜本は1年生で11点、2年生で7点、そしてこの年は14点と、3年連続のリーグ得点王になった。

新入生のときから他部生を畏敬させた不出世のフォワード

ア式蹴球部は100年の歴史で数多くのストライカーを日本サッカー界に送り出してきたが、不世出の存在といえば、釜本邦茂をおいていない。ア式のみならず、日本が生んだナンバー1のストライカーである。

1944年4月15日、京都府生まれ。山城高2年生で日本ユース代表となり、高校選手権でも活躍したことで、その名前は関西に知れ渡った。

高校卒業時、大戦前から三菱系の会社員だった父親の希望は、太秦の自宅から通える関学大に進んで三菱重工に入社すること。父親の勤務先に関学大サッカー部のOBがいたこともあって、父親も強硬だったが、山城高サッカー部の部長が、「日本サッカーの将来を背負って立つ男になるから、早稲田に行かせてやってほしい」と後ろ盾になってくれた。

「下宿代や仕送りも必要になるから家計を思って悩みもしたけど、レベルの高い関東で揉《も》まれて東京オリンピックに出たいという気持ちが勝ったんだね」

ユース代表の関係で初めて東伏見に降り立ったのは、5月の大型連休のあとだった。

長身で堂々としていたからか、グラウンドに向かって歩いていると、他部の新入部員らしい学生たちが口々に挨拶をしてくる。同期は、高校選手権の決勝で覇を競ったあとに浪人して一般入試で入学していた修道高（広島）の森孝慈ら、地方出身者が6人。東京の城北高校出身で、日本代表の同僚にもなる大野毅もいた。

寮は6人のタコ部屋時代である。1人あたりのスペースは一畳ほど。テレビもラジオもない。門限は夜10時半だったが、練習のあとには同期と飲みに繰り出した。新宿や高田馬場界隈で安酒を飲むことがほとんどだったが、一度だけ銀座に繰り出した。銀座4丁目の三越のライオン像の前で待ち合わせてしばらく歩いたものの、場が違うと悟り、店にも入らずに引き返した。

門限に遅れることもあったが、グラウンドを走っていろと命じられる程度で、理不尽な上下関係はいっさいない。4年生のときに、野球部の主将が「サッカー部は手ぬるい。下級生に示しがつかない」と抗議にきたことがあったが、主将の森が、「ウチにはウチのやり方がある」と言い返した。

関東大学リーグでは4年連続で得点王になったが、もっとも思い出深いのは1年生のときだ。11ゴールを挙げて7戦全勝の完全優勝の立役者になった。東伏見のグラウンドで焚火をしながら部員全員が輪をつくった。

「4年生が号泣するのを見て、いいことをしたんだと実感したね」

その年に日本代表候補合宿に呼ばれた。GKの保坂司から、シュートのときの足の振りが大きいと指摘された。膝下を素早く振り抜く練習をした。相手DFに向き合うことを想定して、新宿の歌舞伎町で、人の流れに逆行しながら歩き、人とぶつかる寸前に身をかわした。動体視力を上げるために、西武線の窓の外に流れる看板の文字に目を凝らしもした。

月の仕送りは1万5000円で、寮費を払うと残りは昼食代で消えてしまう。練習がオフになると丸の内に出かけた。会社訪問と称して、三菱、古河、日立の〝御三家〟に勤めるア式や日本代表の先輩にご飯をおごられにいくのだ。

そんな習慣もあり、卒業後は父親の希望どおりに三菱重工に入り、森とともにサッカー部でプレーする腹づもりで、三菱重工サッカー部の創設者の岡野良定にも会っていた。熱心に誘われた日立や東洋工業にも断りを入れていた。

卒業を8カ月後に控えた7月、ア式の大先輩で入学時にも面倒を見てくれた川本泰三から東京駅に呼び出され、新幹線に乗せられた。

「関西の人間は関西に帰らんとアカンやろ。卒業したらヤンマーへ行け」

〝蛇ににらまれた蛙〟で、ヤンマー本社で山岡浩二郎や役員から外国人選手の獲得などの強化計画を聞かされ、首を縦に振るしかなかった。

釜本はア式での日々をいま振り返り、4年間の財産を「スポーツに専心することの楽しさを知ったことに尽きる」と言う。

「勝つためには練習で自分の体をいじめ抜き、不断の努力を続けないといけない。上級生しかいない新入生時代、後輩が多くなった3年、4年生時代と、立場は変わっても練習にちゃんと向き合い、公式戦で勝利をつかむという目標にみんなで向かっていくなかで、つねに楽しさを実感していた。陰湿ないじめも理不尽な練習もなく、部全体に人間味が溢れていた」

ヤンマーでは251試合出場して202得点をマーク。得点王7回、アシスト王3回など前人未踏の記録を残した。日本代表としては2回のオリンピックに出場、1968年メキシコ大会では7点で得点王に輝く。FIFA公認国際Aマッチ76試合出場で75得点。不滅の記録だ。

釜本の早大時代の身元引受人だった川本泰三がア式の歴史におけるストライカー史の嚆矢《こうし》で、ゴールの名人の異名をもつ。

1914年、愛知県瀬戸市生まれ。実家は瀬戸の代表的な窯元で、あとを継いだ父親は大阪に移り、のちに送電線関係に欠くことのできない碍子《がいし》を製造する会社を興した。

川本泰三は大阪府立市岡中でサッカーを始め、合格した大阪商科大学（現・大阪市立大学）に入学手続きの手違いで進めなかったことから1931年に早稲田高等学院に入り、17歳から本学のア式蹴球部でプレー。関東大学リーグ4連覇を果たす。

卒業後、同盟通信社に勤務していた１９４１年８月に従軍し、終戦でソビエト連邦（当時）の捕虜として４年に及ぶシベリア抑留を経験した。帰国後に35歳で現役に復帰して１９５４年のワールドカップ・スイス大会予選に出場し敗れたが、同年のアジア大会に40歳１０６日で出場。日本代表の最年長記録として現在も残る。

引退後は会社経営者として経済界でも地位を得ながら、日本サッカー協会理事、関西サッカー協会会長などの要職を歴任し、関西のサッカー界で大きな影響力を維持。川淵三郎や釜本邦茂などの逸材を稲門《とうもん》に導いている。

ア式に入部した頃は、痩身で飄々とした印象が強かったという。子どもの頃からゴムボールでリフティングをしてボールに親しんだことから、テクニックとイマジネーションが豊富で、サッカーのすべてを集約したプレーがドリブルというのが持論だった。もともと足首が柔らかくボール扱いのソフトさは人一倍で、

「ボールとじゃれる猫を見てみろ」

が口癖だった。シュート力を身につけたのも、誰に教わるわけでもなく、自らの観察と創意工夫からだ。ア式の猛練習の前に授業にも出ずに、居候していた親戚につくってもらった弁当を持って誰よりも早く東伏見に出かけ、なぜシュートが上に浮くかを考え抜いた。

そうしているうちに、球が浮くのはボールの下を蹴るからだと得心し、上からボールを叩く癖を自分のものにしてシュートの感覚をつかんだ。

オリンピックでスウェーデン相手に挙げたゴールは、左サイドからのボールが出た瞬間にゴ

ール前に走り出して、MFが前に送った縦パスを右足のダイレクトで打ったもの。ボールの上を叩いたシュートは低い弾道でゴール左隅に刺さった。

センターフォワードとして上下する動きは変幻自在で、相手チームは必ずマーカーをつけた。相手DFの密着から逃れるための工夫が、その視野から消えること。今でもサッカー用語で頻繁に使われる「消える」を最初に使ったのが川本だと言われる。

川本は晩年、『75年史』の座談会でこう話している。

「オレはサッカーの指導者、方法はダメだといっていたけれど、事実ダメだったんだ。だけど、もっとダメなのは選手だと思うんだ。つまり笛がないと練習できない選手がほとんどなんだ。（中略）猿回しの猿といっしょだ」

釜本は若い頃に川本から「消えろ」と一言だけ言われて、首をひねったという。

相手の視野から消えたところから出ていって勝負するという工夫だと気づいたのは後年のこと。釜本は相手DFのマークから逃れるように後方に下がってパスを出すプレーにも味をしめた。得点を量産した日本リーグで、アシスト王にも3回輝いた。

釜本が4年生で臨んだ最後の晴れ舞台が、オリンピック・メキシコ大会の前年にあった第46回天皇杯全日本選手権で、釜本のMFとしての能力が日本一を引き寄せた。決勝の相手は松本、桑田を擁する東洋工業だった。

準々決勝で杉山隆一を擁する三菱重工に3－1で快勝し、準決勝では宮本輝紀《てるき》、渡辺正《まさし》、上《かみ》久雄ら日本代表をそろえる八幡製鉄を2－1のスコアながら内容は完勝で退けての進出だった。

この日、2点を記録したのが中村勤と細谷一郎。中村は修道高校から東洋工業に入り、4年間在籍して日本リーグ連覇に貢献したあとに早大に入学した異例の新人だったが、ほかにも田辺暁男、野田義一ら1年生がスタメンに並んだ。対する東洋工業には松本育夫、桑田隆幸、丹羽洋介と、ア式OBが居並ぶ注目の対決に、駒沢競技場のスタンドは1万8000人の観衆で埋まった。

早大のメンバーは、GK赤須陽太郎（1年）、フルバック（FB）松永忠史（4年）、菊崎賢（3年）、ハーフバック（HB）大野（4年）、長岡義一（3年）、森（4年）、FW田辺、野田、釜本、細谷、中村だ。

7分に小城得達《おぎありたつ》の直接FKで東洋工業が先制。早大も20分に釜本の巧みなロブを野田が頭で決めて同点とするが、後半7分、再び東洋工業にPKでリードされた。その後、東洋工業の決定的なチャンスを早大が防いで迎えた20分に、またも釜本―野田で追いつき、決着は延長に持ち込まれた。スタミナで勝る早大は延長5分に釜本のパスから細谷が突っ込み、こぼれたところを田辺が右から蹴り込んだ。

「それぞれのポジションの選手たちが、そのポジションの役割をきっちりと把握し、それを忠実にこなしたことが、強かった東洋工業を相手に勝利できた要因だった」とは、勝利をお膳立てした釜本の回想だ。

「4－4－2の布陣でDF4人は徹底して守り、オレと森さんが中盤。1、2年生FWを前に並べて『好きなように動き回ればええ。パスはナンボでも出したる』と指示した。オレが前に出て行って下級生4人と一緒に攻撃し、守りは森さんとDF4人が担当する。5人で攻めて、5人で守るという取り決めを忠実に守ったことが勝因だった」

3－2の好勝負に決着がついた。釜本の事実上の3アシストは翌年のオリンピックでの中盤からのチャンスメークを予兆させ、プレーヤーとしての幅の広さを示したが、中盤でいぶし銀の存在感を放ったのが森孝慈だった。

三菱重工戦では密着マークを受けながら巧みなポジション取りでかわし、相手の芽を摘む動きで逆転勝ちの立役者になった。決勝でも豊富な運動量で中盤を制圧し、釜本の動きを引き出した。

1943年、広島県に原爆孤児の受け入れ施設をつくった教育者の次男として生まれ、修道高校時代は3年生の高校選手権で釜本、二村の山城高校を破り全国優勝した。卒業後は1年の浪人生活を経て政治経済（政経）学部に合格。選手権決勝で相まみえた1学年下の釜本は入学して最初の練習で森の姿を認め、

「サッカーで入学せずに独学で政経に受かるとはさすがだと思った」

と回想している。現在でいうセントラルミッドフィルダー、当時は攻守のつなぎ役のリンクマンとも呼んだ現代的なミッドフィルダーの走りともいえる存在で、現在でいうセンターバックもこなした。釜本は振り返る。

「堅実でクレバー。つねに冷静さを保ちながら状況に応じて的確な判断を下し、最適な指示を

送る。あくまでイメージだが、日本代表のキャプテンとして長くプレーした長谷部誠の先人のような存在だった」

卒業後は実兄で、のちに日本サッカーリーグ総務主事を務め、プロ化に動いた森健兒のいる三菱重工に入社して、オリンピック・メキシコ大会でもプレー。１９７０年代は低迷する日本代表を釜本とともに支え、ＦＩＦＡ公認国際Ａマッチ55試合に出場した。

引退後は、西ドイツ（当時）に留学して指導者の道を歩んだ。日本代表監督としてのさまざまな意味での功績は言うに及ばず、浦和レッズ監督とＧＭ、横浜Ｆ・マリノスの強化責任者などを歴任し、真摯で情熱をうちに秘めた性格で多くの人に親しまれた。２０１１年に腎盂がんのため67歳で死去した。

決勝を報じた「朝日新聞」の記事は、〈早大は不安のあったバックスがよく守り、若手のＦＷが釜本のつくるチャンスを最前線で生かしたのも殊勲だが、この日最大の功績は中盤を奪う原動力になった森主将だった〉と書く。

結果的に学生が天皇杯を制した最後の大会になった。

このゲームで中盤に落ちた釜本の采配に応じて走りまくったのが、神戸高出身の２年生ＦＷ細谷一郎。三菱重工に進んで史上12位の日本リーグ通算58点を記録し、日本代表にもなった。

その２学年下が、日本リーグ通算82点と歴代３位の松永章《あきら》だ。関東リーグでは二度の得点王。ア式史上でも強烈な個性をもつストライカーとして知られる。

ア式の監督も務めた不屈のストライカー

松永は高校選手権、高校総体、国民体育大会少年の部のいわゆる3冠を戦後初めて獲得した静岡県の名門・藤枝東高校出身。早大に入学したのが釜本と入れ違いの1967年だ。

松永の父親が、藤枝東から名古屋相互銀行（名相銀、現・名古屋銀行）に進んだ先輩の桑原勝義の父親と懇意で、その縁で早くから名相銀入りが決まっていたが、最後の高校選手権決勝で伏兵の秋田商高と引き分けに終わったことが道を変える。

早大OBの毎日新聞記者、岩谷俊夫がよもやの両者優勝に悔しさを露わにする松永に、「早稲田に行かないか」と声をかけたのだ。立大、中大など関東の多くの大学に誘われていたが、早慶は推薦制度がないため、選択肢に入っていなかった。

釜本とは入れ替わりになるが、自分がエースになれると心が躍った。岩谷が松永の入学を託した笹野積次は、藤枝中、藤枝東高、早大の先輩でオリンピック・ベルリン大会のメンバーだ。ベルリンのメンバーには同姓で名前が同音の松永行《あきら》（東京文理大学＝のちの東京教育大学）がおり、巡り合わせを感じた笹野の労で松永は稲門をくぐる。袖にした関東の他大学への顔向けができないと怒る藤枝東高関係者に冷遇され、しばらく帰郷もできなかったという。

ア式では1年生から頭角を現し、皇太子（現・上皇）ご夫妻の天覧試合になった早慶定期戦では、前年に活躍した釜本の向こうを張って、決勝ゴールを決める。最終戦で逃したリーグ得点王を2年生で獲得。上級生になるとサラリーマン監督の安田一男の下で練習でもイニシアチブを取る存在になり、同期からは「キング」と呼ばれたが、4年時はリーグ戦タイトルを最終戦で逃した。

卒業後の進路は日立だ。白物家電で高度成長の日本経済を支えた大企業への就職は、景気話に惹かれたこともあるが、大部分はア式の先輩で元日本代表監督の高橋英辰の差配。日立勤務の高橋は、三菱重工に後れを取る日本リーグの制覇を目指して進める強化の中心に、松永を置いていたのだ。高橋は日本サッカーの本流から一歩引いた存在で、松永自身も、高校2年生から選ばれたユース代表を指導していた平木隆三ら日本協会の技術委員会メンバーとそりが合わない。高橋は日立に入った松永に、「代表に行っても教わるものはない。へたになるだけだ」と言い放った。日本代表は10試合出場だったが、

「釜本を超えたところに国際舞台があると思っていたから、日本代表の数字は意味がない」

と松永。釜本への対抗意識は猛々しく、4年先輩を呼ぶときは今でも呼び捨て。サッカー選手としては自分のほうがうまかったと言いきる。

日立入社1年目から釜本の2年連続得点王を阻止すべく、チームの優勝争いとともに激しいつば競り合いを演じた。最終節で松永の2得点で勝った日立に対して、釜本1得点のヤンマーは引き分けて、日立が初優勝する。続いて翌年元旦の天皇杯決勝でも松永が決勝点を決めて2冠を達成した。

松永は新人で得点王になった。翌年も連続得点王になるが、今度はその3年連続タイトルを釜本が阻止。翌年も釜本がタイトルを手にした。その間も日本代表では重用されなかったが、

釜本自身は2年連続得点王の頃の松永のプレーを認め、松永中心の代表にするべきだと話していたといわれる。

翌1976年のオリンピック・モントリオール大会予選など、釜本と松永が並び立った試合は少なかったが、千葉県・検見川での合宿でのこと。珍しく同部屋になった2人は、必要最低限しか口をきかずに二段ベッドで過ごしていた。上段で読書をしていた松永が、部屋を空けた釜本のベッドを見るともなく見ると、自分が読んでいるものと同じ、宮本武蔵について書かれた書物だったという。

日立入りして6年目の1976年に、ア式の後輩である碓井博行を獲得して世代交代を図る高橋と対立し、試合はほぼボイコット。私生活も荒れた。5試合出場で無得点に終わる。この1年で、もっていたタイトルのすべてを失った。本人が若気の至りと振り返るこの乱心がなければ、どうだったか。

「日立は碓井ら有望な若手と自分らの融合で黄金時代を築いていただろう。古河電工の初優勝もなく、奥寺康彦の西ドイツ行きは自分だったかもしれない」

いずれにしろはっきりしているのは、本人が認めるとおり、監督や周囲が手を焼く跳ね返りだったことだ。それは〝ハイエナ〟の異名を取ったプレーと表裏一体でもある。高橋とは和解したが、1982年に日本リーグ通算82得点で引退する。

ア式監督を1993年から6年間務めた。着任して最初の感想は、「これならば仲良しの同好会でよかろう」というもの。人間としての心技体とサッカー選手の基礎を徹底的に叩き込んだ。立場は日立の総務部付きで、職場は東伏見だ。朝一番から走り込み、夜は自主練をする部員の最後の1人までつきあった。部員70人全員と面接し、春と夏にはそれぞれ2週間の合宿。週末の試合の感想を火曜日にA4のリポートで提出させて添削する。

今でも手許に残る活動指針は綿密かつ情熱的だ。その結果がインカレ連覇、4年目で20年ぶりのリーグ戦制覇だった。母校で経験を積んだあとに古巣の柏レイソル監督に、というのが恩師・高橋の青写真だったというが、ア式と日立の後輩、西野朗がオリンピック代表監督として「アトランタの奇跡」を演じ、潮目が変わる。

用意されていた梯子《はしご》は消えてア式に留まり、5年目の1998年に同じく後輩の岡田武史が日本をワールドカップ出場に導く裏で、ア式初の2部リーグ降格を経験する。2年間、任期が伸びたことによる巡り合わせである。

2部降格を受けた6年目、松永は部の方針をまとめたペーパーに〈早稲田の運命は今年一年。1部復帰ならば（監督は）サッカー界で次のステップへ。2部ならばサッカー界から足を洗う〉と書いた。総理大臣杯は2部でありながら20年ぶりの優勝を遂げたが、リーグは6位に終わり、昇格を逃がした。その言どおりに松永は野に下る。主宰する松永章サッカースクールの育成目標は、「たくましさ」「集団のなかで輝く」「大人へ成長する」の3つ。ア式監督時代に言い続けてきた骨子にも重なる。

藤枝東高でも後輩にあたる大型FW碓井が入学したのは、松永が卒業した5年後だ。右足の強烈なシュートを売りに「釜本の後継者」ともいわれた。

ア式では史上初のインカレ3連覇に貢献し、日立でもJSL杯優勝。リーグ得点王2回、通算得点85点は釜本に次ぐ歴代2位。日本代表としてもオリンピック・ロサンゼルス大会予選などに出場して15ゴールをマークした。

碓井の2年後輩が、長身FWとして鳴らした松浦敏夫だ。日本リーグ通算68点は歴代6位。サッカーでは無名の公立校、横浜緑ケ丘高出身で、190センチの高さを生かして日本鋼管（のちのNKK、現・JFEスチール）で活躍し、30歳を過ぎて2年連続で日本リーグの得点王になった。日本代表としても22試合で6ゴールを記録している。

その松浦と同じ長身を武器にオリンピック・ソウル大会予選などでプレーしたのが、3学年下の原博実だ。日本リーグ通算は56点と14位だが、日本代表で4位の37点を合わせると、277点の釜本、100点の碓井に次いで、93点になる。

サッカーでは無名の栃木県、矢板東高時代から、長身は目を引いた。国体でベスト4に進んだが、高校選手権には無縁。ペンデルボールなどで1人でも技術習得のためのトレーニングができると知ったのは、無名校から呼ばれて参加した検見川でのユース代表候補の合宿だった。

当時、日本代表の監督だった二宮寛から、「お前は面白いところがあるから、工夫して練習するように」と言われた。卒業時には中大に誘われており、地元にあった藤和不動産サッカー部（のちのフジタ、現・湘南ベルマーレ）の監督で、のちに日本代表監督になる石井義信からも声がかかっていたが、周囲の勧めで早大教育学部に進む。

ア式に入ると、のちにサッカー界で活躍するメンバーの個性に圧倒された。4年生の西野朗はプリンス的な存在で、松浦敏夫は長身の原が見上げるくらい。ほかにも三菱重工で活躍する内藤洋介ら、その下に加藤久、1学年下に岡田武史。個性はあるが、まとまりに欠ける印象だった。同期には卒業後に一度、教員になったあと、マツダで活躍する木村孝洋がいた。抜群のテクニシャンで、そのほかの同期もレベルが高い。普通にやっていたら出られないと、グラウンドの奥にあるキック板とペンデルを相手に練習を積んだ。

寮では電話番で、ガールフレンドからの電話を上級生に取り次ぐ。西野宛ての電話には「不在と答えろ」と言いつけられた。チームが結束したのは加藤がキャプテンになった翌年だ。堀江忠男が監督に復帰して学生主体の運営になり、原自身もポジションをつかんで、総理大臣杯とインカレ優勝に貢献した。

1978年10月19日、原20歳の誕生日だった。練習のあとに銭湯に行き、誕生祝いもかねて同期で飲んでいた東伏見駅北口の居酒屋「ひょうたん」に、「すげえプレゼントだぞ、代表に入ったぞ！」とマネジャーが飛び込んできた。代表候補ではないかと訝《いぶか》ったが、アジア大会の日本代表メンバー入りで、翌日の新聞には加藤と原の名前があった。

釜本に続くエースストライカーを見出せない日本代表は、三菱重工のDF斎藤和夫がCFにコンバートされるほど低迷していた。日本サッカーリーグも前年に1試合の平均観客数が1800人を割り込むという冬の時代に、二宮は数年前に検見川で見出した長身FWの成長にかけたのだ。翌年のユニバーシアードでは8得点を記録した。

ア式では4年生でキャプテンを務め、タイトルは逸したが、まとまりの良いチームをつくった。早慶戦は4年間負けなしだった。卒業時は古河電工か三菱重工かの選択。古河電工のスタイルはシンプルでア式に近く、三菱重工は丁寧にボールをつなぐ印象があった。監督の横山謙三に環境を変えてみないかと言われ、日本代表の尾崎加寿夫という、コンビには最適なタイプのフォワードがいたこともあり、三菱重工に決めた。

日本リーグで11シーズンプレーし、リーグ戦192試合で65得点。キャリアを通して長身とバネを生かした空中戦から〝アジアの核弾頭〟ともいわれたが、コントロールの効いた左足シュートが本当の武器だと自任していた。

1980年代の日本代表では、森孝慈の下でワールドカップにあと一歩まで迫り、高校卒業時に原に声をかけた石井が采配をふるったオリンピック・ソウル大会予選でも主軸としてプレーする。出場75試合は76試合の釜本に肉薄し、クラブチームなどが相手の試合も含めると、171試合に出場して72得点になる。

32歳でプロ契約をし、その翌年にはア式の先輩である森孝慈監督の下で浦和レッズのコーチになった。いきなりトップチームの指導にあたったことが、その後の指導者のキャリアを決めた。30代で監督になると、小野伸二らの若手を躊躇なく使った。FC東京でも、若く活きのいいチームでJリーグヤマザキナビスコカップを獲った。そのバックボーンにあるのは、自分自身が抜擢されて大きく成長したという原体験だ。

現場から上がったあと、日本サッカー協会では技術委員長として強化と育成を部門分けした。

前者では、チリ代表のペジェグリーニ監督やビエルサ監督にアプローチするなど大胆な交渉にあたり、スペイン協会との連携も進めた。

協会専務理事から転じたJリーグでは、副理事長として、まずクラブありきの発想を貫いた。現職は、J3リーグの首位を独走してJ2への復帰を決めた大宮アルディージャのフットボール本部長。男女のトップチームとアカデミー、スクール全般の強化のトップだが、机の前に座っている時間は短い。男女の練習を見て、ユースの遠征につきあい、週末もトップチームだけでなく女子のゲームにも足を運ぶ。

「男女ともにいい選手が育ち、コーチやスタッフも成長してどこかに出ていき、また戻ってくればいいいんだ」

と話す。10月には世界的な飲料会社「レッドブル」に経営権が移ったクラブの代表取締役に就いたが、理想として思い描くのは、変わらず成長型のクラブだ。そのキャリアには、不器用に見えて幅が広く利他的だった現役時代のストライカーの姿が重なる。

圧巻のゴールラッシュの始まり

100年目の背番号9を背負った駒沢のゴールラッシュが始まったのは、関東大学リーグ2部第3節、慶大戦のアディショナルタイムからだ。開幕から1分け1敗でスタートした2週間後、3部リーグから昇格した慶大との試合は、伝統の対決であると同時にリーグ戦で初勝利をあげて、あらためて1部昇格への勢いに乗るための大事な一戦だった。気温30度近い晴天の下、東伏見グラウンドには500人近い観衆と関係者が詰めかけた。

開始間もない6分にGKの村上健がセンターサークル付近から放ったロブが、この日リーグ戦初出場の4年生GK北村公平の頭上を抜いて慶大が早大の機先を制す。

試合はその後もFW塩貝健人（2年）をトップに置き、その左右に組織的にボールを運ぶ慶大のペースで続いた。早大は連動性を欠き、ピッチの至るところで個の勝負に追い込まれた。

2失点目は右サイドから大きく振られて、左サイドに開いた塩貝に中央に切り込まれると、早大のDF陣はファウルもできないままMF角田惠風《よしかぜ》（3年）につながれた。前半のチャンスは、終了間際に山市が半ば強引に持ち込んで放ったシュートが相手GKにセーブされたシーンだけだった。

後半、早大が巻き返しに出る。4分にCKからの混戦でMF伊勢が狙うがDFがブロック、続いてMF成定真生也《なりさだまきや》、後半早々に投入されたMF東のパスから立て続けに駒沢が狙うが、DF、GKに弾かれる。そんななか、カウンターアタックから塩貝にMF茅野優希へのパスを通されて3失点目を食らうと、79分には塩貝にGKの頭上をループシュートで抜かれて4点目を失った。

前半早々に左足首をひねった痛みと、塩貝の速さにやられる悔しさを抱えながらプレーしていたのが、3年生のDF笹木大史だ。元日本代表の本田圭佑が関わるソルティーロ東京FCに所属していた中学時代は、U－15クラブユースで全国8強。付属の早大学院から商学部に上がり、2年生までトップに絡めなかったところから、学院出身では近年異例の開幕スタメンをつかんだ。

1年目は自慢のヘディングが通用せず、フィールドプレーヤーの序列でいちばん後ろ。同期のほとんどが参加した遠征にも呼ばれない。サッカーをやめたくなったが、そこから高校入学のときに自己推薦用エントリーシートに3000字で書きつけた自分の長所どおり、くさらずに自分の弱点をつぶしていく。

2年生になると、スピードはスプリントコーチの秋元真吾の教えを吸収して、1年間で30メートルのタイムを0・3秒縮める。ビルドアップはJリーグに進む4年生に教えを請うた。トップに引き上げられたのは3年生になる前の始動直後から。3月の島原遠征で自信をつかみ、1年生のときに抱いていた「4年生のうちにリーグ戦に出て活躍する」という目標が現実に近づいた。1学年下の塩貝にしてやられ、試合に出ないとわからない悔しさを感じたのも、ピッチに立てたからだ。

「底辺から這い上がってきましたが、目標はあくまでリーグ戦出場ではなく、活躍なので、ここからです」

試合後、控え全部員の前に整列したゲームメンバーに、「苦しいときにみんなで声をかけられないのが、今のトップチームだ」と下級生から厳しい言葉が飛んだ。伊勢は試合後に試合の感想を訊《き》かれて、下級生の言うとおりだと言った。

「先に点を取られると下を向いてしまうのが今の自分たち。相手のほうがゴールに向かう姿勢があったし、体も張っていた」

就任半年あまりで前年とは見違えるチームをつくってきた慶大監督の中町公祐は、「もっと圧倒するつもりだったが、さすがに早稲田は強度が違う」とコメント。中町と横浜F・マリノスの同僚だった兵藤は、「ありえない失点が3試合続けて起こってしまった」と振り返った。

エースの駒沢も唇を噛《か》んだ。試合後の分析で、チャンスの期待値は双方ほぼ同じとわかった。チャンスを確実に決めていれば、4－4になってもおかしくない試合だったのだ。2年生の相手エース塩貝に、目の前でストライカーらしいプレーを見せつけられた。自分自身は複数のチャンスを外して、チームを前に出せなかった。自分への怒りが募った。

大型連休中の5月5日には、慶大とともに3部から昇格してきた城西大を東伏見に迎えた。センターバックは右足脛の負傷からリカバーした林が、同じく1年生でU－19代表の尾崎凱《かい》琉《る》と組み、FWの鈴木が開幕戦以来のスタメンに入った。

是が非でも先制点がほしい試合で、期待に応えたのは駒沢だ。18分に右CKから伊勢が蹴ったファーサイドへのボールを高い打点のヘッドで叩き込んだのだ。1－0とリードした後半は攻めあぐね、終了3分前に山市がゴール前の混戦から右足で強引に蹴り込んで2－0とする。リーグ戦初勝利になったが、シュート数は9対7と拮抗し、城西大のゴールが二度、判定で取り消されるという展開だった。

兵藤は慶大戦のあと、練習時間を削ってまでも、選手1人ひとりに試合の振り返りシートを書かせた。問題点を共有し、最低限の約束事を整理して各自が明確化するためだ。チームで決めた約束事は、「準備」「切替」「ゴール前」の3つだったが、「やろうとしたことの20パーセントから30パーセントしか出せていない。正直、勝たせてもらった」と話した。

それでも駒沢の奮闘は続き、引き分けに終わった第5節の法大戦は0－1とリードされた62分に同点ゴール。前節での脳震盪《のうしんとう》の影響で大事を取り、後半からの出場になった第6節の産能大戦は1－1の81分に伊勢のCKから勝ち越しヘッド。5試合連続ゴールとした。

ゴールを重ねるなかで、駒沢は決断を迫られていた。J2の横浜FCから、天皇杯予選で中断する5月中旬に練習参加に招かれた。実際にトレーニングに行くと、プロクラブの環境の充実ぶりを感じた。手ごたえを得て東伏見に帰ると、ほどなく正式なオファーが届いた。J1への1年での復帰を狙うクラブからのオファーに気持ちが動かないはずがない。

ただ、中学生から、故郷のプロクラブ、ツエーゲン金沢のユニフォームを着る自分の姿を思い描いてプレーしてきた。大学に進んでからも、毎年のように帰郷して練習参加もしてきた。ツエーゲンがJ3に落ちたことで気持ちが揺らいだのも事実だ。が、J1を狙うクラブのオファーにすぐに首を縦に振るには、古巣への愛着も強い。数日間、悩んだ。最後には日本代表という目標と、その道を拓く海外でのプレーという道筋への意欲には逆らえなかった。

横浜FCへの内定が発表されたあと、初めてのゲームになった第7節の山学大戦のパフォーマンスは圧巻だった。前年、手痛い星を落とした相手との対戦は強度と走力にどう立ち向かうかが焦点だったが、序盤はホームの山学大がペースを握り、早大は守勢にまわった。12分だった。左サイドを崩されたところで、DF西凜誓《りんせい》がハンドを取られてPKのピンチを迎える。

GK海本慶太朗はその瞬間、冷静だった。相手キッカーの情報はなかったが、股関節の向きと足の向きでキックのコースを読みきった。右利きのキッカーが助走の途中、腰の角度がキッカーから見て右側に開いていれば、GK右側にフックさせて蹴るキックはまずない。さらに足の向きがキック直前にわかれば、まず読みは外さない。もともと相手との駆け引きは得意だ。あえて自分の右側を意識しているような視線の動きで誘い込んでから、キッカーに向かって左に飛び、はじき出した。

初めてリーグ戦のピッチに立った第2節の日体大戦で、いきなり出番を告げられた緊張感と同時に、前半終了間際にヒルが犯したミスは誰にでも起こりうると身を引き締めた。

次戦からもゴールマウスに立ち続けた。大きなミスがあったわけではないが、ゲームの流れやリズムを大きく変えるビッグセーブがあったかといえば、なかった。それが訪れたのが、山学大戦だった。

浦和レッズジュニアに所属していた小学6年生でキーパーになり、「へたっぴ」そのものでも楽しかった。中学年代は大宮アルディージャのジュニアユースチームに移る。海本の代は国内有数のチーム力だったが、位置づけはサブ。ユースに昇格しても控えが中心だったが、同期の涌井寿大《としひろ》（明大）を目標にして成長できた。実戦経験を積むために大学に進んだのは、早大にはヒルという文字どおり大きな存在がいたからでもある。

そのヒルが慶大戦のあとに負った指の脱臼から回復しても、海本がスターターという位置づけは変わらなかった。ガンバ大阪などでプレーした元Jリーガーである父親の慶治からは、「うまくいっているときほど気を緩めないように」と助言されている。その言葉どおり、体中に責任感をみなぎらせて前期リーグのゴールマウスに立ち続けた。

先制点の起点も海本だ。26分に素早いフィードを送り、それを受けた本保がワンタッチで駒沢とパス交換をしたあとに絶妙のループパスを左サイドに送り、左MF松尾が豪快に蹴り込む。勢いをさらに加速させたのは、駒沢だった。34分。DF佐々木の縦パスを受けながら相手DFと入れ替わって右45度のレーンを独走し、狙い澄ました右足シュートを山学大ゴールの左隅に蹴り込んだ。迷いのないインステップによるゴールだった。


駒沢の2点目のゴールを見ていて、ベンチにいる鈴木大翔は複雑な気持ちだった。

誰もが「ここで1点がほしい」と期待する場面で、力みなく決めてみせる。簡単なシュートに見えるが、自分のかたちに呼び込んで確実に決めることの難しさは、同じストライカーだからこそ、理解できる。頼もしく感じる一方で、それができていない自分が歯がゆかった。

ガンバ大阪の下部組織でU－15とU－16の日本代表メンバーにも選ばれ、早大にはスポーツ推薦で入った。ガンバのトップチームに昇格できればそれがベストだったが、高校3年生の6月に昇格はできないとわかり、レベルの高い関東で揉まれるのも将来のためと、上京した。

1年目の日体大戦で大学デビューをした。シュート態勢に入って、もらったと思った瞬間に、あと一歩のところで相手の足が出てくるのが大学レベルだ。動き出しやファーストタッチでいかに自分のプレーを出す空間をつくれるのかを考えた。

環境に慣れて答えを見つけられれば、高校時代まで続けてきたように、感覚的に体が動いて自然にゴールを取れるようになるはずだった。ガンバ大阪では、日本代表のストライカーだった大黒将志コーチの指導を受けた。大黒にワンタッチのゴールが多かったのはどうしてなのかを考え、シュートに持ち込む前の動きを学んだ。大学に入っても、試合前にイメージをつくるために、スマホで大黒の映像を見返すことも多い。

1年生の最後は新人戦で自分らしいプレーを出せた。快勝した全国大会の決勝でマークした4点目は、クロスに対して一度下がって相手の視野から消え、裏に抜け出す動きからだった。新チームでは誰も口に出さなくても、駒沢に続く得点源として期待を受けていることがわかった。リーグでは2桁得点を目標にすえたが、開幕戦はシュート2本に終わった。第2節から2試合はベンチに座り、慶大戦の相手FW塩貝のプレーに圧倒された。

駒沢が控えにまわった第6節の産能大戦は1トップでスタメン出場し、シュート1本で後半途中に退いた。その週の火曜日の練習でシュートを打った瞬間に腰に痛みが走った。椎間板の中をひねり、一度は回復したが、リバウンドがきた。状態を上げてはエラーが起こる繰り返しで、通常練習に戻れないまま春が終わろうとしていた。

前十字靭帯を三度断裂したア女のエース

ア式蹴球部女子部、通称〝ア女《じょ》〟の9番、生田七彩《ななさ》の試合は、自分の体との対話から始まっている。

会場がホームゲームの場合は、ウォーミングアップの2時間前にはグラウンドに着き、まずは右膝を動かしてみて、オーケーかと自分に問いかける。次に体のほかの部分。一度傷めている左膝。徐々に動かしながら、その日のコンディションを把握していくのがルーティーンだ。「今日はいける」と確信して、臙脂《えんじ》のユニフォームに袖を通す。

3年生でエースナンバーを背負う。WEリーグ級と監督の後藤史が太鼓判を押すのは、一瞬の身のこなしと加速で、相手DFの裏を取る動きだ。シュートの技術も高い。負けん気の強さを161センチの体に秘め、俊敏な小動物のようにゴールを狙う。ピッチを離れると群れを嫌い、住まいは東伏見から距離を置く。趣味は滝めぐり。自他ともにマイペースを認める点取り屋だ。熊本県山鹿市出身。幼年時から俊足で、小学生の頃は街クラブで男子を後日《しりめ》にグラウンドを走りまくった。部活は陸上。土日は女子チームでサッカーをするため、母親運転の車で熊本市内のユナイテッドという老舗クラブまで通った。中学生になると100メートルを13・37秒で走り、400メートルリレーの「四走」として全国大会にも出たかたわら、サッカーはユナイテッドに専念。熊本への往復は週に2、3回に増えた。高校は愛情豊かに育ててくれた母親から離れて自立しようと、岡山県の作陽高を選ぶ。

最初の不運は、その1年生の夏にやってきた。

2カ月前の2019年6月、翌年のU－17女子ワールドカップを目指すU－16代表のオランダ遠征に選抜された。同じFWには、のちになでしこジャパンに入りオリンピック・パリ大会でも活躍する藤野あおば（英マンチェスター・シティFC）、浜野まいか（同チェルシーFC）がいた。遠征の第1戦、第2戦はゴールはなかったが、最終戦では地元のクラブチーム相手に4得点を決めた。最初は代表に選ばれて驚いたが、続けて選ばれなければ意味がない、とも思いながら帰国した。

その矢先の夏休み、大学生相手の練習試合で右足の膝をひねった。最初の前十字靱帯断裂だった。U－17ワールドカップの出場権をかけたアジア選手権出場の道は絶たれた。

8カ月のリハビリを終えた高校2年生の夏に、今度は作陽高の男子部との練習試合中に左膝を傷めてしまう。またも前十字靱帯だった。チームが準優勝した高校女子選手権はスタンドにいた。3年生の高校総体には回復してチーム3位に貢献し、レベルの高い関東の大学でやりたいという願望が芽生えた。志望の早大は難しいと考えていたところに、「挑戦してみたら」と背中を押してくれたのは母親だった。

自己推薦で面接と小論文をクリアしてスポーツ科学部に入学し、入部したア女1年目は、フィジカルの差を感じた。得意の裏への抜け出しは通じるが、大学レベルの圧力を受けながらボールを足元に受けるのが難しい。その両方をこなさなければ将来はない。

相手に一度体を当てて準備をして、少し大きめのトラップで相手からボールを遠ざける。そんな工夫をしているうちに、自分ならではのボールの収め方がわかってきた。

三度目の負傷は2年生になる前、3月の練習中だった。強力な前線を組んでいたU－20代表FW廣澤真穂（マイナビ仙台レディース）ら4年生が卒業して、一身に期待をかけられたシーズンの初めに、再度右膝を傷めてしまうのだ。

またも前十字靱帯断裂だった。スピードに体がついていかないというスタッフの見方もあったが、スポーツ科学部の講義で知識を得ようとしたし、自分の体を知ろうと専門書も開いた。が、十分な理解は得られない。

また8カ月なのか——。サッカーを続けるのかどうかさえも悩んだ。「それでもサッカーをやめるわけがない」という自分と、「もうリハビリは無理」という自分がせめぎあった。

監督の後藤と話し、どの道を進むことになろうとも、早めに手術をすることにした。術後にグラウンドに足を運ぶと、やめたくない自分が頭をもたげた。間に合ってもシーズン最後のインカレという見通しで、黙々とリハビリを続けた。

翌年1月、山学大とのインカレ決勝の延長から出場した。ゴールは奪えずに敗れたが、長いリハビリから目標どおりに生還できたという実感があり、あきらめなければどうにかなると知った。ほぼボールを蹴らない1年を経た3年目は新シーズン開幕にあたり、インカレに90分間出て日本一になるという目標を立てた。

だから、焦らない。悲観もしない。医療チームとトレーナーのいうことをきいて自分の体に向き合いながら目標に向かう。試合では出場時間の制限を設けて、その範囲でチームのために全力を出すと決めた。

　4月13日、38回目を迎えた関東大学女子リーグ戦、通称「関カレ」の開幕戦は、ホーム東伏見での国際武道大学（国際武道大）戦だった。キャプテンの田頭《たがしら》花菜《はな》を軸にした3バック、左サイドのMFには新人ながら抜群の運動量を誇る三宅万尋《まひろ》が入った。生田がベンチに座る前線は2年生の﨑岡由真と、スポーツ推薦で入った1年生の米村歩夏《ほなつ》。膠着《こうちゃく》状態の試合は終盤に動いた。67分にMFの宗形みなみが得意のドリブルで相手ボックスに切れ込んだところで、左から走り込む﨑岡にスイッチ。﨑岡が冷静なコントロールショットを右隅に決めた。


チームのシーズン初得点を決めた﨑岡由真は、チームを引っ張るのが自分たち2年生の役目だと自覚して2年目のシーズンに入っていた。相手守備の裏に抜ける技術と細かいステップのドリブル、左右両足のシュート力を備えるアタッカーだ。3月には韓国に遠征した関東大学選抜にも入り、チームの攻撃の軸にという自覚が強くなった。

　1年前は「ガチガチ」だった。開幕スタメンに起用されるとモチベーションビデオを観て緊張感が高まり、無我夢中で90分が過ぎてしまった。

　東伏見にほど近い練馬区で生まれ育ち、地元の街クラブから、より高いレベルにと浦和レッズレディースのユースに進んだ。さいたま市まで通う移動時間に教科書を開いて学年10番以内の成績をキープし、兄も通う早大に入学した。1年生では成績上位10パーセント以内に入り、表彰を受けた。

人前に立つことが苦手で、自分の意見をちゃんと主張できる人になりたいというのが、大学に進んだ目的の1つ。そのためにも、失点をしたときに下を向かずに、周りを勇気づけられるようになりたいという思いを胸に毎試合に臨む。1年生が多く出ているチームで、彼女たちがのびのびとプレーできるようにもっていくのが自分たちの責任だからだ。昨年の自分たちがそうしてもらったように。ジュニアユース時代は全国優勝したが、ユース時代は全国大会で2位が2回。中学3年生で見た日本一の風景を、インカレでまた見たい。実家で4歳と6歳のマンチカンを可愛がり、あいみょんの新譜を待ち焦がれる20歳の思いだ。

崎岡の先制ゴールのあと、ゲームはそのままのスコアで終盤に入った。同点ゴールを浴びたのは、追加点を狙って生田を投入しようと準備をした矢先だ。DFのパスの乱れを突かれてカウンターアタックを浴びた。

そのわずか3分後、背番号9がピッチに立った直後だった。DF木南花菜《きなみはな》がタイミングよく守備ラインの背後に送ったボールにすっと抜け出した生田が、右足のアウトサイドキックで決勝ゴールを決めたのだ。ゴール直後にユニフォームで目をぬぐう姿があった。試合後に「今はサッカーを楽しみたい」と飄々と話したが、1年以上の空白を乗り越えた実感からくる本音でもあった。

時間制限のあるエースの働きは続いた。アウェーで筑波大と崎岡のゴールで引き分けたあと、第3節の十文字学園女子大学（十文字学園大）戦は1－1の引き分けかと思われた90分、5分前に交代で送り込まれた三宅が右サイドを突破し、ニアサイドにシュート気味のクロス。ニアに飛び込んだ生田は相手DFより体1つ前に出ると、右足で合わせたシュートのGKからのはね返りを押し込んだ。交代出場して15分後のことだった。

続く第4節、アウェーの日体大戦に生田の姿はなかった。週中の体の状態が優れず、トレーナーからストップがかかったのだ。練習でつい負荷をかけすぎてしまったのが原因だった。後藤に焦らないように釘をさされた。チームは2失点をしながら、新人MF福岡結の2得点などで5得点を重ねて勝った。

第5節は帝京平成大学（帝京平成大）を東伏見に迎えた。コンパクトな布陣で切り替えの早い相手に苦しみ、チャンスをつくれずに入った終了間際だった。中央右寄りを進んだ三宅のパスを、70分に交代で出ていた生田がふくらみながら呼び込んで折り返し、FW千葉梨々花が右足で合わせたのだ。

時計の針はアディショナルタイムを指していた。臙脂色の力強い輪ができた。千葉のシーズン初ゴールが決まり、リーグ首位をキープした。ディフェンスリーダーの田頭花菜は、「ようやく無失点のゲームができた」と顔をほころばせた。

田頭はア女33年目の主将に志願してなった。大阪市生まれ。セレッソ大阪の下部組織でボールを蹴っていた中学時代、テレビ中継を観ていて、高校女子選手権決勝で優勝した東京・十文字高校が文武両道の校風であることを知った。

親元を離れて学んだ十文字高時代から、テレビの中で決勝ゴールを決めた村上真帆（AC長野パルセイロ・レディース）が進んだ早大にあこがれた。3年生で参加したア女の練習で、競技力の差はあっても全員が熱い思いをもってボールを追いかける雰囲気にふれ、自分が成長できる場と確信して自己推薦でスポーツ科学部に進む。

同期は10人。自分のような全国トップレベルの高校出身者もいれば、ベスト8レベルの高校で満足できずに入ってきた築地育《つきじいく》のような選手もいて、一方でサッカーでは無名校から挑戦してくる生谷寧々《いくたにねね》のような努力家もいた。

3年生のとき、同期である試みをした。10人がお互いをどう見ているかを知るために、それぞれの印象をハッシュタグつきでSNSに投稿する。仲間が見ている田頭花菜像は「#人格者」「#言行一致」「#心強い存在」。高校時代から自ら声を出してチームを引っ張るタイプではない。だからこそ自分の殻を破るためにも、主将を志願した。

副将には木南花菜と築地を考えていたが、築地は固辞した。毎年、4年生の話し合いで考えるスローガンは「翔頂」に決めた。ア式100周年の年に大学女子サッカーの象徴的な存在であるために、あらためて自分たちを見つめ直そうという思いを込めた。1人ひとりが羽ばたくというもう1つの意味は、自分自身に向けたものでもあった。

「入学してから主将の姿を見ていて大変だろうと想像していました。勝って当たり前というプレッシャーのなかで、先輩たちが戦ってきているのはわかっていたので」

ディフェンスリーダーとして、1年生も加わったチームを統率した。スローガンどおりに目標は関カレとインカレで頂点を目指し、関カレと並行して戦う関東女子リーグは勝ち点27を獲得するという高いハードルだ。監督の後藤に言われ続ける、「君たちは弱い」という言葉を結果で覆すために、主将としてしっかりとしたプレーをすることを第一に考えた。

最終学年に臨む同期の思いも汲《く》み取っていたつもりでいた。チームの大黒柱である築地がピッチの内外で周囲に高い意識を要求し、1年生にも細かい指示を出す一方で、黙々とプレーを続けた。開幕から勝ち点を積み重ねたが、3試合で5失点を喫した。それも先制しながら追いつかれるパターンが続いた。

「練習から試合の雰囲気をもってやるべきことをやるというシンプルなことなのですが、試合でうまくいかないと考え込んでしまって」

そんななかで、毎シーズン上位を争う帝京平成大をシュート3本に抑えての勝利は、ディフェンスリーダーとして初めて合格点を与えられるものだった。

第6節の国士大戦も﨑岡が千葉のパスを受けて先制すると、生田が巧みなアウトサイドによるゴールを重ねて2－0。生田の途中出場は56分と、徐々にピッチにいる時間が伸びていく。3点目は、中央突破した生田がまたも千葉に「決めてみたら」と言わんばかりに送ったラストパスからだった。

千葉梨々花は十文字高から入部した1年前、トレセンで小学生からの同期の﨑岡とともに、まだ大学レベルのフィジカルができていないなかで、ポストプレーにハイプレスに、と体を張った。2年生に進級するにあたって、1年目の課題だった守備面を克服しつつ、裏抜けが得意な選手とは違う自分の持ち味を磨こうと決めていた。高校時代までのプレーエリアはボランチやトップ下など中央。中学ではセンターバックも務めたセンターゾーンのオールラウンダーで、懐が深いタイプ。ア式の持ち味であるハイプレスの先陣になれれば出番は増えるはずだった。

関カレは開幕から途中出場が多く、並行して戦う関東女子リーグでの出番が続いたが、第3節、第4節と崎岡との2トップでスターターに復帰。その3試合目で生田のパスを受けて値千金の決勝ゴールを決めた。2桁得点という高いハードルを掲げて臨んだシーズンの第一歩だった。ハイプレスの守備については、ベンチの後藤から、「グッドジョブ！」と声がかかるのがよく聞こえるようになった。

自分からディフェンダーをはめにいく呼吸を図るフォワードの守備に楽しさを感じ始めた。ただ、攻めではボールを受けてターンして前を向くのが持ち味のはずなのに、味方を使ってしまうことも多い。シュートの本数を増やそうと少々無理な態勢でもゴールを狙った。関カレ前期11試合で18本のシュートを放ち、3ゴールを決めた。

“ア女”のはじまり

1992年4月。入学式会場の記念会堂前に脇にサッカーボールを抱えたジャージ姿の女性が立っていた。女子部創設に動いたア式蹴球部マネジャーで、前年に発足した女子部の選手兼マネジャーの山内やよいである。

目当ては田園調布雙葉高校出身の新入生、中根嘉代子だ。中高と女子サッカー部でプレーしていた中根が入学することを聞きつけ、新入部員として〝捕獲〟しようとしていたのだ。高校女子サッカーの経験者は「お宝」だった。

山内の同期が、のちに国際審判員として女子ワールドカップでホイッスルを吹く深野悦子だ。大分舞鶴高校では水泳やダンスにいそしみ、入学後もダンスサークルに入っていた深野が2年生で女子部に入部したのは、語学のクラスが一緒だった山内に誘われたからだ。

深野を含めて1991年に山内が集めた同期が5人。大学からは各学年に部員がいないと認めないと言われていたため、1学年上の堤たずるが声をかけて3人が入部し、1学年下も3人が集まった。

この計11人が女子部の初代のメンバーで、公式戦には参加せず、長野県の木島平などでの合宿や遠征をこなしながら、全員で部員集めに動いた。清水遠征では0－16というスコアも味わった。そこに中根ら3人の新入生が入り、大学院生でのちに日本代表にもなるGKの西貝尚子を加えた15人が初の公式戦、1992年の第6回大学女子リーグ2部に臨んだメンバーである。

FWの深野の後方にMF中根。中根が深野をターゲットにしてパスを出し、右サイドを走力のある山内がえぐるのが攻撃の型だった。CBには川波裕子。川波は名古屋FCレディース出身で、人間科学部に通う部員のなかで1人文学部に籍を置いていた。結果は3勝で1部に昇格し、深野、中根、山内が2得点で得点王を分け合った。

当時の練習場は所沢キャンパスの野球場で、内野をソフトボール部が、天然芝の外野を女子部が使った。週に3回ほどボールを蹴ったが、つねに集まるのは10人に満たない。1993年には東伏見に通うようにもなり、キックボードの前のスペースでボールを蹴りながら男子部の練習終了を待ち、練習が終わると男子部員と一緒にボールを追った。

男子の練習後の男女練習は「アフター」と呼ばれ、相手は深野の2学年上に、のちに女子部を率いる堀野博幸ら、1学年上に池田伸康、奥野僚右ら、同期に相馬直樹や原田武男がいた。

指導者はア式OBで1990年卒の小林端が4年、次いで1992年卒の大森一伸が1年。1996年に由井濱洋一が監督の任に就くまではおもにコーチの肩書で指導した。1993年は関東女子サッカーリーグの1部で日体大らを相手に2分け3敗で最下位に終わり、2部に舞い戻る。このリーグ戦中、エースの深野は夏に筑波で開かれた親善大会で左足脛骨を折り、ベンチに座っていた。ほかにも負傷者が続出し、11人が試合に出るとベンチには松葉づえの選手かマネジャーしかいない。GKの西貝のがんばりで3敗もすべて1失点と粘ったが、及ばなかった。

深野は卒業後、在学中に体育の授業で教わった国際審判員の安田一男や原博実らア式OBの縁を頼ってJリーグに職を得た。総務、運営などを経て審判の研修を担当したことから、レフェリーの道に入る。2006年に国際審判員資格を取得してU-17、U-20のワールドカップで場数を踏み、なでしこジャパンが優勝した2011年のワールドカップでは、グループリーグ2試合で主審を担当した。現在はJリーグの育成部で働くかたわら、レフェリーのインスペクションの仕事で主にアジアを飛び回る。

「激しくプレーした草創期の女子部の経験が体に残っていたことが、レフェリー時代のジャッジのベースになりました。骨折も無駄ではなかったと感じます」

立ち上げのメンバーが卒業する1994年、深野らは数十個ほどのボールを女子部に寄贈した。前年に初めて女子部のマネジャーを志願して入部した細川睦子が、男子部のボールと区別するためにマジックで「ア女」と書いた。それが女子部を〝アジョ〟と呼んだ最初といわれる。


生田の決勝点で勝利をつかんだ関カレ開幕戦は、2016年に起こった熊本地震から8年になる前日に行われた。当時小学生の生田は発生の日、山鹿市の自宅前にある駐車場に止めた車中で夜を過ごしたが、4月14日に震度7を記録した前震のまさにそのとき、震源に間近なグラウンドにいたのが、ア女に2006年に入部した寺澤希だ。

生まれ育った熊本の駅前で、「事務所を新しくして、ちょうど移転するところなんです。実は地震の頃の記憶があまりなくて」と寺澤は言う。

地震当時、29歳。損保会社に勤めながら、なでしこリーグ2部に所属する熊本ルネサンスフットボールクラブでプレーしていた。熊本市に隣接する益城町のグラウンドで練習が終わり、シャワーを浴びようかというそのとき、ドーンという地響きがして、体が飛ばされていた。

一緒に練習していた小中学生や保護者ら50人が、繰り返しくる余震におびえながら、毛布を分け合って明け方まで過ごした。そのなかには、当時中学2年生だったア女の現役生のＧＫ石田心菜もいた。練習が終わってボールを片づけようとしている矢先で、目の前にある照明塔が大きく揺れ、体が動かなくなったと石田は言う。

世の中が動き出すと、寺澤の下にア女の同期や後輩がタオルなど日用品の物資を届けてくれた。同期がボランティアに来たときには、ア女のメンバーの寄せ書きをもらった。入学時、個性の強さと多様さに驚かされた仲間たちだ。

寺澤は現監督の後藤史の3学年先輩にあたるインカレ初優勝世代。高校時代から左利きのアタッカーとしてLリーグ（日本女子サッカーリーグ、2006年に「なでしこリーグ」に改称）でプレーし、中学時代の1学年上で早大に進んだ先輩の影響で人間科学部に入学した。170センチの身長もあって1年生から試合に出場した。当時監督だった長岡茂からは「女カマモトになれ」とも言われたが、そのあとは頻繁に起こす肉離れに苦しむ。

3年生のインカレ決勝には出場したが、4年生の初優勝時には筋肉系の負傷でベンチ外。本格的にサッカーを続けようと思えず、卒業後は帰郷して損保会社に入った。

熊本ルネサンスの指導者に声をかけられ、なでしこリーグでプレーしたが、やはり負傷に苦しめられる。熊本地震は30歳が近づき、そろそろ選手を退こうという矢先に襲われた、文字どおりの激震だった。社会が動き始めても、自分のなかで何かがぷつっと切れた感覚で、練習が再開されたグラウンドに足が向かなかった。心身ともにダウンして、やめたサッカーの代わりになるものを探していたときに、食のイベントで行き当たったのが味噌づくりだ。

味噌から始まり塩麴や醤油麴といった発酵調味料をつくって知り合いに配ると、体調がよくなったという声を聞くようになった。腸をきれいにすることで自分自身も精神的に安定した。

石川県の発酵食大学という機関で学び、地元に帰ってイベントや教室を開く事業を始めた。顧客別にマッチする食材を検査するキットを使って探り、コンサルティングの仕事もする。今後は社員の健康管理や食生活管理の重要性を訴え、企業や工場の食堂などに広げていく計画だ。

「ケガが多かった大学生の頃はそんなことも意識せずに、バイト先のコンビニ弁当ばかり食べて、腸によくないプロテインなどを飲んでいました。結局は食べたものでしか体はできないということに気づかされます。こんな事業ができたのも、個性的でどんな生き方でもいいと教えてくれたア女があったから」

古巣のサッカーチームの小中学生にも補食の指導をしており、練習終わりには必ずおむすび1つを食べるように言い聞かせている。


右膝をテーピングした生田のゴールは、6月にかけても続いた。

第8節、神大戦では51分から出場して67分に相手DFのパスをカットして左足で決めると、追加時間には1年生FWの米村のパスを受けて抜け出し、右足を振り抜いて叩いたボールがGKの脇を抜いてゴールに転がり込んだ。

MFの築地育を教育実習で、同じく大山愛笑をU－20代表の遠征で欠くチームにあって、初の自身2ゴールで4－1の大勝をもたらした。ただ、後藤は勝ち点を積み上げていることを評価する一方で、簡単に失点を喫するなどの問題点をあげて、警戒の色を濃くしていた。

中盤のバランスを欠き、ロングボールを蹴る場面も目立つ。開幕から負けなしでリーグ戦の首位を走っているが、明らかにア女本来のサッカーではなかった。切り札の生田が目立つということは、苦戦が続いている裏返しでもある。

壁に当たる兆しは、現実になった。第9節の日大戦で、0－0のドローに終わるかと思われた終了間際に右サイドを崩されて初黒星を喫すると、最初の山場と見られた第10節東洋大戦も、3－2とリードした終了6分前に同点ゴールを許し、3－3のドローで勝ち点2を逃す。

梅雨空の甲府市に遠征した6月23日の第11節、山学大戦はリーグ戦とインカレ合わせて未勝利に終わった前年の雪辱を果たす一戦だった。MF築地、大山が戻った一戦は、前半からハイプレスでスピードを封じ込める狙いどおりの展開だったが、0－0で折り返した50分に自陣でボールを奪われたところから戦況は暗転する。奪われたボールを縦に蹴り込まれ、警戒していた関東大学選抜の2年生FW伊藤琴音に浮き球でGK石田の頭上を抜かれた。63分には遠いポイントから相手DFが蹴ったロングボールに対して石田が視野を失い、そのままゴールイン。カウンターとセットプレーという、もっとも警戒していた山学大のパターンにはまった。

終盤は生田、三宅のスピードを生かしてサイドを懸命に切り崩したが、ボールがバーをなめるなどしてゴールには届かなかった。0－2の完敗で、首位から陥落した。試合終了後、主将の田頭は失点の場面に絡んだ自分を責め、30分以上ベンチから立ち上がれなかった。

低い曇り空に遠雷がかすかに轟いた。

第3章

いちばん暑い夏

510分間の総力戦でつかんだ全国切符

梅雨空の切れ間に薄日が残る前半10分過ぎだった。

順大のFWがカットインして放った左足シュートが、DF林奏太朗の体に当たり、浮き球になった。ペナルティアークの付近でそのボールを左足でクリアしたMF伊勢航がバランスを崩し、ピッチに落下した。着地した右足の膝を両手で抱えたまま立ち上がれない。プレーが切れると担架で運ばれて治療を受けたが、そのままピッチに戻ることはなかった。

7月14日、千葉県佐倉市の順大さくらキャンパスサッカー場で行われた関東大学リーグ2部の第10節。3位の早大は、約1カ月ぶりのリーグ戦を4位順大と戦っていた。

4・5・1の陣形は中断前と変わらないが、右サイドバックに石川真丸を入れて佐々木奈琉を一列上げる攻撃的な布陣で臨み、その右サイドを中心に攻めを組み立てようとしていた矢先のアクシデントだった。

伊勢の代わりに2年生MFの柏木陽良《ひいろ》が投入された。その柏木が37分にカウンターアタックから相手選手と入れ替わって中央を持ち上がり、右から駆け上がる佐々木にラストパス。佐々木はファーストタッチを外に流してしまい、シュートはGKにブロックされた。これが90分を通して唯一の決定的なチャンスで、記録上のシュートは後半にMF東廉が放ったGK正面への1本だけ。ブロックをつくって守る順大の堅陣を崩せず、リーグ戦10試合目で初の無得点に終わった。守備陣も後半に左サイドを順大右サイドバックに勢いよく破られて決勝点を許した。

監督の兵藤慎剛は、「攻めに思い切りがなく、クロスの質も低い」と嘆いたが、今シーズンに入って初のノーゴールに終わったショックを上回る衝撃が、週明けにチームに走った。伊勢の診断が前十字靱帯の断裂で全治8カ月と下り、シーズン中の復帰が絶望的になったのだ。

その週、関東地方が梅雨明けしたと見られると発表された。気象庁に記録が残る126年間でもっとも暑かったとされた7月の残りのリーグ戦は、折り返しの第11節に続く第12節の2試合。8月には夏季の中断前最後のリーグ第13節と、伝統の定期戦「早慶クラシコ」が組まれている。混戦のリーグ戦は中位を抜け出せていない。兵藤は7、8月のリーグ3試合をどんなかたちでも勝つと言いきった。

ア式100年の歴史で、いちばん暑い夏が始まろうとしていた。

5月から6月にかけて、FW駒沢直哉の6試合連続ゴールでチームは上昇気流に乗った。山学大と拓大を下し、1部リーグ昇格をかけた入れ替え戦に出場できるリーグ3位に浮上し、第9節の神大戦で引き分けたあと、リーグ戦は中断期間に入った。

関東リーグの1部から3部に所属する大学がノックアウト方式で戦う、「アミノバイタル」カップ2024 第13回関東大学サッカートーナメント大会（アミノ杯）のためである。リーグ3部以下から8チームが勝ち上がり、1部、2部の24チームを加えた計32チームによる3回戦を行い、4回戦で勝った8チームが9月に行われる第48回総理大臣杯全日本サッカートーナメントに進出。残り2枠を4回戦の敗者8チームが順位決定戦で争う。

早大は産能大と対戦した3回戦をPK戦の末に制し、勝てば総理大臣杯出場を決められる4回戦の明大戦に進んだ。結果は1－7の大敗だった。

17分に先制され、31分にMFの成定真生也が相手のクリアミスを押し込んで同点とするが、その直後に勝ち越しを許して前半だけで4点を失う。後半も立ち上がりにCKからの失点で1－5となり、残り10分から2点を加えられた。キャプテンの伊勢はこう舌を巻いた。

「チャンスの数は変わらないのに、基本のところですべて上回られた」

総理大臣杯のチケットは、中2日での戦いになる順位決定戦に持ち越された。

兵藤が指導者ライセンスの講習のためチームを離れ、コーチの小澤雄希が代行を務めた専修大学（専大）戦は、前半に先制される嫌な流れをMFの松尾倫太郎のゴールで引き戻し、延長前半に伊勢のFKから駒沢がヘッドで決めて振りきった。

6月28日の順位決定戦、3部リーグ所属の亜大戦は前半、伊勢のロングシュートに続いて左CKから駒沢、松尾とヘッドでつないで2－0とリード。しかし、後半に入ってPKで1点を返されると、終了2分前に人数をかけた守りでできた一瞬の隙から同点を許す。

激しい雨の中で続いた延長でも勝敗はつかず、総理大臣杯のチケットはPK戦に委ねられた。両チームとも4人目まで成功。先攻の早大は5人目の西凜誓のキックが相手GKのセーブにあい、産能大戦同様、あと1本を決められれば敗退という状況になった。そこで亜大5人目の選手が右足キックを左に引っ掛けてミス。6人目の亜大選手のゴール左上へのキックを、GKの海本慶太朗がはじき出して勝利をつかみ取った。

9位を決める最後の流経大戦は1－2と落としたが、関東10位で9月に東北である総理大臣杯出場を決めた。12日間で5試合、うち3試合が延長。計510分の総力戦で手にした最後の1枚のチケットだった。伊勢はこう振り返った。

「明治には大敗したけど、慶應とともに、今シーズンのどこかで倒さなければならない相手ができた。苦しい戦いをみんなでしのいだ経験は必ず力になる」

それから半月後、順大戦のあとに前十字靱帯断裂の診断が下った伊勢は、早々に手術を行った。兵藤は本人のショックを考えて、しばらく大阪の実家に帰るように伝えた。リーグ、カップを合わせて4得点4アシストという数字以上にセットプレーのキッカーとして、またサイドチェンジなどリズムを変える上でも貢献度の高かった伊勢の離脱は大きな痛手になる。兵藤はそう認めたうえで、戦いの原点に戻る夏にしたいと話した。アミノ杯5試合で13失点のディフェンス陣に、あらためて守りのベースを植え付けることが急務だった。

伊勢の背番号7のユニフォームがベンチ内に掲げられた。リーグ全体の半分を消化する第11節、アウェーでの立正大戦は4分、右サイドで一度はクリアしかけたボールをかき出せずに中央に折り返され、立正大のFW多田圭佑に頭で合わされて0－1。36分には再び右サイドに出されたボールをDF石井が保持して柏木につないだところを奪われ、再び多田に決められた。

反撃は前半のアディショナルタイムだった。CKからの波状攻撃でゴールに迫り、ペナルティエリアの左端から中央へ切れ込んだ柏木がトリッピングで倒されてPK。駒沢が右隅に蹴り込んで1－2で折り返した。

「ビビるな、ビビるな、自信をもってボールを持て」と夏の長い陽が落ちた後半、兵藤の声がピッチに響く。連敗は許されないことを全員が知っていた。兵藤の指示どおりに慎重にボールをつないで敵陣に入っていく。重い失点はシンプルなロングボールからだった。右サイドに打ち込まれたボールをＤＦの増田健昇が処理しようとしたところに多田が体をぶつける。増田は倒れ込んだが、レフェリーは正当なチャージと見て、プレーオン。カットインした多田にハットトリックとなる右足シュートを蹴り込まれた。

「簡単に倒れるな」と兵藤が感情的な口調で叫ぶ。終盤は遮二無二攻めたて、右サイドから松尾がヘッドで折り返したボールに東が頭で突っ込み、終了間際に1点差に追い上げたが、タイムアップの瞬間にはほぼ全員がピッチにひれ伏した。柏木の目には涙があった。

「各チームの差はほんの少し。それが順位に出ているし、その差を細部にこだわって埋められるかどうかだ」

そう兵藤は話した。11試合を終えて4勝3分け4敗。前年の昇格ラインだった勝ち点39に到達するには24が必要になる、勝ち点15での折り返しになった。


7月27日、ア式の女子部はバスで千葉県の外房に向かっていた。関カレの帝京平成大戦のためだ。「何とか今日は持ちそうだ」と空模様を見ながら監督の後藤史は安堵していた。

6月にリーグ前期の山場で東洋大にドロー、山学大には完敗して試練の夏が訪れていた。後藤は後期に折り返すに当たって、3バックに〝手術〟を施した。中央の田頭花菜を右に移し、右センターバックの杉山遥菜を中央に置いたのだ。杉山のカバーリング能力をより生かすための配置変更だった。

杉山は細身の体を存分に使って、スピードと読みで幅広いエリアを走り回る2年生だ。おとなしい性格に映るが、集団の中では身を隠しているだけ。少人数になると頭の回転の速さを示すようにおしゃべりが止まらず、物怖じも人見知りもしない。悩みは高校時代から一定して52キロと体重が増えないこと。筋トレに励んでも、筋肉にする資源が体にないこともわかっているので、母親が握るおにぎり4つを持って横浜市の家を出る。移動中に最初の1つ、練習前後に1つずつ、帰りに1つとこまめに口に入れる。プロテインも飲む。

小学1年生から始めたサッカーを続けるかどうかで悩んだのは、十文字高校を卒業するときだった。が、「自分－サッカー」という引き算をすると何もない。やめる意味もないとア女のドアを叩いた。1年目は、ディフェンスリーダーの先輩に動かしてもらう立場でのプレーを楽しんだ。2年生になると最初は同じ立ち位置だったが、リーグ中盤からいきなり人を動かすポジションになった。

頭の中身は多く使うし、単純な逆算で守備ができないのはしんどいが、自分の持ち味のカバーリングは存分に生かせる。サッカーを続ける将来を描けないできたが、1試合ごとの学びとともに、大学を出てもプレーしている自分の像がかたちを結ぶようになってもいる。ただ、そこで自分に足りないのは、端的な言葉で発する受けた側がわかりやすい指示と、味方がノッキングしない質の良いビルドアップだ。それも自分でわかっているからこそ、頭の中で汗をかく。「やることは多いですが、それが楽しかったりもします。ミスがあっても消極的なミスではなく、自分のなかでトライしてのミスだから」

杉山が新しいポジションに入って臨む関カレは7月初めの筑波大戦、下旬の日体大戦と、東伏見が雷などによる天候不良に見舞われて延期になっていた。チーム状態が良くないなかでの連戦は避けられたが、スケジュールが二転三転するのも監督にしてみれば困る。試合で結果を出して自信をもたらすことが、沈滞しかけたチームへの特効薬であることも事実なのだ。

帝京平成大戦は悪くないリズムで入った前半、遠くで雷が鳴るのが後藤の耳に聞こえた。雨が落ちてくる気配はなく、いけるだろうと思ったが、何度目かの雷鳴を受けて、レフェリーが試合を止めた。夏になって三度目の延期だった。

ワールドカップ選手の待遇を改善するために

国際プロサッカー選手会（FIFPRO）で働く、2011年卒でア女OGの辻翔子は仕事でヨーロッパ各地を飛び回るが、気候変動を実感するのが雷の多さだ。住まいがあるオランダのアムステルダムからドイツのベルリンへの飛行中に、機体が落雷を受けたこともある。

気候変動はサッカー界にとって深刻な問題だ。喫緊の課題である過密日程に拍車をかけ、それによる負傷に対する補償の問題も浮き彫りにする。とくに女子サッカー界はヨーロッパにいながら、ア女が恵まれていたと思うほど日常的な環境が悪い。国際大会に光が当たっても、サッカー選手という労働者にとっては毎日の職場が大事だと痛感する日々だ。

父親の仕事の関係で幼少期をアムステルダムで過ごし、帰国後の住まいが横浜市のニッパツ三ツ沢球技場の近くだったことで、横浜F・マリノスを通じてサッカーに親しんだ。監督のハビエル・アスカルゴルタや元スペイン代表のフリオ・サリナスらと話したいと、スペイン語を学んだ。中学時代は陸上部。高校は都内の国際基督教高校に通い、女子サッカー部に所属した。プレーするサッカーは初めてだったが、日一日と上達する実感が楽しさにつながる。とはいえ、大学のサッカー部となると別物。スポーツ全般の基礎を学びたいと早大スポーツ科学部に入り、ア女の練習に参加した日も、レベルに合わなければサークルでいいという軽い気持ちだった。

その日がたまたま走り込みのメニューで、陸上で蓄えた基礎体力でついていけた。同期10人のうち、全国大会上位レベルのキャリアがないのは辻ともう1人だけ。練習前後の自主練習で補い、基礎を磨いた。シーズン最後のインカレでは25人のメンバーに入った。

2年生から3年生にかけてもひたすらに自主トレを課したが、がんばりは無理につながり、疲労骨折を繰り返す。部活にいると取れない授業もあるし、将来のための留学にも出かけられない。大学生活、これでいいのか。帰国子女として順調にきた自分にそう問いかけた。そこで踏みとどまらせてくれたのが、小野瞳ら、のちになでしこリーガーになる同期で、自主トレやリハビリに根気よくつきあってくれた。4年生になると、同期から副将に指名された。試合に出られないメンバーを束ねるために、今度は自分が仲間たちを包み込む番だった。落ち込み気味の部員と回り道をして帰り、ごはんにつきあった。3年生、4年生とインカレで初の連覇を果たす。ピッチにはいない幹部だったが、日本一の副将として卒業証書を受け取った。

大学4年生の授業で興味をもったスポーツジャーナリズムを学ぼうと、スペインのマドリードの大学院に入った。修了後にサッカー番組を制作する会社に勤務しながらFIFAマスターを受けたあと、オランダのサッカー専門のライブ配信会社に移った。

ときは配信の時代で、勤務先の会社はアジアに目を向けてAFC（アジアサッカー連盟）と提携した。コンテンツの質量が求められる波に乗り、なでしこリーグや大学女子リーグも配信した。アジアと日本のためになりたいという意欲は、2022年のFIFPROへの転職につながる。各国の選手会を通じて加盟する6万人以上の会員には日本を含むアジアの選手も多いが、辻は半世紀以上の歴史をもつ組織で働く初のアジア人だった。

翌年にオセアニアで開かれた2023年女子ワールドカップの開幕前に、参加選手の待遇改善が大きなニュースになった。

主催のFIFAがホテルのグレードや航空便のクラスなどの待遇見直しと合わせて、賞金も男子並みに近づけていく指針を示したのだ。FIFAとの折衝に当たったのがFIFPROの職員3人で組んだチームで、辻はその一員として世界の25カ国から選手の署名を集めた。

辻たちが獲得した改善によって、世界中の選手からは「トレーナーなどの自己投資ができるようになった」「子どもを持つキャリアを描けた」などの声が上がった。なでしこジャパンも、フライトはビジネスクラスでホテルは1人部屋になった。ベスト8に進出して手にした賞金は、優勝した2011年大会には選手1人あたり10万円だったのに対し、国内の選手であれば年収を上回る金額にまで上がった。辻は主将の熊谷紗希から感謝の言葉を受けた。

「スポーツは社会を映します。だからこそサッカーと差別、貧困、気候変動といったかけ合わせの視点が必要になる。世界のステージで日本やアジアの発言権を増すためのロールモデルにならなければ、という意識は強いです」


ア女の1年生MFの福岡結は前年秋、スポーツ科学部の自己推薦入試の小論文で、女子選手の権利獲得について書いた。テーマは「スポーツにおける失敗の効用」。試験の前に読んだ女子選手の権利と処遇について解説した新聞記事を思い出して、女子選手が賞金などの男女格差について声を上げて失敗をしてきたからこそ、現在の格差縮小があると記した。

「母親がちょうど試験の前に記事の切り抜きを手渡してくれていて。けっこううまく書けていたと思います」

シーズン開幕から躍動したア女の新入生たちが、東伏見で最初の夏を迎えていた。

熊本県出身の福岡は、2学年上のFW生田七彩と熊本ユナイテッドSC、作陽高校、早大と同じコースをたどる。高校時代は2年生で試合に出始め、選手権で3位。キャプテンだった3年生の選手権は1回戦で敗退し、大学では日本一になるという一念で早大を選んだ。

関カレ前期は交代も含めて全試合に出場し、細かく速いステップで積極的にゴール前に絡んで5ゴールをマークした。大学を出たあとにもサッカー選手でいられるかもしれないと考えたのは、自分と同じく体格に恵まれているわけではない築地育のような先輩のプレーにふれてからだ。WEリーグ入りする築地は練習で対峙していても、距離の詰め方が速く、アジリティーも違う。築地のように強度を上げていけば、上の世界が見えるかもしれないと思いながら、週に2回のウエイトトレーニングをこなす。

この福岡とスピードが持ち味の三宅万尋は、シーズン開幕前から3バックで戦うことを決めていた監督の後藤にとって、左右のサイドをえぐる持ち駒だ。

開幕戦で三宅とともにスタメン出場したのが、2023年夏のインターハイで後藤自らが見出し、スポーツ推薦で聖和学園高校から入ったFWの米村歩夏。DFの佐溝愛唯《あい》は開幕当初こそ控えだったが、関カレ第3節でスタメン出場すると3バックの左サイドのポジションをつかんで、前期は1試合を除いてフルタイム出場。この4人を含む2005年生まれ組は、U－15などの代表経験のあるMF今井双葉（兵庫県、日ノ本学園高校）、大型MF兼DFの吉田玲音《れのん》（新潟県、帝京長岡高校）らと合わせ、数年に一度の周期でくるタレント世代だ。

そのなかで最初に大学の壁に当たったのは、驚異的なスピードをもつ三宅万尋だった。

最初は通用していたドリブルが、リーグ序盤で止められるようになり、5月には下を向くことが多くなった。小学3年生でボールを蹴り始め、中学から十文字学園に進んだ。中学までは俊足を生かして、ただ前に突き進んでいた。高校2年生のときに十文字サッカーの祖で、一時期監督を離れていた石山隆之が復帰し、「足元の技術があれば、代表レベルなのになあ」と毎日のように言われた。

　3年生に上がる前、部員の投票でキャプテンに指名され、得意ではない声出しでチームを引っ張ろうとした。インターハイ、選手権と準優勝した1つ上の代と比べられるのがプレッシャーで、インターハイの関東予選はPK戦で敗退。モヤモヤを抱えたまま、早大スポーツ科学部の自己推薦の試験に臨んだ。小論文のテーマは「スポーツにおける失敗の効用」についてで、インターハイの失敗から立ち直っていない身にはきついテーマだ。残り5分で手を震わせながら書き上げた。最後の冬の選手権に向けて開き直った気持ちで息を吸い、「みんなの力を合わせていこう」とチーム全体に声をかけた。皇后杯の予選で早大を破り、日テレ・東京ヴェルディメニーナにも逆転勝ち。選手権は準優勝した。

　ア女に入るとプレシーズンやリーグ序盤は好調だったが、徐々にチーム内でも自分の動きが読まれるようになった。後藤に「自信なさそうだけど、どうした」と問われた。悩んでいても同じルーキーの福岡のように細かなボールタッチで勝負できるはずもない。1対1で自分の間合いに持ち込んでからのスピードで勝負するしかないと思った。

　パス・アンド・ゴーで抜け出す。ボールを受ける前のポジショニングを意識する——。自分のスピードを生かす方法は工夫すればいくらでもあった。それを考えるのが大学という場であり、自分が何をしたいのかを伝え合うのがア女でサッカーをすることなのだ。

　米村歩夏はリーグ開幕戦でスタメン出場して以来、チャンスをつかみきれない5カ月を過ごしていた。開幕戦のあと、関カレでは8試合に出場しながらゴールが遠い。

北海道十勝地方の幕別町生まれ。中学時代に全道大会で優勝した女子チーム、十勝FSリトルガールズの一員として注目され、日本サッカー協会のU－13とU－14のキャンプにも参加した。高校は宮城県の強豪、聖和学園高校に進み、アイデアを大事にする独特の風土でプレーの幅を広げた。高校3年生で準優勝したインターハイで、チームのために精力的に動く姿が視察していた後藤の目にとまり、スポーツ推薦で入学した。後藤からはスポーツ推薦だからといって気にしないよう言われているが、心のどこかに学年で1人だけ選ばれたという意識は残る。開幕戦は緊張し、試合前は「緊張すると股関節が固くなるから、肩入れでほぐしなさい」という父親の口癖を思い出してストレッチを繰り返した。

ポジショニングが今一つ合わず、自己採点は100点満点で10点のデビュー戦だった。夏になってインサイドMFにまわることも多くなった。守備のタスクは増えるが、そのぶん視野が広がるし、ボールに触る機会も多い。将来はWEリーガーを目指す。考えていたより自分の時間が多い大学生活で、グラウンド近くの寮から練習時間より早めに出てストレッチをこなす。

佐溝愛唯は、半年前まで試合に出ている自分をまったく想像していなかった。

キャリアではサイドハーフかウイングが主。第3節から4年生の木南花菜に代わって3バックの左サイドに入ったが、振り返れば後ろにいるのはGKだけ。DF同士のパス交換やキーパーへのバックパスはドキドキする。一歩の差でボールが取れず、一瞬の判断の遅れが響くのが高校との違いだ。連携に気を使い、わからないところがあれば守備ラインを束ねる田頭や杉山に訊ね、映像を見返した。サイドバックのときの癖で、自分が幅を取りすぎているかもしれないと思えば、監督に意見を求めた。

兄の影響でサッカーを始め、名古屋市内の街クラブで育った。中学時代の県大会では、オリンピック・パリ大会のブラジル戦でスーパーゴールを決めた、なでしこジャパンの谷川萌々子とも対戦した。大阪の大商学園高校の2年生で十文字高校を破ってインターハイに優勝し、大学選びではサッカーを続けない将来のことも考えた。父親の出身校であり、双子の兄の1人が政経学部に通う早大を目指し、社会科学部に合格した。

1年生、2年生とチャレンジしていけば試合に出られるかという程度の見通しだったが、攻撃のセンスと左右のキック力でリーグ序盤に抜擢された。持ち前のロングパスで攻撃に貢献できている手ごたえの一方で、ビルドアップを俊足の相手FWに狙われてヒヤッとするシーンもある。それもチャレンジできる立場に置かれたからの学びだが、ア女で学ぶことはほかにもある。部で希望者を募る障害者のスポーツ教室や地域イベントの手伝いに手を上げて参加した。毎年1月に東北で行われる早稲田カップにも興味がある。ピッチの上と同様に幅を広げるための大学生活にしたいからだ。ア女は部にいる全員が自主的にチームのことを考え、意見を交わし合える場所でもある。夏合宿中に、学年ごとに考えたことを別の学年にぶつける話し合いがあった。こんな場面はほかの大学にはないだろうと思った。

7月31日から4日間の夏合宿中のミーティングで議論は起こった。

夏の課題は2週間前に露呈していた。6月末に山学大に完封で敗れたあと、後半戦折り返しとなる第12節の国際武道大には1－0で勝ったが、第13節の筑波大戦は悪天候のため延期。2

週間の間隔が空いた第14節の十文字学園大戦は前半の終了間際に先制点を奪われると、後半に反撃をしかけながら実らず、0－1で敗れた。試合後の円陣で、後藤が感情を露わにし、試合に向けての準備にまったく気持ちが入っていなかったと指摘した。あえて感情的になることで、選手たち、おもに4年生の思いを引き出す狙いがあった。

関カレにスタメンで出るのがキャプテンの田頭花菜、築地育、白井美羽、石田心菜と、マネジャーを含む10人のうち4人というのが100周年の年の4年生だ。後藤は、立場も意識も違う4年生たちが本音で意見をぶつけ合っていないとずっと感じていた。腹を割らず表面でしか会話をしないので、問題が起こると物事がまとまらない。選手時代、コーチ時代の経験から、そこを突き抜けられない代はピッチの上でもろいことを後藤は知っていた。

チームの一体感と3年生以下を引っ張る推進力は、その壁の向こうにしかない。10人が感情をこめて物を言い合えるようになるかを、後藤はずっと息を飲んで見守ってきた。リーグが折り返しを前に勝てなくなると、主将の田頭はヘルペスが出るほどにストレスを抱えた。勝ち星がするりと零れ落ち始めた今こそ、チームが大きく変わるチャンスだった。

十文字学園大戦のあと、MF築地育がトレーニングに姿を現さなくなった。

ボランチとしてチームを司る築地は、攻守の要であるとともに歯に衣を着せぬ物言いで強いオーラを放つ存在だ。静岡市で生まれ育ち、サッカーをしている2つ上の兄につきっきりの父親の関心を引こうと自分でもボールを蹴り始める。

常葉大附属橘高校ではアンダー世代の代表に選ばれたが、チームは全国8強止まり。自分の物言いが目立たないほど高いレベルでサッカーをやりたいとア女に入った。いきなり当時の4年生に「臙脂の誇り」を説かれて一歩引いたが、大学レベルで日本一のボランチになるという意識をもってプレーしてきた。3年生までは自分のことが第一だった。最終学年を迎え、1学年上の先輩たちが1年間ずっと口にし続けた「誇動」というスローガンが、ボディーブローのように効いている自分に気づく。同期と下級生に「主体的に取り組んで結果を出そう」と言い、ピッチ内外で厳しい指示を送った。そのアプローチが届かないもどかしさが、口調をより険しくする。

それぞれがア女で過ごしてきて、自分たちでアクションを起こさなければ何も変わらないことを実感してきたはずだ。なぜ、思ったことを口に出さないのか。サッカーでは口に出さなければ、それは何も考えていないことと同じではないのか。そんな問いかけを飲み込んでいるうちに、「個」か「チーム」かと考えるようになった。プロ入りが決まり、このままではどんどん自分のプレーがダメになる。考えがぐるぐると回った。

本音を言い合って全員で涙した夜

梅雨が明け、毎夕のように東伏見にゲリラ豪雨がくる激しい夏がきた。

7月20日、第15節の日体大戦は、17時30分のキックオフ時に試合開催の目安となるWBGT

（暑さ指数）が下がらず、雷雨の予報もあって、筑波大戦に続いて延期になった。

延期が決まると、築地を除く4年生9人が校舎の廊下に集まった。後藤から、「自分たちの弱さを受け入れられないのに、他者の悩みや弱さを受け入れられるのか」と言い渡され、本音で話そうと集まったのだ。9人は各々が自分自身の弱さを口に出すことで吐き出そうとした。途中で木南がいたたまれずに退出し、見かねた後藤が進行役で加わって話し合った。

1週間後の夏合宿初日の夜、全学年のミーティングがあった。練習を休んだ築地の届け出が、部の練習欠席の決まりに沿っていなかったことに対し、3年生が4年生に意見した。

「4年生は凡事徹底と言って部のルールに厳しいはずなのに、同じ4年生に何も言えていない。何を大事にしているのかが、わからない。大学日本一を目指すと言っているが、具体的にどのようなアプローチをするのかが示されていない」

言葉を選んでの発言だったが、4年生にはショッキングな内容だった。意見を持ち帰って回答すると告げた。

3日目に高校生との練習試合があった。関カレのベンチメンバーが中心の1本目はよかったが、Bチームで組むメンバーに代わった2、3本目は完敗。後藤は4年生を集めて言った。

「スローガンの『翔頂』というのは、単に日本一を目指すという意味なのか。結果だけを出したいのならメンバーを固定して戦うこともできるが、どう思うか」

そう4年生に問いかけた。チームに戻った築地が、

「こんなんじゃ日本一は取れない」

と言った。他人事に聞こえた。後藤は怒気を強めて、ほかの4年生に言った。

「こんな手を放すようなやつがいるのなら、無理やりでも手を引っ張って戻してみろよ」

その夜、3年生以下の意見に対する回答を話し合う場に4年生10人が集まった。徐々に意見の言い合いになった。主将の田頭は、その場でようやく自分をさらけ出せたと言う。

「結果が出なくなって、自分の責任で失点する悔しさと情けなさから自分のことで精一杯になって、『人に弱さを見せたくない、頼りたくない』という自分の弱さが出てしまった。だから（築地）育の悩みにも気づけなかった。そんな自分の弱さを全部話せました」

同期から「#平和主義」と見られていた白井美羽は、「3年生の秋から引っかかっていたことがクリアになった」と話す。前年にも意見をしていた築地の周囲への言い方のトーンについて、あらためてはっきりと本人に指摘した。築地が練習に出られなくなったときの同期の対応についての思いを明かしたのは石田だ。

「同期にちゃんと物を言える人がいるので自分からは話さないできたけど、後悔しないように物を言わなければ、と」

築地が休んだとき、「大丈夫？」と聞くのではなくて、もっと本人にコミットするべきだったのではないかと主張した。築地は言った。

「チームをよくしたいという思いが届かず、自分のことだけを考えようと思ったけど、休んでいる間も気持ちがチームから離れられない。自分の影響力もわかっていたのに『このままでは自分のプレーがダメになる』と思ってしまった。完璧な自分を見せようとして、それが崩れたときに周りにどう見られるかばかりを気にしていた。でも、みんなの思いをきっちりと聞いて、自分がつくっていた壁を崩せた。背負っているものを下すことができた感覚でした」

全員が号泣していた。関東リーグがおもな出番の支え役、生谷寧々は、「泣くこともできていなかった田頭の涙を目にしてよかった」と感じている。各自の部屋から持ち寄った大量のティッシュペーパーとともに、お互いが弱みを見せたくないという同期の間にあったわだかまりが消えた。翌日のニッパツ横浜FCシーガルズとの練習試合は、築地を含めて充実した内容だった。合宿後のオフ明け、田頭は合宿で出た意見に対する回答を3年生以下にこう伝えた。

「熱く、泥臭く、チャレンジャー精神で日本一を目指す」

その週にフランスのパリで幕を開けた第33回オリンピックに、男女の日本代表が挑んだ。1996年のアトランタ大会以降、8回連続の出場となる男子は、南米予選を首位で通過したパラグアイと初戦で対戦。3大会ぶりのメダルを狙う女子は翌日、ヨーロッパ王者のスペインとぶつかった。

好スタートを切ったのは男子だ。19分に斉藤光毅《こうき》のスルーパスを受けて大畑歩夢《あゆむ》の折り返しを三戸《みと》舜介が押し込んで先制すると、直後に相手選手の退場で数的優位に立ち、5－0と男子オリンピック史上最多得点で初戦を飾った。

続く第2戦はアフリカの難敵マリに対してピンチの連続をしのぎ、終盤の82分にカウンターから細谷真大《まお》の右クロスのこぼれ球を山本理仁《りひと》がプッシュして、2試合連続ゴール。第3戦も細谷の大会初得点でイスラエルに1－0と競り勝ち、グループ首位で準々決勝に進んだ。

日本がグループリーグ3戦無敗で通過するのは、12回目の出場で初めてのことで、オーバーエージ枠を使わずに大学生年代のメンバーで戦う日本の小気味よいサッカーに期待は高まった。

準々決勝の相手は、3年前の東京大会で延長の末に苦杯をなめたスペインになった。

女子代表のなでしこジャパンは、銀メダルを獲得した2012年ロンドン大会以降の空白を埋め、世界レベルの力を取りもどすための戦いに挑んだ。

ヨーロッパ女王のスペインと対戦した初戦は、ゴール正面右のFKを藤野あおばが豪快に蹴り込み先制。しかし、前半のうちに同点とされ、終盤に横にドリブルする相手選手に寄せきれず、コンパクトな振りからの決勝ゴールを許した。

現地でヒントを得て起こした〝奇跡〟

日本が初めてオリンピックのサッカー競技に参加したのは、1936年のベルリン大会だ。オリンピックの舞台に立ったチームのベースは、その2年前にフィリピンのマニラで開催された第10回極東選手権大会に臨んだチームで、選手17人のうち7人がア式の現役とOBだった。

前年の1933年に、早大は9年ぶりのリーグ優勝を遂げた。関東大学リーグを6連覇した東京帝大（東大）を32年に打ち破った慶大を下しての栄冠で、そこから3連覇したメンバーがベルリン大会の主力を形成した。ロシアのモスクワを経由して鉄道でベルリンに入った一行23人のうち、ア式出身者と現役生は12人。団長（監督）鈴木、コーチ工藤に、選手は佐野理平、不破整、堀江忠男、鈴木保男、笹野積次、立原元夫、西邑《にしむら》昌一、川本泰三、加茂健、加茂正五と、関東リーグで3連覇したメンバーのほとんどすべてだった。

1936年8月4日、16チームによる1回戦の相手はスウェーデンだった。

ベルリン市のヘルタ・プラッツスタジアムには、GKの佐野をはじめ、フィールドには堀江、立原、川本、加茂健、加茂正五の6人のア式OB、現役選手が立った。大会前にベルリン入りしてから現地のチームの試合を観戦する機会があり、そこで日本のスタッフと選手は戦い方のヒントを得た。1930年代後半のオフサイドルールの変更に対応するために編まれたシステムで、センターハーフを下げて3バックにする陣形だ。

新しいシステムは前半こそ相手の厳しいマークにあって機能しなかったが、2点をリードされて入った後半は4分に川本が1点を返すと、17分に右近徳太郎（慶大）、40分に松永行《あきら》（文理大）が決めて逆転する。

観衆5000人が見守った「ベルリンの奇跡」である。堀江は『75年史』にこう書く。

〈3B制でなかったら、死力を尽くして走り回っても2点で食いとめられる相手ではなかった。もうひとつ、攻撃の面では、緩急のテンポの変化をおぼえたことも付け加えておく（中略）。それまでの日本のサッカーは、一口にいえば、技術の未熟な英国流の速攻で、攻撃の途切れと行きづまりが多かったが、3B制の採用で、中盤の球まわしと最後の急襲というテンポの変化が必要となり、（中略）なんとかこなすことができた。（中略）永年いっしょに練習した早稲田のプレーヤーを主体とするチームだったこと、だれのミス・キックはどう飛ぶか、まで知りぬいている相互の信頼感が、いく回ものピンチを切りぬけさせてくれた〉

2日後の2回戦、イタリア戦は0－8で大敗し、日本のオリンピックサッカー史上に残る逆転劇を残してベルリン大会は終わり、初ゴールの得点者として川本の名前も刻まれた。

日本が次に参加したオリンピックは、1回戦で敗退した第2次世界大戦後の1956年メルボルン大会で、メンバーにはコーチ兼任だった川本のほかに在学中の八重樫茂生がいた。

1960年のローマ大会は宮本征勝、川淵三郎の2人だったが、4年後の東京大会からは戦後第2期の黄金時代を示すように、多くのオリンピック選手が生まれる。

東京大会は2回目の出場となる八重樫、川淵、宮本のほかに、釜本邦茂、森孝慈と計5人。

南米の強豪アルゼンチンに3－2と逆転勝利を収めた第1戦では、八重樫が杉山隆一（明大）の同点ゴールをアシストし、川淵が釜本のロビングから同点ヘッド。決勝点も川淵のシュートを相手GKが弾いたところから生まれた。逆に2－3と逆転負けしたガーナ戦では、八重樫が杉山の先制点をアシストしたのに続き、一度は勝ち越し点となる2点目をマーク。大会で生まれた日本の5ゴールのすべてにア式の選手が関わった。

チェコスロバキアに0－4と敗れた準々決勝のあとには、敗者4チームが関西に移動して5位以下の順位を決める大阪トーナメントが開催された。この催しを提唱したのは、関西サッカー協会理事長になっていた川本だ。「関西にもオリンピックの灯を」という思いからの企画で、会場の長居競技場（大阪）と西京極競技場（京都）は満員になった。

日本は、のちに日本代表監督を務めるイビチャ・オシムに2点を決められるなどして、ユーゴに1－6で大敗したが、唯一の得点を決めたのが釜本で、それが4年後への号砲となる。

1968年のメキシコ大会は、日本が銅メダルの3位という栄光に彩られたオリンピックだ。アジア予選からア式出身者の存在感は目を引いた。3戦全勝同士でぶつかった韓国との対決で、八重樫が先制点につながるミドルシュートを放ち、70分には釜本が3－2と引き離したが、直後に同点に追いつかれて3－3のドロー。雨中の死闘を演じた日本は次の最終戦でベトナムに1－0で勝ち、メキシコ行きを決めた。韓国を得失点差で上回ることができたのは、釜本の6得点を含む15－0というスコアでフィリピンを下していたからだった。

その1年後の本大会メンバーにいたア式OBは宮本、八重樫、森、松本育夫、釜本の5人。日本はナイジェリア、ブラジル、スペインと同じグループで、ナイジェリアとの初戦には全員がスタメン出場。八重樫のパスから釜本がヘディングで先制し、一度は同点に追いつかれたが、八重樫を起点に釜本の左足シュートで勝ち越した。3－1の快勝スタートだった。釜本は、

「こんなにコンディション調整がうまくいったことがないというほど絶好調だったが、初戦の先制ゴールまでは不安もあった」

と振り返る。24分にヘッドで決め、東京大会4試合に出場して1得点だった悔しさを思い出し、4年前の自分に「たった24分で追いついた」と、一気に気が楽になった。

自分の後方にきたボールを受けて、ステップを踏みながら2点目を決めたときには、シュー

トを打てば全部入るという感覚になった。ハットトリックとなるミドルシュートは八重樫の負傷退場でMFに下がった後半の終了間際に、相手GKのキックを拾ったところからで、ゴールを外れても時間稼ぎになると思い切って放ったシュートがクロスバーを叩いて決まった。

35歳とチーム最年長でキャプテンの八重樫は、4年前の東京大会後に現役引退を決めていたが、監督の長沼健、コーチの岡野俊一郎に説得されて日本代表に留まった。メルボルン、ローマ、東京に続いて4回目のオリンピックで、現役引退につながる大きな負傷をすることになった。八重樫が相手のタックルで負傷したナイジェリア戦の翌日、釜本は左足をひきずりながらチームの練習着の洗濯をする八重樫の姿を目にし、「これはやらなあかんと決意を新たにした」と話す。

第2戦はブラジルが相手だった。初戦の後半に続いてMFで出場した釜本は0－1の後半にFWに上がり、杉山のクロスからヘッドで同点ゴールをアシストする。相手DF3人に囲まれながら、渾身のジャンプでFW渡辺正（新日鉄）へつないだのだ。渡辺がスライディングをしながら押し込み、引き分けに持ち込んだ。東京大会からの4年間、左サイドの杉山から釜本に送り、こぼれを松本、渡辺が狙うという反復練習で磨いた武器が大舞台で生きた。

第3戦もスペインと引き分け、開催国と当たらないグループ2位で準々決勝へ進んだ。地元の声援を味方につけるメキシコとの対戦を避けたい日本ベンチは、他試合の経過を知って、交代選手に「点を取るな」という指示を託したが、逆サイドにポジションを取る杉山には伝わらず、杉山のシュートがポストに当たって肝を冷やしたという余話も残る。

フランスとの準々決勝も釜本の独壇場だった。前半に宮本のアシストで先制の右足シュートを決めた場面では、宮本の左サイドからのロングパスを受けた瞬間に味方の白いユニフォームが自分の左側に走り込むのがわかった。チームのパターンどおりの動きをした渡辺だった。

「横パスを送れば確実に1点だと思ったが、次の瞬間に自分の仕事はシュートをしてゴールを決めることだ、と思い直した」

と釜本は言う。相手GKが脇を締めるニアサイドをぶち抜いた。さらに、同点に追いつかれた後半に胸トラップからの勝ち越しゴール。杉山のボールをすれすれで相手DFがクリアできず、最後はGKと1対1になり、相手の動きを見極めて会心のシュートを決めた。

さらに、ファーサイドへのボールを渡辺に頭で落として3点目のアシストをマークし、3－1の快勝をもたらした。メダルが見えてきたが、準決勝では4年前の金メダリスト、ハンガリーに0－5と完敗。そこまで5得点の釜本は厳しいマークにあって沈黙した。

10月24日、アステカ競技場で行われたメキシコとの3位決定戦での釜本は、前の試合の途中でハンガリーの屈強なDFに蹴られたふくらはぎがはれ上がったままだった。しかし、開催国を応援する圧倒的なアウェーの空気の中で、立ち上がりの攻勢を受け止めた17分に杉山の折り返しを受け、胸トラップからの左足シュートで先制する。

自ら受けたボールを左サイドに展開し、杉山が相手と1対1で向き合う間にゴール前へ走った。完璧なクロスを受けて豪快なインステップで、というイメージだったが、インサイドに当たってゴール右に転がり込んだ。

9分後には、今度は杉山のグラウンダーのパスから2点目を決めた。これもトラップミスだった。ワンタッチで右前に出すところが足元に入りすぎ、相手が詰めてくる。相手選手の間にもぐるようにボールをつつき、右足を振り抜くと、シュートはDFの間を縫うように抜けて決まった。後半にあったPKをメキシコは失敗。全員で2点を守って銅メダルを獲得した。

釜本は日本の9得点のうち7点を叩き出し、大会得点王になった。東京大会のコーチを務めたドイツ人のデットマール・クラマーから、

「4位になっても何も残らないが、銅メダルを取れば歴史が変わる」

と言われていた以上の勲章が手に入ったのだ。宿舎の選手村に帰ると、選手全員が疲れきって部屋で泥のように眠ったというが、釜本だけは目が冴えて眠れない。1人、寝ているふりをしていたという。

その後、日本は1972年ミュンヘン大会から92年バルセロナ大会まで、6大会連続でアジア予選敗退とオリンピックの舞台が遠のくが、ア式のOB、現役が各予選に出場している。

1972年ミュンヘン大会予選は、宮本、大野毅、森、古田篤良《あつよし》、釜本の5人。76年モントリオール大会予選は、森、釜本、松永章の3人。80年モスクワ大会予選には、碓井博行、森が監督を務めた84年ロサンゼルス大会予選は加藤久と岡田武史、88年ソウル大会予選は、加藤、松山吉之《よしゆき》、松浦敏夫、原博実。23歳以下に規定が変わった1992年バルセロナ大会予選は、在学中の池田伸康、原田武男、相馬直樹。4年後の96年アトランタ大会予選では西野朗が監督として指揮を執り、28年ぶりの本大会出場を果たす。

退路を断って〝奇跡〟を引き寄せた胆力

西が丘サッカー場に女性ファンが大挙して詰めかけ、早大の試合が終わると跡形もなく消えた。日本代表の活動を終えて東伏見に帰ると、練習の見物客が一気に増えた。ファンレターで紺碧寮のポストがあふれた——。

ア式の歴史上でも数々の伝説で彩られた存在が、1974年入学の西野朗だ。

埼玉県浦和市出身。中学時代からダイナミックなプレーをするMFとして知られたが、坊主頭を嫌ってサッカーの名門、浦和南高校や浦和市立高校には背を向け、自由な校風の浦和西高校へ進む。県ベスト8レベルの西高を、日体大出身の顧問、仲西駿策の下で高校選手権出場に導いた。一般入試で早大教育学部に入るのは、中学卒業前の春休みに西が丘で観た臙脂のユニフォームに惹かれていたからだ。

ア式では4年間、長髪を通したが、将来の目標は高校教師と堅実だった。まじめに教職課程を取ってサッカーも両立するという抱負は、四畳半に3人で暮らす寮生活でいきなり打ち破られる。2段ベッドにふとんを敷いて寝起きし、消灯のあとも上級生が部屋で熱燗を温めているような生活では、勉強机に向かうどころではない。実家は近かったが、退寮できる2年生以降も寮に留まり、大晦日にはみんなでこたつに入ってみかんの皮を剝いた。

春から秋口にかけてユース代表、日本代表の活動でほとんど東伏見にいなかったことで、若干の引け目があったのかもしれない。後年の同期会で盛り上がる地獄の夏合宿などの思い出話が西野にはない。が、上級生に関する記憶は鮮明で、1学年上は「番カラ、荒くれ、型破り」。西野ら3年生以下の活躍もあってリーグ戦を全勝で制して連覇を果たす代で、藤原義三（ヤンマー）、今井敏明（富士通）、小柴健司（日立）、林義規《よしのり》（暁星高教諭）らがいた。

「人種のるつぼというのか、どうしてこんな個性的な人間ばかりがそろうのか、と思えるような人たちが、戦いの場になると強力な輪をつくる。個々が暴れてはじけるのだけど、その輪からは出ないというのかな」

最終学年の4年目は戦力的にはリーグ3連覇が狙えたものの、5位に終わる。西野は代表との往復に追われた4年間で、教職は夜間の授業で取得したが、入学式と同様に卒業式にも出ていない。もっとも、19歳で選ばれた日本代表でも〝石にかじりついても世界へ〟という意識はなかった。日本代表はオリンピック予選やワールドカップ予選が高い壁になりつつあり、夏芝が白く枯れた国立競技場の国際試合も閑古鳥が鳴いていた。

「学生に慣れてしまうというか、まだ成熟していないというのはあったかな。自分自身は成長期だったとは思うけど、代表に早くに選ばれて麻痺していたというか、確固たる目標をもてていなかった」

日立製作所に就職すると、指導陣から細かく動くスタイルを求められて自分らしさを見失った。日本代表にも選ばれなくなり、20代後半で教師への転身を真剣に考えて恩師の仲西に相談に出かけた。しかし、「教員は甘くない、日立に恩返ししろ」と追い返された。

読売クラブなどにも誘われたが、プロになる勇気はない。30歳で日本リーグ新記録となる10

試合連続得点をマークし、これでいいだろうと再度仲西を訪ねたのは30代前半だ。ところが、またもや仲西から、「教員を取り巻く環境はさらに厳しい」と止められ、しぶしぶ戻って選手兼任コーチになった。

そこに「ふらふらしているのなら、協会を手伝え」と声をかけたのが当時、強化委員長の川淵三郎だ。外の空気を吸いたいと会社に申し出て、出向で20歳以下の代表監督になった。

1992年にワールドユースにあと一歩まで迫りながら敗れ、その世代でオリンピックを目指すことになったが、育成コーチの経験もアシスタントのキャリアもない。指導書を読み込み、国内外の指導者研修に打ち込んだ。

詰め込みゆえにベースがないことが、ストレートに選手に向き合う姿勢にもつながる。率いたのはプロ時代の申し子たちで、所属クラブでは外国人に影響を受け、海外に目を向け始めている。「監督は出向の身分で大企業に守られている」という陰口も聞こえた。

中田英寿や前園真聖《まさきよ》を軸にした攻撃サッカーで、アジア最強といわれたサウジアラビアを下し、28年ぶりのオリンピック出場を決めると、家族にも言わずに日立に辞表を出した。

「長く到達できなかった世界に行けたことで、ゾーンに入った感覚。会社をやめるということがどれほど大変なことかはわかっていなかった」

と振り返るが、プロとして10代から面倒を見てきた選手たちを率いることが日本の将来を開く、という責任感と覚悟が生まれる。本大会でブラジル、ハンガリー、ナイジェリアと同組になり、アジア予選と同じ戦い方では通用しないと考えた。初戦で当たるブラジルを相手にマンツーマンに近い戦術を採用することを決めると、選手からは不満の声ももれた。

1996年7月21日、マイアミ・オレンジボウルでキックオフされた試合は、0－0で折り返した後半にブラジルが攻勢をかけた。世界王者のFWベベット（ジョゼ・ロベルト・ガマ・デ・オリベイラ）にサヴィオ、リバウドらが立て続けにシュートを放つが、GK川口能活《よしかつ》が冷静に対処。

0－0で迎えた72分、左サイドから路木《みちき》龍次が山なりのロビングをブラジル守備陣の背後に送る。唯一といってもいいブラジルの弱点を突いたボールだ。GKとDFが交錯して転がったボールをプッシュしたMF伊東輝悦《てるよし》の決勝ゴールは、事前の綿密な分析の成果だった。

続く第2戦のナイジェリア戦は0－2で完敗し、最終戦でハンガリーを3－2と下すが、得失点差でグループリーグ敗退となった。大会後に日本サッカー協会の技術委員会（大仁《だいに》邦彌《くにや》委員長）は、日本の戦いを「守備的で将来につながらない」と酷評。西野は公には口を閉ざしたが、納得はしていない。

「それがのちの攻撃スタイルにつながったというのはあった。マンツーマンで守るのも攻撃のため。ディフェンス一辺倒ではなく攻撃権を得るためのやり方だったわけだから」

理想があれば、実を取るためには変えなければならないこともある。未来がないというが、勝利の可能性よりも自分たちのスタイルを貫くことに未来があるのか。勝つ可能性が少しでもあるほうを取る選択は、それから12年が経ったワールドカップ・ロシア大会でもあった。大会前にハリルホジッチ監督が解任され、西野は技術委員長から日本代表監督に就任した。

賛否を招いたのは、0－1とリードされたまま試合終了を狙ったグループリーグ最終戦のポーランド戦だ。同時刻に行われていたコロンビア対セネガル戦は1－0でコロンビアがリード。ラウンド16に進むためには負けられないコロンビアがそのままか、それ以上の結果を残すだろうという読みから、攻めることをせずに1点ビハインドを貫いた。

同点を狙って追加点を浴びれば、その時点でセネガルに得失点差で上回られる。が、スコアがそのままならばフェアプレーポイントによって日本が上回る。そんなぎりぎりの状況下で、腹をくくったのだ。読みはあたり、史上三度目のベスト16に導いた。

決勝トーナメント1回戦でベルギーに2－0からの逆転負けを喫し、初のベスト8進出はならなかったが、「世界の経験がなかった自分の責任」と西野は潔く話した。

思い切った兵法や戦法の裏にあるのは、考え抜いた末にたどり着いた道を進む胆力だ。

「スタイルを構築するためにはやりきらなければならないけど、それでは説明できないことが降りてくることがある。誰に何を言われても変えなくて大丈夫だというお墨付きで、自分の中に降りてくるんだ」

アトランタ大会以降に、Jリーグクラブを率いたキャリアで重んじた、サブメンバーに目を注ぐチームづくりと、主体性があり自己主張の強い選手を重用する兵法に、ア式時代から学んできたチームワークのあり方がにじむ。

「本当に強い和と一体感が主体性から生まれるというのは、東伏見時代から体に染みついているかもしれない。がまん強い監督といわれたが、短気なところもあったと思う。でも、自分のやり方が正しく自分たちのペースで試合が運んでいるときには、コーチに何を言われても選手を代えることはしなかった。意地かな」

西野が指揮を執ったアトランタ大会の4年後、ベスト8に進んだ2000年シドニー大会のア式関係者はいなかったが、2004年アテネ大会には徳永悠平がグループリーグの2試合に出場。次にア式OBが登録されるのは、同じ徳永の2012年ロンドン大会になる。

メキシコ大会以来のメダル獲得をかけ、パリ大会の男子日本代表は、準々決勝でスペインと対戦した。攻撃的な4・3・3の陣形から積極的に相手ボールにプレスをかけたが、11分にパスの奪い合いから攻め込まれ、フェルミン・ロペスの強烈なミドルシュートを浴びた。

最大の見せ場は40分。縦パスを受けて巧みな反転を見せた細谷が右足シュートで試合を振り出しに戻したかに見えた。しかし、VAR（ビデオ・アシスタント・レフェリー）の介入により、細谷のかかとがわずかにオフサイドラインを越していたという判定でノーゴールとされ、潮目は変わらなかった。

前半アディショナルタイムの細谷のヘッドもポストに阻まれ、後半は再びロペスに加点されて0－2。終了4分前にも3点目を許し、敗退となった。大岩剛監督は、「前半のいい流れのときに決めきれなかった」と話した。決めるべきところで決めきるという、言葉に出せば簡単なことを、ぎりぎりの戦いのなかでできないうちに、ゲームの流れを渡してしまう。メダルは遠かった。

その間、兵藤率いるア式もチャンスを決めきれないサイクルにはまっていた。

リーグ折り返しの立正大戦を2－3で落とし、酷暑になる8月に設けられた中断期間の前にあるのは第12節の産能大戦と第13節の法大戦。是が非でも勝ち点を積み上げておきたい2試合は、前年に続いた「悪夢」がよみがえるような展開になった。

産能大相手には、佐々木の折り返しを駒沢が蹴り込んで13分に幸先よくリードを奪った。その後もリズムをつかんで相手センターバックとサイドバックの間に空く「Aゾーン」に入り、チャンスをつかむ。19分に本保と東で左サイドを崩すが、松尾のシュートは相手DFにブロックされた。攻めながら2点目を奪えない展開のなか、25分に同点ゴールを許す。後半は、春先の負傷からの復帰戦になったMF光田脩人が交代出場をした矢先に立て続けに警告を受けて退場になり、1人少ない戦いを強いられた。

それでも79分に駒沢の突進から本保が巧みなループシュートを決めて2－1とリードした。同点ゴールを浴びたのは終了間際だった。左サイドから上げられたロビングをゴール前ではっきりとクリアできずに浮き上がったボールを、相手MFに鮮やかなバイシクルキックで蹴り込まれたのだ。DF石川は、「入りは悪くなかったが間延びしてしまった隙を突かれた」と振り返ったが、兵藤はこう言った。

「10人で戦うイレギュラーな試合はありえる。問題は決めるべきところで決められないことで、いつか取れるという気持ちがある」

続く8月3日の法大戦は、開始4分に最初のCKからあっさりと先制され、38分にはMF山市秀翔の厳しいチェックが警告の対象になり、2枚目のイエローカードを受けて残り50分あまりを数的不利な状況で戦うことになった。

チーム全体が引き気味になり法大の攻勢を受けたが、前半終了間際に左からの本保のクロスを逆サイドから詰めたDF佐々木が合わせて同点。1－1で折り返した後半も押され気味で、1対1のピンチをGKの海本が防いだ。すると、80分に相手CKから粘ってつないだボールを受けた本保が左サイドから切れ込み、振り幅の小さいショットをサイドネットに決めた。その後は耐えしのぐ展開で、「切れない、切れない、切れない」という兵藤の声が響く。

残り2分だった。右CKから折り返されたボールが混戦のなかにこぼれ、相手選手に一瞬速く触れられたボールが自陣ゴールに力なく転がり込んだ。

シュート数は4本対9本。鎖骨の骨折から3カ月ぶりに復帰したDFの神橋良汰を中心に体を張って守り続けたが、最後に勝ち点を取りこぼす結果になった。

順大戦、山学大戦、関東学院大戦と終了間際に失点をし、勝利を逃した前年のリーグ中盤を思い起こさせる試合が続き、5月から6月にかけて得た蓄えを吐き出した。兵藤と選手たちが「すべて勝つ」と口をそろえた夏の中断前の3試合で積み上げた勝ち点は2。順位は12チーム中、8位まで落ちた。

オリンピックに二度出場した鉄人DF

オリンピック・ロンドン大会から12年、徳永悠平は道をつくっていた。

長崎県南島原市から諫早《いさはや》市まで延びる約50キロの自動車専用道路「島原道路」の側溝やトンネルの製造を受注して材料を仕入れ、2次製品も加えて納品する。父親の会社の社員として、営業と製品管理をこなす毎日だ。

「この道が通じると、島原から諫早のアクセスがよくなり、渋滞が解消します。始まってすでに10年、向こう10年はかかる仕事です」

Jリーグ通算437試合出場という、ア式出身者としては頭抜けた記録をもつ。抜群の身体能力と運動量を誇り、左右のキックを繰り出す体軀は鋼のようにしなやか。ディフェンダー全般やボランチとして長いキャリアを送った。

故郷の国見高校の2年生で高校三冠を獲得して頭角を現し、3年生では高校選手権を連覇。プロ注目の逸材だったが、「早大から推薦の話がきている」と総監督で校長でもある小嶺忠敏に誘われ、両親も前向きだった。国見高校野球部出身の父親の口癖はこうだった。

「人生はサッカーをやめてからのほうがずっと長いぞ」

スポーツ推薦で入ると、簡単には退部できないという事情は理解していない。ア式での生活も練習も、国見の3年間より厳しいことはないと高をくくっていた。入部してみると高校時代より自由だったが、ピッチ外の仕事が多かった。雨降りの朝、練習前にスポンジでグラウンドの水を吸いとることに意味があるのか。自主練はいいが、全員が終わるまで帰れないというのはどうなのか。合理的な大人の世界をイメージしていただけに、ストレスが溜まった。

1年目は関東リーグ2部、2年目はその下の東京都リーグに所属し、ピッチでも十分な結果が出ない。3年生に「意味のない決まりごとが多いから勝てない」と訴えた。U－19、U－20の代表に呼ばれていけば、Jリーグでプレーしている仲間がいる。このままでは代表に選ばれなくなると焦りが募り、プロのスカウトからは、「将来が難しくなる」と仄めかされた。どうやったらやめられるかばかり考えていたが、退部は難しい。

3年目に監督が大榎克己に変わった。古いしきたりが大幅に減り、ボールを保持して攻撃的に戦うスタイルに変わった。球際で勝つ、走り負けない、どういうかたちでも点を取るといったア式の伝統や持ち味は、徳永にすれば多くが国見に通じるものでもあり、それがサッカーである限り、どのチームにも必要な要素だった。そのベースの上にどんな料理をつくっていくかが監督だ。ボールの動かし方などの指導を受けた大榎にはこう言われた。

「やめたくなる気持ちも否定しないけど、がんばればOBの目も変わるし、長い目で考えれば続けるべきだ。俺がお前の立場でも絶対に残ってやるぞ」

高校で年代別代表に選ばれ、大学時代に日本代表候補だった先輩の言葉には説得力があった。4年生でキャプテンに指名されると、練習でいっさい手を抜かないア式流の手本のような同期の2人に副将を引き受けてもらった。

特別指定選手としてFC東京での出番も増えていたが、1年間、自分のもっているものを全部出しきるという覚悟で2部リーグを戦った。同期にFWの矢島卓郎（清水エスパルス、川崎フロンターレ、横浜F・マリノスほか）、1学年下に国見の後輩である松橋優（大分トリニータ、ヴァフォーレ甲府）、帝京高校主将のDF山口貴弘（湘南ベルマーレほか）、星稜高校主将のMF金田隼輔、2学年下に兵藤慎剛と、戦力を見れば負けるはずがない陣容だ。圧倒的な戦績で1部復帰を決めて卒業した。

ワールドカップ・ドイツ大会のメンバーに選ばれるために、確実にポジションを得たいと選んだFC東京だった。卒業前にはスペインのバレンシアCF入りの話も持ち上がり、4年生の夏に参加して優勝したユニバーシアードが開かれたトルコからスペインに飛んで練習に参加。

契約には至らなかったが、FC東京で400試合近くプレーした。丈夫で長持ちの秘訣は自分ではわからないが、目の前の試合に一心不乱に取り組んできたという自負はある。ワールドカップに縁がなかった大きな理由は、同時期に駒野友一や内田篤人《あつと》、下の世代に酒井宏樹や長友佑都がいたからだ。総合力では負けない気持ちはある一方で、こんな自覚もあった。

「そこは『どうしても徳永悠平じゃないと』という決め手がなかったのではないか。今ならばそう思いますね」

晴れの国際舞台は、オリンピックでの2大会連続の出場だ。

ア式3年生でアテネ大会に出場し、フル出場して3－4で敗れたパラグアイ戦に続くイタリア戦の序盤で負傷退場。チームもグループリーグで敗退した。

2回目が8年後のロンドン大会だ。28歳と、選手として苦楽を味わった年齢を迎えた頃、ア式の先輩でもある監督の関塚隆からオーバーエージ枠として声がかかった。若い選手に経験を積ませたほうがいいと辞退しようとしたが、関塚は譲らない。メディアの扱いを見ても期待薄のチームだったが、開幕前に、結果的に金メダルを取ることになるメキシコとの強化試合で手ごたえを得た。

初戦のスペイン戦に勝つとチーム内外の雰囲気ががらりと変わった。そうなると若いチームは違う。大津祐樹や永井謙佑らが明るく盛り上げて勝ち進んだ。若手を見守りながら徳永はあまり得意とはいえない左サイドバックで躍進に貢献した。

勝負の重みを感じたのは、韓国との3位決定戦だ。ライバルに敗れた悔しさもあったが、周囲の反応は3位と4位ではまったく違うことも知る。もっとも力を発揮できる3バックの右か、4バックの右だったら、ベストに近いかたちでチームに力をもたらせたのではないかという思いもあった。が、それもサッカー人生の一部だ。メダルを逃したことをその後の糧にしようと誓ったが、結果的にロンドンが最後の大舞台になった。

現役の最後は、地元のV・ファーレン長崎でプレーした。今でもFC東京やV・ファーレン長崎の試合で配信チャンネルの解説の声がかかれば出かけるが、サッカーの現場に戻るつもりはない。指導者ライセンスもC級のまま失効した。

同じ指導でもサッカーだけではなく、海外に飛び出していくような可能性がある子どもたちを応援する仕組みがあればいいと思い描く。県内の美味しい野菜を全国に届ける事業にも関わる。国見から早大に行ったことの是非にしても、その後、長くプロ選手としてプレーしたこととの意味にしても、まだわからない。答えは、あと3年は関わる新しい道の先にある。

海を越える同い年の友情

メキシコで表彰台に立ったア式の先達に、徳永とともにもっとも接近した監督の関塚隆は、指導者としての原点はア式にあったと話す。現役時代の4年と、30歳で初めて監督になった2年間の計6年で得たのは、指導キャリアで一貫して掲げる「一体感」の重要さだ。

入学前は、新興の公立校ながら高校選手権で4強に入った千葉・八千代高校のアタッカー。3年生でユース代表候補になったが選外になり、早大を志願した入試も教育学部、社会科学部を受けて失敗。「13時ホール」で知られた予備校に通い、教育学部に合格する。

1学年上が城福浩、池田誠剛の代で、3年間は宮本征勝の指導を受け、4年目は堀江監督下で学生主体のチーム管理を学ぶ。国士大などに世代のトップレベルが集まり始めた頃。同期や下級生は浪人組や地方の無名校出身者が多く、対抗するにはまとまるしかない。最終学年は幹部の神戸《かんべ》清雄《すがお》（静岡高校、本田技研）らとチームを率いたが、リーグ戦は国士大には勝ちながら序盤の不調が響いて2位に終わった。

「いわゆる『新特』（新人特訓）など理不尽に感じることもあったけど、教職もしっかり取れたし、文武両道で思い切りサッカーができた4年間だった」

宮本が古河電工から移った本田技研工業（本田技研）に就職し、現場仕事を学びながら日本リーグで100試合以上にプレーして34点を決めた。27歳のときの腰の負傷が響き、プロリーグでプレーするという夢はかなわず、2年間のコーチ兼任を経て指導者の道に入る。

初監督は本田技研に身を置きながら指揮を執ったア式での2年間だ。1年目で大倉智、古賀聡、奥野僚右、相馬直樹らを擁してインカレに優勝。澤登正朗《さわのぼりまさあき》（清水エスパルス）らがいた東海大と渡り合い、1－1からPK戦を制した。

70人からの若者たちに目を配り、個性をもった人材を組み合わせて一体感を生み出すチームづくりは、プロ指導者に転身した鹿島アントラーズ時代、中村憲剛《けんご》らを日本代表に育てた川崎フロンターレ時代を経て、オリンピック・ロンドン大会で実を結ぶ。

23歳以下の15人は、Jリーグでポジションをつかみかけた伸び盛りの逸材たちだ。そこに関塚はオーバーエージ枠の2人を加える。その1人がア式の後輩である徳永悠平で、複数のポジションができる多様性を買った。固辞する徳永を、

「プレー中の背中で周囲を引っ張ってくれる選手がどうしてもほしい」

と説得した。徳永らが置いた重しを基盤に若者たちが走力で相手を圧倒できたのは、短期決戦を見越したコンディショニングの成果だ。

優勝候補のスペインをハイプレスで追い込み、大津の決勝ゴールで初戦を飾った。が、関塚らスタッフに油断はなかった。初戦でブラジルを下しながらグループリーグで敗退したアトランタ大会の例があったからだ。第2戦、アフリカの雄モロッコには、相手のスタミナが尽きた

終盤に高速カウンターから永井が決勝点。2試合でグループリーグ突破を決め、準々決勝では、のちにリバプールFCで活躍するFWモハメド・サラーを擁するエジプトに3－0で快勝。44年ぶりのメダルまであと1勝に迫った。

「選手たちは限度を超えて疲れきっていたが、ターンオーバーは考えられなかった」

大会前の強化試合で勝っていたメキシコ相手の準決勝は、大津が先制したが前半に追いつかれ、終盤に突き放された。

銅メダルをかけた3位決定戦は韓国が相手で、韓国ベンチにはア式の1学年上で、左右のウイングでプレーした同い年の池田誠剛がフィジカルコーチでいた。同じ宿舎であえて顔を合わせないように別々のエレベーターを使い、一度、鉢合わせしたが会話はほとんどなかった。

試合は中2日で6試合目という極限の戦いで、前半、韓国のロングボールへの処理が遅れて失点。後半にも相手ゴールキックから2点目を許した。関塚は記者会見で、「6試合を戦えたことはこのあとの財産になる」と話した。目が赤かった。

悔しさが募ったのは、帰国後に東京・銀座でメダリストたちがパレードをする光景をテレビで目にしてからだ。海外開催の大会で獲得した史上最多のメダルをかけた選手たちを、幾千の人々が歓声で迎えた。メキシコ大会以降、先人が果たせずにきたメダル獲得の重みを実感した。

「韓国は日本の弱点のロングボールを徹底して蹴ってきた。コンディションを重視するあまり、戦い方をもう1つ落とし込めなかったという思いは今でもある。世界は大きいというのが実感だった」

その体験を日本サッカー協会技術委員長などの要職でサッカー界に落とし込み、現在はJ3の福島ユナイテッドFCでテクニカルダイレクターを務める。チームは川崎フロンターレ時代の教え子である寺田周平監督の下で、J2昇格をうかがう位置まできた。信念は変わらない。
「僕の役割はチームを見守って、選手やスタッフが腹を割って話せる環境をつくること。それが一体感を生み出してチームの力になるからです」

日本と韓国の3位決定戦で、メキシコ大会以降パリまでの56年間にわたり日本サッカー界が手にできないメダルを、ライバル国のフィジカルコーチとして手にした池田誠剛は、ソウルから高速鉄道で3時間、半島の東側にある港湾都市の蔚山にいた。

右足をひきずる姿は在野で戦ってきたサッカー人生の証だ。小中高一貫教育の浦和ルーテル学院で小学1年生から英語を学び、高校1年生でカナダに留学した。早大にあこがれたのは、高校のサッカー部の顧問に連れていかれた西が丘でア式の試合を観てからで、体育教師になることも考えて教育学部に進む。

宮本征勝監督下、国体クラスの素材が徹底的に鍛えられた代で、同期に4年時のキャプテンで三菱重工に進む吉田靖、西野朗の弟、昇ら。ボールキープが巧みだった城福浩とは、刎頸《ふんけい》の友となる。雑草集団という自覚で、当時は24時間使えた筋トレルームに籠った。4年間で内側靱帯を2回切り、左足首は3回メスを入れている。

「ゲーム中に『そこに行ったらケガをするぞ』というところに突っ込んでいってしまう。負傷したらチームに迷惑がかかるぞとよく言われましたが、足が折れても靱帯が切れても、ゴールが決まればいい、と」

池田は馬力のあるウイングとして奮闘したが、タイトルに恵まれない4年間だった。大きな曲がり角は古河電工に入社して6年目だ。JSLカップでタックルを受けて右膝の前十字靱帯が断裂した。選手層が薄いチーム事情から、複数あった手術方法のうち、靱帯をつなげずにそのまま筋肉で補う保存法が選ばれた。

「お前の筋肉の強さならば補えるだろうと、今ならばめちゃくちゃな理屈。復帰したら繰り返し半月板が傷ついてアウトでしたね」

会社員生活を送りながら、自分の負傷の多さを思いを馳せるようになった。そんな日々が、日産自動車（日産）の監督だった元ブラジル代表のオスカーが連れてきたマフェイの存在により、フィジカルコーチが脚光を浴びた時期と重なる。古河電工の監督だった川本治にコーチに誘われ、フィジカルコーチをやりたいと申し出ると、午前中は東大で学び、午後は古河電工の練習というかたちが社業として許された。その道筋をつくったのが、のちの日本サッカー協会会長でサッカー部副部長だった早大卒の小倉純二だ。1年間、スポーツ科学を学び、選手のコンディションづくりはトレーナーかドクターの領域という常識を覆す存在になる。

Jリーグが開幕した年は、古河電工が母体のジェフユナイテッド市原（現・ジェフユナイテッド市原・千葉）で永井良和監督下のフィジカルコーチだった。その年の初めに宮本から、ブラジル留学に出かけたときに知り合ったブラジル代表の名フィジカルコーチ、モラシー・サンタナを紹介された。モラシーの導きでブラジルを視察して本場の知見を得ると、１９９４年のワールドカップ・アメリカ大会でもブラジルが世界一になる現場を体験した。

帰国後、12歳以下の育成部門でコーチの経験を積んでいるところに、ア式の先輩で横浜マリノスの強化部長だった森孝慈から声がかかる。アスカルゴルタ監督の「日本人のフィジカルコーチがほしい」という要望を受けてのオファーだった。

パーソナルトレーナーの手で理にかなっていないテーピングをしている中村俊輔らの意識を変え、慢性的な腰痛も治めた。井原正己《まさみ》が開いた食事会で負傷がちの洪明甫《ホン・ミョンボ》にアドバイスをしたところから縁が生まれ、後年、パートナーを組む布石が打たれた。

横浜F・マリノスでは岡田武史の下でJリーグを連覇。成績が低下した4年目に岡田から「影響力が強い俺かお前のどちらかが引くしかない」と告げられ、辞任を申し出る。

「岡田さんがそこまで言うのはよほどのこと。ちょうど膝の状態が悪化していたので、それを理由に退きます、と」

地元の浦和レッズの育成組織に新天地を求めた矢先に、20歳以下の監督になった洪から手伝ってほしい、という連絡を受けて渡韓。２０１１年にはオリンピック代表のフィジカルコーチに就いた。

「洪は、『この世代は人材がいないのであまり期待できないです』と最初に言っていましたが、指導を始めるとどんどん成長していく。最初は『誰、この人？』という目で見られていたけど、ア式時代の高麗大とのつきあいで韓国に対してポジティブな印象しかなかったので、それが伝わったのだと思います」

風土と文化を尊重しながら変化に富んだメニューを組み、食事と休養の重要性を説いて改革を進めた。オリンピック・ロンドン大会では、韓国史上初のオリンピックサッカーでのメダルをかけて、メキシコ大会以来のメダルを狙う日本と3位決定戦で当たり、2－0で勝利。池田はタイムアップの瞬間を見届けると、ロッカールームに早々に引き上げた。その後、日韓の世論を騒がせた「独島は我が領土」というカードを掲げた朴鍾佑《パクチョンウ》の姿は目にしていない。朴の振舞いが政治的な行動としてオリンピック憲章に抵触すると取られたこの一件は、池田に人間と人間の関係と別次元の国際社会の難しさを感じさせることになった。

2014年には韓国代表のフィジカルコーチとしてワールドカップも体験し、ベテランの域に差し掛かったところで、今度はア式の同僚である城福との仕事に臨む。FC東京では2人とも志半ばで辞任したが、3年在籍したサンフレッチェ広島では優勝にあと一歩まで迫った。

「いつか一緒にやりたいと思っていましたが、悔いが残るのはタイトルを逃した広島の1年目。2人にしかわからないことですが、やり残したという思いは共通認識としてあると思います」

2021年からは現代蔚山（現・蔚山HD FC）で再び洪と組んだ。フィジカルコーチになって30数年、日本サッカー協会内にはフィジカルプロジェクトができ、ライセンス制度も整備されたが、池田の関心は、日本がリードするこの分野での知見を、おもにアジアに注ぐことにある。あくまで現場が仕事場。さまざまな監督の下でアメーバのようにかたちを変えながら、選手に向き合う宣教師の存在を自任する。

ビラ配りや手紙書きから始めた部員集め

池田がロンドンで複雑な思いを抱いた男子3位決定戦の翌日にあったのが、なでしこジャパンがアメリカと戦った女子決勝だ。オリンピックの女子サッカーは、1996年アトランタ大会で正式競技になり、日本は3戦全敗に終わったが、2004年アテネ大会でベスト8、2008年北京大会はベスト4と着実に順位を上げていた。

前年2011年の女子ワールドカップでは、アメリカをPK戦の末に下して初優勝。日本サッカー界初の世界タイトルは、4カ月前に東日本大震災に見舞われた日本国民を勇気づけた。

それからちょうど1年、今度は金メダルを目指して同じアメリカと戦ったのがロンドン大会だった。主将の澤穂希《ほまれ》やMFの宮間あやら、世界一メンバーをほぼ変えずに臨み、前年と同様に苦難の末にたどり着いたファイナルだったが、開始直後からアメリカの攻勢を受け、8分に先制を許すと後半立ち上がりにも失点。その後、大儀見優季《おおぎみゆうき》のゴールで1点を返したが、及ばなかった。

早大スポーツ科学学術院教授の堀野博幸はその決勝で、大会に入って初めてなでしこジャパンの試合を直接観ていた。準決勝までは、日本が次に対戦する可能性のあるチームの分析に追われていたからだ。1993年に大阪の府立茨木高校を出て、早大のスポーツ科学部に入った。1年生のときの4年生いわゆる〝1－4〟がすでに日本代表だった松山吉之（松下電器―ガンバ大阪）。プロに進む選手が多い時期だったが、同期には高校時代にはトップクラスではない選手も同居していた。堀野自身も2年生ではスタメンで使われたが、3年生に上がるときに靱帯を傷めてレギュラーは遠のいた。卒業後はスポーツ心理学の分野に進み、博士課程を修了して教員になった防衛大学で初めてサッカーの指導にあたる。

2年で母校に移り、松永章監督の下でコーチになるはずが、女子部（ア女）の監督だった由井濱洋一が男子部の指揮を執ることになった。OBから女子部の監督にという依頼を受けたのは、練習場所が所沢キャンパスにある自分の研究室に近いという理由からだ。

草創期から関東大学女子リーグの1部と2部を行き来していたア女は、1998年に2部で優勝して1部昇格を決めていたが、監督として堀野が最初にやらなければならなかったのは部員集めだった。13人の部員の半分は練習に出てこない幽霊部員で、帰省すると練習再開日に戻ってこない選手もいた。自らビラを手に入学式に出かけた。受け持ちのクラスでサッカー経験者はもちろん、ほかの競技をやってきた学生にも声をかけた。

2年目からはまともな練習ができるようになり、まず同好会的な甘く楽しい雰囲気を変えようと、ア式の「WASEDA the 1st」の思想を持ち込んだ。が、普通に注意しただけなのに、「お父さんにも叱られたことがないのに」と心を閉ざす選手もいる。

サッカーである以上走らなければならないし、対面に負けてはならない。ボールはうまく扱えなくてもそこならばがんばれるはずだと、トレーニングでも厳しい要求を出した。高校女子サッカーの強豪校に手紙を書いて顧問を訪ね歩き、3年目に自己推薦で入る選手が出てきた。日体大などとの埋められない差を根気よく縮めていった就任6年目の2005年の冬にインカレで初優勝するが、堀野は夏にチームを離れていた。大学の特別研究に出ることが決まっていて、シーズン当初から半年限りという条件でベンチに座っていたからだ。

その後も日本サッカー協会の女子委員会の仕事に関わり、女子ユニバーシアード代表を率いて世界と戦った。同期の古賀聡監督時代には、男子部のコーチを務め、インカレ優勝を果たす。スポーツ心理学の研究と現場指導の両輪で走ってきた。理論と実践の間で考えるのは、1年生のときに監督だった堀江忠男の存在だ。最後の門下生として、ア式を古賀と率いた5年間は、「真実は単純なところに宿る」という堀江哲学を念頭において指導をした。

「学生のときに本質を理解しきれなかった堀江語録の本当の意味を聞いてみたいと切に思います。自分たちの指導は正しかったのか、と」

堀野がスカウティングを担当していたロンドンで、なでしこジャパンにサポートメンバーとして帯同していたのが、その2012年の春に早大を卒業したばかりの大滝麻未《あみ》だ。ロンドンで味わったのは、チームの一員なのにメダルはもらえない奇妙な感覚。アメリカとの決勝もスタンドで観戦した。

大滝はア女史上でも屈指の点取り屋だ。2008年から2012年まで在籍した間、1年生、2年生、4年生で関カレ得点王。インカレに2年生で優勝し、関カレは3年目から連覇した。

小学1年生のときに兄の影響で男子と一緒の街クラブに入り、中学からは女子の横須賀シーガルズFC（現・横浜FCシーガルズ）に所属。高校はア式OBで日立でのプレー後に教員免許を取得した小柴健司がいた神奈川県立鎌倉高校に学び、高校選手権に出場したこともあるサッカー部の男子に混じってフィジカルコンタクトをいかに避けるかを身につけた。スポーツ推薦で声がかかった早大に進んだのは、サッカー以外の何かが得られるという期待からだ。

1年生から2トップの一角に座った。日体大の堅陣を崩し、大学女子サッカーの名門へと勢いづく時期。関カレ得点王として臨んだ1年生のインカレ決勝では日体大に密着マークを受けて敗れたが、翌年も連続のリーグ得点王。銀メダルを獲得した2009年のユニバーシアードがきっかけで、3年目はカナダの大学に留学した。最終学年で再び関カレ得点王になって自身初となるリーグ制覇を果たし、海外挑戦を決める。

4年生の秋に、得点王になった2回目のユニバーシアードでのプレーを目にしていたフランスの名門オリンピック・リヨンから声がかかった。卒業前の3月には女子チャンピオンズリーグ準々決勝に出場し、2カ月後には日本人選手として永里優季、熊谷紗希に続いて3人目となる決勝の舞台を踏んだ。2年目はベンチ外になることも多くなり、海外でプレーするという目的の次のステップを持ち合わせていないことに気づく。一度帰国したが、移籍した浦和レッズレディースでも十分な出番がない。25歳で現役を退いたが、FIFAマスターに通ったことが再びサッカーへの気持ちに火をつけ、ジェフユナイテッド市原・千葉レディースで3年間プレーしてWEリーグでもゴールを決めた。

現役中に熊谷らに声をかけて設立した一般社団法人「なでしこケア」は、女子サッカーの普及、社会課題の解決、キャリアビルディングの3つを柱に、女子選手を支援していく場だ。選手と子どもたちの交流を図るイベントを開くほか、ハラスメントなどの悩みをオンラインで受け付け、キャリアへの意識づけを図るワークショップも開く。

「自分の好きなことを20年続けてきたキャリアを、すぱっと切ってしまうのはもったいない。サッカーとキャリアを切り離して考えがちですが、歩いてきたキャリアの中心にサッカーがある。早稲田とア女は自分が学ぶ気持ちさえあれば、題材にあふれている。その意識をもてるかどうかで、就職活動も変わってきます」


オリンピックの最中に開幕された夏の第106回全国高校野球選手権大会に、宮城県代表で聖和学園高校が初出場した。前年夏に準優勝した仙台育英学園高校を県予選で破っての快挙に、女子サッカー界で知られてきた私学の学内は沸き立った。

堀野門下で2005年に卒業したア女OGで同校教諭の齋藤史子は、応援席のアルプススタンドに行くことができなかった。近くの神戸市で行われた全国高校・大学ダンスフェスティバルにダンス部の顧問として参加していたからだ。母校に地理の教諭として着任し、8年になる。

泥臭くがんばる選手だった。聖和学園高校では1年生で全国優勝し、2年生、3年生でも3位。堀野が顧問にあてた熱心な手紙にも心打たれて1学年上の先輩がいるア女を志し、早大社会学部に合格した。同期4人のうち、本格的なレベルでの経験者は自身を含め2人。驚いたのは、武蔵関の公園を走る〝関走り《せきばし》〟のきつさと、聖和学園ならば500回と続く対面のリフティングが30回も続かないことだ。部員を1人でも増やそうと記念会堂での入学式で手あたりしだいに声をかけた。そのなかには、主務としてインカレで初優勝をする江崎康子や、のちに監督を務める福田あやらがいた。

1年目の関カレはインカレに出場できる8位にも入れなかったが、熱心に声をかけて誘った高校の後輩ら経験者が増えた2年目にリーグ戦で勝てるようになり、初のインカレ出場も決めた。堀野の練習は学業優先といいながら5限以降は練習に出てくるようにと厳しく、細かかった。左利きで、試合の半分はベンチに近いポジションにいるので、堀野から飛ぶ厳しい指示を先回りして読み、嚙み砕いて伝えることもした。部には高いレベルを目指す選手たちがいる一方で、初心者もいる。チームをまとめるために心を砕いたのは、どんなレベルや経験の持ち主でも、最後には「ここでよかったんだ」という愛着をもってもらうことだ。

卒業前に講義で受けた「第三世界論」という授業をきっかけに教員を目指し、故郷に帰って大学院で学んだ。非常勤講師を経て教諭になり、創部60年を超える伝統をもつダンス部の顧問を任された。部員は男女半々で計30人。ストリート系のダンサーも多いが、半分は未経験者だ。顧問になって8年目の今年、学校の文化祭で、部員全員の創作ダンスを披露した。80分の長丁場で、日本舞踊やインド舞踊などを取り混ぜた。

部員全員が好きなジャンルを踊れるとは限らない。ストリート系の男子部員が白虎隊を演じるパートもあるが、同じチームで踊ることで経験者が初心者の愚直な姿に感化されていく。実際に戦った少年兵の間にも同じようなことがあったのではないかという想像もかき立てる。

脳裏に浮かぶア女での記憶は、練習後に飲み物を飲みながら、

「なんでこんなきついことをやっているんだろうねえ。青春なのに」

などと自虐しながら笑い合った日常だ。

「きついこと、つらいこと、悩めることをこそ楽しめる日々を、生徒たちにも経験してほしい。経験者が未経験者との交流を通して続ける意味を感じていく。自分が部活に打ち込んでいるのは、それをいまだに追い求めているからかもしれません」

オリンピック・パリ大会のなでしこジャパンは、初戦でスペインに敗れたあと、第2戦のブラジル戦は、0－1で万事休すかと思われた終了間際に獲得したPKを主将の熊谷が決めて同点。さらに、90＋6分には若手MFの谷川がこぼれ球を叩くロングシュートで勝ち越した。

第3戦はナイジェリアに3－1と勝ち、グループ2位で準々決勝に進んだ。アメリカとの一戦は日本のチームディフェンスが機能して相手の強力な攻撃陣を封じる展開だったが、0－0でもつれ込んだ延長前半のアディショナルタイムに個人技で持ち込まれて決勝ゴールを許した。アメリカを苦しめた120分は、もう1つ上のレベルに再び上るためには、攻撃力を高めなければならないと痛感する時間でもあった。男子と同様、メダルが見える地点まで進むことはできなかった。

なでしこジャパンのチーム付き総務で7年目を迎えた日本サッカー協会女子部の山本りさが、パリから帰国したのは8月初めだった。2007年卒のア女OGだ。

カナダ生まれの東京育ち。幼稚園からサッカーボールに触れ、中学校から地元の小金井SCでプレーした。中高はハンドボール部にも所属。手と足の違いはあるが、もっともハードといわれていた部活で体力と対人動作を身につけ、一般推薦で早大の教育学部に入った。ア女に入ると体を張ってボールを奪いにかかり、1年生から出番をつかんだ。3年生のインカレで東京女子体育大学を下して初優勝した。4年生では皇后杯の関東予選を勝ち上がって本大会に初出場したが、インカレはベスト4で日体大に敗れた。サッカーはここまで、と食品会社に就職した。社会人1年目は小金井SCに選手登録をしたまま、会社帰りに自宅に近い東伏見に寄ってボールを蹴った。仕事のストレス発散のはずだったが、ア女の後輩らと国体の東京選抜に入ったことでサッカーへの熱に再び火がついた。

ア女監督だった長岡義一の紹介で、東京電力女子サッカー部マリーゼのセレクションを受けて合格し、東日本大震災まで3シーズン、プレー。震災後はASエルフェン狭山FC（現・ちふれASエルフェン埼玉）を経てベガルタ仙台レディースに移り、30歳まで現役を続けた。

引退後、ゆくゆくは現場の近くで選手を支えたいという思いからスポーツメーカーに入り、リテールの基礎を店舗で学んでいたところに日本サッカー協会から声がかかった。指導者の勉強をしないかという誘いだったが、チームをバックヤードで支える仕事をやりたいと申し出て総務になった。大会参加のための書類作成、遠征の帯同、精算など仕事は多岐にわたり、日中にチームに帯同していると、PCを開くのは日が暮れてからになる。

オリンピック・パリ大会の仕事は2023年末に本格化した。選手の登録候補リストの提出から始まり、ぎりぎりまで開催地が決まらなかった2月の最終予選の対応にも追われた。4月からは親善試合、壮行試合などをこなしながら、大会直前のキャンプ地の最終調整を続けた。

キャンプ地は、2019年のワールドカップでも使ったフランス北部のル・トゥケ・パリ・プラージュが、最初から頭の中にあった。内々に打診をしたところ施設もホテルも抑えられたが、人気のバカンス地でもある。1年前から仮予約をして、キャンセル料を払わずに済むタイミングについて宿との交渉を重ねた。

池田太監督以下コーチ陣に、いくつかのキャンプ地候補とともにル・トゥケを提案した。池田ら現場を見たことのないスタッフも、提案を受け入れてくれた。オリンピック本番前にチームとともに初めて現地に入った池田監督から、「いい場所だな」と言ってもらえた。どんな反応があるかドキドキしていたので、ほっとすると同時に嬉しさがこみ上げた。

「大会中も、チームの移動で列車が動かないことやバスが予定どおりに来ないこともありました。アクシデントがつきものの仕事ですが、スタッフ、選手たちとのチーム力があれば乗りきれる。優勝を目指していたので悔しかったですが、素晴らしいチームだったと思っています」

ベンチで流した4年生の涙

中央右サイドでパスをカットしたMF築地育が、糸を引くような縦パスを送る。そのボールの軌道に合わせるようにギアを上げて抜け出したのはFW生田七彩だ。膠着した展開の83分だった。8月24日、風に秋の気配が混じった夕方、調布市のAGFフィールドで女子の定期戦

「早慶クラシコ」が行われていた。

女子の定期戦は2002年に始まり、過去22回は早大の18勝4分けと無敗が続く。初期には10点以上の点差がつくこともあったが、この10年に限れば2分けのほか、1点差が2試合、2点差が3試合。昨年も1－1の同点から築地のPKでなんとか振りきった。「無敗を紡ごう」がア女の合言葉だ。スタメンはGK石田心菜、DF田頭花菜、杉山遥菜、佐溝愛唯、MF築地育、宗形みなみ、新井みゆき、三宅万尋、白井美羽、FWが﨑岡由真に千葉梨々花。このうち4年生は石田、田頭、築地、白井の4人で、ベンチにはGK丸山翔子のほか、木南花菜、栗田彩令《さら》、澤田美海《みなみ》、生谷寧々の5人が入った。

0－0の後半途中から、ベンチ裏で4年生がアップをし始める。監督の後藤はじりじりしていた。最後の伝統戦の舞台に4年生を1分でも出場させてあげたいという、早慶戦ならではの悩みからだ。交代枠は5。後半から副将の木南を入れた。攻撃のリズムを変えようと3年生の生田に加えて1年生の米村と福岡も投入した。残りは1枠だ。

木南花菜は高揚していた。普段は冷静な後藤がハイタッチで、4年生の仲間が体を叩いて送り込んでくれた。1年生で交代出場して以来の早慶戦のピッチだ。前日に4年生同士で「おそらく全員は出られないけれど、出た選手が責任をまっとうしよう」と誓い合った。左のワイドから積極的に前に出た。

兄が慶大ソッカー部にいたことで、早慶戦を観たのが高校生のとき。晴れ舞台にあこがれてア女の一員になった。1年生のときはゲームに絡めたが、2年生から徐々に出番が減ると、3

年生の後半の半年間を休学してアメリカ・ミズーリ州の大学に留学し、異国のサッカーを経験した。フィジカルの強さやスピード以上に、選手たちの自己主張の強さに驚いた。シーズン終了ぎりぎりまで不在だったにもかかわらず、仲間たちの指名で翌シーズンの副将になった。

苦難の最終学年の始まりだった。監督の後藤に言われるまでもなく、まとまりに欠ける学年という自覚があった。10人の間につねに距離があり、本音で語ろうとすると、最後は後味が悪いトーンにもなる。誰かが悩んでいても、声をかけないほうがいいだろうと思うようにもなった。主張し合ってコミュニケーションを取るアメリカでの学びを持ち込めない自分がいた。

開幕から入った左センターバックのポジションを、序盤戦で1年生に譲り、チームの雲行きがおかしくなって田頭が顔色を失っても、声がけができない。

控えメンバーで底上げをするために戦うもう1つのリーグ、関東リーグに出るチームをキャプテンとして引っ張ったが、そちらも成績がおぼつかなくなった。築地が練習を欠席するほどの状態になっていることもわからなかった。4年生で話し合う場では普段ならば最初に口を開くタイプだったのに、うまくしゃべれず思考停止になってしまう。

夏合宿の話し合いでは本音をさらけ出し、何かが吹っきれた気がして臨んだ早慶戦だった。

「シーズンの半分で話し合いができたのはよかったと思うし、そう思いたいです」

ベンチの4年生の視線を背番号6に受けながら、濃密な45分間をプレーした。

後半から出場した生田は数日前から風邪をこじらせていたが、自分が早い時間に点を取ってリードできれば、4年生の出番を少しでも長くすることができることも知っていた。

左サイドで浮き球を巧みに操って相手DFと入れ替わり、右足インサイドで狙うが、GKがブロック。左からのクロスを右足でコントロールして左足で放ったボレーはバーの上へ。チャンスを逃すたびにヘアバンドを額からむしり取り、両こぶしを芝に叩きつけた。

こうなれば得意の裏抜けしかない。築地の縦パスから相手DFの間をすっと抜け出て左足でGKの脇を抜いた。残り時間は7分。交代でプレーできた4年生は木南と、その後に入った栗田の2人だった。ほかの3人の目には光るものがあった。生田は「私の1点が遅かったです」とインタビューに答えた。

翌8月25日、東京・国立競技場のスタンドに1万人を超える観衆が集まった。連日のゲリラ豪雨の心配もなく、残暑の晴天の下で第75回の早慶定期戦「早慶クラシコ」が行われた。

国立競技場での開催は11年ぶりで、新国立競技場の建設中は川崎の等々力陸上競技場を使用し、ここ3年は味の素フィールド西が丘で開催してきた。ア式蹴球部の100周年で、戦後75回目の定期戦という節目でもあり、早慶両校によるクラウドファンディングで資金を集めて実現にこぎつけた。早大にとっては残りのシーズンを占う一戦だった。リーグ2部に昇格してきたばかりの慶大は前期を終えて2位につけ、1部昇格を視野に入れている。

ここ数年はつねに早大が上位で迎えてきたが、この時点に限っていえば、立場は逆だ。4月末のリーグ第3節では慶大が4－1と完勝していた。そのリベンジを、総理大臣杯での躍進と残り試合のリーグ戦で全勝に近い結果を残すための浮揚力にする。それがア式のミッションだった。キックオフのとき、エースの駒沢はベンチにいた。前週から横浜ＦＣの練習に参加して東伏見に戻ると、練習で早慶戦のサブメンバーに入っていた。兵藤に話し合いを申し出た。兵藤は、「駒沢直哉をあらゆる意味で甘やかしていた」と言う。

それは、1年前の総理大臣杯でスタメンから外されたときに言われたこととほぼ同じ内容だった。当時もコンスタントに点を決めていたのは自分なのに、4年生の奥田陽琉《ひりゅう》がスタメンに上がった。兵藤は、「チームを引っ張る存在として、影響力や勢いがあるのはどちらかを考えた結果だ」と言った。奥田がゴールを決めたときにもたらすチームの雰囲気を思い浮かべると、駒沢自身にも腑に落ちるところがあった。

1年が経ち、8月中旬に福島県のＪヴィレッジで張った夏合宿で、スタッフ抜きで学生全員によるミーティングを行い、ピッチ上のことだけではない意見や不満を集約し、学年間で意見を交わした。自分たちの弱さをさらけ出し、相手が傷つきかねない本音も言い合った。2年生から、4年生の物言いが厳しいという声が出た。自分のことだと駒沢は思った。チームの結果が出ないなかで、努めて明るく振る舞おうとしていたが、知らず知らずのうちに焦りといら立ちが声がけのトーンに出ていたのかもしれない。

他人に何かを言われることを好まず、言われたら言い返さなければ済まない性格だ。自分に何も言ってこられない環境をつくりやすいことは、自分自身がいちばんよく知っていた。だからこそ4年生になった1年後は、そこを意識してチームに対する発言や声を増やそうとしていたのだ。それでもまだ足りなかったのかと自問した。兵藤の決定に反発しつつも、

「足りないからこそ今のチーム状況がある」

と冷静に考える自分もいた。

チームを引っぱる3年生コンビ

早慶戦の1週間前の8月17日と18日、関東選抜の第1回交流戦があった。

両日それぞれに各大学の3年生以下の選手40人が集められて紅白戦を行い、数回の機会でアピールをした選手が、例年2月に行われるデンソーカップチャレンジサッカーの関東選抜の選考対象になる。残暑の厳しい東伏見で行われた交流戦に、ア式の3年生2人の姿があった。

佐々木奈琉は3年生で初めて選抜入りし、Jリーグのスカウトの前でも平常心でプレーしようと心がけた。快足を武器に帝京長岡高校で3年続けて高校選手権に出場。将来、プロとして生きていくための総合的な判断で早大に入学した。社会学部を選んだのは、幅広い分野での学びが得られると思ったからだ。

実際に入学してみると、言葉は知っていても仕組みが理解できない株式相場などの成り立ちを知ることができるし、政治経済や雇用問題に関する知識を吸収できる楽しさがあった。そうして文武両道の日々を送った結果、走力とバネなどフィジカルでは同世代に負けない強みも伸ばして、Jリーグから声がかかるようになる。そんな大学生活を思い描いた。

ア式では2年目までトップチームの試合にほとんど出られなかったが、年末の新人戦全国大会では初優勝に貢献した。筑波大など1部リーグとの対戦でも、同世代に対して対等にできた手ごたえがあった。課題とされる守備面に気を取られるあまり、持ち味の攻撃力を発揮できていなかった2年目までと発想を変えて、自分の武器で思い切って勝負しようと迎えた新シーズンだった。プロの目に留まる機会が多い1部に戻るチャンスは、3年生のシーズンが最後になる。前期で5アシストを目指していたがゼロに終わり、1試合の走行距離も10キロ台に届かない。失点をすると取り返す時間はあるのに、下を向いてしまう。アタッキングサードでのチャレンジが少なく、守りきるべき時間帯で体を投げ出して防ぐという粘り強さもない。チームの問題は自分の問題だった。

そんなモヤモヤを抱えた夏に、選抜に招集されるチャンスがやってきた。もともと単独で相手を切り裂いて前に出ていくタイプではない。急造チームで戸惑いがあったが、「自分で勝負をしかけて突破していくことにも、もっとチャレンジしたほうがいい」と選抜チームのコーチに言われた。まず周囲を使って前に出ていくことを考えている自分に気づいた。

山市秀翔にとっても、ア式3年目は飛躍のシーズンになるはずだった。

前年と同じく、シーズンの始まりはデンソーカップだった。選抜チームへの招集はスカウトの視察を受けるチャンスだ。2年生で初めて入った前年は、自分でもわかるほど肩に力が入り、「切替、球際、運動量」と自分で持ち味だと思う3つを出せなかった。

自分の意識が大きく変わったと感じたのはその6月、デンソーカップ参加選手の選抜チームの主将としてイタリア遠征に出かけてからだ。6日間で5試合というハードな日程を通して感じたのは、ヨーロッパの選手たちのがむしゃらな姿勢だった。

食うか食われるかという貪欲さで挑んでくる1対1。相手より1ミリでも先にボールに触ろうとする球際の競り合い。自分と同じ年齢の選手たちが、生活と人生をかけてボールを追いかけていた。将来、海外でプレーするためには、自分の甘いマインドを日常から変えていかなければいけないと痛感した。横浜F・マリノスのプライマリー育ちで、中学年代のジュニアユースに上がれなかった。元日本代表で、同じ横浜F・マリノスのジュニアユースから昇格できなかった体験をもつ中村俊輔の車に同乗して、当時の思いを聞く機会があった。

東急SレイエスFCを経て中村と同じ桐光学園高校に進んだ。2年続けて県予選で敗退していた最後の高校選手権は、県の準決勝と早大の面接が重なり、所沢から三ツ沢まで父親運転の車で駆けつけた。残り15分から出ると、勢い余って最初のプレーで警告を受けた。5分後にチームの決勝点が決まった。全国ベスト8まで駆け上がったが、プロからは声がかからず、歴史と伝統にあこがれを抱いて進んだア式だった。

卒業後の志望はプロしかなく、京都サンガFCなど複数のJクラブの練習にも参加した。3年目のリーグ戦の序盤は控えにまわることが多く、モヤモヤした状態で6月に右足首を負傷する悪循環に陥った。元をたどれば、やはりデンソーカップに行き当たる。前年と同じく、「いいところを見せよう」という意識が残っていたのだ。

3つの持ち味の大切さをあらためて自分に言い聞かせた。プロのオファーを得るためには自分の武器を尖らせて、自陣のボックスから相手のボックスまでを仕事場にする現代的なボランチを目指さなければならない。同時に、サッカーに必要なのは粘り強さだとも思う。危ないというシーンで、全員が戻って防ぐ粘り。ルーズボールに競り勝つ粘り。それを積み重ねたチームに勝利がこぼれてくる。

前期の城西大戦では、前年からチームに1本もなかった、相手選手に当たってコースが変わるディフレクションによるゴールも記録した。関東選抜候補の2人は、プロ志望を胸に日本サッカーのメインステージである国立競技場にスタメンで立った。

最終学年の晴れ舞台

戦後の復活第1回以降の早慶戦は、早大から見て40勝15敗19分け。74試合の戦績は大差がついているが、その時点での順位や成績が結果に映し出されない。

チーム力の劣る側が知恵と死力を尽くして臨むさまは、大学サッカーの原点がリーグ戦やトーナメントではなく対抗戦であることを思い起こさせる。74試合で、決着のついた55試合のうち半数近くの25試合が1点差ゲームだ。

相克の歴史は100年前、創部の年の1924年1月29日の第1回に始まる。両チームともまだ大学から正式に運動部として認められていない時期で、舞台は現在、図書館がある戸塚の野球場。慶大の選手が遅刻してくるなど牧歌的だったが観客は1000人を超え、早大が2－0で勝ったあとは馬場下の蕎麦店で懇親会が開かれたという。

続く第2回はリーグ戦の対戦を兼ねて初の有料試合として開催。その後は、戦火が近づく1942年までリーグ戦での対戦をもって定期戦としたが、オリンピック・ベルリン大会を契機に早大が磨きをかけたWMシステムに慶大が脱WMの新システムで対抗して黄金時代を築くと、ライバルの構図が明瞭になった。注目度が高まったのは1950年代だ。現在の記録の起点は、1950年10月1日にナイルキニックスタジアム（国立競技場）であった復活第1回で、点の取り合いの末に慶大が6－4で勝利。5000人を超える人が見守った。

翌年の第2回で早大が5－2とやり返す。第3回は1－1の同点で豪雨のため延期になり、再試合も5－5で引き分けた。その後は毎年のように3万人を超える観客が集まるイベントになり、皇太子（現・上皇）ご夫妻を迎えた第10回までは慶大が4勝2敗4分けと優勢だった。

早大が日本代表選手を輩出する1960年代に盛り返し、オリンピック・メキシコ大会があった1968年の第18回で形勢を逆転、1976年の第27回からは8連勝という記録をつくる。2011年の第65回から再び早大が8連勝と圧倒したが、コロナ禍の2021年、2－2の同点で迎えた終了間際に決勝ゴールを奪った慶大が10年ぶりの勝利をあげて、味の素フィールド西が丘のスタンドを沸かせた。

兵藤体制1年目の前年は7月7日の七夕に開かれ、0－0で迎えた終盤に早大の平野右京（横河武蔵野フットボールクラブ）が決勝ヘッドを決めた。兵庫の無名校の滝川高校出身で、途中交代を中心にチームに貢献してきた4年生のゴールが勝利を引き寄せた。兵藤は、「早慶戦は下級生と上級生で見え方がまったく違う」と話した。

1年後、国立競技場のピッチに送り出したのは、兵藤の思いが詰まった11人だった。GKヒル袈依廉、DF佐々木奈琉、石井玲於奈、林奏太朗、西凜誓、MF谷村峻、山市秀翔、本保奏希、光田脩人、成定真生也、FW松尾倫太郎。攻撃の槍になるトップに松尾、その後方に副将の成定、右MFには春先からキーマンとして兵藤が目しながら負傷で戦列を離れていた光田と3人の4年生が入り、FW駒沢、DF神橋のプロ内定者の名前はなかった。

先制ゴールは電光石火の一撃で、3分に成定のキープから松尾が冷静に右隅に決めた。持ち前の豪快なショットではないコントロールショットに、静かな気迫がにじんだ。

松尾は同期より1年遅れで入部し、ア式3年目にして初の早慶戦出場だった。

千葉県の八千代高校から、母親が合格しながら家庭の事情で入学できなかった早大を志し、人間科学部に一般受験で合格した。ア式のランテストには何とか受かったが、4年生による面接には不合格。先輩に質問をする積極さに欠けるという評価だった。松尾にすれば、1年生が質問するのはパフォーマンスにすぎず、自分にはそんな真似はできない。「だったらいいです」と入部を辞退した。社会人チームで1年間プレーして、2年生になる前に入部した。高校ではFWだったが大学ではMFに転向し、持ち味の馬力を生かしてリーグ戦9試合に出場。兵藤体制になった3年生では前期は起用されたものの、後期は出番を失った。

スタメンで構想に入った4年目はプレシーズンで好調だった。寝坊して羽田空港の集合時間に遅れた3月の韓国遠征はフライトの遅延に救われ、高麗大との定期戦では豪快なゴールを決める。自他ともに抱く「持っている」という実感をさらに強めたのが、この早慶戦だった。

高校選手権には縁がなく、国立競技場は初体験の大舞台だった。両親や高校までのチームメートの前での先制ゴールを決めると、すぐに頭に血が上って退場も多く、ピッチ外でもチームに迷惑をかけたという思いが期せずして込みあげる。

「MVP（は自分）でしょ、と思いましたが駒沢に持っていかれました。でも、子どもだった4年前から成長した姿を晴れ舞台で見せられました」

成定真生也も最初でおそらく最後の晴れ舞台に、両親と3つ上の姉を招待した。

日大藤沢高校時代、高校選手権は16強止まり。現役では志望校に受からず、1浪でア式を目指したのは文武両道志向と、高校時代に同サイドでプレーした同僚の植村洋斗（ジュビロ磐田）が「ワセダで待っている」と言ってくれたからだ。

競技歴では厳しいと見られた自己推薦試験に合格すると、1年生の前半でサッカー勘を取り戻し、2年生になると2部降格が決まったあとのリーグ最終戦で初出場した。Jリーガーという選択肢も視野に入れた3年目は個人的な手ごたえはあったが、勝負どころのリーグ中盤に出場した試合で3連敗。普段の練習からプロ予備軍との違いを植村から感じてきたが、総理大臣杯の関学大戦でプロに進むボランチを相手に何もできずに力不足を痛感した。

最終学年を前に就活を始めて5月に内定を得ると、もともとあったフォアザチームに意識を完全に切り替えた。早慶戦は1年生のときから「4年間で一度でいいから出たい」と目標にしていた舞台。走行距離ではチーム1の精力的な動きから、少ないタッチでゴールに絡むのが持ち味だが、開始から積極的に前に出て、松尾の先制ゴールをアシストした。

「ドリブル自体が自分では珍しいんです。伝統の一戦の不思議な力だったのかもしれません」

早大が先制したあとは慶大ペースになった。27分に右コーナーキックからMFの香山《こうやま》達明がヘッド。33分には警戒していた2年生FWの塩貝健人に初めて裏を取られるが、GKヒルがコースを切って難を逃れる。デザインされたセットプレーと持ち前のワイドな攻撃に押し込まれた前半の残り時間をしのぎ、後半に入った54分に2点目を決めたのはハーフタイムに送り込まれた駒沢だった。カウンターから右に出たボールを佐々木が受けて折り返したグラウンダーのボールを、ワンタッチでゴール左に送り込む高い技術によるフィニッシュだった。

中押しは本保だ。またもカウンターから交代で入った4年生のMF東が上げたロブを、慶大GKの村上健が中途半端に弾いたところから、右サイドネットに決めた。

残り5分で投入されたのは、新人監督の船越《ふなこし》嶺《りょう》だった。黙々とピッチ外の雑用をこなし、誰よりも声援の声をからしてきた4年生だ。ベンチメンバーに入った早慶戦の朝も、6時から試合のための準備に加わった。知り合いに出られそうかと訊かれ、「3－0で残り10分かな」と答えていたら、そのとおりに兵藤から声がかかった。

高校選手権の埼玉県予選でベスト32だった市立浦和高校から、指定校推薦で人間科学部に入った。理工学部が第1希望だったが、部活との両立が難しいためサッカーを優先した。

入学時から3年生までのカテゴリーは、トップチーム登録選手以外が出るIリーグか早大F

Cとして臨む社会人リーグ。1年生で抱いた「早慶戦とリーグ戦に出る」という目標を胸に、ボランチで自分のできるプレーを黙々と続けた。

4年生への進学を前に新入部員と向き合う新人監督に指名され、監督とともに、「主体性・献身性・凡事徹底」の3つのテーマで仮入部の部員を観察した。

「まず自分が見られるので、3年生のときから自分から率先することを徹底していました」

最終学年の前期は2試合でベンチ入りし、自分と同じようにIリーグや社会人リーグで過ごす同期と後輩の希望になれたと思えた。夢で終わるだろうと思っていた早慶戦出場も同じだ。約10分間、緊張しながらプレーした。一度パスをはたき、次にボールを運んで相手に取られ、終盤はコーナー付近でボールを持った。プレー機会は3回だった。

試合後のロッカールーム前で荷物を片づける船越に目をやりながら、兵藤はこう話した。

「早慶戦は4年生が積み上げてきたものを出す場で、下級生にとってはがんばれば試合に出られることを確認する場。船越はどんな展開であろうと5人目に出すと決めていた。スタンドには学院や早実の生徒もいて、彼らにア式でプレーしたいと思ってもらう試合でもある。1年生で出た林はこれから、その重みを感じてプレーしていかなければなりません」

この日が19歳の誕生日だった林奏太朗は、残り20分あまりでボランチに上がったことでゴールのチャンスがきた。速攻で中央を持ち上がる駒沢の左を並走しながら、「コマ、コマ!」と呼び捨てで連呼した。パスがくると左足できれいに決めた。

4カ月前の春には、単位の設定の仕方や授業の選び方がまるでわからない新入生だった。リーグ戦が始まった4月、先輩のアドバイスを受けつつ、どの授業が効率的に単位を取れるかを慎重に考えた。ア式の活動と学業を両立することに加えて、海外遠征や各種代表の強化合宿で大学を空けるケースがほかの部員より多いからだ。6月にU－20代表のフランス遠征に出かけ、7月下旬には強化合宿に呼ばれた。6月のアミノ杯が平日にかかったこともあり、すでにいくつかの単位を落とすことが確定的になった。

2人の兄の影響でサッカーを始め、ユース時代にサガン鳥栖の将来を担う逸材として知られた。冷静で視野が広く、左足から繰り出す長短のキックで相手の急所を突く。自分のストロングポイントに目覚めたのは、中学時代。センターバックの位置からルックアップすると、中盤や前線の選手と視線が行き交う。相手が押し上げる際の陣形のギャップや、プレスに来たときに逆の動きをする味方と目が合った瞬間に、コースと強さが計算されたパスを通す。

ア式でもリーグ戦序盤から出番をつかみ、積極的に流れを変えるパスを出したが、2部リーグでの手ごたえで自己評価をしてはいけないと自分に言い聞かせた。オリンピック・パリ大会の映像は、古巣サガン鳥栖の木村誠二や19歳と年齢が近い川崎フロンターレＤＦ高井幸大《こうた》のプレーに、画面越しに目を凝らした。世界で戦うための体の使い方や当て方に感心する一方で、ビルドアップの評価が高い2人のポジションに自分のアバターを置き、状況に当てはめた。

プレースピードを速く、プレーの前の準備を。アンダー世代の代表で世界と戦って得た教訓は兵藤の指導にも重なる。今シーズンの前、横浜ＦＣからＦＣ町田ゼルビアに移籍した5歳年上の兄・幸太郎から、町田ゼルビアの練習にはチームメート同士でもケンカを恐れてはいけないという雰囲気があると聞いた。ケガをさせることもあるが、それを恐れていては強度を試合でも出せないという考えが浸透しているという。

まだ桜が散ったばかりの4月に行われたリーグ第3節の慶大戦を、負傷中の林はボールボーイとして観ていた。ファウル覚悟でつかんでも引きちぎられるほどの塩貝の迫力は、日本人のものではなく、世界基準に近いレベルに映った。腰の強さと骨格が外国人に近い。が、塩貝にやられているようでは、世界では戦えないとも思った。初舞台の早慶戦は石井と連携して塩貝を無得点に封じ込めた。9月に入ると、塩貝のNECナイメヘン（オランダリーグ1部）への移籍が発表された。

林とともにスポーツ推薦で入った1年生の尾崎凱琉《かいる》は、入学以降、日に日にたくましくなった。細身の体を大学仕様にするために、練習の前には切り餅を4つばかりきな粉にまぶして腹に入れ、プロテインなどで補う。筋トレでは武器のスピードをさらに上げるための速筋を鍛えるメニューに取り組み、1カ月に1キロ、体重を増やした。

U－16から各年代の日本代表に選ばれ、186センチの長身を武器に世界で戦う。大阪桐蔭高校からスポーツ推薦で入学し、センターバックに負傷者が相次いだリーグ戦前期で初勝利をあげた城西大戦に続いて、法大、産能大との3試合に林とセンターバックを組んでフル出場。林とは、「1年生だからといって甘えるわけにはいかないし、自分たちが引っ張ろう」と話して臨み、2勝1分けと不敗だった。

負傷者が戻るとBチームに戻り、社会人リーグと新人戦でプレーした。最初は不満もあったが、トップで出番がないよりは実戦経験を積んだほうが身になると気持ちを切り替えた。高校の恩師には、4チームから声がかかったJリーグチームに進めと言われたが、回り道しても文武両道を曲げたくないと進学。スポーツ科学部でアスリートの体に関する知識をつけてプロに進む道筋を描く。

「目標は単なるプロではなく、一流のプロになること。つねに世界を意識するために、代表には選ばれ続けたい」

2024年春のア式の新入生選手は、林と尾崎らを含む24人だった。11人がスポーツ科学部で半分弱を占める。このうち3人がスポーツ推薦とも呼ばれるアスリート選抜入試。林と尾崎のほかにFWの網代《あじろ》陽勇《ひゆう》（福島・尚志高校）が入った。

この制度は部が学部に推薦するとともに学生が志望書類を提出し、書類選考を経て前年11月の面接と小論文の試験で合否が決まる。スポーツ科学部と社会科学部には自己推薦制度があり、高校時代の競技歴が生きるこの仕組みで合格したのが9人。スポーツ以外の自己推薦が文学部の1人。そのほかは一般受験で、創造理工学部が2人、政治経済学部、法学部、人間科学部、先進理工学部が各1人。付属の早実から政経学部に2人と商学部に1人、早大本庄から文化構想学部に1人という内訳だ。

戦力の柱となるアスリート選抜の人選を決めるのは、OB・OG会組織（WMWクラブ）の強化委員会で、その現在の長が1985年卒の矢野眞光だ。

暁星小5年生のときに新任教師として赴任したのが林義規で、高校の監督まで持ち上がりで指導した林の下でインターハイや高校選手権に出場。ア式では1年生の春から4年生まで試合に出場し続けるという稀有な存在だった。〝ユース三羽烏〟と呼ばれた大榎克己、池田直人とともに入部した期待の代だったが、3年生で東海大に圧勝してインカレを制覇した翌年はリーグで2位、インカレもベスト4で敗退した。

卒業後は東京ガスに入社。27歳で一度現役を退いて、松永章監督の下でア式のコーチを務めた。その後に東京ガスのプレーイングマネジャーを務めたあと、東京ガスからの出向でFC東京に約10年、所属した。ア式の強化委員長になったのはサラリーマンとして脂が乗っていた40代前半。就任した年に古賀聡監督の下で2部落ちを経験したが、「ぜひ1年で上げてくれ」と古賀に言い渡して続投を決めた。1年で1部に戻ると、コーチ時代の教え子の外池大亮を監督に起用して、19年ぶりのリーグ優勝を果たす。外池はその後も5年間、指揮を執った。

「FC東京で育成の仕事もしましたが、継続が大事。最低でも2年か3年、5年が経ってようやく実る。学生スポーツの難しいところは、1年で選手が変わるけれど、4年で選手が入れ替わるまでは文化が変わらないということなんです」

矢野の下で強化委員として動く玉井智久のスマホには、1800件を超える電話番号が登録されている。その多くが全国のJクラブの下部組織の関係者や高校の指導者のものだ。

高校総体などの主要な大会には足を運んで選手をチェックするが、「受けてください」と声をかけることはほぼない。スマホにくる指導者や関係者から連絡の多くは、練習参加で選手を見てほしいという相談だ。ほとんどは自己推薦でいけるかどうかという話になるが、尺度となる競技歴が全国ベスト4かアンダー世代の代表クラスに置かれているため、慎重な判断を促す場合も多い。学業成績もスポーツ科学部は評定平均3・5以上で、社会学部は2023年から英検2級以上という条件がついた。

玉井は東京の城北高校というサッカーでは無名校の出身で、1997年に教育学部とア式に入った。高校時代の実績はほぼなかったが、センターバックとして頭角を現してキャプテンにもなった。卒業後は一般メーカーに勤めたあと、横浜FCの強化部に転職。大学職員に採用された2014年から、仕事との両立でア式に貢献できると強化部門の仕事を始めた。

現在の職場は入試課。ア式の仕事はプライベート扱いで、電話もこっそりと受ける。Jクラブのトップ昇格の可否は高校3年生の春から遅くとも6月には本人に伝えられるケースが多く、翌春の入学選手の動きが本格化するのは5月からだ。監督との日常的なディスカッションで強化ポイントを絞り、林のように重点強化のポジションの場合は、「一度、練習に来てもらえませんか」という声をかけることもある。

2部リーグ所属が2年目になり、10人以上の推薦枠をもつほかの私大との競り合いの厳しさは、U－17ワールドカップに出場した世代が対象になる2024年の活動で感じた。「2部には興味がない」とはっきりと言われることもあるし、三笘《みとま》薫らを輩出する筑波大、上田綺世《あやせ》が出た法大など、プロへの距離感を出身選手の名前で測る高校生も多い。

しかし、泥臭く愚直なサッカーを貫き、4年間でサッカーだけでなく人間的にも成長できるという指導者の期待は間違いなく他大学より大きい。それは選手も同じで、今でも成定真生也のような浪人組はいるし、本来はアスリート選抜の対象になるレベルの選手が指定校推薦で合格した2024年の例もある。玉井自身、浪人組や無名の付属組が4年生で初めて試合に出るような例を在学中から見てきた。浪人生や無名選手が主力にいる代が強いのは、チームへの思いの強さを尊ぶ価値観があるからだ。

「どんなかたちであれ、入学のときに関わった選手たちが、勝ち負けではなく、最後に早稲田に来て良かったと感じて出ていってほしい。それが偽りのない思いです」

晩夏に交錯したそれぞれの思い

晩夏の東北に吹き始めた秋風を震わせるように、兵藤慎剛の鋭い声が響いた。

「切り替えが遅すぎる。終わるぞ、このままじゃ。もう1回、火をつけなおせ」

試合開始から20分過ぎの飲水タイム中のことだ。3週間前の定期戦の再戦になった慶大との一戦は開始早々に先制点を許す展開で、スコア以上に締まらない雰囲気に思わず声のトーンが高まった。9月6日、宮城県石巻市のセイホクパーク石巻フットボールフィールドで、関東10位で進出した総理大臣杯全日本大学トーナメント準々決勝が行われていた。

8月の早慶定期戦のあとにFWの塩貝がオランダに移籍した慶大は、定期戦に続いて1トップに慶應志木高校出身の4年生、香山を起用。その香山が、開始4分に早大のパスをカットして左サイドを持ち上がったMF齋藤真之介の折り返しを頭で押し込んだ。

試合前、慶大が先にピッチに出て審判のチェックに臨んでいたのに対して、早大はロッカールームから遅れて出てくる選手もいた。その緩みが試合にも出て、落ち着きのない立ち上がりだった。兵藤が、「経験上、大勝したあとの次の試合は難しくなる」と懸念したとおりだった。

2日前に中国地区を1位で勝ち上がってきた環太平洋国際大学との1回戦は、前半にボランチでスタメン出場したMF山市の左足シュートで先制すると、左サイドバック西の2得点などで5点差をつけていた。兵藤就任以降、公式戦でここまでの大差がついたのは前年のリーグ戦で作新大を7－0で下して以来だった。

その1回戦で後押しとなった2点目を苦手の左足で決めた東廉は、ゴールシーンのほかにも、得意の左サイドから積極的に切り込んだ。一つひとつのプレーに意欲が満ちていた。

清水エスパルスの下部組織育ちで、中学年代に全国大会で優勝1回、3位2回。高校年代はタイトルに恵まれず、より高いレベルでサッカーを続けたいというのが大学選びの基準だった。

学校の成績はつねに上位で、両親の早慶のどちらかに入ってほしいという希望もあり、練習参加で印象の良かった早大進学を決めた。プロの2文字を意識するようになったのは、関東1部リーグ所属だった2年生の秋だ。桐蔭横浜大戦の前日に監督の外池から、「明日いくぞ」と声をかけられた。スタメンでの60分ほどのプレーが、自分の中に確かな自信を生み出した。フィジカル面ではまだ鍛えなければならないと感じたが、技術や判断は十分に通用した。

3年生になり就活もしたが身が入らない。同期の安斎颯馬が退部して飛び込んだJリーグのピッチに早々に立ち、駒沢ら3人がプロに内定した。鏡に映るスーツ姿の自分を正視できなかった。スカウトの目が注がれるデンソーカップの大学選抜からも漏れ、プロから声がかかるとすればリーグ戦でコンスタントにプレーし、総理大臣杯やインカレで存在を示すしかなかった。

2回戦の慶大戦は開始直後に右サイドで決定的なシュートを放ちながら、コントロールしきれずにGKに当てた。34分に交代を命じられてピッチ外に出ると、感情を抑えきれないまま、なかなかベンチに戻ることができなかった。

「ボランチ含めて複数のポジションをやってきて、戦術理解には自信がある。J1にこだわるつもりはありません。ただサッカーをやりきりたい」

慶大戦の流れが変わったのは、41分だった。1回戦で2ゴールをマークした西が、左ポケットにもぐった山市の突破から出たリバウンドを右足で蹴り込んだ。

その後も、今季公式戦初スタメンだった1回戦に続いてトップ下に入ったMF森田大智が得意の細かなステップからゴール前に切れ込むなど、チャンスを生み出した。勝負を決めたのは駒沢だ。75分に相手パスのコースを読みきってカットし、前に出ていたGKの頭越しに勝ち越しゴールを流し込んだ。終盤は受け身になったが、アディショナルタイムの6分を含めて、体を投げ出して逃げきった。兵藤は、

「最悪の試合。1部相手であれば序盤で息の根を止められていた。守りきるにしても、もっと前でボールをつないで自分たちのゴールに近づけないことができたはずだ」

と顔を曇らせた。駒沢はこう話した。

「いつも自分たちのペースで試合ができるわけではない。どんな試合でも勝ちきることが大事」

左サイドバックで2試合連続ゴールを決めた西凜誓は、「監督が『出てきてほしい』と話していた、大会のラッキーボーイになるのでは」と記者に問われて顔をほころばせた。

名古屋グランパスのユース時代にア式出身で元監督の古賀聡から指導を受け、生粋のまじめさがさらに折り目正しくなった。高校3年生の4月にア式の練習に参加してユースにはない自主的な環境に魅せられ、自己推薦で社会科学部に入学した。小学3年生で狭き門だった名古屋グランパスのセレクションに受かってから、ボランチ、サイドMF、サイドバック、センターバックと、多くのポジションを器用にこなしてきたポリバレントなタイプだ。

フィジカルと強度という課題に取り組んだ1年目を経て、兵藤に据えられたのは左のサイドバックだ。第3節、慶大戦から9試合連続でスタメン出場して安定したプレーを見せた。ただ、派手さがない長所はときに決め手に欠ける短所にも映る。ユース時代の指導者から、プロに上がるためにはどこか飛び抜けたところも必要と言われていた。

「ゴール、アシスト、無失点という目に見える結果にはこだわりたいので、ドリブルやパスで、ときにはバランスを崩しても攻撃に参加していきたい」

という強い意欲がピッチでそのまま出て、実を結んだ大会3得点だった。

チームは総理大臣杯では8年ぶりのベスト8に駒を進め、準々決勝は関東大学リーグ1部で首位を走る筑波大と顔を合わせることになった。

ベスト4に入れれば、枠が広がったインカレ本大会へのチケットを手にできる可能性が出てくる。中2日で行われた試合で、先にリズムをつかんだのは早大だった。15分に東のパスを受けた森田が中央に切れ込んで得た直接FKを、MF谷村が狙うがゴール上へそれた。その後もボールをキープしてチャンスをうかがいながらも、冷静な対応を見せる筑波大の前に決定機をつくれない。後半も開始から東が積極的にしかけるが、シュートは相手にブロックされる。攻めながら仕留められない流れは、1部上位チームのリズムにもちこまれているともいえた。

後半に折り返した60分だった。右サイドからシンプルに折り返されたボールを、GKヒルの前にすっと出た2年生FWの内野航太郎（横浜F・マリノスユース）に右足のかかとを使って巧みに流し込まれたのだ。勘どころをとらえた技ありの一発だった。

その後は負傷明けの本保、松尾と攻め駒を立て続けに投入するが、松尾がイエローカード2枚で退場処分を受けてリズムが途切れた。1点を守ろうと決めた筑波大の壁をこじ開ける迫力はなかった。兵藤は、「前半にあったチャンスを生かせなかったのがすべて。相手に大人のサッカーをされてしまった」と振り返った。

ピッチから引き上げる選手たちのなかで誰よりも強く唇を噛んでいたのは、森田大智だった。

1回戦の前日にスタメンを告げられ、3試合に先発した。初戦で2点目の東へのパスなど2アシストを記録し、2回戦の慶大戦は前半にドリブルで切れ込み、決定的なシュートを放った。筑波大戦の前半も、深い芝をもろともせず軽やかなステップで相手ファウルを誘った。

熊本県の大津高校の技巧派MFとして鳴らし、高校選手権で準優勝。大会優秀選手にもなった。J1の2チームから練習参加の声がかかったが、フィジカルに自信がもてず、大学進学に気持ちが傾いたところで早大からスポーツ推薦の話がきた。ア式の仮入部期間に「やる気が見えない」という理由から、正式な入部まで3カ月を要した。

1年目はトップに上がれず、休暇のたびに熊本に帰省した。2年生の開幕戦でベンチに入ったのも負傷者が出たからで、直後に自らが負傷して離脱した。ようやく出番がきた新人戦全国大会で5得点をマークし、初優勝に貢献した。フィジカルが課題と言われ続け、高校時代から体重を11キロ増やしたが、勝負と踏んでいた3年目も声がかからない。リーグ前期はベンチ入りが1試合だけで、アミノ杯も出番はこない。「尖った部分がある選手より、総合力で判断されるのか」と腐りかけたところに巡ってきたチャンスが、総理大臣杯だった。

「新人戦で負けた明治、筑波とやれるチャンスだし、本気で日本一を狙っていました。個人的にはだんだん調子も出てきましたが、やはりゴールという結果を出さなければならなかった」

大会後のまとまったオフには熊本に帰るつもりだったが、1試合1試合が勝負という立場で溜まった疲れから、体が動かない。その体に悔しさが込みあげてくるのを感じた。高校時代からしばらく忘れていた感覚だった。新たな一歩を踏み出す覚悟を決めた。

大会中、自らに決断を迫っていたのはキャプテンの伊勢だ。夏の始まりに順大戦でバランスを崩して落下した瞬間、右膝の関節が外れる感覚があった。ピッチ脇に運ばれて横たわっていると、患部が腫れあがっていく。半月板の損傷であってほしいと願ったが、付き添ってくれているトレーナーの見立ては、前十字靱帯断裂だったとあとから聞いた。

医師の都合で腫れが収まる前に手術をして、2週間入院した。ベッドの上で「なんで自分が」と運命を呪った。スマホに大量にくる仲間たちからのメッセージに目が潤んだが、チームを離れる気持ちにはなれず、グラウンドに戻った瞬間から明るい顔を見せようと決めた。

リハビリ期間は、プロを志していた自分自身の心をのぞき込み、サッカーへの情熱の度合いを確かめる日々だった。チームは自分が離脱した順大戦以降、4試合白星から遠ざかった。「自分がいないとダメなのか」という思いは選手としての自負につながった。が、石にかじりついてもという自分はいない。

早慶戦と総理大臣杯を試金石にしようと決めた。裏方としてチームをサポートしながら、自分の中に湧き上がってくるものを確認するのだ。

早慶戦では前夜に国立競技場に荷物を運ぶ車に乗り、終了後は日が変わるまで後片づけをした。総理大臣杯も片足をかばいながら雑用をこなした。そうして過ごす日々を送るうちに、自分の中にプロへの強い思いが残っていれば、来年3月に復帰してから、再びどんな方法でもチャレンジする。が、そうでなければ——。

伊勢ら全員でリーグ1部昇格とともに掲げた日本一という目標は、いちばん暑い夏の終わりについえた。

第4章

光芒の秋

まさかの敗戦に荒れた紅白戦

照明塔の灯りが無数の雨粒を映し出す。夕方から落ち始めた雨は、キックオフの時刻には選手のシャツを重く濡らすほど本格的な降りになった。

その雨を切り裂くようなゴールラッシュが続く。逆襲の狼煙は、FW駒沢直哉の2得点を含むシーズン最多タイの5得点による快勝だった。関東大学2部リーグは9月29日に第15節があり、早大は山学大をホーム東伏見に迎え、今シーズン最後のナイトゲームを戦った。

虫の音が低く響き、東伏見にア式100回目の秋がきていた。崖っぷちで迎えた秋だった。

9月初めの総理大臣杯は準々決勝で敗退した。それにより年末のインカレ出場も逃し、カップ戦での大学日本一の可能性が消滅。心身の切り替えを図るため、トップチームは大会後に1週間のオフを取った。オフ明け後の目標は1つしかない。22日に再開する関東大学リーグ2部の残り9試合で全勝に近い結果を残すために、第14節でリーグ最下位に沈む城西大とのアウェー戦に何としても勝利することだ。6月に拓大を下したゲームから3カ月、チームはリーグ戦の勝利から見放されていた。

水の浮いた城西大のホーム「JOSAI SPORTS FIELD」の人工芝グラウンドで待っていたのは、1－2の黒星だった。MF山市秀翔がリーグ戦前節で、松尾倫太郎は総理大臣杯で退場処分を受けて出場停止。2人の代わりに送り込まれた成定真生也と柏木陽良の運動量も生かせず、試合を通して城西大の圧力に押される展開が続いた。開始直後に相手DFに当たったボールが駒沢の前に落ちるチャンスがあったが、芝に足を取られてシュートはバーの上に浮いた。

後半に入ると、ＭＦ谷村峻のチェックが相手選手の足にかかるファウルでＰＫを与えて先制を許し、さらにロングスローをヘッドでクリアしたところを頭で合わされて２点目を加えられた。反撃は、右からＤＦの佐々木奈琉が折り返したボールを城西大ＤＦが足に当ててしまうオウンゴールの１点だけだった。

終盤にはＤＦの西凜誓が相手ＧＫへのチャージで退場になり、２試合の出場停止処分。総理大臣杯から数えて２試合続けて退場者を出す悪循環にはまった。兵藤は、「前半は悪い内容ではなかったが、目標の日本一を逃したショックを払拭できなかった。ジャッジというどうしようもないものにこだわるより、自分たちで変えられることがある」と話した。

リーグ戦の順位は３カ月で、１部との入れ替え戦に出場できる３位から、３部との入れ替え戦にまわる10位まで落ちた。勝ち点は17のままで、残り試合は８。前年の「昇格ライン」の39を超えるには、１試合も落とせない瀬戸際に追い込まれた。指揮官の口から、「奇跡」という２文字がもれた。

その兵藤が城西大戦のあとに指導者ライセンスの講習のために練習を離れた４日間、６月のアミノ杯のときと同様、小澤雄希コーチがトップチームを見た。兵藤は、「勝たなければいけない試合を落としたショックはあると思うが、違う刺激にもなる」と話した。監督不在の週明けにトップチーム全員で緊急のミーティングを開いた。全員が、言いたいことを一言ずつ話そうという場だ。「ゲームの入りがよくない」「先制点を取ろう」「前半でシュート５本を打とう」

「悲観することはない」「自分たちを信じよう」などの意見が出た。

試合に向けた木曜日の紅白戦は荒れた。審判の判定をきっかけに、それぞれが抱えたいら立ちと不満が激しいプレーに出て、言い合いも起こった。選手のなかには〝膿を出した〟というポジティブな見方があれば、〝雰囲気が悪くなった〟というネガティブなとらえ方もあった。

ア式では伝統的に、次戦に向けた紅白戦を「ゲバ」と呼ぶ。ドイツ語で内部抗争を意味する「ゲバルト」の略で、もとは学生運動で使われた用語だ。スタメン予定の選手たちに対して「Aサブ」の選手が激しく立ち向かうことはスタメンの刺激になり、最高の練習になる。

そのゲバが殺伐としたのは「レフェリーを務めた下級生が原因」と冷静な見方をしていたのは、4年生の学生コーチの矢萩啓暉《けいき》だ。

週明けのミーティングも、決して腹を割って話しているという印象はなかった。監督ら指導陣と選手の間に立ち、橋渡し役をこなす立場からの実感だ。

山形県出身の矢萩は、モンテディオ山形の下部組織で6年間プレーし、指定校推薦で教育学部に入った。自分の実力からして大学のサッカー部は厳しいとサークルに入るつもりだったが、息子に期待する父親に背けず、指導者への道も開けるア式の学生コーチになった。

監督の外池大亮の下でメニューを考案して練習の進行をこなし、分析班とともに対戦相手のスカウティングもした。兵藤の下では求められるものがより細かくなった。しかし、学生コーチのいちばんの役割といえば、部員の不満を吸い上げて監督やコーチに伝え、逆に指導陣の考えを自分なりに噛み砕いて選手たちに落とし込むことだった。

4年目に双方にふれる立場で感じたのは、お互いが本音で意見を言えていないという現実だった。それでチーム全体の一体感が生まれるものだろうか、と訝《いぶか》った。チームがシーズンの正念場にきても、モヤモヤしている自分がいた。

「プロでもない自分の立場を尊重してくれる選手たちには感謝していますが、どうしても部員たちの帰属意識が弱くて、一体感がないように感じてしまうんです。聞けば、筑波には30人ほどのトップチームを、ほかの部員がそれぞれの立場で支える空気があるのに」

3日後、山学大戦には出場停止の山市と松尾が戻り、城西大戦で退場処分を受けた西の位置には石川真丸が入って雨中の戦いは始まった。

首位慶大の勝ち点は28で、2位日体大が25。入れ替え戦の出場権を手にできる3位までは勝ち点5差だが、その間には6チームがひしめく。3位に食い込むためには、勝ち続けてその6チームすべてを上回らなければならない。

開始4分に試合は動いた。左から石川が上げたクロスに駒沢がヘッドで絡み、競り合いから浮いたボールを本保奏希がワントラップして押し込んだのだ。17分にはセットプレーの流れから右サイドに回り込んだ石川の折り返しを再び本保がゴールに蹴り込んだが、一度は得点が認められながらオフサイドの判定で取り消しになった。

4年生の石川真丸は、総理大臣杯以来、2試合ぶりのスタメンに静かな気迫を秘めてピッチに立っていた。最終学年のリーグ戦は全試合にベンチ入りしてスタメンは5試合。3試合に交代出場し、3試合はベンチに座ったままだった。完全燃焼には程遠かったが、チームのためにできることを最大限に発揮しようと割りきって、準備をしてきた。

名古屋グランパスのユース時代はア式OBで元監督の古賀聡の指導を受けた。学校を終えて練習場に着くと、自ら走り込みをしたうえでグラウンド脇の草むしりをしているのが監督の古賀だった。その人柄に惹かれた。先輩が進んでいることもあって、早大に自己推薦で入学した。ア式の入部テストでは声出しが足りないと言われ、入部許可が下ったのは5月だった。

3年生までにプロへの距離感を自分なりに測り、入学時にはあったJリーグ入りへの希望が揺らいだ。4年生に上がる前の3月に就活を始めて、デベロッパーや金融業界をまわった。大手信託銀行から内定を得て、小学4年生で名古屋グランパスのセレクションに合格してから続いてきたサッカー人生の最後という思いで、最終学年に臨んだ。

派手なプレーは自分のカラーではない。スタメンで出れば立ち上がりの15分では失点しないと身を引き締め、交代で出ればゲームの流れを汲み取ってそれにふさわしいプレーをした。星を落とせない山学大戦では競り合いで体を投げ出し、正確なクロスでチャンスをつくる持ち味を出した。試合前の準備からひと時も気を抜かない外連味《けれんみ》のない姿に、古賀のフォアザチームの思想が透けた。

「どんな場面でもチームに貢献するのが、4年生のあり方だと思うので」

石川のチャンスメークで流れをつかんだ35分には、左右に揺さぶって中央のスペースを空け、本保の折り返しを駒沢が右足で合わせて差を2点に広げた。本保は後半立ち上がりにも相手のパスをカットしてドリブルから自身2点目を決めた。3点に絡んだ本保のゴール数は駒沢に続く7点になった。

石川と本保によってもたらされた勢いを保ったまま、終盤にはとどめを刺した。86分に駒沢のシュートを山学大GKが弾くところを佐々木奈琉がダイビングヘッドで押し込んで4点目。88分には谷村のパスから駒沢が左足で蹴り込んだ。5－0の快勝だった。

順位は相手の山学大など3チームをかわして6位まで上がったが、1節ごとに動く順位に気をとめることに意味はなかった。重要なのは、シュート数19対6と圧倒する今リーグ最高の内容で手ごたえを得て、上位の日体大戦に臨めることにあった。兵藤は「チームのためにというところが少しずつ芽生えてきた」と話した。

10月に入って6日に行われた第16節の日体大戦は、晴れのち曇りの展開を本保のリーグ戦8ゴール目が救った。後半の立ち上がり、駒沢の2点で完全にリズムに乗りながらチャンスで決めきれずに3点目が取れないまま、日体大の長身FWによるパワープレーで同点に追いつかれた。GKのヒルの頭には一瞬、終了間際の失点で勝ち点を落とす試合が続いた前年の悪夢がよぎった。それを打ち消したのが、右クロスが相手に当たってこぼれたところを右足で蹴り込んだ、終了2分前の本保の決勝ゴールだった。

異才を放つタレントたち

本保奏希は異才だ。武器は縦に抜ける加速とゴール前に切れ込む鋭い動き。繊細なようでいて思い切りもある。日体大戦では角度のないところから、「ゴールマウスめがけて思い切り蹴った」ボールが右サイドネットを揺らした。

群馬県高崎市の少年チームから、中高一貫で選手を育成するJFAアカデミーのセレクションをクリアして進んだ。県のトレセン仲間たちは、県内の強豪である前橋育英高校への進学といった道を行くが、人と同じルートには乗りたくなかった。全国の数百人から選ばれた、各学年16人という選りすぐりの少年たちとともに、サッカーづけの6年間を送った。

ポジションは4・3・3の中央MF。プリンスリーグで攻守に働き、プレミアリーグ昇格に貢献したが、3年生の前にハムストリングを傷める。プロ志向をいったん胸にしまい、自己推薦で早大に進んだ。ア式に入部すると上級生の対人の強さに戸惑ったものの、人数の都合でAチームに組み込まれると余裕が生まれた。2年生ではスタメンでの出番が続いたものの、足首を傷めて1カ月離脱。目標の2桁得点には遠く及ばなかった。

3年目も、負傷なくコンスタントに試合に出て2桁得点と同じ目標を立てたが、上級生になって自然と意識が変わった。自分の得点そのものよりも、それがチームに影響をもたらして勝敗を左右することに気がいくようになる。これが責任感というものかと気づいた。チームのためにという意識が強くなると、不思議とボールが目の前にこぼれてくる。

「山学大戦の先制点も、〝あれ〟という感じでこぼれ球がきたので落ち着いて決めるだけでした。責任感がなかった去年はそんなラッキーなことはなかったのに」

それは勝敗が「自分しだい」ということにもなる。

「こうなったら直哉（駒沢）くんに相手のマークが集中するので、それを利用して得点王を狙おうかな、と」

10月13日の第17節は、アウェーで神大を2－1と下した。先制点は開始1分、キックオフからのロングボールで獲得した左CKから、柏木のキックを、駒沢がヘッドで合わせた。29分には、相手GKのキックを拾った柏木がGKの頭越しにロングシュートを決め、2－0と引き離す。その後、相手FWに抜け出された1対1のピンチはGKヒルがストップ。69分にはMF成定のタックルが相手足に入って退場処分を受けたが、残り10分から西とDF笹木大史を投入して守りを厚くし、反撃をアディショナルタイムの1点に抑えて2－1で振りきった。

1得点1アシストは、柏木陽良にとっては存在感を示すための重要な結果だった。山学大戦後に負傷した山市に代わってスタメンで出て2試合目だ。豊富な運動量で前にしかけていく山市とは異なり、中盤の後方でボールをさばいてリズムをつくり出す。

伊勢航の負傷で出番をつかんだ7月のリーグ中盤戦、立正大戦後には自分のミスを悔やんで涙を流した。DFからのパスを受けたトラップが流れたところから、2点目を奪われたのだ。ボランチとしてやってはいけないプレーで、チームに迷惑をかけたと顔を上げられなかった。

鹿島アントラーズユース時代にセンターバック以外はすべてのポジションをこなしたが、スペイン代表で活躍したシャビ・エルナンデスにあこがれ、目指すのはチャンスメークをしつつ機を見て攻撃に絡むプレーヤーだ。1年生では社会人リーグで初めてのCBを体験した。兵藤からは、「センターバックがボランチにどういうプレーをしてほしいかがわかるはずだ」と言われて、そのとおりの気づきを得た。対人と寄せの速さという守備面の課題に向き合った。

2年生になり、伊勢の負傷などで出番が増えたが、持ち味のチャンスメークという点では物足りない気持ちできた。神大戦では満足のいくプレーができ、持ち味のパンチ力のあるミドルシュートも決めた。初めてチームに貢献できた実感があった。

10月に入り、山市が右太ももも裏のハムストリングを傷めたことで、背番号28の2年生ボランチに課せられたものは、さらに大きくなった。

「峻くん（谷村）は僕の持ち味をわかってくれるので、やりやすい。さばいて前に出て結果につなげたい」

神大戦の勝利でリーグ戦は3連勝となった。1部昇格に必要になる8連勝に向けて、課された数字、いわば「マジック」は5となった。

ア女の同じ2年生ボランチは9月、世界一を目指す舞台にいた。

コロンビアで行われたU－20女子ワールドカップ決勝の60分過ぎ、MF大山愛笑《あえむ》がピッチに倒れ込んでゲームが止まる。北朝鮮選手との激しい攻防で右足をひねったが、決戦の舞台で湧き上がったアドレナリンはまだ十分にある。ピッチに入ってきたドクターとトレーナーに「片足立ちして」と言われ、問題ないとアピールするために、右足でジャンプしてみせた。「まだやれる」というとっさのアピールだったが、交代を告げられた。涙が止まらなかった。チームはアジア予選で2敗した北朝鮮を相手に序盤に失った1点を取り戻せず、前回に続いて準優勝に終わった。

大山にとって、この大会での世界一は2024年最大の目標だった。グループリーグ初戦のニュージーランド戦からボランチでプレーし、4点目をマーク。盤石の戦いで勝ち進んだ準々決勝では前回決勝で屈したスペインに延長の末にリベンジし、準決勝でオランダを下して臨んだファイナルの舞台だった。

「まだできるという思いと、前回の雪辱を果たせなかったことで涙が出てしまいました。世界でも自分の力は通用するという感触を得ていただけに、余計に悔しかった」

ア女にとっては4年間、日本女子サッカー界から身を預かった感覚の逸材だ。

日テレ・東京ヴェルディベレーザの妹分にあたるメニーナ時代からトップリーグでプレー。テクニックの高さはいうにおよばず、視野の広さを生かしたパスセンスは女子サッカー界でも屈指といっていい。小学生のとき、ホッケー選手だった父親から「ピッチを俯瞰《ふかん》して見なさい」と言われた一言が、驚くべき視野獲得能力のベースだ。

最初から頭の中にグーグルアースのように俯瞰図が浮かんだわけではなく、ボールを受ける前に、ピッチのどこにどれくらいの広さでスペースがあるかが自然にわかったという。キックを磨き、多彩なボールが蹴れるようになると、実際に俯瞰するような感覚が生まれた。

スポーツ科学部にはスポーツ推薦で入学。入学前に負った前十字靱帯断裂で1年目はほぼリハビリに費やしたが、シーズン最後のインカレでは全得点に絡む活躍で決勝進出の原動力になった。山学大との決勝でも2アシストしたが、延長の末に敗れて悔し涙を浮かべながら話した。

「ア女に来た大きな理由は若葉さんがいるから。一緒にプレーできる時間は1年しかないのにケガをして、あっと言う間に終わってしまったから」

プロ昇格か大学かという岐路で、小学生から育ってきた環境を変えて人間的にも成長したいと考えたとき、頭に浮かんできたのがメニーナ時代の先輩だった後藤若葉の顔だった。

「大学レベルで4年間プレーする意味をわかっている？」

と周囲からは反対されたが、自分の中の基準を高く置けばマイナスではないとア女を選んだ。

「卒業する若葉さんからは、『代表でみんなができない経験をするのだから、それを生かして愛笑がチームを引っ張っていかなければいけない』と言われました」

大山が世界舞台から帰ったア女は、9月1日に行われた皇后杯全日本女子サッカー選手権予選で東京国際大の前に敗退していた。関カレ、インカレとともにチームの3大目標だった皇后杯本大会出場だったが、1点を先行された前半の40分過ぎに雷の影響で試合が打ち切りになるという不運な敗退だった。

関カレは悪天候による未消化分の3試合を9月に戦い、日体大戦はMF白井美羽のハットトリックで3－2と逆転勝ちしたが、筑波大にはDFのミスを突かれて0－1、帝京平成大戦も1－3で敗れ、1勝2敗。東洋大、山学大の後塵を拝して、関カレ優勝は厳しくなった。

世界大会で傷めた右足の治療を続けるその間、大山の意識に変化があった。ア女2年目のシーズン、関カレでのプレーは自分らしくないものだった。自分が攻撃の軸にならなければという意欲に課題とされる守備への意識が重なり、考え込むほどに自分のリズムを失っていた。

U－20ワールドカップでは、欧米勢に対してディフェンス面でも手ごたえを得た。帰国して監督の後藤と話した。「サッカーをする楽しさ、思い出してみたら?」と言われ、重みが取れる感覚になった。守備に気を取られずに自分のプレーをしようと決めた。考えに考えた結果、考えないことにたどり着いたのだ。

「ケガが治った以上はすべてのタイトルを取る気持ちでいます。あこがれのバルセロナでプレーするために、ここでプレーしたことが正しかったということを証明したいから」

大山が次に着る日本代表ユニフォームは、なでしこジャパンのものだ。

同期との会話がきっかけでアナウンサーに

「2018年10月以来、チケットが完売した埼玉スタジアムのピッチに日本代表の選手たちが姿を現します。彼らがほしいのは歴代最強の称号ではなくワールドカップに出ること、ワールドカップで勝つこと、ワールドカップで優勝することです。その目指す高みへの道で切磋琢磨して目の前の試合を高い集中力で戦い抜く、そんなアジアの巨人になろうとしています。試合ごとに強くなる彼らへの期待感がスタジアムを埋め尽くしました」

テレビ朝日アナウンサー、寺川俊平が日本代表の国際試合の中継で大事にしているのは、キックオフ前に選手が入場して国歌吹奏が始まるまでの数分間だ。できるだけ主観を入れず、事実の羅列によっていかに高揚感を高められるか。10月15日のＦＩＦＡワールドカップ２０２６アジア最終予選のオーストラリア戦では、現在の日本代表の選手たちの思いを端的に紹介した。

寺川自身、小学4年生からＧＫになって暁星中高と進んだが、高校最後の選手権は都予選で16強止まり。大学でサッカーを続けるには一般受験しかない。自分の選択科目から、早大が浮上した。暁星でも中高6年の最後にポジションを得た。4年がんばれば名門でも何とかなると考えた。が、一般受験の代償は体重8キロ増という数字になり、アスリートの体に戻すのに1年半かかった。同学年のＧＫ４人の中で自信を失って出番は限られていく。

３年生になる前の冬だった。母校の練習で捻挫をしてリハビリを続けていると、同期に「遠い目標を定めろ、お前はどんな葬式にしたいのか」と問われた。出席者が明るく盛り上がる式にしたいと答えた。そのために威張らず、ユーモアがあり、知識が豊富なおしゃべりな老人になりたいと思った。

サッカーとおしゃべりをつなぐものが実況アナウンサーだった。日本代表の国際試合を中継することが多いテレビ朝日は面接官との相性もよく、3年生の10月中旬には内定が出た。

男女３０００人が受けて男性２人、女性１人という狭き門を突破したものの、入社後は試練が続く。レギュラー番組がまわってこない時期にも、しゃべりのセンスを磨く方法はあると信じ、先輩スポーツアナに深夜まで酒席につき合ってもらい、本音と極意を聞き出した。入社10年が過ぎて「報道ステーション」のスポーツコーナーに起用された。

サッカー中継で注目されたのは、ABEMAの放送席に座った2022年のワールドカップ・カタール大会だ。同世代のアイコンである本田圭佑と組むにあたって、心がけたのは、リスペクトをしすぎないこと。サッカーの興奮を一緒に伝えていきたいという寺川の熱さに反応して、本田の率直なトークが引き出された。史上初のベスト8進出の瞬間に、局の先輩アナがオリンピックなどで残してきた名言に負けない言葉を紡げるかと、イメトレをしていた。結論は選手たちが優勝を目指している以上、名言は要らないということだった。決勝トーナメント1回戦でクロアチアにPK戦で屈したあとは、2分間、沈黙した。

大会後の「なんでもできる」という自信が慢心につながった。ワールドカップの体験を受けて、格好いいことを言おうとしている自分に気づく。レベルアップする日本の実力を伝える真摯な放送をしたいと、オーストラリア戦に臨んだ。

「2－0になろうが3－0になろうが、手を抜かずに集中して最後まで戦っている姿をしっかりと描写することが、今の日本代表のすごさを伝えることになる。それが過度に格好をつけない自分を取り戻すことにつながるのだと思います」

オウンゴールの応酬の結果、日本はオーストラリアと1－1で引き分け、最終予選4試合で無敗のままワールドカップに前進した。

1998年大会からワールドカップに7回連続出場を続ける日本代表では、100年前から数多くのア式在籍生や出身選手がプレーしてきた。

その最初は部の創設に尽力した鈴木重義で、オリンピック・ベルリン大会などで監督も務めた。鈴木と同じく1927年選出の記録が残るのは、極東大会で中国相手に初ゴールを決めた玉井操に加え、朝倉保、杉村正三郎、高須康、本田長康の5人。

1930年には、のちに清水サッカー協会初代理事長を務める井出多米夫、34年には堀江忠男、川本泰三、36年には加茂健・正五の兄弟にGK佐野理平。39年には韓国籍の名選手でア式のキャプテンも務めた裵宗鎬《ベジョンホ》、42年には元祖「レフティー」ともいわれる左ウイング加納孝らと、戦前に22人の代表選手が生まれた。

1950年代に入ると、のちに毎日新聞の名記者になる岩谷俊夫、後年の監督でWMWクラブ会長も務める青木要三らが出て、八重樫茂生、川淵三郎、宮本征勝ら60年代のオリンピックメンバーに襷をつないだ。

2024年の時点で、最後に「SAMURAI BLUE」のユニフォームを身にまとったア式OBが、FWの相馬勇紀だ。2013年にアルベルト・ザッケローニ監督の下で選出された徳永悠平から6年の空白を経て、2019年のEAFF E-1選手権で初代表。2022年のカタール大会に出場し、ア式出身者として2人目のワールドカップ・プレーヤーになった。

ドリブル突破と正確なキックを武器におもに左サイドでプレーし、右足のインフロントで巻き込むシュートは決定力が高い。168センチと小柄だが体は強靱で対人にも強い。

2015年に三菱養和SCユースからア式に入った。伝統のある大学でしっかりと勉強したいという目的と、古賀聡が指揮する練習に参加して対人にこだわるスタイルが自分に合っていると感じたことが、早大進学とア式入部の動機だ。1年目はリーグ戦後期から交代で出場したが、骨折で離脱。2年目も負傷でスタートし、チームもリーグ1部から降格した。3年生で戦った2部の舞台では、守備を固められる相手に勝ち点を稼がなければならない現実に直面した。「1年で1部に戻らないときつくなる」と事あるごとに言われ、2部に慣れてしまったら終わりだと何とか這い上がった。1部に戻った最終学年は、外池大亮監督の下で前期を9勝1敗1分けでスタートダッシュして制した。

「個の輝きが11人集まって戦うチームでした。古賀さんに言われていたのは、個々の輪を大きくしていって、それを集めるということ。それをのびのびと出させてくれた外池監督だったから、独走で優勝できた」

卒業後は名古屋グランパスに入り、2023年にはポルトガルのカーサ・ピアACに移籍した。キャリアで感じてきたのは、足技という意味でのテクニックがあっても、対人の強さがなければ階段を上がっていくことはできないという事実だ。ボールを受けてからドリブルやフェイントを繰り出すのがテクニックならば、ボールを受ける前の駆け引きもテクニックだ。重要なのは考えてプレーをすることで、ピッチで考える癖をつけるためには、普段の生活から能動的に行動しなければならない。対人の鍛錬とともにア式の4年間で学んだことだった。

「チーム戦術も大事ですが、最終的には個の力で対面の相手に打ち勝つしかない。ピッチ外の姿勢がそのままピッチの上で出るというのは古賀さんの教えでしたが、試合に出られないときの態度や心持ちといった、サッカー選手として当たり前に思えるけど難しい部分が身についた。試合に勝つときは、掃除などのやるべきことを主体的にやったときだったと、あとから思ったこともあります」

ワールドカップのあとにプレーしたポルトガルでも、小柄な体で体格が上回る相手に向き合う術を学んできた。日本では味方にいいパスを付けろと教わるが、ポルトガルでは速いパスを出せと叩き込まれる。それを受けられないのはトラップできない受け手のせい。ビデオゲームの「ウイニングイレブン」ではないので、丁寧なパスなど滅多にこない。

そうした環境でプレーする選手が日本代表メンバーの大勢を占めるようになり、代表メンバーに選ばれるためのハードルが上がったと感じる。練習でもパススピードが新幹線と在来線ほどに違い、Jリーグとのギャップもあって目を慣らすのがまず一苦労だ。

2024年の7月に名古屋グランパスからFC町田ゼルビアに移籍した。FC町田ゼルビアで思い起こすのはア式時代の練習の激しさだ。そこに身を置いて代表への返り咲きを目指す。

「ア式の3年生のときにコーチから『今どこを目指している？』と訊かれて、『J2の上位チームとかです』と答えたら、『やるのならJ1を目指せ』と言われました。練習参加にも呼ばれていない段階だったので半信半疑でしたが、自分の目標は東京オリンピックだったので、J1でやらなければ選ばれるわけもないと気づけました。それからはつねに高い目標を掲げています。それが年齢的にも最後のチャンスになる、次のワールドカップです」

寮のテレビの前で夢見たワールドカップの舞台

１９９３年10月28日の深夜。紺碧寮の３０１号室で、テレビにくぎ付けになっている同室の先輩後輩がいた。静岡は清水東高校出身の相馬直樹と齊藤俊秀だ。１９９４年ワールドカップ・アメリカ大会の出場権をかけたアジア最終予選の最終戦が生中継されていた。

相馬は１９９０年に人間科学部に入学し、ア式の２年目に、年齢制限から大学生中心にチームを編成した１９９２年オリンピック・バルセロナ大会のアジア予選でもプレーした。

紺碧寮の一室で目にした「ドーハの悲劇」はその1年半後。ハンス・オフト監督率いる日本代表は不動の左サイドバックだった都並《つなみ》敏史を負傷で失い、その穴を埋めきれないまま最終予選に臨んでいた。テレビ画面を凝視する相馬の胸には、「自分がそのポジションにいれば」という仮定があった。

敗れたとはいえオリンピック予選でもプレーし、世代を代表する左サイドバックという自負がある。４カ月後には鹿島アントラーズの一員にもなる。日本がワールドカップ出場権をつかめれば、翌年6月に世界の舞台のピッチに自分自身が立つ可能性も出てくる。イラクの同点ゴールを浴びて本大会行きのチケットを逃した瞬間、相馬は声にならない声を出して部屋を飛び出していった。翌年のワールドカップでプレーするチャンスが消えた嘆きでもあった。

清水ＦＣでプレーした小学生の頃から、目標はプロのサッカー選手と明言していた。当時、プロとして生きるには海外しかない。テクニックが自慢の選手なら掃いて捨てるほどいる清水で中盤でも後方のポジションを志向したのも、競争に生き残るためだ。

技術重視の清水商高や東海大一高にチーム力で対抗する清水東高に進み、左サイドバックにコンバートされる。成績優秀にもかかわらず、大学進学は「回り道」と、卒業後は日本リーグに進む腹だったが、学歴で苦労した父親に説得される。「学位を取るために行くのか?」と問うと「そのとおりだ」と返され、あこがれの加藤久やオリンピック代表の同僚だった池田伸康がいる早大に進んだ。吉貴裁ら最上級生が大人に映った。高校時代には名を知られていなかった同期とも多様な価値観をぶつけ合う日々を過ごし、4年生ではインカレで日本一を取った。

「縦に行けば即チャンスの際にも、サイドチェンジのほうが尊ばれるサッカー文化の違いには戸惑いましたが、人に揉まれて成長できた4年間だった。上級生のときの選抜チームでスタッフから、『お前、本当に静岡なの?』と訊かれたんです。静岡の選手は各年代の選抜でお山の大将になりがち。最高の誉め言葉でした」

誘われたJリーグ5チームから、ハードとソフト両面を考えて鹿島アントラーズを選択し、2カ月でポジションをつかんだ。翌年には加茂周監督の日本代表で不動の左サイドバックになる。

1997年アジア最終予選中に指揮官になったア式先輩の岡田武史の下、チーム一丸でフランス行きのチケットをつかみ取り、ワールドカップのピッチを踏んだ最初のア式出身選手になった。日本代表に入ってさらに海外指向が強まったのは、ラモス瑠偉や三浦知良（カズ）の存在により、海外での苦難を経験することで日本人としての誇りをもてると確信したからだ。その足掛かりとなる世界舞台での感触は、「自信をもってやれば通用する」。アルゼンチンなどとの3試合で、スペースのある中盤では相手の動きを見てかわし、攻撃の糸口をつかめた。一方で、両ゴール前のシビアさと大会を戦い抜く心身両面のスタミナに壁も感じて帰国する。27歳と、プレーヤーとして脂が乗りきった時期。エージェントを通して海外クラブへの道を模索したが、話が立ち上がっては消え、最終的な契約には至らない。

翌1999年、フィリップ・トルシエ監督下で南米選手権のメンバーに選ばれたが、海外移籍を断念してモチベーションが落ちたところに左膝の前十字靱帯損傷が重なり、国際舞台からは遠ざかった。Jリーグ通算出場289試合を残して、34歳で現役を引退した。

その後、解説者などを経てFC町田ゼルビア、川崎フロンターレ、鹿島アントラーズなどを監督として指揮し、現在は日本サッカー協会のチューターとしてプロ指導者ライセンスの講習にあたる。あらためて感じるのは、人が人にものを伝えることの難しさだ。

「どんな言葉もそこにある空気で変わる。チームビルディングのカギは人の組み合わせや置かれた状況に応じて空気をつくれるか。『WASEDA the 1st』といいますが、勝つことが一番ではない。それぞれが真剣に違った価値観をぶつけ合って勝ち取れるものだと思う」

齊藤俊秀にとって、相馬は高校時代のあこがれであり、目標にする存在だった。年代を代表する力をもちながら個人練習を怠らず、学業でも成績優秀者が張り出される「番付」に名前が載る。ア式でプレーしたいと思った理由のほとんどは、先に進学していた相馬の存在だった。

人間科学部に指定校推薦で入学してア式に入った。寮の同室は、卒業後に鹿島アントラーズでプレーする4年生の奥野僚右。1年間生活をともにし、ピッチでもセンターバックを組んだ。スイーパーシステムからフラットなラインの4バックに潮流が変わる時期だ。4年・1年ながら息の合った同室のコンビで総理大臣杯を制した。

奥野の同期は池田伸康（浦和レッズ）、小椋哲也（ガンバ大阪）、塚野真樹（本田技研・SC鳥取社長）、矢野由治（U－23代表フィジカルコーチ）と多士済々だったが、1年生からみると大人な雰囲気で、下級生に安心感を与えてくれる学年だった。齊藤の同期には埼玉県・武南高出身のMF上野良治がいて、学部も同じで連れ立っていたが、上野は2年生で中退して横浜F・マリノスに移った。

奥野に代わって相馬が同室になった2年目から、インカレを連覇したチームの守備の中心としてプレー。リーグ戦は3位が最高だったが、糧になったのは2部への降格の危機をぎりぎりで乗り越えた経験だ。最終学年は残り2節で5位に沈んでいたが、順大と駒大に連勝して難を逃れた。

3連覇を期待されたインカレは筑波大の前に準決勝で敗退。卒業時は奥野、相馬がいた鹿島アントラーズにも惹かれたが、先に声がかかった故郷の清水エスパルスに入り、リーグ優勝を果たして新人王にもなった。1996年には相馬のあとを追って日本代表になり、出場機会はなかったが、ワールドカップ・フランス大会のメンバー入りもした。

大きかったのは、清水エスパルス時代のオズワルド・アルディレス監督とスティーブ・ペリマンコーチとの出会いだ。世界の一流の指導者の厳しくも選手を安心させる接し方にふれて、指導者のありようを知らず知らずのうちに学んだ。清水エスパルスの11年間で244試合にプレーし、藤枝MYFCではチームを県リーグからJFLまで引き上げた。

アンダー世代のコーチを経て、現在は日本代表コーチとして森保一監督をサポートする。

「代表の指導は短期集中でやり直しがきかないので、ヨーロッパでプレーする選手への伝え方には、直前で言葉の選び方を変えるくらいに気を使います。伝えたい情報を10使わずに3にまとめられれば、それが20になることもある。準備と取捨選択でしょうか」

代表チームのあり方を考えるとき、底流にあるのはア式の伝統だ。

「無名の存在が努力してリーグ戦や早慶戦に出るというのは、みんなの思いを背負って戦うということ。その責任感の重みには、アマもプロも代表も関係ありません」

ワールドカップへの道とア式OBの挑戦

紺碧寮で「ドーハの悲劇」を目にしていた同室の2人が4年半後、世界の舞台にいた。そこに日本サッカーが立つまでの20年近くには、未知の世界への挑戦の歴史があり、それはア式出身者が発した光芒《こうぼう》に重なる。

1980年12月、香港。日本サッカー史では小さな出来事だが、低迷期からプロ時代に向かう兆しがあった。2年後のワールドカップ・スペイン大会に向けたアジア1次予選での日本代表の相手は中国とマカオ。2チームが準決勝、決勝と続くラウンドに進出し、決勝に勝ったチームが最終予選に駒を進めることができる。

結果的に2年前のオリンピック・ソウル大会に出場した中国が順当にチケットを勝ちとったが、予選が進むにつれて、香港の観衆を魅了したのは日本だった。まだ10代の風間八宏《やひろ》（筑波大）、戸塚哲也、都並敏史（読売クラブ）らに加え、木村和司（明大）、金田喜稔《のぶとし》（日産）らの技巧派をそろえたフレッシュなチームが攻撃サッカーを展開していたのだ。中国には0－1で敗れ、マカオには3－0で勝ったが、準決勝は決め手を欠いて北朝鮮に0－1で敗退する。平均年齢は21・1歳。

「勝負を捨てたわけではないが、思い切ったことをやってみようと思った」

そうのちに語ったのは川淵三郎。日本サッカー協会強化部長で、監督を兼務していた。ベンチで川淵の横に座ったのがア式の後輩にあたるコーチの森孝慈だ。

銅メダルのメキシコ大会以降、1970年代はオリンピック予選で3回続けて敗退、2回のワールドカップ予選もイスラエルらに歯が立たず、日本サッカーは冬の時代を過ごした。

1980年に入ると、日本サッカー協会の小委員会の1つだった技術委員会を組織変えし、オリンピック・ロサンゼルス大会に向けた強化本部を設立。本部長になった川淵の最初の仕事が森のコーチ登用で、4年後のオリンピック予選を戦う指揮官含みの指名だった。

香港での采配も、実質的には森が取った。オリンピックのメキシコ大会から12年。往時のサッカーブームのただ中でボールを蹴り始めた少年たちが、20歳前後になっていた。

川淵と森の大胆な選手選考はメキシコから干支が一回りしたタイミングで、自分たちの世代が生み出したブームの申し子たちを引き上げることにより、硬直した空気を変えようとするものだった。日本代表史上空前の技術重視の選考は、日本サッカーにとって仄かな光になる。

１９８４年のオリンピック予選は、３年半前に香港の観衆を沸かせた金田、木村、戸塚らに原博実（早大―三菱重工）らのＦＷ陣、ＤＦ陣には加藤久（早大―読売サッカークラブ〈読売クラブ〉）、都並、新鋭の松木安太郎（読売クラブ）らがそろって期待を集めたが、初戦でタイに苦杯を喫し、原の４試合連続ゴールも及ばず全敗で敗退する。

川淵が責任を取って強化本部長を退く一方、森は翌年に迫るワールドカップ・メキシコ大会のアジア予選まで指揮を任された。しかし、満員の観衆の後押しを受けた韓国との最終予選で敗れ、夢の舞台にあと一歩届かずに辞任した。

このチームでキャプテンを務めたのは加藤久だ。東京・国立競技場に韓国を迎えた第１戦、１－２の後半に、木村の左ＣＫをニアに飛び込んで合わせた加藤のヘディングシュートがバーを叩いた。加藤はこの場面を、「本来自分が取るポジションに相手が立っていて、いつもより（ヘッドが）薄く当たった」と振り返り、２年前にプロリーグを発足させていた韓国とのプロ意識の差を感じたと語った。監督の森もプロとアマチュアの差を実感し、日本サッカー協会の幹部にプロリーグとプロ監督の必要性を訴えて辞任している。森の直言は受け入れられることはなかったが、漢気《おとこぎ》があり言い訳を嫌う森が口にした実感は、川淵の耳に残った。

続いて、石井義信監督（フジタ工業）で臨んだ１９８７年のオリンピック・ソウル大会予選もあと一歩で本大会出場を逃すが、そのかたわらでサッカー関係者の悲願だったプロリーグ設立の動きが加速する。それと並行して、日本代表をプロ時代に即したかたちで強化する役に就いたのが川淵だ。84年の強化本部長辞任から7年後の91年、プロリーグ準備室長との兼任で強化委員長に就任する。

川淵の頭の中には、まず日本代表監督の「プロ化」があった。1980年代後半、「日本人プロ第一号」の奥寺康彦がドイツから帰国して、木村和司とともにプロを意味する「ライセンスプレーヤー」になった。1977年、川淵ら古河電工の関係者が、川淵の日本代表時代の盟友、二宮寛（慶大―三菱重工、当時日本代表監督）とともに根回しをして送り出したのが奥寺だ。いわば日本サッカーの冬の時代に打たれた、プロ化への布石ともいえる存在だった。

その奥寺がドイツでの7年間のプレーを経てベテラン選手として帰国した頃、木村が所属する日産や読売クラブには契約的な雇用で入る選手が増え、プロリーグの枠組みができる以前に、選手たちはサッカーで生活するプロが主流になりつつあった。

1990年代に入ると、ブラジルからカズも帰国。選手たちが事実上のプロなのに、監督は大企業の社員というねじれ現象が起こっていた。

三菱重工社員の横山謙三監督で臨んだ1990年ワールドカップ・イタリア大会予選は、最終予選にも進めずに敗退し、プロリーグ発足に漕ぎ出した船頭との兼務で川淵は改革を加速させる。

日本代表以下各年代の代表チームを一貫的に強化する組織づくりに手をつけ、強化委員会を技術畑と総務畑に分けた。技術担当の副委員長に全日空のプロ監督である加茂周を置き、その下にセルジオ越後や金田喜稔といった一家言をもつ人材を配した。

日本代表が臨む国際大会での勝利ボーナス制度が導入され、チームへの選手派遣費が支払われるようになった。そして潤沢とはいえない予算をやりくりし、日本代表初のプロ監督としてオランダ人のハンス・オフトと契約する。

指導者としては無名だったが、ワールドカップ・アメリカ大会予選の前年といういうぎりぎりのタイミングで、マツダ（旧東洋工業、のちのサンフレッチェ広島）を率いて日本人を知悉《ちしつ》しているキャリアに賭けた。オフトは、日本国籍を取得して代表入りしたラモス瑠偉らとの確執を乗り越え、短期間で目覚ましい成績を残したが、カタールのドーハで行われた最終予選でワールドカップ初出場を逃す。敗退のあとに開かれた強化委員会では、セルジオら技術担当の委員の間から監督交代を主張する声が高まった。

文武両道を具現化した東北の雄

その席に技術担当の副委員長として出席していたのが、読売クラブの現役選手だった加藤久である。川淵による登用で、その年の4月から、全日空の監督に専念する加茂の後任に就いていた。川淵は、ナショナルトレーニングセンター（トレセン）の整備など若手育成のプログラムの構築をいずれ加藤に委ねる腹で、現役であるにもかかわらず要職をあてていた。

川淵はア式の後輩である加藤を、トップクラスのサッカー選手であると同時に、勉強熱心な学究肌と評価し、プロ時代にふさわしい強化と育成を体系化する役に抜擢したのだ。

契約延長を見送ったオフトの後任に就いたのは、ブラジル代表監督の経歴をもつかつての名選手、パウロ・ロベルト・ファルカンだったが、10カ月の短命に終わる。

１９９４年12月、98年ワールドカップ・フランス大会を目指す日本代表の新指揮官に加茂周が就任し、横浜市内でキャンプをスタートした。まさにその日に、Ｊリーグ・チャンピオンシップを最後に引退したばかりの加藤の強化委員長就任が発表された。

ユニフォームをスーツに着替えた加藤の仕事は、現在に連なる日本代表強化と選手育成の基盤をなすものだった。育成については、１９７０年代に発足しながら選手発掘と育成が、各年代の代表チーム強化と機能的に連携しないきらいのあったトレセン制度を見直した。

技術担当委員の田嶋幸三、小野剛らとともに地方を歩き、中央との情報共有化の機能を高めるために腐心。各トレセンの集まりを大会形式から研修会形式に変更した。

各カテゴリーの代表チームの指導者が世界大会で直面した課題を元に、年代に応じた強化テーマを設定し、その課題を克服するためのトレーニングやレクチャーを行う仕組みを整えた。なかでも重視したのは課題の言語化で、プレースピードを上げるための掛け声「ターン」（振り向け）や「マノーン」（相手が来ているぞ）は、言語による課題共有の典型例だ。

日本サッカーの課題を、トップである日本代表だけが持ち帰っていなかった。２００２年ワールドカップ招聘《しょうへい》への動きもあり、ワールドカップ出場はいよいよ喫緊の課題だった。加茂の登用は、オフトからファルカンで生じた外国人監督との「コミュニケーション不足」という課題を受けた日本人登用だった。

　加藤が強化委員長に就く前、監督要請を受けた加茂は、アシスタントコーチの候補として加藤久の名前をあげた。強化の責任者は現場のコーチを経験してからでも遅くはないという考えからだ。しかし、すでに取り組んでいる仕事を投げ出せないという理由から、加藤は予定どおり強化委員長職に就く。コーチは、ジェフユナイテッド市原で指導者の道を歩き始めたばかりの岡田武史になった。

　加藤は加茂のサポートに力を尽くす一方で委員会の規定に従い、キャンプなどを視察した委員の報告をまとめ始めた。さらに、トレセン制度の活性化の1つの受け皿として、各地方から推薦された選手による日本選抜チームを結成する。事実上のB代表で、のちに日本代表になる柳沢敦（富山第一高校）らがいたが、日本代表との間にはオリンピックに臨む23歳以下代表があり、加茂は予備軍には目を向けなかった。

　ヨーロッパの強国の強化を研究した加藤には、代表監督はその国のサッカー全体を強化するピラミッド型組織の頂点にいる存在であり、課題の共有にも積極的に時間を割くべきだという持論があった。トップチームの課題をフィードバックすることで、日本サッカーの課題を育成年代に落とし込めるからだ。しかし、加茂にとっての日本代表監督とは、予選を勝ち抜いて本大会に導くプロフェッショナルだった。

加藤は2年任期の監督の評価を「主観を集めて客観とする」とし、公式戦、親善試合、キャンプなどを材料にしたリポートを作成する。加藤自身が打ち立てた強化委員会活動指針には、強化委員会の活動として「ナショナルコーチングスタッフの選定・任命」という項目があった。この項目の担当委員は、加藤、田嶋、鈴木徳昭、今西和男で、任務として「ふさわしい人材の選定と理事会への付議」を行うとある。強化委員会がまとめたリポートには加茂の評価とともに、後任の候補として具体的な名前が上げられていた。

その最上位が、ヘッドコーチとしてヴェルディ川崎を連覇に導き、3年目も監督としてステージ優勝に近づいていたブラジル人のネルシーニョだった。

ヴェルディ川崎は加藤の古巣だったが、ネルシーニョの名前はあくまで委員の主観を集めた客観から導いた答えだ。しかし、交渉で生じた金額のずれを聞いて、加茂留任に動いた勢力があった。加藤はいわば上司である日本サッカー協会強化担当副会長の川淵が盾になってくれると信じた。結果的に加茂の留任が決まる。加茂はコーチの岡田、フィジカルコーチのルイス・フラビオ、GKコーチのマリオとセットで横浜フリューゲルスへの復帰を決めていたが、長沼健会長の説得で留任した。

加藤は翌年3月をもって強化委員長を辞任。加茂の評価をした技術担当の田嶋と今西が権限を縮小した技術委員会（大仁邦彌委員長）に残った。

加藤久は1975年、宮城県の仙台第二高校から早大教育学部に入学した。小学5年生のときに県内3つ目の少年団として発足した塩釜FCの前身でボールを蹴り始め、塩釜第一中学校では県大会で優勝して全国大会に出場した。サッカー専門誌は塩釜一中を「サッカー不毛の地からやってきた」と紹介した。コーチは鮮魚店で働くOBで、基本を叩き込まれる。加藤自身も近所の鉄工所に頼み込んでボールを吊るすペンデルをつくってもらい、ヘッドやボレーキックを磨いた。

オリンピックのテレビ中継で釜本邦茂のプレーを観たことから早大を志し、中学の教頭の勧めで仙台二高に進む。2年生、3年生と国体メンバーに選ばれ、3年生のとき茨城国体で対戦した大阪選抜に眼鏡をかけてプレーする選手がいた。これが岡田武史との出会いである。試合は雨中戦だったが、岡田はしっかりとしたボール扱いをする選手だった。

3年生になると、高校選手権予選にも出ずに独学で受験勉強に励んだ。過去の出題を元に受験対策を大学の学部ごとに解説した「赤本」を徹底的に読み込み、放課後も事務員に帰宅を促されるまで教室に残って勉強した。

第一志望は文学部だったが1点が足りず、教育学部の体育専攻に進む。が、あこがれのア式蹴球部では最初につまずいた。春季対抗戦でいきなりスタメンに入ったものの、新人を対象にした「新人特訓」からは免れられない。理不尽ないじめに近い仕打ちにはとうてい耐えられなかった。寮で聞こえてくるのは広島弁、関西弁、静岡弁。同期は同郷の先輩がいて溶け込んでいくのに、加藤には打ち解けて会話をする相手もいない。関西で浪人生活を選んだ岡田に、こんなところには耐えられないと訴える手紙を書いた。

5月に退部届を提出して寮を飛び出し、沼袋の3畳1間を間借りした。やがてお金が尽きて実家に舞い戻ると、父親に「レギュラーにならなくていいから、4年間、務めあげろ」と追い返された。退部届は監督の堀江忠男までは上がっていなかった。配慮してくれたキャプテンの川本章夫からは、「まあ、がんばれや」と許しを得て部に戻った。

加藤にとって、堀江は入部したときから畏敬の対象である。入学して間もなくあった部員の集まりで聞いた、堀江の「学問とスポーツは両立するかどうかと世間ではいわれるが、情熱と工夫さえあれば、必ず両立できる」という言葉は加藤の心を射抜いた。

実際に、堀江は政経学部の授業と研究を終えてグラウンドに来るや胸を地面に着けて開脚し、腹筋を50回からこなす。当時すでに60代だが、ふくらはぎが2段にふくらんでいた。

「在学中は東大に田村という選手がいて鉄人と呼ばれていたけど、自分は『殺人堀江』と言われていて、相手が蹴るボールに頭から突っ込んでいったという話をしてくれた」

監督が胡崇人になった2年目に、不器用に見えるが黙々と物事に取り組む姿が評価されて主力になり、リーグ戦は全勝優勝を果たす。3年生になると日本代表にも選ばれた。

監督に復帰した堀江の下でキャプテンになった最終学年は総理大臣杯を制したが、リーグ戦は得失点差で法大に優勝を譲った。インカレでは決勝で1－0と法大を退けて雪辱を果たし、有終の美を飾った思いで堀江を胴上げをしようとベンチに走っていった。すると堀江は「ちょっと待て」と加藤らを制し、「1点リードをして、さらにもう1点入れようという気概のないサッカーは見たくない」と切り捨てた。強引に胴上げはしたが、翌日の朝刊には仏頂面で宙を舞う堀江の写真があった。

「結果についてはどうこう言わないが、『プロセスに全力を尽くせ』というのが口癖だった」

試合のあと、堀江はなじみの店で満足気に杯を傾けていたとのちに聞いたが、最後の戒めは今も加藤の耳に残る。

「君たちはこれからも結果を得るために守りの人生を歩むのか」

堀江は後年、雑誌のインタビューでこう語っている。

〈加藤君は、私の教え子の中でも最高の教え子。たんなる優等生ではなく、根性があってネバり強い。（中略）彼が早稲田を卒業するときに「私の後継ぎはオマエしかいない。早稲田サッカーをたのんだ」といって大学に残ってもらった〉

加藤は卒業後、筑波大の修士課程を修了して助手として母校に帰り、1984年に講師、91年に人間科学部の助教授になる。その間も読売クラブ、ヴェルディ川崎でプレーし、日本代表としてワールドカップ・メキシコ大会予選、オリンピック・ソウル大会予選で世界にあと一歩まで迫った。

ヨーロッパで体得した実地主義

堀江忠男はア式蹴球部の権化であると同時に、早大の看板学部である政治経済学部の教授を務めた経済学者である。

1913年9月13日にシェイクスピア学者の父・耕造と帝国議会議員の娘である母・峯子の次男として三重県に生まれ、浜松一中（現・浜松北高校）に学んだ。

在学中に起こった世界恐慌による社会不安と兄・正規の影響もあり、マルクス主義に傾倒する。第二早稲田高等学院を経て早大に進み、マルクス主義関連の書物を読み漁るが、ある日読んだ文書に「数カ月以内に日本で革命が起こる」という予測が書かれていた。

疑心暗鬼のまま大学近くを歩き、人々を観察したが緊迫した表情はなく、文書にある予測には納得できなかった。教壇から学生に訴え続けた「事実を尊重せよ」という持論の端緒である。それは選手団の一員として参加した、オリンピックのためのベルリン遠征での実体験でさらにふくらんだ。

ベルリンへの旅の途中で立ち寄ったモスクワで、労働者の天国であるはずのソ連（当時）が実は独裁国家ではないかと疑いを抱き、スウェーデンを下す「ベルリンの奇跡」を演じた大会のあとに足を伸ばしたロンドンで、本場の民主主義の空気を吸った。

帰国して朝日新聞の記者になり、3年後に招集されて戦地へ。帰国すると共産主義崇拝の空気がふくらんでいて、ヨーロッパで抱いた疑念が首をもたげる。終戦後のドッジ不況の日本への影響を見てマルクス経済学そのものに疑いを抱き、学び直しのために母校に戻った。

翌1952年に教授になってからの30余年は、マルクス主義との対決とされる。マルクス主義の核心である資本主義崩壊論を理論づける利潤率低下法則に否定的で、そこから導き出される生産過剰恐慌、経済成長率低下、絶対的貧困化をすべからく批判した。

内外のマルクス経済学者とも論戦を交わした。著書も膨大だが、そのうちの1冊である『Capital and One Free World』の序文に、オレゴン州立大学のM・ウルフソン教授は「堀江教授は非常に透徹した目をもったジャーナリスト且つ大学教授」と書いた。

政経学部長や大学理事職での存在感も強く、学生運動の嵐が吹き荒れた１９６８年から70年にかけて、運動対策の最前線に立つ学生担当理事を務めた。80年に再度理事に就いたのは商学部の不正入試事件で退任した学内理事の後任で、建学１００周年を前に新キャンパスを巡る学内の対立の渦中に身を置きながら、ア式蹴球部の部長として他大学の台頭による停滞期からの立て直しを図った。

ア式に関わった数十年の間、加藤が入学時に聞いたとおりのことを学生に身をもって訴え続け、「大学リーグで活躍している程度の選手なら、スポーツと勉強の両立は必ずできる。スポーツを懸命にやりながらでも人並の成績は取れるはずで、それが不可能なほど深慮にして難解なことを早稲田大学では教えていない」と断じた。「スポーツで最高、最強を目指し、勉学でも最高レベルを目指し、実社会に出たら、スポーツで鍛えた肉体と精神で、自分の活動分野でまた最高を目指す」のが、堀江が掲げた早稲田スポーツマンの理想像だった。

堀江はこうも書き残している。

〈それぞれに没入して、肉体と精神とを力いっぱい燃焼させていたから、余計な懐疑心にさいなまれるひまはなかった〉（『早稲田フォーラム』第17号）

逆境を乗り越えて決めた初のワールドカップ出場

加藤に1年遅れて1976年に入学して政経学部に学び、堀江のゼミ生でもあった岡田武史の高校時代のバイブルは、五木寛之の小説『青春の門』だった。福岡県出身の青年が上京して、青年から大人になっていく青春小説の舞台が、早大だ。男女の友人をつくって青春を謳歌し、人間としての幅を広げ、卒業後はマスコミに入って報道に関わる――。それが浪人時代の岡田を支えた将来像だった。

大阪の天王寺高時代にMFとして頭角を現し、3年生でユース代表になった。関西の大学からは学費免除の申し出があったが、頭には早大しかない。しかし、入試のあとに堀江から手紙がきて「受験の点数は半分もいっていないから、サッカーで有利になる教育学部にしなさい」と言われ、意地でも一般受験で入ると決めて、翌年、政経学部に合格。入学後はア式蹴球部を横目に同好会の稲穂キッカーズに籍を置いて、麻雀をしたり「高田茶房」に入り浸ったりしていた。

そんな日々が、何気なく西が丘サッカー場に出かけたことで一変する。そこで日本サッカー協会の強化スタッフに会うと、「なんのためにユース代表で指導したと思っている」と、サッカー協会に呼び出された。専務理事に「今からサッカー部に電話するから」と言われて、しぶしぶ入部をする。6月初めにあった早慶戦の前だった。

半ば強引に引きずりこまれたア式では、ランニングで全員が決まった時間以内にゴールしないと練習が終われないという「新特」にあきれた。

「仲間に『頼むから真剣に走ってくれ』と懇願されたけど、浪人時代に10キロ太っていたこともあったし、意地でも時間以内に入らなかった。でも、そこで部をやめたら弱虫と言われるし、岡田が必要だと言われてからやめてやろう、と思ったんだ」

入寮しなかったのは、浪人時代に受け取った加藤からの分厚い手紙で実情を知っていたからだ。同期より遅れて入部したことで空きがないのをいいことに、都立家政駅近くのアパートで暮らした。2年目に東伏見に間借りをした部屋が8畳ほどの広さで、そこに3年生になってい た加藤が転がり込む。西武新宿線の田無寄りの踏切の近くで、2人で自炊をしながら1年間暮らした。

1年生から3年生まではタイトルを獲ったが、4年生では無冠に終わった。印象的なのは、1980年のオリンピック・モスクワ大会を控え、ソ連のアフガニスタン侵攻に抗議した各国が次々とボイコットをしていた時期に、堀江と交わした会話だ。スポーツに政治が介入することに疑問を感じて、「先生、これはおかしくないですか」と言うと、「お前はスポーツマンかスポーツマシーンか、どちらだ」と逆に訊かれた。「スポーツマンのつもりです」と答えると、「ならばスポーツをやる前に、1人の人間としてどう思うのかを考えろ」と言われた。答えはなかった。

卒業時はマスコミ志望だったが、リーグ戦が入社試験と重なり古河電工に入社を決めた。ところが卒業間際に単位不足が発覚。学生結婚もしていて、留年はできない。堀江に懇願したところ、担当教授にかけ合ってくれて、教授から「俺の家に3日間通え」と言われた。担当教授が暮らす早稲田の古アパートで勉強させてもらい、3日目に口頭試問を受けて卒業を認めてもらった。堀江とは弟子のようなつきあいをしたいと思ったこともあったが、距離感も感じた。言動の端々から伝わってきた生きざまは、今も頭に残る。

「自分の筋は曲げないし、同調圧力や流されるということがない。学者でありながら自分の眼で観たものしか信じない。主体の塊のような人だった」

岡田は卒業後に古河電工と日本代表でMF、DFとして活躍。1984年にオリンピック予選に臨んだ日本代表では、加藤とともにセンターバックでの出場が期待されたが、予選前に負傷し、その後はプレーの軸足を古河電工に置いた。

1990年の現役引退後は古河電工のコーチになり、ドイツ留学も経験した。Jリーグ開幕後はジェフ市原でコーチを務めたあとに、加茂周の要請で日本代表コーチになった。

それから2年後の1997年11月16日、マレーシアのジョホールバル。MFの中田英寿がセンターサークル付近でターンしてドリブルを始める。イラン陣内に入りペナルティエリアに近づいたところで、渾身の左足シュートを放つと、GKが弾いたところに岡野雅行がスライディングで突っ込み、右足でボールを無人のゴールに押し込む。日本代表が初のワールドカップ本大会出場を決めた瞬間だ。

5チームずつ2組に分かれた最終予選でB組2位になり、A組2位との第3代表決定戦で延長の末にゴールデンゴールにより最後にもぎ取ったチケットだった。勝利の直後、ベンチから誰よりも早くピッチに飛び出したのは、白いポロシャツにトレーニングスーツ姿の岡田だ。最終予選の途中で加茂周の更迭を受けてコーチから昇格し、5試合目だった。

その2カ月前、日本は崖っ淵に追い込まれていた。フランスの本大会出場をかけたアジア最終予選はウズベキスタンとの初戦こそ快勝したが、第2戦でUAE（アラブ首長国連邦）と引き分けるとブレーキがかかり、続く韓国とのホームゲームで1－2と逆転負け。息つく間もなくカザフスタン、ウズベキスタンと続く中央アジア遠征が待っていた。

この遠征を前に腹を決めていたのが、技術委員の一員だった今西だ。カザフスタン戦の結果しだいで加茂を解任し、岡田コーチを昇格させる。ここでカードを切らなければ、フランス行きはない。加藤とともにリポートをまとめたときから加茂のチームづくりの危うさを察していた今西は、遠征前に委員長の大仁を「最後のチャンスだ」と説得して機上の人になっていた。

カザフスタンを相手に前半にコーナーキックから先制した日本は、追加点を奪えないまま迎えた終了間際に足が止まり、同点ゴールを許した。引き分けに終わるのを見届けると、大仁は報道陣に「やります」と言い残して足早に会場を後にした。

加茂の解任と岡田の代行が発表されたのはその夜だ。事前に大仁に岡田の昇格を提案していた今西には、ほかに代役を立てようがない遠征中ならば、筋を通す岡田でも首を振らないという読みがあった。断れる状況であれば、コーチとしての連帯責任を言って受けなかっただろう。岡田の性格を周囲は知っていた。

岡田は当面、次戦のウズベキスタン戦の指揮は執ると言い、帰国後の去就を決めずにベンチに座った。前戦から中3日のウズベキスタン戦、岡田は司令塔の中田をあえてベンチに置いて森島寛晃をスタメンに起用し、後半から交代出場した中田の闘志に火をつけた。結果は1－1。最後に追いついてのドローに、逆襲の兆しがあった。

帰国後に加茂とあらためて話した岡田は正式に監督就任を受け、小野剛をコーチに指名。北澤豪、中山雅史、高木琢也という経験豊かな駒を加えるとともに、グリッドを使ったトレーニングでチームに動きを取り戻す。

UAEと引き分けたあとにソウルで韓国を下し、最後は中山、高木の2トップでカザフスタンを5－1と粉砕してイランとの決戦に駒を進めた。攻撃力に定評があるイランとの打ち合いでも一歩も引かず、中山の先制点のあと、一度は逆転を許したものの、城彰二が同点ヘッド。終盤から延長は攻め勝った。運動量、連動性、対人の強さ、前へ出る推進力と、サッカーの基本をピッチに焼きつけた結果の勝利だった。

岡田は翌年のワールドカップ・フランス大会でも指揮を執り、考えに考え抜いた選手選考と相手の分析を元に戦った。優勝経験のあるアルゼンチン、結果的に3位になるクロアチアに1点差で敗れ、初勝利を期待されたジャマイカにも敗れた。

本大会の前に堀江が岡田に贈ったのは、「攻撃は最善の防御である」という言葉だった。岡田はそのとき、堀江の意図を汲み取れなかったが、大会後に話す機会があり得心した。

「オフェンスやディフェンスの話ではなくて、相手がどうこうではなく自分たちがどのようにするかをまず考えよ、ということ。つまり、主体的に臨めという意味だった」

一葉の写真がある。堀江夫妻の後方、向かって右に岡田、左に加藤。日付は岡田が初のワールドカップを戦った5カ月後の1998年11月。堀江はその5年後、2002年のワールドカップ日韓大会を見届けて鬼籍に入った。

次世代のための場とコミュニティづくり

湾岸の高速を行く大型トラックの走行音に、アメリカ軍が飛ばすヘリコプターの羽音が重なる。湾を渡る風が草を揺らしていく。沖縄に遅い秋がきていた。加藤久は9月末、那覇市に隣接する豊見城《とみぐすく》市与根港近くの多目的広場にいた。

広場にはシニア世代が野球をするためのネットが張られているが、隣接する公民館の脇にあるビーチサッカー場は廃《すた》れ、散策用の遊歩道を歩く者もいない。1万平米のスペースが有効に活用されている様子はなかった。元来は漁港関係者の親睦を図る催しのためにつくられた広場で、現在は年に数回、その種のイベントがあるほかは草野球に利用されている程度という。

加藤は知り合いを通じて知ったこの土地に、人工芝のサッカーフィールドとフットサル場ができないかと考え、業者とともに視察に訪れていたのだ。前日には豊見城市の幹部と面会して、野球利用者の合意を得ることを条件に賛意を得ていた。図面を手に加藤が業者と話す。

「野球のグラウンドをそのまま残すためには、少し北側に敷地を伸ばす必要がありますね。沖縄風の東屋《あずまや》はもったいないからそのまま移設できないかな。日を遮る木と、その下に保護者が腰かけられる盛り土は残せませんか」

その晩には沖縄市で、ジュニアの指導者でもある自治体関係者との会食があった。補助金の実例を知りたいと、左手に泡盛のグラス、右手にはノートとペン。バッグの中にはグラウンド施設の計画と補助事業についての分厚い資料がある。沖縄との関わりは20年を超える。２００３年に沖縄かりゆしＦＣの監督に招かれ、２年後に小中学生と女子の育成を手がける特定非営利法人「ヴィクサーレ沖縄ＦＣ」を立ち上げて代表に就いた。

「子どもの健全育成と地域社会の活性化に貢献する」のが基本理念。ヴィクサーレのチーム運営とともに、指導者育成、ボランティア、シニア向けのスポーツ教室などを手がける。選手の個性と自主性を重んじた育成を掲げてジュニア、ジュニアユース年代で県内の強豪の１つに育てあげ、全国大会で実績を残した。

加藤は京都サンガＦＣの強化責任者や監督など他職を、ヴィクサーレの活動との両立を条件に引き受けてきた。７月にはジュニアの指導者の代役で２週間、子どもたちのトレーニングを引き受けた。自ら梅雨明けの炎天下で体を動かし、秋になっても顔は真っ黒に日焼けしていた。

月に数回は東京と行き来する現在のおもな目的は、環境の整備だ。ヴィクサーレの活動拠点は那覇市中心部の公園にある。現在はクレーのグラウンドだが、その人工芝化を進める公園整備事業に予算をつけるために動く。一度は自治体の予算がつきかけたが白紙に戻り、防災拠点として別予算から捻出できないか、と膨大な資料をめくりながら考えを巡らせる。「場をつくることは環境をつくること。そこからいろいろな問題が解決に向かっていく。東京にいるときから〝子どもの健全育成〟と言葉では言ってきたけど、子どもの貧困がどういう環境で生まれてくるのかは、沖縄に来なければわからなかった」

時間もお金も持ち出しで活動を続けるのは、社会問題を解決したいという根本的な欲求があるからだ。母校早大での研究活動のあとも、東工大などで中学生年代でのストレスやスポーツ生活圏について学んできた。

沖縄で目の当たりにしたのは、月謝や遠征費も払えないような家庭を莫大な防衛予算がつく公費が救う構図で、根本的な問題が顕在化しないという沖縄社会の断面だった。

事業を進め、自治体と向き合い、メディアやテキストからは感じ取れない沖縄人の複雑な心持ちも知った。その過程で確信に変わったのは、家庭と学校に加えたサードプレースとしてのスポーツの価値だ。だからこそ、その拠点になる「場」が必要になる。

1990年前後にJリーグ発足に向けたプロ化検討委員会に現役選手として出席した際、加藤は鹿島アントラーズの加入に賛成した。母体は日本リーグ2部の住友金属で、サッカーが根づいていない茨城県鹿嶋市を拠点としていたが、鬱蒼とした森を切り開いて建設するサッカー専用スタジアムの計画を進めていた。「選手や監督といった戦力は移籍で補えるが、『場』がなければ何も始まらない」と主張した。

東日本大震災後には、いち早く被災地に入ってサッカー教室などで復興に協力するとともに、文字どおり身を投じて、陸前高田市の上長部地区に芝のグラウンドをつくった。子どもたちの笑顔を取り戻すためにと1人通いつめ、整地から植苗えまでボランティアとともに手足を動かした。芝のグラウンドは川崎フロンターレのサッカー教室や、周辺地域の子どもたちも招く早稲田カップに使われてきた。

FC町田ゼルビアに所属した2019年からの1年半の仕事も、クリーンセンターを活用した練習グラウンドの整備だった。ア式の1年後輩にあたるGMの唐井直の依頼でスタッフ入りし、グラウンドの設計から芝の選定までを引き受け、周辺住民との折衝もこなした。

正規のグラウンドが2面取れるように1万8000平米の敷地を調整し、クラブハウスは選手目線で使い勝手の良い設計にこだわった。回復力と耐寒性に優れた品種を採用した芝生で激しいトレーニングを積んだFC町田ゼルビアは、初のJ1リーグで上位につけた。地名から名付けられた練習場「三輪緑山ベース」は周辺住民に優先的に開放され、建設反対派だった住民を含めた地域の人々の希望の場になろうとしている。

ヴィクサーレ沖縄FCの活動拠点の近くにある奥武山《おうのやま》運動公園を歩くと、小中学生の男女の選手たちとすれ違う。「おー、どう、調子は」と声をかける加藤に笑顔が返ってくる。野球場が建ったばかりの公園内には、スタンドが撤去された陸上競技場があった。その跡地にJ1リーグ仕様のスタジアムができる将来、ヴィクサーレ沖縄FCの現在の活動拠点が整備されてサブグラウンドになるのがベストだ、と加藤は言う。

「学問もやってきたのは、自分の気づきを落とし込んで調べて探ることが面白いから。アカデミズムは結果的に人々への啓蒙というのかな、意識の浸透に役立つ。でも、実際に肌で感じないと知識は生きない。すべては子どもたちのためにやっていること。ここにあと10年いられるかもわからないけれど、乗りかかった船だからね」

9月中旬、湾港を臨む高台にあるアシックス里山スタジアムの最上部のスタンドで、岡田武史は少年たちが駆けるピッチを見下ろしていた。

「熊本の評判がいいって聞いていたのだけど、どれかな」

とのぞき込む目が心なしか赤い。前夜は夜中までスポンサー相手の宴があり、明け方には運営する高校の生徒がお遍路参りに出かけるのを見送った。その後に、クラブスポンサーのLDHジャパンが開くフットサル大会「EXILE CUP」の開会式に臨んでいた。

愛媛県今治市に関わりをもったのは、26年前だ。ア式に入部する前に所属した稲穂キッカーズの先輩が経営する会社の顧問になり、月に一度、東京から通った。街の中央にあるデパートがなくなり、商店街に人けがなくなっていく。「今治で何をやっても無理」という周囲の声をよそに、2014年、四国リーグ所属のチーム、FC今治のオーナーになった。

指導者のキャリアで抱いてきた主体的な選手を育てたいという思いは、小クラブのほうが向いていると考えたからだ。FC今治の母体となる会社の企業理念には、「次世代のための物の豊かさより心の豊かさを大切にする社会創りに貢献する」と謳った。物の豊かさはGDP（国内総生産）で表せても、心の豊かさの源泉は、信頼や共感といった、数字では測れないところにある。サッカーチームに売る物はないが、活力ならば売れる。

「物質的な豊かさは必ず息詰まる。数字で測れない文化的な豊かさがなければ、人類に未来はない。それを生み出すコミュニティをつくりたいという思いから始まって、結果的にそれが人とお金が集まるインフラになった。地方創生なんていうお題目は考えていなかった」

ワールドカップ・フランス大会のあとにJ2のコンサドーレ札幌（現・北海道コンサドーレ札幌）でクラブ監督になり、J1昇格を果たした。横浜F・マリノスではJリーグを連覇。2007年には二度目の日本代表監督に就き、ワールドカップ・南アフリカ大会では16強に進出した。2012年には中国に渡って杭州緑城の指揮を執り、2016年に日本サッカー協会副会長になると同時に指導者ライセンスを返上した。翌2017年にFC今治はJFLに加入し、2019年に小野剛監督の下でJ3に昇格した。

「今治にいると、みんなのあきらめの色が変わり、活気が戻ってきたのを感じる。政治も経済もこれからどうなるかなんていえないけど、共助のコミュニティをつくっていくことで世界が救われるかもしれない。学校もそういう発想から出てきたものだから」

2024年4月、学園長を務めるFC今治高里山校が開校した。育てたいのは、主体的に行動して人々を巻き込んでいくキャプテンシップをもった人材だ。地球環境が後戻りできない予測不可能な時代を生き抜かなければならないときに、何が必要なのか。それは自分で判断して予測不可能な状況で適応して生き残る力であり、1人では生きられないと気づいたときに共助のコミュニティをつくれる人間だ。生徒は2年生で体験学習、3年生は海外学習で学ぶ。寮は2年生までという決まりで、3年生は下宿などで町に住まわせる。教師ならぬコーチと呼ぶスタッフには、決して自分の価値観を押しつけないように言い聞かせる。

「部活も自分たちで立ち上げるのだけど、最初にできたのが投資部だった。7月の第1回のオープンスクールは、1期生がすべて自分たちで運営した。俺には、時間が余ったから、話をしてくれと言ってきたくらいだからね」

どうすれば主体的なサッカー選手が育つのかという思いから始まった今治の取り組みが、どこに行き着くかはわからない。ただはっきりしているのは、取り組みを持続していくために必要なのがトップチームの強化ということだ。

勝負と踏んだ2024年のシーズンはホームで連敗をした時期から、トップチームの練習にも顔を出してきた。練習終了後は帰京して商談をこなし、朝一番のフライトでまた今治に戻る。多忙な日々で支えになっているのは、10年前に打ち立てた理念に賛同して、物心ともに支えてくれた人々を裏切れないという一念だ。

「人々が元気になるためにはチームが強くならなければならないし、そのためにはお金がいるのが道理。J2に上がれば経営は安定するし、その後は一気にJ1を狙うつもりでいるよ」

加藤が蒔いた種を岡田がフランスで刈り取った実は育ち、世界舞台にしっかりと根を下ろした。日本代表は7大会連続でワールドカップ出場を続ける。

その間、Jリーグ選手の海外移籍は日常となり、2022年カタール大会では、メンバー26人中、海外クラブ所属選手が19人を占めた。4年前のロシア大会では23人中15人だった。その一方で注目が集まるのが、日本代表選手の「育ち方」だ。

カタール大会のメンバー26人のうち、高体連加盟の高校サッカー部からプロ入りした選手が6人。大学卒が9人。Jリーグクラブ傘下のユースチームからプロ入りした選手が11人だった。4年前のロシア大会と8年前のブラジル大会の2大会は、登録メンバー23人のうち高体連からプロ入りが11人、大学卒が2人、Jユースからプロ入りが9人で、そのほかが1人。高体連から直接Jリーグ入りして日本代表に到達した選手が減り、大学卒の比率が大幅に伸びている。

「アングロサクソン系の人種より日本人は成長が遅いという説もある。サッカー協会も大学にもっとお金を使うべきだ。この国のいちばんのストロングポイントなのだから」

そう言うのは、日本サッカー協会前副会長の林義規だ。ア式OBの林は加藤の2学年上で、リーグ戦全勝優勝で連覇を果たした代だ。サッカー界で頭角を現したのは、母校のサッカー部顧問として小中高一貫で好選手を育て、暁星高を全国レベルに引き上げてから。その後は高校生以下の育成の整備改革を進め、日本サッカー強化の土壌を耕した。

東京の下町の料理店に生まれ育ち、暁星高時代から早稲田にある下宿に住んだ。早大志望は天皇杯で東洋工業を下して日本一になった試合を観てから。中大法学部にも受かったが、ア式でサッカーをやりたいと教育学部に進み、青春物のテレビドラマの熱血教師にあこがれて教員を目指した。2年生でGKからフィールドに転向、4年生では試合に出ずに練習を考案して指揮を執るグランドマネジャーになった。卒業後は母校に赴任するが、指導は3年生まで監督だった堀江忠男の受け売りという。

「火曜に書かせるリポートは有名だけど、ハーフタイムのときの戻り方が悪いからやり直せとか、1点取られたらニヤッと笑えとか、いろんなことを教わった。真理は単純にして平凡である、ともね」

高校の教壇に空きがなく小学校教諭からの出発だったが、コンクリートの校庭を危険だからとタータンに、次に人工芝に代えた。そこで小学生から矢野眞光らを育てて中学で初の全国へ駒を進める。その世代とともに高校の教員に上がり、部活と学業の両立など進学校ならではの問題を潜り抜けて全国大会に進むチームに育てた。

全国の強豪校への武者修行を通じて人脈をつくり、高体連の技術委員長などを歴任。そこから日本サッカー協会の育成畑を歩んでさまざまな改革を施した。そこに流れるのは、高校の現場で得た知見をクラブ育成に傾く風土に落とし込んだバランス感覚だ。

「このサッカーという競技を、世界に向けて発展させなければならないという思い1つできた。日本独特のサッカー風土にあるトーナメントに、リーグ戦も必要。守りの勝負強さと攻撃面のチャレンジ精神の両方が鍛えられるから」

Jリーグができて部活が否定されかねない時代に、関東の強豪校で組織したリーグ戦が全国に広がり、各地のプリンスリーグの基礎になった。

インターハイや選手権予選で早々に敗退して機会を失う選手たちをすくいあげようと、国体の少年の部を16歳以下対象に変え、若年層の日本代表強化に結びつける。中体連や高体連などとの折衝を粘り強く進めた。持ち回りだった8月のインターハイ開催を、涼しい東北開催に変えたのは2024年からだ。

日本サッカー協会の副会長は会長の改選で降りたが、新会長のアドバイザー的な立場に残る。数十回連続出場の地区もあるインターハイの本大会参加チーム増など、やり残したことも多い。大学サッカーもその一つだ。ア式の総監督として兵藤をサポートするとともに、Iリーグや社会人リーグのベンチに入って学生たちと触れ合う。

「Jリーグでやれるのは高校年代の選手全体の1パーセントもいないわけだから、大学は大きな受け皿になるはずだ」

カタール大会で活躍した三笘薫は、4年前の武藤嘉紀（FC東京ユース—慶大）に続いてJリーグクラブのユースから大学に進んでワールドカップの日本代表入りした2人目になった。三苫の出身は川崎フロンターレのユース。同じくカタールでプレーした田中碧《あお》もフロンターレアカデミーの「卒業生」だ。Jリーグの強豪チームにも成長した川崎フロンターレの10歳以下のカテゴリーには、小学3年生、4年生の入部希望者が毎年200人以上集まる。そこからセレクションで選ばれるのは2024年の場合、13人という狭き門だ。

「そのなかでフロンターレのトップチームまで上がるのは1人ないし2人。3分の1は他クラブでJリーガーに育つというのが平均です」

と話すのは、ア式OBで現在、U－10の育成にあたる高田栄二だ。古巣のアカデミーに帰って10年、三笘や田中らを生んだ下部組織を統べる「ヘッドオブコーチング」の立場にある。

早大入学がJリーグ開幕の1993年。日大藤沢高校から自己推薦で教育学部に進み、ア式では松永章監督下で1年生、2年生とインカレ連覇。4年生で19年ぶりのリーグ戦制覇を果たした。

キャプテンに丸山良明（横浜F・マリノス）、前線に外池大亮（湘南ベルマーレ）、ディフェンスに渡邉光輝（柏レイソル）、佐々木崇浩（セレッソ大阪）と、卒業後にプロになる素材をそろえ、前線からのハイプレスをベースにスペースを使った縦に速い攻めで6勝1分け、15得点5失点という盤石の成績を収めた。

高田自身もサイドMFで攻守に走りまくり、ベンチ前で声を張り上げる松永の厳しい指示に応えた。卒業後に富士通に入社するとプロ化の動きが加速し、社員のまま川崎フロンターレのJリーグ昇格に貢献する。監督はア式の先輩にあたる松本育夫で、マンツーマンで相手の良さを封じるサッカーを貫いた。

「松永さんも育夫さんも、当たり前のことを徹底してやらせるという点では同じ。泥臭く愚直なスタイルですが、どんなサッカーをやるにしてもベースはそこにあると思います」

30歳で戦力外になり、総務部で会社員生活を送ったが、週末にア女のコーチなどを務めているうちに、このままサッカーから離れていいのかと疑問を抱き、Jリーグのキャリアサポートセンターを通じて、新潟の専門学校、JAPANサッカーカレッジのコーチに職を得る。

講師として座学も担当しているうちに、開志国際高と提携したことで高校年代を指導。次に移った新潟市内の街クラブで今度は中学年代を担当する。ほかにも、シニアなど各年代の指導もこなした多忙な日々が在野での肥やしになった。

古巣である川崎フロンターレのアカデミーに招かれたのが10年前。8人制から11人制に移行し、ボールもコートもゴールも大きくなる転換期の中1を育てるU－13を担当した。トップチームへの入り口を担当する責任ある立場でもある。川崎フロンターレのアカデミーは、「技術、アイデア、ハードワーク」の3つを軸に自立した選手を育てることを主眼とする。小学生から欠席の連絡は親でなく自分でと指導し、練習への送迎も基本的には禁じている。

「うちに来るのに初めて電車に1人で乗るような子もいますが、何とか自力で通ってもらいます。一人前の選手になるには自分をマネジメントできなければいけない。その第一歩です」

挫折を経てプロへの思いを見つめ直したDFリーダー

中学時代に高田から指導を受けたア式4年生のDF神橋良汰が古巣からオファーを告げられたのは、4月のリーグ開幕戦のあとだった。

2月のデンソーカップからプレーに目を光らせていたスカウトが、3月の島原遠征や韓国遠征にも来ていたが、まさか春先にオファーが現実になるとは思っていなかった。プレシーズンでもキャンプでも、練習参加の要請がないままだったからだ。大学選びから、4年後に川崎フロンターレに入るという目的を第一に考えた。

フロンターレユースの先輩からア式の話を聞き、間違いがないと選び取った道だった。1年目からつねにプロを意識する日々だった。最終学年の4年生を迎え、攻撃の起点になり、なおかつゴールやアシストという結果を出そうという意識を強めた。目標は年間で7得点。プロとは「チームを勝たせる選手」と考えたからだ。

リーグ第3節の慶大戦の前日だった。セットプレーの練習で、クロスをヘディングで合わせたあとにバランスを崩して着地し、右鎖骨を折った。大敗した慶大戦は、ギプスで右手を吊りながら観戦した。口を開けないほどの痛みに、失点を重ねる同僚の痛みが重なった。

夏を迎え復帰しようかというタイミングで、キャプテンの伊勢が負傷した。試合の翌日から寮で隣の部屋を様子見に訪ねると、笑顔を返してきた。その笑顔が伊勢独特の振る舞いであることに気づいたのは、数日後だった。練習前の円陣で、チームを離れることになったと話す目に光るものがあったからだ。同期として感じたのは、重圧を背負わせてしまったという負い目だった。もう少し自分にできることはなかったのか。

夏合宿が終わったあとに川崎フロンターレの練習に1週間、参加した。ボール回しで「鳥かご」に入ると、動きが速いどころではない。いつのまにか自分の後方にボールを通されるなど翻弄された。ユースチームにいた18歳までは慣れていた感覚を体が思い出した。

1週間後に東伏見に帰ると、練習試合でサブにまわっていた。プロに内定した選手は学生扱いではなく上のレベルに見合った接し方もするというのが、監督に就任した前年からの兵藤の考えだった。普段の練習から、「無理だろう」と思うようなレベルの要求が飛んできた。

早慶戦は控えスタートだった。学生のうちからさらに上のレベルを目指せという兵藤のメッセージと受け取った。毎週のように繰り返されるリーグ戦に、単調さを感じてモチベーションが下がる自分を発見することもある。そのたびに、それじゃダメだと自分に言い聞かせた。

「後輩に1部の舞台を残したいから、何としても2部から昇格したい」と昨年の4年生が言っているのを耳にしたことがある。そんなものかなと思っていたが、自分がその立場になってわかったことがある。

「もちろん後輩のためにという気持ちはあるけど、それ以上にあるのは、間違いなくサッカー選手としての意地ですね」


神橋が4月の天皇杯予選以来のシーズン2点目を決めたのは、負けられない戦いが続く10月20日の第18節、拓大戦だ。立ち上がりから両者攻め手に欠け、膠着状態になっていた前半の31分だった。右FKを蹴った柏木のキックが左サイドに流れた。そのボールを拾って抜け出た本保が中央に折り返す。ファーサイドで待っていた神橋のヘッドはバーに阻まれたが、こぼれを拾った駒沢が横パス。右ポスト際にいた神橋は合わせるだけでよかった。しかし、この得点でチームが活気づくことはなかった。

フィニッシュにつながる効果的な攻めができないなか、強引に割って入ろうとしていたのが、4年生のMF光田脩人だ。自陣でボールを受けると、低い重心からのスラロームで拓大陣に割り込んでいく。U－17代表で活躍した当時の突破力を思い出そうとするかのような動きだった。

光田脩人は、悩み抜いた3年を経てこの秋にサッカー人生をかけていた。

過去も将来も考えずに、目の前にあるボールと相手に集中する。スポーツ推薦で入った1年生のリーグ第3節であっさりとスタメンをつかんだ。同期のなかでもU－17ワールドカップでプレーしたキャリアは群を抜く。誰の言うことも聞かず、学年リーダーの伊勢航の言葉もスルー。

「自分でも手がつけられないほどのイケイケでした」

Jリーグの下部組織入りは初という三重県の街クラブの期待の星として名古屋グランパスユースに進み、点の取れるドリブラーとして17歳以下の代表入り。そのまま名古屋グランパスのトップチームへという道が開けていたが、3年生になる前に負傷。昇格は見送られた。ア式に入って順風だった1年生の秋に突然、左足に力が入らなくなった。腰の仙骨という箇所の疲労骨折という診断だった。

左足をかばいながらプレーすることで肉離れが多くなり、2年目はほぼ棒に振った。さまざまな医療機関に足を運んだが、3年生でも負傷が続き、スーツ姿で就職活動をした。チームメートの前では「はっちゃけキャラ」で通したが、1人になると東伏見公園のベンチで長時間、考え込んだりもした。

最終学年、サイドMFとして兵藤監督の期待を受けたが、3月の島原遠征の京産大戦で起こした肉離れが夏まで長引いた。復帰して2試合目の産能大戦でキャリア初の退場処分を受け、スタメン起用の早慶戦は緊張して自分らしいプレーが出せない。苦境に陥ったチームの状態を上げて、自分のパフォーマンスを戻していければいいと思い直した。

4年生になり、挫折を繰り返して性格が丸くなった自分に気づく。伊勢の負傷は、自分のことのように落ち込んだ。東、伊勢、光田のプロ希望の3人で「今ケガをしたら、もう無理だよな」と話していたところだったからだ。なぐさめや自分の意見を押しつけるのでなく、まずは話をじっくりと聞こうと決めた。

自分自身も左足の爆弾を抱えたまま秋を迎え、ようやく試合ごとに自分のプレーを取り戻せている実感が出てきた。就職したほうがいいと言う両親に、ちょっと待ってくれという自分がいる。兵藤とも話し、10月いっぱいは精一杯プレーをして、そのときの自分を見て進む道を決めることにした。11月にプロチームの練習参加の予定もあったが、進路のことは考えずにただただやりきる。

「苦しんだ大学生活で、仲間がいた。彼らと目標をもってがんばるときにこそ、自分が伸びていることに気づかせてくれました」

拓大に86分に右サイドの角度のないFKでニアサイドを抜かれて同点に追いつかれ、暗雲が漂った。その直後にチームのために勇気をもって体を投げ出したのは、2年生MFの西だった。69分に佐々木に代わって投入されたあと、高い位置でチャンスをうかがっていた87分、左サイドから石川が上げたボールを拓大DFがヘッドでクリアした浮き球に突っ込み、ヘッドでねじ込んだのだ。「キーパーと相手選手が目に入ったけど、恐れずに突っ込んだ」という捨て身の動きが4連勝をもたらした。兵藤は、「昨年なら1－1で終わっていた。勝ちぐせをつけることは大きい」と安堵した。

命運を分けたシーズン四度目の早慶戦

横浜市の下田グラウンドは完全な敵地だった。紺と黄をあしらったフラッグと500人近いOB、関係者がピッチをぐるりと取り囲む。関東リーグ3部から入れ替え戦で昇格し、2部最初のシーズンで1部昇格に近づく慶大ソッカー部への期待が満ちていた。

小雨がちらつく10月27日の第19節は、シーズン四度目の早慶戦だ。

東伏見で行われたリーグ前期の対戦は慶大が4－1で快勝。8月の定期戦「早慶クラシコ」は早大が4－0でやり返し、翌9月の総理大臣杯2回戦も2－1で逆転勝ち。早大の2勝1敗で迎えた第4ラウンドは、早大にとって負けが許されない一戦になった。

早大ベンチ脇には7枚のユニフォームが吊られた。負傷で離脱したメンバーのものだ。シーズンアウトになった伊勢の7番、8月下旬に右足首を傷めたうえに扁桃腺の炎症で入院してから離脱が続く林奏太朗の22番、第15節山学大戦のあとに右足裏のハムストリングを傷めた山市の10番、第16節の日体大戦で伊勢に続いて前十字靱帯断裂を起こした石井玲於奈の19番、夏に腰を痛めた海本慶太朗の21番、左足の肉離れが前節のあとに再び悪化した光田の17番。そこに9番が加えられていた。

FW駒沢が慶大戦に向けた練習中にシュートを放った際、前々節の神大戦で傷めていた左足の内側靱帯を悪化させてメンバーから外れたのだ。完治まで3週間。残されたリーグ戦4試合で、間に合っても最終節という診断だった。17試合出場で13点というエースの離脱はこのうえもない痛恨事だ。兵藤は「力があるチームは1人が抜けてもベースは揺るがない」と、本当の意味でのチーム力が問われる局面がきたと話した。トップには定期戦で先制ゴールを決めた松尾が、総理大臣杯での対戦時に続いて起用された。

立ち上がりから慶大が攻勢をかけ、3分にはMFの角田惠風の左足シュートがポストを叩き、続いて放たれたMF田中雄大のミドルショットをGKヒルが弾く。早大も10分過ぎに本保の右足シュートがポストとバーの角を叩き、19分には石川が左サイドから中央に切れ込むが、DFにブロックされた。

0－0で折り返した後半に先制したのは早大だった。47分に左サイドから送られた縦パスを相手DF2人に挟まれながら受けた松尾が、反転しながら放った左足シュートが決まった。しかし、その15分後に中央右のFKから警戒していたFWの香山達明にニアで頭に合わせられて同点ゴールを許す。勝ち越しを狙いながらも、局面で少しずつ上回られてチャンスがつかめない展開が続いた。

そのなかで中盤のバランスを取りながら、攻守に気を配っていたのが、MF谷村だった。チームの心臓部として、長短のパスを周囲と交換してリズムをつくり出すとともに、守りの穴をいち早く埋めてピンチを未然に防ぎ、機を見て前方に出ては攻めに絡む。谷村峻はチームきっての「バランサー」だ。派手なプレーも目を引くアクションもないが、相手や味方選手の特徴によって、アメーバが形を変えるように役割を変える。開幕から全試合に出場し、第6節の産能大戦からは総理大臣杯の3試合を含めて15試合連続でスターターになった。

本職はボランチだが、FC東京ユースにいた3年間にさまざまなポジションに移された。経験を積んだというよりは自分の軸を失った感覚で、自己推薦でスポーツ科学部に入学してからも高いモチベーションを保てずに1年を過ごした。2年目も競争相手の多さにはね返され、社会人リーグと新人戦が舞台。シーズン終盤の12月、試合中にボールを顔面に受けたことから脳震盪を起こして新人戦初優勝の場にもいられなかった。

潮目が変わったのは翌年のプレシーズンだ。同僚の山市と異なるオフザボールの動きを兵藤に評価されて、島原遠征、韓国遠征と出場機会をつかみ、リーグ戦に入ってからも伊勢や山市の負傷もあって、レギュラーに定着した。

今のところプロへの思いはない。就活も始めた。4年間、悔いなくサッカーをやりきるという覚悟を生んだのは仲間たちとの連帯感だ。

「ユース時代はプロ志向の個人主義で、仲間と一緒に勝ちたいという気持ちになったのは初めてかもしれない。総理大臣杯が終わったあとに、山市と『来年は絶対に日本一になろう』と話しました。感じたのは、1部のチームに勝つには1部にいないとダメということ。そのためには今年2部から上がらなければならない」

争いを好まず会話も得意ではない。が、腹に何かを抱えたままでいるのが嫌なので、言うべきことは言う。

「今の組織は下級生の意見を吸い上げる場が少ない。自分たちが4年生になったら、縦の回路をつくって不満も聞けるようにしたい」

最終学年は部全体のバランサーにもなると決めている。慶大戦の終盤、負けたくないという意志もにじんだ展開のなかで、谷村はバランスを取り続けた。1－1のドローでリーグ首位を相手に最低限の勝ち点1を手にした。兵藤は、

「練習からセットプレーの守りでニアがポイントと思っていたが、学生に徹底できなかった。エースがいなくても力が落ちないのが今のチーム。昨年に比べて熱量はある。駒沢の穴は戻ってきた鈴木と松尾で埋められる」

と話し、残り3試合の3連勝を見通した。

第20節の立正大戦はそのチーム力を問われる展開になった。勝ち点1差で上をいく相手に前半を0－0で折り返すと、前節同様に後半の立ち上がりに先制する。48分、MFの本保が右に展開すると、DFの佐々木が右足で巻き上げるようなクロスを送り、松尾がスライディングしながら右足で合わせて2試合連続ゴールとした。

佐々木が圧巻のオーバーラップを見せたのが、4分後だ。MF柏木からのパスを右サイドで受けた西がボールをキープする間にトップギアでその右を駆け上がり、西からのボールをニアに折り返す。石川と相手の競り合いでこぼれたボールを西が豪快に蹴り込んだ。

2－0とリードしても守備陣にとっては気を緩められないのが、相手の立正大だった。17試合13点で駒沢と得点王を争い、ア式にとっては前年から2年連続でハットトリックを許しているFWの多田圭佑がいるからだ。その多田には絶対にゴールを許さないという気迫で臨んでい

たのがDF増田だった。

前期の立正大戦の後半、増田健昇は相手のロングボールをキープしたところで多田にチャージを受けた。思わず倒れ込んだが笛は鳴らず、そこから2点差に引き離されるゴールを浴びた。何度も映像を見返して瞼に残し、絶対に同じ轍《てつ》は踏まないと誓った。もうボールを待つことはしないで前に出て取りにいく。レフェリー任せをやめる。自分にそう言い聞かせて失った出番を待った。それは思わぬかたちでやってきた。同期の石井玲於奈が日体大戦で前十字靱帯を傷めてリタイアしたのだ。出番がきた。リーグ戦の残り6試合には、リベンジを果たすべき立正大戦も含まれていた。

横浜FCユースからスポーツ推薦で入学。学年に3人という枠で入った以上、同期のなかでは突出した存在であるべきだし、代の中心としての自覚をもつべきという思いできた。

対人やビルドアップには自信がある。2年生の末にキャプテンで新人戦全国大会で優勝。その自信を胸に、プレシーズンから大きな声を出し続けた。その間に、少し前を走っていたはずのポジション争いに同じ3年生の笹木、石井が並んできた。過ちを犯した立正大戦以降、ポジションを失った。寮生、非寮生の別なく会話ができる仲の良い代だ。ライバルの存在は良い意味で刺激にはなるが、「スポ推組」として負けるわけにはいかない。

「玲於奈は不運でしたが、それまで好調で、ある意味、勝っているまま休みに入った。僕が出て失点した、負けたと言われたくない。最後まで連勝しなければなりません」

終盤の82分にPKで1点を許したが、2－1で逃げきった。多田には今度はゴールを許さなかった。城西大の敗戦以降の6試合を5勝1分けとして、「マジック」は2になった。

続く第21節の立大戦の前、兵藤はこう話した。

「守られてリズムを崩した開幕戦を勝ちきれなかったことが、今シーズンのすべての始まりだった。なんとしても崩して勝ちきりたい」


11月10日に埼玉県富士見市で行われた試合の展開は、予想とは違うものになった。開始早々、右サイドを突かれていきなり決定的なピンチを招く。最後にボレーシュートを放ったのは立大のDFだった。続いて右サイドからループシュートを打たれ、GKのヒルがなんとかセーブする。

敗れると3部降格が決まる立大は、気迫を前面に出して陣形をプッシュアップしてきたのだ。そのぶん、スペースが空くはずが、滑りやすいピッチもあって接点で立大の鋭い出足に負けて攻勢に出られない。27分には立大FWの桜井秀斗に決定的なシュートを打たれるが、バーに救われた。前半のチャンスはセットプレーからDF増田、神橋が放ったヘッドの2本で、MF本保が左サイドからフリーで放ったシュートは力なくGKにキャッチされた。

1点でも失うと1部昇格が遠のく試合はピンチの連続だった。後半の立ち上がりは盛り返したが、立大のエネルギーは尽きない。13本のシュートを打たれる展開で、神経を研ぎ澄ませていたのはGKヒルだ。

高校からプロへというルートが近道だと信じていたヒル袈依廉は、ア式での学びを194センチの体一杯に詰め込んでJ1のサンフレッチェ広島にいく。

コロナ禍の2020年に鹿児島城西高からスポーツ推薦で入学して驚いたのは、日常の練習の内容だった。GKコーチがほぼいない平日、4年生から1年生まで集まり、意見を交わしながらメニューに取り組む。体の重心の置き方、スムーズな体重移動の仕方といった、自分で細かく考えてこなかった科学的な解釈がそこに加えられていた。

スポーツ科学部での学びが反映されていることが、ヒル自身が講義を受けるにつれてわかってきた。小学校から続けてきたトレーニングはすべて監督やコーチからの受け身だった。新入生からリーグ戦に起用されて以降の3年間は、そうした学びを実戦で生かすためにあった。

2年目は2部に陥落し、3年生では目標の1部昇格を逃した。最終学年はサンフレッチェ広島のオファーを受けて、プロ内定組としてピッチに出た。

プレシーズンの好調さが、どこかで隙をつくっていた。リーグ第2節の日体大戦で立て続けにミスを犯す。プライドもあって表面は繕ったが、気持ちはどん底まで落ちた。はまっている家庭用ゲームに逃げた。次のリーグ戦の2日前に練習でオーバーとアンダーのキャッチの判断を誤り、右手薬指を脱臼して離脱に追い込まれる。フィールドで足技を磨きながら、復帰までに2カ月近くを費やした。転機は8月中旬の夏合宿だ。寮外で生活する選手とは、普段ピッチ外での会話が少ない。そんな非寮生ともお互いの意見をぶつけ合った。そこで、GKの信頼のあり方について気づくことがあった。

ゲーム中のビッグプレーも大事だが、GKが仲間の信頼を受けてピッチに立つには、練習中に味方選手のプレーを助けたり、ミスを補ったりする細かい積み重ねが必要だったのだ。ビルドアップでも無理にボールをつながず、割りきるところは割りきるという冷静さを取り戻した。国立競技場での早慶戦で復帰し、総理大臣杯と正念場のリーグ戦では心身ともに充実したコンディションで臨んだ。

「最初は回り道のように感じましたが、ア式の4年は近道だった。セーブ、足元、コーチングなどすべてが高い基準にある、特徴が見えないキーパーになりたい」

その先にある海外移籍を目指す。

立大戦の追加時間4分にゴール正面から立大が放った決定的なシュートを、ヒルの右手が弾き出した。その後に試合終了を告げるホイッスルが鳴った。痛恨のドローに終わった早大と、その瞬間に3部降格が決まった立大の双方に沈黙が流れた。

後半は最終戦に向けて温存したいMF光田を送り込み、1年生FWの網代陽勇も投入。残り10分を切ると、後期リーグ初出場となる林を入れて長身の神橋を前線に上げるパワープレーに出た。しかし、肝心の神橋へボールが出ない。木曜日のゲバのあとに準備をしてきたスクランブル戦法は相手の脅威にならず、兵藤は、「一度中盤に当てて落としたところを上げたり、あえてコーナーを狙ってプレッシャーをかけたりする工夫が必要だったかもしれない」と話した。

早大はこのドローで、自動昇格ができる2位以内の可能性が消え、最終節で順大に勝てば昇格プレーオフに進出、引き分け以下なら昇格を逃すという状況になった。前節でMVP的な活躍を見せたDF佐々木が「準備のための1週間に緩みを感じていた」と言えば、MF谷村は

「どこかに『相手は立教だから』という思いがあった」と話した。その横を松葉づえ姿の松尾が通り過ぎていく。開始16分に負傷交代し、残り試合の出場は絶望的になった。リーグ戦最終戦の復帰が微妙とされていた駒沢は言った。

「プレーオフの1試合増えたとポジティブに考えたい。4年間の思いを込めて、来週は何としても出る」

オランダで取り戻した本当の自分らしさ

関カレを戦うア女は10月6日の第17節で東京国際大と引き分け、残り4節を残して優勝の目がなくなった。

例年ならば11月から12月にある皇后杯予選もすでに敗退し、シーズンの残りの目標はリーグ戦を1つでも上の順位で終えることと、年末から年明けにあるインカレで日本一になることに絞られた。監督の後藤史は話した。

「守りについて各チームが蹴ってくるロングボール対策に時間を割き、ビルドアップも含めた上積みの部分を加えられなかった。攻めも生田のプレー時間がなかなか伸びなかったことに加えて、夏以降に築地、宗形がWEリーグに合流する時間が思ったより長かった」

WEリーグの強化指定の対象になった2人について、後藤は内定先のチームと話し合いながらスケジュールを組んでいたが、とくに宗形は大宮アルディージャＶＥＮＴＵＳのチーム事情もあって、リーグ後期はほぼチームに不在となった。夏の間にリーグ戦の中止が続いたことで日程が後ろ倒しになり、９月は宗形不在のまま延期試合を戦った。

８月にノジマステラ神奈川相模原の一員としてＷＥリーグでデビューした築地が、心身ともにコンディションを上げてきたのは９月末だった。築地と宗形を欠いた22日の筑波大戦、築地が復帰して中２日で臨んだ帝京平成大戦の連敗が響いた。

後藤は10月に入ると、「ファイナル」とチーム内で呼ぶ、アタッキングサードでの攻めの構築にトレーニングの時間を割くようになった。攻撃に向かう最後の「３分の１」のエリアで、相手の守りをどう崩すか。映像を使っていい攻めのイメージを共有し、ピッチで表現する。そのためにディフェンス陣からいかにビルドアップをするか。攻撃陣と守備陣が連動した攻めの整備にあらためて手をつけたのだ。

リーグの残り試合を、インカレに向けてつなげていかなければならなかった。築地が復調し、宗形は12月にはインカレに向けて合流する。日本一に向けて選手がどうまとまっていくか。まとまらないのか。チーム力が問われる秋の終わりがきていた。

光明になったのは10月19日にあった関カレ第20節の日大戦だ。

右足首捻挫から回復してスタメンに戻ったＭＦの大山を軸にゲームを支配。少ないタッチでゴールに迫るア女本来の攻めを取り戻した。決勝ゴールは74分だ。中央で右からパスを受けた大山が動き出した生田に左足で縦パス。白井美羽がスルーして受けたボールを、生田がスピードを緩めないまま右足で流し込んだ。

「ノールックだったけど絶対にくると思って動き出した」と生田が言えば、「パスを受ける前から決めていた。（生田は）感じて動き出してくれるので、出しやすい」と大山が返す絶妙なコンビプレーだった。前年は前十字靭帯断裂でともに苦しみ、オフザピッチでも仲が良いペアの持ち味を出したプレーが、前期リーグで苦杯を喫した相手を下すゴールになった。

生田七彩は交代出場が続いた関カレ序盤戦でチームを勝利に導くゴールを重ねたあと、上位との対戦で結果を出せなくなった。エースナンバーの重みはほぼ意識してこなかったし、プレーに変化があったわけでもない。

ただ、序盤戦のゴールは相手DFの裏に出たボールを自分自身の速さで決めたものがほとんどで、それはア女本来のサッカーができていない証だった。ビルドアップから少ないタッチでパスを回して、フィジカルの強い相手をこじ開けていくのがア女の目指すサッカーだ。中盤のバランスを崩したまま、ロングボール頼りになる攻めはいつか壁に当たると誰もが感じていた。

結果が出なくなると、生田の快足に「自分が決めなければ勝てない」という枷《かせ》がはまり始めた。7月の十文字学園大戦ではスピードで抜け出しながらチャンスを決められなかった。責任を感じた。「らしさ」を失っていた。

9月初めから2週間、オランダに渡った。監督の後藤の知り合いがプレーするオランダ女子リーグ2部所属のチームの練習に参加したのだ。対外試合には出られなかったが、紅白戦ではプレーした。驚かされたのは、相手をリスペクトする選手たちの姿勢だった。点を決めると、日本ならば決められた側がネガティブな雰囲気になるところが、「ナナのスピードにはかなわないな」と敵チームの選手が賛辞をくれる。練習は週に多くても4日ほど。サッカーの楽しさを思い出した。オランダはU－16代表の遠征以来で、そのときはグラウンドと宿舎の往復だったが、休みの日には古い町並みをゆっくりと散策し、観光もした。チームの日本人の案内で日本大使館の料理人に会う機会もあった。サッカーだけをやってきた自分には、知らない世界をのぞき見た日々は、リフレッシュできる時間だった。

「向こうの選手はフィジカルが強いし速さもあるけど、予測という点では十分に通用することもわかった。一度海外でサッカーをやりたいというわがままを言わせてもらって、良かった」

9月末に帰国すると、みんなが「チームの雰囲気が良くない」と言い合っていた。でも、生田自身はそう感じなかった。下を向く必要はない、とも思った。そういう気持ちになるのは、自分自身の体の調子が戻り、メンタルでも「らしさ」を取り戻す兆しともいえた。

9月29日の関カレ第17節の国士大戦でシーズンに入って最長の71分までプレーし、1得点1アシスト。東京国際大と引き分けに終わった第18節はベンチに控えたが、翌第19節の神大戦は83分までプレー。71分にスローインを受けて右サイドから強烈なシュートを放ち、白井の決勝ゴールを生み出した。大山のパスを受けて決めた第20節の日大戦のゴールで、シーズン7点目とした。

第21節は、前期で3－3と打ち合って引き分けた首位の東洋大とぶつかった。この試合の前に築地が脛骨の疲労骨折で戦列を離れた。インカレでもあたる可能性があるライバルに対して、いいイメージで終えておきたい一戦だったが、いきなり出鼻をくじかれた。

開始2分にCKの守りでDFのチャージがファウルととられ、PKで先制される。7分後には1年生のDF吉田玲音《れのん》が相手守備ラインの裏に出したパスを止めた東洋大の選手に対して生田が体をぶつけ、ボールを奪取。振り向きざまにゴール右隅に蹴り込んだ。しかし、その直後にワンタッチパスの交換で左サイドを破られて失点。前期に続いてめまぐるしい点の取り合いになった。

後半は懸案のゴール前の攻めでア女が圧倒する。中盤のこぼれ球をことごとくキープし、ボランチの宗形と大山の冷静なパス交換でリズムをつかみ、左右サイドに張った﨑岡由真のキープ力と三宅万尋の速さを活かしてチャンスをつくり出す。54分に左サイドを抜け出した﨑岡のクロスを宗形がヘッドで合わせて同点。その直後のチャンスは﨑岡のシュートがGKに、生田のボレーがバーに阻まれたが、72分にア女らしいゴールで勝ち越しに成功する。

右サイドの三宅のスローインが起点。生田に当てたボールを三宅が宗形に渡すと、宗形がノールックで大山とワンツーをして縦パスを生田へ。生田が足裏で残したボールを宗形がワンタッチで裏に通す。オフザボールの動きで抜け出た千葉梨々花が右足で押し込んだ。千葉が言う。

「練習でもやっているとおりに、みなみさん（宗形）と愛笑（大山）がアイデアでボールを動かしているところにあえて関わらずに、動き出しを狙っている」

4つのワンタッチで崩した鮮やかなゴールで逆転した。

ゲームは守備が崩れて暗転した。終盤にDFの田頭花菜がイエローカードにつながる2回のファウルを犯して退場処分を受ける。2つめのファウルで与えたこの日2本目のPKはGKの石田心菜がセーブしたが、84分にCKからのボールをクリアできずに失点。90分には左サイドでドリブルをしかけられるとディフェンスラインがずるずると後退してしまい、決勝のミドルシュートを浴びる。DFが1枚少なくなったところで陣形が崩れ、ボールホルダーへのチャレンジが中途半端になったところを突かれた失点だった。後藤は、「指示が行き届かなかった私の完全なミス」と言ったが、混乱のなかで全体の守りの陣形を修正するピッチ上のリーダーもいなかった。

本来その役をこなすべき田頭は、試合終了の瞬間にベンチであおむけになって顔を覆った。相手FWとの1対1の局面で激しくいったタックルがファウルにつながり、山学大との最終戦に出場停止になったのだ。前期の対戦でカウンターを浴びて先制ゴールを許して敗戦した相手だ。リベンジの機会はインカレまで持ち越しになった。

それぞれに続く人生という道

1試合、1試合と、10歳で始めたキャリアの終わりが近づく時期だった。田頭はキャプテンとして最終学年を走りきり、サッカー選手は引退する。

もともと1年生で入った頃から、大学卒業後にその上のリーグでプレーするイメージはもっていなかった。十文字高校に在籍していた当時、1学年下の藤野あおばらアンダー世代の代表からなでしこジャパンに駆け上がるような逸材のプレーに間近にふれて、トップクラスの選手のポテンシャルが自分にはないと感じていたからだ。なでしこリーグからＷＥリーグになってプロ化が進んでも、その将来に自分を託す気持ちにはなれなかった。

　スポーツ科学部ではゼミで「スポーツ組織論」を専攻し、チームビルディングの要諦を学んだ。主将として過ごした最終学年の1年間は、その難しさを実感する日々だった。無心にボールを追いかけていた自分はいなくなり、サッカーの楽しさが責任感の重みに入れ替わった。

　主将という立場は、コミュニケーションを取るのが得意ではない自分の殻を破るための挑戦だった。人間的な幅を広げようとチャレンジした日々が、どう生きるのかは、4年生になる前に内定を得た企業での仕事ではかるしかない。「十文字でやりたいというわがままを聞いてくれた両親に親孝行をしたい」という思いで臨んだ就活で、西日本配属の希望を通せる商社に内定した。春には高校入学時から7年間を過ごした東京を離れて大阪に帰る。

「ＰＣを開く時間が決められているのがもどかしい」と、２０２４年3月卒のア女の主務兼マネジャー、菊池朋香は言った。ア式ＯＢのつてもあって入った最大手の広告会社で働く。

　陸上部のマネジャーをしていた早実を出て政経学部に入り、インスタを見てさばさばしていそうだと感じて入部したア女は、女子集団特有のどろどろした感じがないわけではないが、直観は概ね当たっていた。なっていないと感じることは「なってない」と、面と向かって言えた。

　入部時、「日本一のマネジャーになる」とメモに書いた。1つ上の学年に内外向けの事務仕事をする人材がいないため、3年生で主務になった。4年生と3年生の溝を感じ、その間にはさまれて窒息しそうだった。6月に広告業界に興味をもってOB・OG訪問を続けたが、プライベートでの失恋も重なり、最終学年に進む前の3月、朝起きて立ち上がれなくなった。

新チームの立ち上げの時期にチームを離れて、通院した。新年度になって戻ると、人にパスを送ることができる自分がいた。「あんたは120パーセントでぶつかった痛みで人に愛されるのだから、自分を変えちゃだめだよ」という監督の後藤の言葉でさらに気が楽になった。渉外、経理などのすべての仕事が降りかかり、天候の急変まで自分のせいにしていた1年前に比べて前向きな自分がいた。

集大成のインカレでは、学年間に溝があった前年と違い、下級生たちの目に4年生のために、という光があった。優勝は逃したが、報われた気持ちにもなった。

広告会社を選んだのは、将来はサッカー事業に関わりたいと思ったからだ。テレビのスポットを担当していて、CFが流れない放送事故でごたついたが、追い込まれたときのほうが自分を出せる。それは大学4年間で得た気づきでもある。

現4年生の主務兼マネジャーの大庭愛叶《あいか》は菊池と同じ広告業界のライバル社に入る。スポーツ事業の部門の長はア式OBだ。小中は実際にサッカーにいそしみ、男子サッカー部マネジャーだった桐蔭学園高校を経て、指定校推薦で人間科学部に進んでア女に入部する。先輩から仕事を学びつつも、小学生時代に自らがプレーしたときの実感を生かした。

給水は、選手ごとのマイボトルを用意する。築地育と木南花菜は1年を通して氷で冷やした水を、胃腸の弱い栗田彩令、小林舞美、淀川知華は氷なしと選手ごとに準備する。選手たちの心身ともの状態を推し量りながら声がけもした。話を聞いてもらいたいのだなと思えば、自分の下車駅が過ぎてもつきあった。選手に余計な心配をさせたくないと、感情の起伏を抑えてきたが、夏合宿で同期が本音を言い合った場では、自分の時間を削ってまでがんばってきたのは何のためなのかを吐露した。

「最後に勝つこと。それでしか学生スタッフは報われない。押しつけになるから、最後まで口にはしないと決めていたのに、その立場での思いを伝えました。そこで心から感謝しているというみんなの気持ちを聞いて、すっと心が開いた気がしました」

MF白井美羽は自動車メーカーに入社する。現在は東京ヴェルディでプレーする弟、白井亮丞《りょうすけ》の影響でサッカーを始め、日テレ・東京ヴェルディベレーザの末妹にあたるセリアスにいた頃からベレーザでのプレーを夢見ていたが、大学3年生の時点での自分の力を冷静に見つめて就活を始めた。

1年先輩の菊池を頼り、長文のラインを送ってアドバイスを仰ぎ、模擬面接の相手をしてもらった。最初の志望は食品会社だったが、菊池の勧めもあって自動車メーカーの1社に興味が湧いた。夢を熱く追い求める社風に、ア女と同じ香りをかいだからだ。楽しくやるのがサッカーという気持ちを芯に保ちつつ、自分の変化に気づいたのは就活を始めた頃。同期の築地のともすれば周囲を萎縮させるような物言いを指摘した。

「納得していないことははっきりと口に出す自分を発見しました。本当はうやむやにしているのが嫌だったのだな、と」

テクニックはあるが、対人に弱いというのが自他ともに認める自分だった。何よりボール回しが好きで、何ならそれがサッカーとも思ってきた。テンションを上げるための音楽を聴くと過緊張になるので聴かない。前年のインカレ初戦で緊張のあまり力を出せず、次戦の前に後藤に控えを告げられると、スタジアムの監督室で号泣した。それから1年、プロをあきらめたからこそ、サッカー人生の最後をどんな立場でも悔いなく終わりたいと強く思った。それはチームのために戦おうとしている、自分自身であまり知らなかった自分だった。

田頭以下4年生10人のうち、一般企業に内定したのは5人。大学院進学が1人、休学による卒業延長が1人。3人がプロ志望で、うち2人が内定した。

築地育が、WEリーグのノジマステラ神奈川相模原からオファー前提の練習参加の誘いを受けたのは3月だった。ちょうど大学選抜で自分らしいプレーができずに自信を失いかけていた時期だったので、プロの評価を受けたことが救いになった。が、目標のプロから声がかかって浮わついたわけではない。まずは練習に参加してチームの雰囲気を知り、監督や強化担当が自分のどこを評価して、何を求めているかを知ることだと冷静だった。

「みんな目標の舞台でサッカーができていいね、と思うかもしれません。でも、大学とプロは違う。チームも会社ですから、求められる仕事を覚えて、成果を出すために自分が何ができるのか、何をするべきなのかを考えなければならないと思っています」

練習に参加して、監督ともチームのフロントとも話した。自分に対する評価の度合いを知ることができ、家族とも相談して6月に契約を決めた。8月に強化指定選手としてWEリーグに出た。スタジアムの盛り上がりにテンションが上がった。プレー面でも通用する感触があった。次のステップは自分の理想や考えと、求められることのギャップを埋めていく作業だと思った。

クラブとア女の往復が始まった時期、ア女の練習に向かうときに抱く、居場所に帰るような感覚をもっている自分に驚いた。

「同期とわかり合えたこともあって、築地育をつくってくれたのはここでの4年間なんだとあらためて感じました」

石田心菜は「古巣」のセレッソ大阪ヤンマーレディースに内定した。

生まれ育ち、震災も経験した熊本から大阪学芸高校に留学して、2年生の1年間はセレッソ大阪でなでしこリーグにも出た。アンダー世代の代表にも選ばれ、スポーツ推薦で早大に進んだ。2年目に腰痛を抱えたまま試合に出続けてヘルニアを発症し、長いリハビリに入った。

将来に対する自信を失ってプロをあきらめかけたが、復帰した3年生でポジションをつかんでゴールマウスに立ち続け、最後のインカレで準優勝して自信を取り戻した。

4年生になり、守備範囲を広くしようと積極的なチャレンジをするだけでなく、守備陣に任せるところは任せるというバランスを意識した。ビルドアップの使い分けも必要だと、クリアすべきところは大きく蹴るようにもなった。

同時に、コミュニケーションを取るのが得意ではない自分の内面にも変化があった。進路にしても何にしても直観で動いてきた自分が、個性の集まりのなかでより考えて行動するようになった。シーズン半ばで思い悩む築地に、「少し休むことも大事だよ」とアドバイスした。自分が半年以上、負傷で悩んだ経験からだ。プロでは細身で筋肉もつきにくい自分の体との闘いにもなる。3年生のときに意識して体重を3キロ増やしたところ、自分の体ではないようにプレーが重くなった。

「重くならないような筋力のつけ方を教わって、どんな局面でもチームを勝たせるためにプレーできるキーパーになりたい」

そのうえで、ア女で学んだコミュニケーション術は無駄にはならない。

同期の石田とともに4年間、GKを務めてきた丸山翔子は、最終学年になってWEリーグへの挑戦を決めた。関カレのレギュラークラスではないGKがWEリーグに入る例はないが、後藤からトライする能力はあると言われ、9月にWEリーグチームの練習に参加した。

父親が早大職員だったことで逆に国立大を志望したが、スフィーダ世田谷FCユースで全国8強という競技歴を生かせる制度を知り、国立より先に合格したスポーツ科学部に進学。ア女の練習に参加しようとグラウンドに行くと大歓迎された。GKはつねに人数不足だからだ。3年生の近澤澪菜《れな》とマンツーマンの練習が1週間続いた。

はなからスポーツ推薦の石田をライバル視するつもりもなく、ゴール裏で石田のセーブに「すごーい」と手を叩いた。2年生で石田が負傷してサブに入ったが、3年生になって「サッカーは大学まで」と決めると意欲が下がり、続けてきた自主練にも身が入らない。後輩の田村亜沙美に追い抜かれそうになった。監督との面接で、後藤から「競争が好きじゃなくていいから、自分らしくやってみたら」と言われ、心が軽くなった。

最終学年で初めて石田を超えようと思えた。スタメン出場が告げられた試合がことごとく雷雨で流れ、関カレの出場が1試合にとどまったことが卒業後へのモチベーションにつながる。173センチと石田より長身でキック力があり、セービングも手堅い。

「ゼミで勉強した睡眠とパフォーマンスについて大学院で研究する道もあるのですが、絶対に入ると思われるシュートを止めた瞬間のアドレナリンを思うと、キーパー以外の自分は考えられないんです」

3年生の宗形みなみにとっては良い意味で誤算の秋だった。1日でも早くプロの舞台でと希望して夏に合流した大宮アルディージャVENTUSの公式戦で、思った以上に出番が続き、戦力として数えられるようになったのだ。10代から年代別の日本代表に入ったタレントで、仙台市の小学校のクラブとかけもちでやっていたフットサルが原点。左右両足の多彩なキックと足裏も使った細かい技でチャンスをつくり出す。

小学生時代から運動神経に優れ、トップアスリートプログラムでボクシング、フェンシングにトライアスロンまで経験した。が、ほかには見向きもせず、続けたのは男子を打ち負かす快感があるサッカーで、中学からはベガルタ仙台レディース（現・マイナビ仙台レディース）に進む。高校を出てそのままトップチームにというつもりでいたが、時はコロナ禍。トップのキャンプが中止になって、昇格が保留になったところに早大からスポーツ推薦の話が舞い込んだ。

大学進学を強く望む両親の意向もあって入学し、ア女に入った。2年生でポジションを得て、肩の脱臼という負傷も経験したが、古巣のマイナビ仙台レディースや日テレ・東京ヴェルディベレーザなどの練習に参加してプロ志向をアピールした。

大宮アルディージャの強化指定選手になり、8月に2試合のリーグ戦でプレー。声出しの内容やトーンを学んだ。プロは受けとる側の気持ちなど考えずに伝え合う。それが仕事だから、遠慮会釈もなく、少々口調がきつくてもあとくされはない。

ではア女はどうだろう。相手を尊重して口をつぐむことは正解なのか。強度の強さや切り替えの速さ以上に感じたのはその点だった。

大宮から帰って参加した夏合宿。ストレスを感じている1、2年生にヒアリングして、4年生に疑問を呈した。日本一を目指すのはわかるが、具体的な道筋は何なのか。

4年生の回答から、挑戦者の気持ちで臨むという決意が返ってきた。部室にもその誓いが貼られた。新学年ではキャプテンが期待される。プロと並行してプレーし、あらゆる意味で相手にとって怖い選手になる最終学年を送り、プロ入り2年後にはスペインでプレーしているのが将来像だ。

2年生の新井みゆきの志向は、今からはっきりとプロだ。浦和レッズレディースのユースでは嵜岡由真と同期。何でも器用にこなす性格で、プレーもポジションも幅広い嵜岡と違い、黙々と一途にプレーするサイドの専門家と自任する。ユース時代のほとんどを右サイドバックかサイドMFでプレーしてきた。中学時代に身長があまり伸びず、小柄な部類に入った。フィジカルで負けないためにはどうするか。自然と身につけたのは、重心を低くして相手に対峙することだった。

高校2年生から4バックのサイドバックをやることが多くなったときにも、映像でサイドバックの動き方を徹底的に研究して臨んだ。激しい上下動を繰り返す過酷なポジションだが、そこを極めてやろうと決めた。同じく小柄な右サイドバックだった後藤から、体の使い方や攻め上がるタイミングなどについてアドバイスを受けた。

1年生の春、チーム事情によって﨑岡とともに2トップでスタメン出場した。緊張はまったくしていなかったが、ポジションが違うと、こんなに見える角度が違うのかと感心した。2年目は右MFでスタートし、負傷に続いて薬で体調を崩してベンチ外が続いた。早慶戦でコンディションを取り戻して積極的にプレー。ポストに当たるシュートも放った。

9月には再び負傷して戦列を離れたが、目標はインカレでの日本一。﨑岡と一緒に中学時代に経験した全国優勝の景色をもう一度見たい。その先に、WEリーグへの道がある。

8月に開幕した3年目のWEリーグ10チームに登録されたア女出身選手は14人で、特別指定の築地と宗形を除くと12人いる。2017年卒でインカレ3連覇世代のDFの奥川千沙、FWの高橋雛《ひな》（2022年卒）、MF村上真帆（2020年卒）の3人がプレーするのがAC長野パルセイロ・レディース。新人MFの笠原綺乃《あやの》ほか、MF松本茉奈加《まなか》（2021年卒）、FWの吉野真央（2022年卒）の3人がサンフレッチェ広島レジーナ。新人MFの三谷和華奈と同じくMFの山本摩也（2015年卒）の2人がINAC神戸レオネッサに所属する。

2023年卒のFW廣澤真穂はマイナビ仙台レディース、2022年卒のブラフ・シャーンはアルビレックス新潟レディースでプレー。奥川とともにインカレ3連覇に貢献したDFの三浦紗津紀（2018年卒）は今シーズン前にアルビレックス新潟レディースから日テレ・東京ヴェルディベレーザに移籍した。

2024年3月に卒業して三菱重工浦和レッズレディースに入ったDFの後藤若葉は、キャリアでほぼ経験のない右サイドバックで新しい挑戦をしていた。

「相手と向き合うことが多いセンターバックとは守り方が違うし、攻撃も求められる。そこで自分の能力をどうやって生かせるかを自分で考えつつ、選手としての成長が問われるときだと考えています」

日テレ・東京ヴェルディベレーザの下部メニーナで育ち、ベレーザ昇格をあえて選ばず早大に進学。ア女では総合力に優れたセンターバックとして、負傷した3年目を除いて安定したプレーを見せた。2年生でインカレに優勝して最優秀選手になった。

4年生になる前、キャプテンに志願すると三谷も手を上げた。学生スタッフを含め同期10人は、1年目から多数決をせずに徹底的に話し合うことを好んだ。三谷ともじっくりと話した結果で後藤がキャプテンになったが、話し合いが長引くのは裏を返せば本音で話せていない証でもある。4年生で決める年ごとのスローガンは当初、「日本一」を掲げるものが有力だったが、後藤は内心、違うのではないかと思っていた。

1つ上の代が関カレ、関東リーグ、インカレの3冠に加えて皇后杯で8強入りするという具体的な目標を掲げながら、最初の皇后杯でつまずいて立て直しに苦しんだ経験があったからだ。「ア女としてのあり方を込めよう」と提案して「誇動」とした。考えをうやむやにせずに言えた感触があった。

廣澤ら攻撃陣の主力が卒業して、1年生が起用されたシーズン前半は苦しんだ。苦境にこそまとまろうと同期で頻繁に話し合った。終盤の逆転で勝った関カレの東京国際大戦を潮目に自信を取り戻して、関カレは2位。インカレも最後は山学大に延長で屈したが、準優勝した。

「悔しさはありましたが、やりきった思いもあった。前半で苦しんでもがいたからこそ、下の代がついてきてくれたのだと思います」

浦和レッズレディース入りは、3チームに誘われたなかからの選択。日テレ・東京ヴェルディベレーザには、「まだ違う環境で成長を続けたい」と告げ、同じポジションに代表選手がいる厳しい環境に飛び込んだ。

プレー前の準備のスピードに慣れるところから始めて1年目はリーグ戦7試合に出場し、空中戦で肩を脱臼して戦列を離れた。2年目はチーム事情から右サイドバックでのプレーも続くが、ア女で身につけた自分に向き合う気持ちを支えにピッチに立つ。

4年間、学業との両立をこなして、文武両方での成績優秀者に大学スポーツ協会から贈られる表彰も受けた。大学出身者として4年で得た成長をキャリアに生かしたいという思いは強い。4年生で、アジア大会の日本代表に大学生から1人だけ選ばれて優勝に貢献した。

「なでしこジャパン」の愛称がついた2004年以降、ア女出身の日本女子代表経験者は、F

Wの大滝麻未（2012年卒）、DF／MFの高木ひかり（2016年卒）、DFの松原有沙（2018年卒）の3人だ。

「なでしこジャパンは目標ですが、まずは浦和レッズレディースの代表選手という身近な目標がいる。魅力のあるWEリーグを実現するためにも、つねに全力を出して戦う自分の持ち味を出しつつ、チームのために何ができるかを考えていきたい」

サッカーでも社会でも健全にもがく

ア式蹴球部の部長で、大学に44ある運動部を統括する競技スポーツセンター長でもある石井昌幸には、男女部員の進路について一つの理想とする割合がある。

トップクラスのプロになるのが2割、指導者やバックヤードでサッカー界に関わるのが1割、そのほかはフルタイムのサッカーからは離れて普通の人生を送る就職組ということになる。

「仕事でも家庭でも豊かな人生を送るための土台をア式でつくり、それを世の中が豊かになることにつなげてほしい」

島根県の松江南高校から教育学部に進み、ア式に入部した。4年生が城福浩らの代。国士大ら他大学が積極的に有望新人を獲得し始め、ア式が停滞期に入った時期にあたる。

同期で日本リーグに進んだのは、一般採用で全日空に入った濱田秀樹だけで、前後の代にはピッチ以外で成功した部員が多い。

1学年上で浦和レッズ社長になった田口誠はサッカー界出身だが、石井と寮で同室だった古屋武範はフィットネス業界で名を成し、河合豪はキリンを退職後にアイリッシュパブチェーンを立ち上げた。一つ下の主将の三橋透は三和銀行を出て起業し、飲食関係のコンサルタントになった。藤枝東高出身の田中章元は郷里に帰り、本場のサッカー界を取りまとめる。

石井自身は大学院からスポーツ科学部の教員になり、現在は教授の任にある。

「お前が先生になれるのなら、俺もなればよかったと言われますが、みんな多士済々。現役の頃は、社会で成功するのは政経とか法学部の卒業生で、僕らはその他大勢の組織構成員だなと話していましたが、突きつめると普遍性が出てきて、普遍があれば応用につながる。一事をがむしゃらにやった経験は必ず役に立つということでしょうか」

長い歴史があるア式には、サッカー界だけでなく人脈が蜘蛛の糸のように広がる。それを活用しない手はないというのが石井の考えだ。実際に男女の部員を連れてOB訪問の付き添いをすることもある。秋にはア女の3年生を連れて同期の濱田の元を訪ねた。

「男子のほうにはある程度OB組織を活用する習慣がありますが、歴史が浅い女子はこれから。スポーツ科学部の学生が圧倒的に多いですが、WEリーグがダメならば海外という発想はときに危うい。相談に乗りながら、男子のネットワークを使うのも有効だという意識づけをしていきたい」

石井と同期の濱田秀樹は、「社会人としては新人のような立場だった30歳から30年間、仕事をがんばれたのはなぜか」とよく訊かれる。

ア式を含めてサッカーから無意識に得てきたものは多いという実感はあったが、「健全にもがいてきたから」と、その理由をはっきりと言語化できたのは、最近のことだ。感情的になったり、相手をやみくもに批判したりという不健全さは、スポーツの世界と同様、会社でも通用しない。役員になり、新人研修などでは、そんな話をすることも増えた。

鹿児島県の進学校、鶴丸高校から1浪して教育学部に進んだ。高校時代は国体選抜で活躍。サッカーの名門・鹿児島実業高らのチームメートは関東の強豪大にスカウトされていった。浪人生活の引け目もあって、卒業後は上京する。早稲田のイメージは、ア式で西野朗の同期だった高校時代のサッカー部顧問、五領壮太先生が着ていた臙脂に「W」のシャツ。大塚の予備校に通い、合格した。

2年生で試合に出始めて、4年生でキャプテンになると、1学年上と同様、初の2部リーグ落ちの不安がOBたちの間でささやかれた。夏の総理大臣杯は決勝に進出したが、のちに日本代表で活躍する勝矢寿延《としのぶ》らがいた大阪商業大学（大商大）に力負けする。1年生の大榎克己、池田直人、矢野眞光のユース代表トリオがメンバー入りしていたが、大商大のフィジカルに圧倒された。

秋のリーグ戦は、2部落ちはできないという重圧がいよいよ強まった。スピードが武器で古河電工入りが内定していたFWの辻成之（浦和高校）を5月に不慮の交通事故で失っていたこともあり、スタメンは4年生で1人だけ。重圧に耐えきれずに仲間にきつく当たり、口調も攻撃的になる。

同期は浪人入学が半数近く。試合には出られなくても練習には一生懸命で、熱い気持ちをもった仲間たちだったが、ベンチ入りするかどうかというレベルにある同期の心中を慮ることなく、控えチームの指導係を任命して反感を買った。仲間の心情を鑑みて寄り添うなどという考えには及ばなかった。リーグの最終戦で残留を決めたときの安堵は今でもありありと浮かぶ。重圧から解放されてはっきりとわかったのは、伝統というものの重みだった。

先輩が進んでいて新風のイメージがある全日空に入社した。プロを目指して力を入れるという説明にも惹かれた。選手たちは午前中は各職場で仕事をし、そのあと借り受けたグラウンドでトレーニングを重ねた。

横浜市の菅田《すげた》には会社の福利厚生の施設があったが、独占はできない。グラウンドは土だった。Jリーグの声を聞くようになった20代終盤になると、午前午後練習も増え、業務の都合をつけて参加した。

日本リーグでは切れのあるアタッカーとして62試合で11ゴールをマークしたが、1992年、加茂周監督から戦力外通告を受けて、会社に本格的に復帰した。しかし、Jリーグの煌《きら》めきがまぶしい。元チームメートには反町康治らプロの門を叩いた選手もいる。周囲には止められたが、思わず課長に「やめます」と言っていた。だがすぐに異動の辞令が出て、道を封じられた。

東京支店勤務だった1998年には、当時、横浜フリューゲルスの業務を手掛ける全日空スポーツの社長が仲人だった縁で転籍を願い出たところに、マリノスとの合併話が持ち上がって扉は閉まった。36歳で、いよいよ腹をくくった。

本社勤務はその後もなく、空港・営業部門で汗を流した。45歳で東京支店の法人営業部でセールスマネジャーになり、50代前半は宮古、鹿児島の支店長を歴任し、55歳の直前になった秘書課長で本社勤務となり、役員にも昇格した。

会社員生活30年の基盤になったのは、立て続けに突きつけられる課題への解決をめげずにやり続ける、スポーツに欠かせない持続的な意思だ。会社組織の長になってキャプテンのときの重圧と管理の要諦を重ね合わせもし、健全ではなかった時期の自分を、ちくりとした痛みとともに思い出してきた。

今でも年に数回、同期と集まる。4－0で勝った2024年の早慶戦はスタンドで観戦し、のちに同僚になる反町康治を擁する慶大としのぎを削ったア式時代の自分を思い浮かべた。仲間とひさびさの美酒に酔った。


2025年3月に卒業するア式の4年生は、学生スタッフを入れて26人いる。卒業後の行き先はJリーグ内定がヒル、駒沢、神橋の3人。JFLのHonda FCをもつ本田技研工業に入社する東のほか、一般企業の内定組が14人で、金融関係に7人、コンサルティング会社に3人、保険会社に2人、商社に1人、食品会社に1人という内訳だ。公務員が1人。大学院進学が3人。そのほか5人は就職浪人を含め進路未定だ。

北村公平は、4年生の6月に内定したメガバンクに入行する。就職活動では金融と商社を回り、メガバンクに決めた。

「最初は業種にこだわりはありませんでしたが、銀行ならば経済を学べて、その後に生きるはずだと」

神奈川県の桐光学園高校からア式に入部してゴールマウスに立つと同時に、ピッチ外では3年生で副務、4年生で主務になった。1年生からア式創立100周年のプロジェクトの担当で、尽力したのは早慶定期戦「早慶クラシコ」の国立競技場での開催事業だ。上級生が「早慶戦を国立競技場に戻したい」という思いを実現できずに卒業していくのを、目の当たりにしてきた。100年目には必ず実現しようと、おもにOBの早慶戦担当委員との折衝にあたった。

中学時代は横浜F・マリノスのジュニアユースでプレー。ユースに昇格できずに桐光学園に進み、早々に手にしたポジションを卒業まで守った。1年生で高校総体に準優勝、翌年には優勝。競技歴は十分で、自己推薦枠での受験も可能だったが、本部キャンパスに通いたいという思いから、入学時から積み上げてきた学業成績を元に指定校推薦で文化構想学部に合格した。

ア式のピッチでは3年生まで控えに甘んじてきたぶん、早慶戦に向けた思いは強くなる。オリンピック東京大会に向けた改修決定以降、味の素フィールド西が丘などで開催してきた試合を国立競技場に戻すリスクをOBから指摘され、マネジャー全員と集客や資金計画を練った。クラウドファンディングで両校OBと関係者の関心を喚起し、資金集めを進める計画を立てた。組んだ予算は収支ぎりぎりだったが、2月に開催決定にこぎつけた。

ピッチ上でのチャンスが巡ってきたのは、リーグ第3節の慶大戦だ。リーグ戦未勝利のまま

1部に昇格してきた慶大を東伏見に迎える注目の1戦。苦境を変えられるのは自分だという意欲で臨んだが、開始直後に相手GKのロブで頭を越される失点を喫した。熱い思いをもちながら沈着にプレーすることの難しさを痛感した。

仲間に顔向けできないという思いが募り、数日間は放心状態だった。続いての出番は6月末の「アミノバイタル」カップ9－10位決定戦の流経大戦。1－2で敗れたものの、慶大戦で見失ったパフォーマンスを取り戻し、ポジショニングを工夫してピッチを俯瞰する感覚で守れた。「コーチや仲間の励ましで前を向くことができた。卒業後、サッカーは第一線でやらなくても、人生のどこかで『あの体験があったから』と言える日がくる、と思っています」

8月の早慶戦開催から数カ月で収支が固まった。支出は2049万円。内訳は1000円未満四捨五入で競技場使用代520万円、協会納付金86万円、プログラム等印刷費168万円、制作費98万円、チケット等手数料122万円、広報費28万円、警備費281万円、ビジョン操作費355万円、その他当日運営費187万、雑費149万円、企画費56万円だった。対して収入は2980万円。内訳はチケット収入1329万円、クラウドファンディング835万円、プログラム広告費312万円、協賛金等335万円、グッズ収益等166万円。当初の見込みを超えて大幅に黒字化した。

早慶戦など学生が立てた企画をサポートする機能ももつWMWクラブの現会長で1982年卒の杉澤直樹は、卒業後に企業人として成功した1人だ。大手損保の東京海上日動火災保険で役員まで上った。

早稲田でサッカーをやりたいという希望は学芸大附属に通う小中学生の頃からで、確実に大学に上がれる早大学院に入学した。都大会は16強止まり。内部進学先は理工学部が第一志望だったが、実験が多く部活動には向かない。同じ数字を扱う商学部に進んでア式に入った。

同期にヤマハ入りして日本リーグでプレーするFWの志田文則。キャプテンは加藤久。1年先輩の原博実の側で守備ラインの裏に抜ける俊足アタッカーとして、おもに交代でプレーした。

監督は2年生から宮本征勝で、練習とともに上下関係の厳しさもある頃。

「グラウンドを整地してもボールがイレギュラーすると準備が悪いと言われて罰走。当時は憎みもしましたが、社会に出てからの不合理に耐える力はつきました」

4年生の春に膝を傷めて、1年をほぼ棒に振った。新人監督など幹部の仕事を任されて、部の管理に時間を割いた。スピードを見込まれて日本リーグからも声がかかったが、会社員選手の不安定さを先輩から聞くにつれて一般企業に気持ちが傾く。

就活の解禁日だった10月1日には、スーツを着込んで会社訪問をして東京海上火災（当時）に入った。休日にボールを蹴る会社員生活を送る覚悟だったが、サッカーとの縁はつながり、入社10年目に赴任した山形で地元開催の国体に監督兼選手として出場。それを機に県のサッカー界に関わり、モンテディオ山形の前身にあたるＮＥＣ山形のコーチ、続いて監督を任された。

チームは現在のＪ２にあたるＪＦＬに昇格して1年目。社のボランティア休業制度を活用して指揮を執った。

「地域貢献という言葉はまだない頃でしたが、職場では『いい経験をして必ず帰ってこいよ』と励ましの声も多かった。退職金は1年分減りましたけど」

復職して名古屋に赴任。働き盛りに休んだぶんを取り戻そうと法人営業畑を邁進する。重工や自工などの三菱グループ、日本碍子などを顧客に実績を上げた。経営企画部次長、執行役員情報産業営業本部長などを経て、中・四国営業本部長として常務執行役員にまでなった。

ア式での4年間、加藤ら尊敬できる上級生の背中から、上に立つ者の振る舞いを学び、宮本の下では幹部として60人からの部員を管理する主体性を身につけた。甘さを指摘されるたびに向上心が芽生えた日々は、その後の肥やしになった。

WMW会長としては人事、財務、事業といった各委員会を統べる。10年前には100周年を見据えて部のミッションをつくった。あらためて「WASEDA the 1st」を掲げ、「競技力」「学生力」「人間力」の3つを上げようと呼びかけた。

「会費もかつては払わない会員は除名という仕組みがありましたが、時代も変わって柔軟にしていかなければいけないので、取りやめました。個人情報の時代に名簿の管理が課題になってきていて、平成以降の会員の納付率が低い。時代の変化なのでしょうが」

役員退任後は先輩の松本育夫から引きついだ日本サッカー後援会の仕事をしながら、加藤久とともに立ち上げた「早稲田カップ」の存続に向けて考えを巡らせる。

アルバイトから企業トップというルートを踏んだのは、早大学院で杉澤の後輩にあたる19

９１年卒の辻井隆行だ。現在はサステナビリティ領域を担当するJリーグの執行役員で、１７９センチの長身に日焼けした顔。夏はサーフィンにカヤック、冬はスノーボードと自ら自然の中に身を置いて地球温暖化現象を肌で感じながら、スポーツ界全体の喫緊の課題に取り組む。

　東京の下町に生まれ育ち、運動神経は良かったが病気がちだった。その影響もあって学院の２年生になってサッカーを始めた。大学の教育学部に上がってア式に入部し、４年生以下７人のGK陣の中で揉まれた。運動能力は高いが、実戦経験では劣る。卒業までに出場した公式戦は２試合で、３年目のリーグ戦ではベンチに控えたものの、出番はこなかった。

　４年間の財産は「新特」に耐えたこと。そして同期の青貴裁、後輩の大倉智らの知己だ。卒業後はサッカーをやり残した思いから、先輩の紹介で当時サッカー部の強化を進めていたデンソーに入社。福利厚生の部門で働きながらJFLを目指すチームでゴールマウスに立った。２年間で力の限界を感じて退社し、父親の勧めで早大大学院に進学。近代合理主義を学び、10代から抱えてきた現代社会の定数的な価値観への疑問が氷解する。

「正しさは時代のパラダイムによって変わるという教えに、自分の感覚がおかしいわけではないんだ、と気づけた。好きな自然の近くで生きようと思えました」

　環境問題に関心の高いパタゴニア社の渋谷店でアルバイトをしながら、カナダの無人島に渡ったり、スキー場の救急隊で働いたりしているうちに正社員に誘われて日本法人に入社。本社発の企業哲学を伝えるプログラムをつくる部門から営業に移り、営業部長を５年務めたところで社員２８０人の日本法人社長を打診される。売上も伸ばしたが、定数的な成果にとらわれることなく、社員が生きがいをもって働くためのビジョンを立てた。10年が経って組織が700人にふくらみ、自分の声がダイレクトに届かなくなったところで、コロナ禍の直前に退任。サーフィンとスノーボードをしながら充電をしようと考えた。

そこに同期の曺のつながりから、新チェアマンで船出するJリーグから声がかかり、非常勤理事に就任。Jリーグが進めてきた「シャレン！」と呼ばれるおもに教育、福祉の問題に、地域のステークホルダーとともに取り組む社会連携を中心にサポートする役割のはずが、翌年には社内の機構改革で執行役員になった。

Jリーグの公式戦は、2017年以前とそれ以降を比べると、荒天による試合中止が約5倍になった。温暖化対策に手を打たなければ気温は4、5度上がっていく。子どもたちが健全にスポーツに打ち込めない時代になりかねない。そんな危機感を込めて、サステナビリティ部を立ち上げ、特任理事の小野伸二らと「サッカーができなくなる日?!」という映像をつくった。「Jリーグ×小野伸二スマイルフットボールツアー」では、父兄に実情を訴える。

「全国に60クラブが広がるチームは有効な回路。発信をするだけでなく各クラブがカーボンニュートラルなどのアクションを起こし、地域と取り組む活動と連携していきたい」

「シャレン」で始めた芝生づくりを事業化したJ2のガイナーレ鳥取は、広大な耕作放棄地を使い、芝生作りと太陽光発電を組み合わせた取り組みを始めた。辻井がロールモデルの1つとして他クラブにも広げようとしているこのプロジェクトの旗を振るのは、ア式の2学年下にいたガイナーレ鳥取社長の塚野真樹だ。

辻井が取り組むプロジェクトは現在、意識共有のフェイズだが、２０２５年にはアクションの段階に移る。その頃、Ｊリーグは「秋春制」へのシーズン移行という大きな局面を迎える。

真夏にシーズンの佳境を迎える選手たちのパフォーマンスが著しく低下することは、データが証明している。温暖化防止を関係者全体が意識することは、Ｊリーグにとっての商品である試合の質を上げる作業と地続きだ。

出身Ｊリーガーたちのそれぞれの実り

シーズン移行まで2年となった２０２４年のＪリーグは、快走を続けてきたサンフレッチェ広島が夏以降に息切れし、ヴィッセル神戸が初連覇を果たした。

シーズンのトピックは、２部から昇格していきなり優勝争いに絡んだＦＣ町田ゼルビアの躍進だろう。そのスタートダッシュとなった開幕戦で、チームのＪ１初得点を決めたのが、ア式２０１８年卒の鈴木準弥だ。

清水エスパルスのユース時代、大榎克己に指導を受けたことから、スポーツ推薦で入学した。2年目にリーグ優勝した翌年に2部降格、最終学年で1部復帰を果たすという起伏のある4年間で、子どもが大人になれたというのが鈴木の実感だ。

「1年で入ったときの4年生を見て、やんちゃな俺らは『あんな大人になれるのだろうか』と真剣に思っていました」

監督の古賀聡は人間的な成長と自立を重視した。鈴木の代はJユース出身の選手が多いこともあり、平然と上級生に歯向かっていく。「サッカーがうまければ、いいでしょ」と言わんばかりの態度に、学生主体の運営を促していた古賀自身がたまらず乗り出してきて、何度となく罰走を命じられた。

1年生で学年リーダーだった鈴木は、4年目にキャプテンになった。前年に鈴木の代が主力で出ながら2部に降格した責任感もあり、最終学年はプロを目指す自分と、フォアザチーム意識の間で苦しんだ。プレッシャーが重く、どれだけ食べても体重が増えない。ストレスからかジョギングをするだけで息が上がり、足がつってしまう。2年生のときから、2年後のユニバーシアード大会に向けて編まれた大学選抜に入っていることが支えだった。

キャプテンとして部全体を同じ方向にまとめる難しさも強く感じたが、幹部の4年生に全体への目配りを一任して、1部昇格を果たしてプロになるという目標に集中した。

武器であるキックにこだわり、質を高めた。リーグは最後の数試合で一枚岩になる実感を得て、最終節で昇格を果たした。ただ、鈴木の前にプロへの道は開けていない。ユニバーシアード代表の同僚である三笘薫、守田英正、旗手《はたて》玲央らは早々にプロに内定していた。焦りを抑えられず単身ドイツに渡り、3部リーグのVfRアーレンと契約したが、言葉の壁にはね返されて半年で帰国した。藤枝市にあるサッカースクールの仕事をもらったものの、半ばフリーターのような生活になった。

藤枝MYFCでJ3のピッチに立ったのを振り出しに、同じJ3のブラウブリッツ秋田に移り、リーグ優勝しJ2に昇格。頼りはキックという自分の武器と、与えられた場で全力を尽くすという意識。一戦一戦に集中した。J1のFC東京からのオファーが届いたのは、J2に上がって半年というタイミングだった。

移籍早々にリーグ戦にも起用されたが、長谷川健太監督から外国人監督に交代すると出番を失った。同じポジションに日本代表の長友佑都が帰ってくるという巡り合わせもあった。そこにJ1昇格を決めたFC町田ゼルビアから声がかかった。トレーニングの激しさ、局面での質と強度への徹底的なこだわり、結果に対する妥協のなさ。ア式とFC町田ゼルビアには共通点が数多くあり、原点に立ち帰る感覚にもなった。

リーグ序盤以降は負傷もあってベンチが多くなったが、出番がくれば手を抜かず、自分の武器にこだわってチームのために戦った。

「キャリアを振り返ると、いいことのほうが少ないような気もしますが、だからこそ、うまくいかないときのあとに幸せなことがあると実感できた。ポジションを失った今このときが成長のチャンス。今日一日でもできることを増やしたいと思っています」

リアクションスタイルからパスワークでゲームを支配するスタイルに劇的な変身をとげたのが、2024年のアルビレックス新潟だ。FC町田ゼルビアとは対照的な戦いぶりを貫いて、Jリーグルヴァンカップではチーム初タイトルに迫った。

東伏見の4年間で比喩的な意味からたくましくなった選手は数多いが、アルビレックス新潟のGKで2019年卒の小島亨介は目に見えてたくましい体を手に入れた1人だ。

名古屋グランパスのユースからア式に入った頃は痩身。大学サッカーのベースに体をもっていかなければと、ひたすら筋トレを続けた。結果として変わったのは体だけではなかった。

駅から寮に向かう道に落ちているごみを無意識に拾うようになった。きちんと他人に向かって発言できない性格だったのが、自分の考えを人に伝えられるようにもなった。誰よりも息子の将来を案じていた両親が、別人になったと驚いたほどだった。

「やんちゃでふざけていた自分が間違ったことをしたり、態度が悪かったりしたら、同期が率先して怒ってくれる。ユース時代にはなかったことでした」

ピッチでの1年目は下積みで、Cチームの練習のあとにBチームやAチームのボール拾いなどのサポートにまわり、空き時間は部室の掃除などに駆り出される。ユース時代とは180度違う環境だったが、慣れればそれが当たり前になる。居心地がいいかと言われれば、そんなことはない。が、「居心地が悪い環境が人間をいちばん成長させる」とは監督だった古賀の言葉だ。2年上の正GK後藤雅明（モンテディオ山形）の下で2年生まで出番がなく、3年生は負傷に加え、オリンピック東京大会に向けた代表の活動でチームを空けることも多かった。

シーズンを通してア式のゴールマウスに立ったのは4年生になってからだ。下級生の2年間、長身でリーチも広い後藤に俊敏性や足元のプレーで食らいついてやろうとしてきた日々が花開く。身長がないぶん、いい予測と準備という武器を見失わないよう肝に銘じた。自らの仕事もありながら、時間をつくって親身に練習につきあってくれる内田謙一郎コーチのサポートも力になった。

20歳以下のワールドカップでは、レギュラーGKとして起用され国際経験を積んだ。大学の控えキーパーが、なぜその世代の代表なのかという声を封じ込めたい一心だった。

「つねに前向きな姿勢が、体ができてくることで、安定感につながったのだと思います。ア式の先輩たちはどっしり構えて味方を叱咤激励するタイプが多く、見習いつつも、できるだけ感情を見せない自分の個性を大事にしたいと考えていました」

4年生最後のリーグ戦。2節を残して他大学の結果しだいで優勝の可能性が生まれた東京国際大学（東国大）戦のあとに、21歳以下代表の中東遠征があった。次戦に覇権の行方が委ねられた場合、優勝の瞬間にゴールマウスにいられない。東国大を相手に終盤にファインセーブを連発して2－1の勝利に貢献し、筑波大が引き分けて優勝が決まった。

卒業後の進路は4年生の夏に練習に参加した大分トリニータに即決した。GKが攻撃の起点になるというスタイルにも惹かれたが、厳しい練習で知られる環境で、さらに成長できると確信したからだ。目標のオリンピック出場は逃したが、ポゼッションスタイルへの転向を図るアルビレックス新潟にプレースタイルを買われて移籍する。

2023年には日本代表に追加招集され、海外でプレーする選手が大勢を占める日本代表の強さを実感した。練習からつねに高い基準を求めなければいけないとあらためて感じた。

だからこそ、ア式の後輩にはその感覚を伝えなければならないという意識が強くなる。年に

1回、内田コーチの依頼で、現役のキーパー陣とオンラインソフトで画面越しに話す機会がある。2022年の冬には東伏見で現役生と一緒にトレーニングをした。言葉だけでなく、自分たちの姿にふれてもらうことで何かを感じてほしい。自分の意思で行動して何かを選び取り、その考えに基づいてコミュニケーションを取って伝えられるア式人であってほしい、そんな思いから、オフには東伏見に足を運ぶつもりでいる。

1年前に学生コーチだった濱田祐太郎は、新卒の1シーズンを佐賀県・鳥栖で送った。サガン鳥栖と契約したのが2024年1月。ア式のつながりからアナリストの職が空いていると知り、就活用の履歴書を渡して採用となった。

メガバンクなど一般企業の内定を蹴って、1年契約のプロの世界に飛び込んだ。公式戦で次に対戦するチームの分析をチームに落とし込む作業に没頭する毎日が続く。多いときには直近の8試合分の映像を夜通しで観る。キーになる場面は止めて、巻き戻し、止めるの繰り返しだ。

浦和市立高から1浪で商学部に入学し、2年生までは埼玉県内の高校の指導をしていたが、3年生でア式に入った。相手チームの分析班の一員として動き、練習メニューの素案をつくり、やがてインディペンデンスリーグや社会人リーグでは選手交代も任された。監督が兵藤に代わると戦術的な部分でも意見を求められ、マンチェスター・シティFCからヒントを得た、守備的MFタイプで組むセンターバックが中盤に出る「偽センターバック」を提案した。

学生時代との違いは求められるものの精度だ。監督や選手にとって、生活と人生がかかった勝負のための情報だ。ソフトを駆使した映像の加工や編集はいうにおよばず、パワーポイントでつくる資料の出来具合から、ボードに置くマグネットの位置にまで厳格さが求められる。

「最初に入ったときの資料を見返すと恐ろしくなるくらいで、日々、成長しているとは思うのですが、いつでも眠いです」

難しいのは情報の処理の仕方だ。10や20ある情報をすべて詰め込んでも伝わらない。それをいかに1か2に落とし込んでいけるのか。それには数千の試合を観ていかなければならない。

「でも、情報を突きつめるほどに、サッカーは戦術から自由であっていいと思わされます。ア式のサッカーは本来泥臭いもの。そこをもっと強調してもいいのではないでしょうか」

そのJ2リーグでJ1昇格圏内をうかがう位置までつけたいわきFCの社長、大倉智の半生を動かしたポイントはいくつかあるが、その最初は暁星高校に進学したことだ。

神奈川県の公立に通う普通の中学生だったが、3年生のときには高校選手権で目にした大榎克己が進んだ早大を意識していた。母親に勧められた暁星は本来、一定の基準を満たした帰国子女しか高校からの入学はできない決まり。小学校時代の恩師に、ア式OBで暁星高教諭の林義規にかけあってもらって受験できた。高校時代は選手権で活躍し、スポーツ推薦枠で人間科学部も受けられたが、商学部に指定校推薦で進んだことが、同じ商学部で1年先輩だった朞貴裁との縁を結ぶ。

1988年に暁星から入学した斜に構えた新入生を変えたのは、朞を始めとした地方の無名校を出たア式らしい部員たちだ。決してスマートではない組織にサッカーの本質を見出すと、明晰でありつつも直情的な性格から、どっぷりとア式に染まっていく。

4年目に着任したのが専任監督の関塚隆で、旧態依然のしごきが徐々になくなり、選手起用も合理的になる。Jリーグ内定者をそろえる東海大をPK戦で下して優勝したインカレで、大倉と2トップを組んだのは館英一。早実出身で、3年生まではほぼ出番のない存在だった。大宮東高校から入った新入生の秋元利幸は、早くにそのストライカーとしての資質を見出された。

ハイラインでオールコートプレスをかけるスタイルには、全員がサボらずに走り、1対1の接点で負けないという厳しいトレーニングから得たベースがある。のちに曺と大倉がつくり出す「湘南スタイル」の源流で、現在のいわきFCが目指す姿にも通じる。それは全員が同じ方向を向き、選ばれなかったメンバーも必死で応援をして、ときには涙するというア式流のチームのかたちにほかならない。

卒業時、大倉の下にはJリーグのオファーが殺到したが、プロリーグといわれてもにわかには信じられず、日立に入社した。1994年に柏レイソルでプロになると、代理人などいない時代に、プロとしての契約の仕組みを研究して契約更改担当者と渡り合った。クラブが変わらなければプロとはいえないと確信し、経営者志向を固める。柏レイソルからジュビロ磐田、ベガルタ仙台と渡り歩き、スポーツビジネスを勉強しながら最後の選手生活を過ごすためにアメリカに渡った。

メジャーリーグサッカーの2部でプレーしているところに届いた母親からの荷物に、ヨハン・クライフがバルセロナでスポーツビジネスを学ぶ専門学校をつくるという新聞記事の切り抜きが差し挟まれていた。

夫婦でスペインに渡った。そこで聞いたのが、FCバイエルン・ミュンヘンの経営責任者であるウリ・へーネスの「プロクラブは負け方が大事」という至言だ。バルセロナでの3年、大小クラブの経営のありようを知るとともに人脈を広げ、知己を得た日本ハム役員のつてで、セレッソ大阪の強化責任者として帰国する。セレッソでの2年間、監督選びなどに試行錯誤するなかで、へーネスの言葉がその真意とともに浮かび上がった。

負けても興行として人を惹きつけるクラブになるためには、まずミッションを打ち立て、そこに至るプロセスを構築しなければならない。その気づきが、次に職を得た湘南ベルマーレでの11年間に生かされた。

湘南ベルマーレでは、自分が描いたビジョンに沿わない選手はドラスティックに切った。サポーターから糾弾目的で横断幕を出された。5年目でJ1に復帰したあともJ2との往復が続いたが、10年をかけてJ1に留まるチームにもっていった。その仕上げとなったのが、曺とのコンビだ。全員でひたむきに走りきるというビジョンをピッチで体現した「湘南スタイル」は、勝ち負けを超えて人を惹きつけ、1万5000人規模でスタンドが埋まるようになった。

大学時代の知り合いだったドーム社の社長（当時）、安田秀一との再会は、湘南の社長になり2年が経った頃だ。被災地にクラブをつくって地域の活力にしたいというミッションに惹かれた。2015年、多くの反対を押しきって、いわきFCの代表取締役に就いた。

最初は試合のたびに教会で祈りを捧げるように、チームの勝利を願っていた。しかし、念がいつも通用するわけもない。サッカー選手としての基盤をなす筋トレ、食事、睡眠、メンタルについては現場ではなくクラブが責任をもってやることに決めた。選手との契約交渉の席では、「うちはまず体づくりをやるので、拒否反応を起こしそうだったら、お互い不幸なので契約しないでおきましょう」と話す。最初は筋肉痛で試合に出ていた選手が、2カ月もすると平気な顔になり、そのたくましくあきらめない姿が被災地の人々に勇気を与え続ける。毎試合4000人からが集まり、アウェーには1000人が遠征するようになった。

「チェアマンも日本サッカー協会の会長も若返り、今できる立場でサッカー界全体に恩返しをしたいという気持ちも出てきています。でも、やはり新スタジアムができるまではやり抜かなければならないと思う」

スタジアム落成は最長で2031年。震災から20年になるその年、大倉は還暦を迎える。

秋が深まってもJ2への降格圏を抜け出せないでいるジュビロ磐田の新人MFの植村洋斗は、落ち着いていた。「もともと動じないタイプなので、性格でしょうか」と話すが、ルーキーシーズンでプロとして場数を踏んだ自信でもあるだろう。

日大藤沢高校では高校選手権3回戦でPK戦負け。プロから声はかからず、スポーツ推薦で入学してア式に入った。2年目は中盤で出番を失ったが、3年目はシーズン前に大学選抜に入り、関東大学リーグ1部で22試合に出場してジュビロ磐田に内定。1部復帰を目指して戦った4年目は肉離れが原因で、前期はコンディションが上がらなかったが、1部昇格をあと一歩で逃した後半は復調し、リーグと総理大臣杯でゴールも重ねた。

「指示待ちでよかった高校時代に比べて、ア式では黙っていたら誰も助けてくれない。２年生の前半で試合に使われなくなったときにも、監督に何も言われなかった。そこで、自分で課題だと思っていた守備に意識して取り組んだのが大きかった」

ジュビロ磐田に合流すると、日本代表の名ボランチ、遠藤保仁《やすひと》の引退で空いた背番号50をつけた。一緒にプレーする機会は少なかったが、独特の「間」を身につけたいと思っていたので、縁起の良い番号だった。が、ボランチで勝負しようと、やる気満々で臨んだキャンプ中に、負傷者が出たチーム事情から、右サイドバックに起用される。

サイドバックは横浜Ｆ・マリノスのジュニアユースでプレーしていた中学時代以来だ。見える景色は違うし、スプリントの距離が長い。リーグが開幕すると、各チームの外国人の主力ＦＷとのマッチアップが続いた。「正直、ビビった」というその試練が、自信を深める。２試合目の川崎フロンターレ戦で初ゴールも記録し、終盤までスタメン出場を続けた。

「環境に慣れるのに時間がかかるタイプなので、1年目は慣れることだと思っていましたが、結果的には大学で身につけた守備の部分が評価されたのだと思う。考える習慣が身についていない状況で、いきなりプロに来ていたら、つぶれていたと思う」

チームが残留争いをしたシーズン終盤はボランチに戻り、サイドバックでの経験を生かしてポリバレントなプレーヤーへの足掛かりをつかんだ。

「まずは失点しなければ負けないので、守りに重点を置きながら攻めへのパワーを使うことに気をつけていきます。試合展開によってボックスに入っていく持ち味を生かせればいい。将来は海外でのプレーも考えますが、まずは一歩一歩、近くの目標に進んでいきます」

8月初旬のリーグ戦でアルビレックス新潟と対戦した植村は、同期の森璃太と再会した。会話するなかでこう伝えた。

「練習だけでは何もわからないから、試合に出ないとダメだ」

植村と話してから程なくして、期限付き移籍の道を選んだ森璃太は福島市にいた。出場機会を求めて8月末にJ3福島ユナイテッドFCに移ったのだ。

アルビレックス新潟ではリーグ戦3試合でベンチ入りしたが出場はなく、プレーしたのはルヴァンカップでの2試合。ハムストリングを傷めたこともあって、出番をつかめずにいたところに、川崎フロンターレのユースで指導を受けた寺田周平が監督を務める福島ユナイテッドFCから声がかかった。チームは昇格プレーオフ圏内にとどまり、初のJ2の舞台を視野に入れていた。移籍するや右サイドバックで4試合続けて先発メンバーに入り、ゴールも決めた。同年代でハングリー精神をむき出しにする選手たちとともに、J1よりさらに激しい攻防に身を投じてプロ1年目を終えた。

プロとは何か。まだはっきりとした答えがあるわけではないが、アルビレックス新潟に入って日々高いレベルの練習に身を置いてわかったのは、そこには「なんとなくサッカーがうまい選手」はいないということだ。チームの連帯を目指す学生サッカーとは異なり、自分の持ち場で武器を磨いている選手たちが、誇りであったり家族であったり守るべきものは違っても、それぞれが役割をまっとうするために日々努力をしていた。

早大入学時から4年後の進路はプロ一択だったが、3年目に迷いの時期がきた。果たして自分はプロに値するのかという不安が、就活を始めた同期を目にして込みあげてきたのだ。

3年生に上がる前に大学選抜候補としてデンソーカップに呼ばれたが、自信がもてない。もともと監督や周囲に相談して答えを出すタイプではない。自分はどうしてサッカーをやっているのか、と突きつめて考えた。ほかに人生をかけるものがないからだ。では、サッカー人生を何で勝負するのか。考え抜いた結果、スプリント能力に加えて大学で伸びた中距離を走りきるスピードしかないとわかった。迷いを振りきって4年生に上がった。

最終学年はシーズン前半にプロの内定が出たことで気持ちが安定し、サッカーを始めてからもっとも成長を感じる1年になった。スピードを磨き、アシストでゴールに絡んだ。チームは1部昇格を逃したが、自信をもって新潟に乗り込めた。

「周りに大企業にいく同期がいるなかで、最後までプロを目指して実現できた。そのブレを克服したことが人間的な成長ということかもしれません。プロとして生き残るためには自分のストロングをもち、なおかつそれを出し続けるためのメンタルが必要。スピードは通用するとわかったので、あとはそれを信じてやるだけです」

森が原籍を置くアルビレックス新潟でプロ12年目を過ごした島田譲は、Jリーグ通算出場試合数を329試合に伸ばした。2024年のJリーグには強化指定選手をのぞいてJ1に12人、J2に10人、J3に16人と計38人のア式出身選手が登録されたが、そのなかで最多出場数は前年から変わらない。

鹿島アントラーズのユース出身。コーチだった古賀聡から薫陶を受けた。早大に入学したのは関東の強豪大学で教職課程を取るという目標と同じくらい、古賀の母校で学ぶということが大きな理由だった。

ア式3年目で古賀が監督として着任し、監督とキャプテンという立場で考え方の共有を図り、さらに影響を受けた。古賀はまじめで一途。愚直といってもいい。巧みな言葉を使い、高度な戦術を説くわけではない。鹿島ユース時代、監督の命で島田たちが走らされていると、自分の責任でもあるからと一緒に走ってくれた。ア式でも選手よりも先にグラウンドで練習の準備をし、練習後には選手の誰よりも遅くまで居残る。そんな人物だった。

島田の代は入学時、選手個々のクオリティーは高かったが、自由奔放。古賀が就任してからは、「やりたいことの前にやるべきことがある。自分たちが心置きなくボールを蹴ることができるのは、周囲や伝統の支えがあるからだ」という心構えを叩き込まれた。

最初のミーティングで口にした「個人の利益より組織の利益を優先する集団になろう」という呼びかけは、島田らの体にしみ込んでいく。練習も大きく変わった。夏冬の菅平と波崎のキャンプ中は3部練習。1日は朝6時のダッシュで始まった。その後のプロキャリアを支える足腰とケガの少ない体は、この2年間の蓄えだ。

レギュラーとして出場できたのは、古賀体制になった3年目だった。秋のリーグ戦5位で、当時4位までが出場できるインカレを逃した。最終学年の4年生は専大、明大に次いでリーグ3位に入り、そこからインカレ優勝まで駆け上がる。

準決勝で鹿屋体育大、決勝では福岡大と九州勢を撃破した。決勝は終始自分たちのリズムで戦って3－1で快勝。走力で知られる福岡大に走り勝った。4年生以下全員が団結した1年間が報われたタイトルだった。

島田自身も最終学年は中盤を幅広く動き回り7ゴールを決めたが、ポジションは同じでも縁の下の力持ち的な存在に変化していた。

「チームが勝つために自分がどんな役割をこなせばいいのか、というフォアザチームの考え方が自然とできていました。それはその頃から現在にもつながっていると思います」

最初にプロ契約したファジアーノ岡山には4年間、在籍した。チームが勝つことがすべてに優先するという信念に変わりはなかった。当時の強化責任者に「自分が出られないときには、もう少し悔しさを表に出してもいいんだぞ」と言われた。悔しくないわけがないし、葛藤もある。が、それを露わにすることは組織のためにならないと思っていた。

新天地のV・ファーレン長崎では、そのバランスを意識した。自分のプレースタイルをアピールするような振る舞いもした。数字的な結果も残せたこの1シーズンが転機になった。

「プレーヤーとして変わったというのではなく、ただそのときどきのチームのために、と積み上げてきたことが大きい。ア式も岡山も長崎も、ボールを預けてひたすら走るというスタイルだったので、新潟に来て新しいサッカーに出合った感覚ですね」

Jリーグで300試合以上に出場した。走り続けてきたキャリアの道筋にそっと置かれた花束のようなものかもしれない。が、それも組織を第一に考えてチーム全体に目を配り、できることをするというア式の常識が心身に染みついているからだ。

そういった選手がどんなチームでも長く必要とされるということを、片山瑛一（柏レイソル＝303試合）、奥山政幸（ベガルタ仙台＝279試合）、富山貴光（大宮アルディージャ＝279試合）、三竿《みさお》雄斗（京都サンガFC＝272試合）といった、古賀時代のOBが証明している。

島田は女子のWEリーグ発足から2年間、現役選手としては異例の理事を務めた。退任した高田春奈チェアとの長崎時代の縁からだったが、新潟で感じた違和感も引き受ける動機になった。母体が違うこともあるが、男女のチームに交流がないのはなぜなのか。女子サッカー選手を夢のある職業にするために、Jリーガーにできることはないのか。

自分には大学を出たあとにJリーグという舞台が用意されていて、幸運にもそこに長く立てる選手になった。女子はどうだろう。ずっとやってきた大切なものを突然手放さなくてはならない感覚は、自分だったら考えられないことと感じた。

「娘をもつ父親として、自信をもってサッカーを続けなさいとは言えないかもしれない。積極的に応援できる環境にするためには、Jリーグの手助けも必要ですが、WEリーグそのものの価値が認められなければなりません」

女子サッカーには、最後まで走りきろうとする選手が多い。粘り強くもある。そういった選手を応援したいという思いが湧き上がるのは、彼女たちから愚直にがんばる姿勢を感じるからだろうか。

走りきって覇権をつかんだ同期とは、今でも頻繁に連絡を取る。グループラインの名称は〝ア式日本一世代〟。インカレに勝てなかった世代には名乗れない誇りがこもる。

２０２４年に第73回を迎える全日本大学サッカー選手権、通称インカレは、例年シーズンの最後に開かれることもあり、大学サッカー界では最高のタイトルとされる。

１９５２年の発足当時はまだ自由参加のオープン大会で、関東と関西のリーグ王者が日本一を決める東西学生対抗王座決定戦のほうが位置づけは上だった。第１回の早大は決勝で東大に１－２と敗れ、準優勝。初制覇は第４回で、東北学院大学を10－１で大破した。地域の代表チームが戦う、文字どおり大学日本一を決める大会になったのは、前年に東西対抗戦を解消した１９６６年度の第15回からで、その年に中大を４－０で破って２回目の優勝。１９７２年度からは３連覇を果たして中大の最多優勝に並ぶと、以後１９７８年度、１９８６年度、１９９１年度、１９９３年度、１９９４年度、２００７年度、２０１２年度と、筑波大の９回、中大の８回をしのいで計12回の最多優勝を誇る。

２０２４年度から選手の実戦経験を増やす目的で28チームによるリーグ戦を採用した。関東、関西などのシード校を除く20チームで予選ラウンドを行い、勝ち上がった10チームにシード校を加えた16チームによる決勝ラウンドを実施。勝ち抜いた4校がノックアウト方式で日本一を争う。早大は関東1部リーグにいた2021年度に本大会に出場したのが最後。2022年度はリーグ最下位で出場権がなく、2部リーグ所属の2023年度、2024年度は、インカレにつながる唯一のチャンスである夏の総理大臣杯で上位に進出できず、出場自体がなかった。

酸いも甘いも知り尽くした清水の天才

インカレで選手としても監督としても、天国と地獄の両方を味わったのが、1988年卒の大榎克己だ。

静岡の清水東高校で、長谷川健太（筑波大―日産）、堀池巧（順大―読売クラブ）とともに〝三羽烏〟といわれ、関東大学リーグを盛り上げる存在として入学。同期にはユース代表の同僚だった矢野眞光や池田信康がいたが、大榎自身は入学後に清水のパスサッカーとの落差にとまどった。

生まれ育った清水ではパスを出せば返ってくるはずのボールが、東伏見では返ってこなかった。よく言えばキック・アンド・ラッシュだが、ボールが頭上を行きかうサッカーになじめない。同じ早大のラグビー部の伝統にある「接近・連続・展開」のほうがすっと腹に落ちた。堀池が学生時代から日本代表入りするのを後目《しりめ》に、力を発揮できずにいた。

2年目のインカレ決勝で東海大とぶつかった。高校時代にしのぎを削った帝京高校卒のFW前田治を擁する難敵だったが、すでに日本代表だった松山吉之が先制して池田が加点すると、大榎が鮮やかなミドルシュートで勝負を決め、4－0の快勝で5回目の優勝を飾った。その年の春に高麗大との定期戦で内側靱帯の断裂という大ケガをしながらの栄冠だった。

4年目の最後のインカレは3位決定戦で敗れた。試合後は高田馬場に飲みにいき、4年生同士で号泣したと同期の回想にあるが、大榎の記憶にはない。

卒業後はヤマハ発動機に就職し、Jリーグ発足を機に故郷の清水エスパルスへ。ヤマハの社員としてまっとうするアマチュアのままか、故郷に請われてプロになるかで悩む背中を押したのは、早大卒のヤマハ発動機副社長（当時）、荒田忠典だった。

清水に帰ってエスパルスに合流すると、まだグラウンドすらなく、高校生と一緒にボールを蹴った。そんな立ち上げから中心選手として若手を引っ張り、1996年のJリーグナビスコカップでチーム初タイトルに貢献した。1999年には当時2ステージ制のJリーグ・セカンドステージ、2001年の天皇杯に優勝。持ち前の技術から繰り出すダイナミックなパスワークに運動量が加わり、250試合以上に出場した。

引退後は清水エスパルスのトップチームのコーチを経て、2004年に東京都リーグ所属だったア式の監督に就任する。

最初のミーティングで、3年生の徳永悠平がニットのキャップをかぶり、不貞腐れた顔をしていた。「帽子くらいは取れよ」と注意すると、金髪。練習に姿が見えないのでほかの部員に聞くと、FC東京の練習から帰ってきて寮で寝ているという。下のカテゴリーにいながら部もやめられない徳永の事情は理解できたが、都リーグに落ちたとき、涙を流したという話も聞いていた。

「思いはわかるので、どうにかしたかった。『いつかはサッカーをやめるときがきて、そのときに仲間が一生の財産になる。キャプテンはお前しかいない。絶対に後悔させない』と話しました」

徳永のほかにも素材はそろっていた。あとはいかに1つの方向を向かせるかだ。少ないタッチで多くの選手がプレーに参加するスタイルを植え付けた。徳永を中心に圧倒的な力で1部昇格を果たした。が、インカレは準備していたオフサイドトラップを破られるなどして、駒大のパワーに屈し、1－6の敗戦。OBが用意していた祝勝会が残念会になった。

3年契約の最終年だったが、この大敗で意地に火がつく。翌年のインカレは法大を2－0で下して雪辱を晴らした。兵藤キャプテンの下、血栓が原因で欠場した4年生の山本脩斗（鹿島アントラーズ）のためにと、チーム一丸となっての優勝だった。4チームによるブロック戦の初戦で兵藤がいきなりハットトリックを決め、FW渡邊千真も負けじと3試合連続得点を決めて勝ち上がり、準決勝は駒大を2－1と下してリベンジを果たす。

高い攻撃力を見せつけたチームにあって、センターバックとして守りを締めていたのが、卒業後に川崎フロンターレなど、プロ6チームでプレーした横山知伸《とものぶ》だ。

184センチの長身で、帝京高校から、早大には1浪して一般入試でスポーツ科学部に入って活躍した。卒業後の進路は野村証券に内定していたが、最後の最後に川崎フロンターレから声がかかり、関塚隆の下でCB、ボランチとしてプレーした。大榎はこう話す。

「ムードメーカー的な存在だったけど、取り組む姿勢はまっすぐ。ヘッドも強いのにボールをさばけるのでボランチとセンターバックの両方で使える貴重な選手だった」

長くプレーした大宮アルディージャから移籍した北海道コンサドーレ札幌との契約が終了した2017年末に脳腫瘍が見つかり、リハビリを経て2023年にはアルディージャに指導者で復帰した。が、その矢先の2024年1月に早世した。享年38歳。

生前に「試合に出ない時期のほうが長い選手だけど周囲に支えられた恩返しを指導者として果たしたい」と話していた。J1、J2の合計で210試合出場という長持ちの努力家がいるのが、覇権を取るときのア式だった。

学生と過ごした日々を、大榎はこう振り返る。

「ベースは楽しくというのはありましたが、1人でも自覚をもたない者がいたら、100人いる組織は崩れてしまう。決めたことには従ってくれ、というやり方で、お互いに決めた約束事は守るという点での信頼関係はあったと思います」

清水エスパルス監督、ゼネラルマネジャーなどを経て、2024年4月からは静岡県サッカー協会会長の職にある。

いまのところ最後のインカレ優勝監督の古賀聡は、横浜市にある「黎明館」というグラウンドにいた。現役時代とほぼ変わらない体型を、タイトなトレーニングスーツ姿で包み、約束の時間より早く玄関に立っていた。

「ここは関東大学リーグで唯一、スポーツ推薦のない大学。Jユース所属選手でも高校の評定が3・8以上の子が、指定校推薦か自己推薦で高校時代の悔しい思いを大学でぶつけようと集まってくる。最初に『みんなで成長して日本一を取ろう』と話しました」。

4月に関東大学リーグ3部の明治学院大学（明学大）の監督になり、大学史上三度目の2部リーグ昇格を目指す。明学大の教育理念は「Do For Others」（他者への貢献）だ。

東伏見で練習していた弟分の早稲田実業高校（早実）から教育学部に進学してア式に入った1年春。恒例のグラウンド整備を入念に仕上げたと満足していたところ、東側のゴール脇にある桜から落ちた花びらでラインが見えないと、罰走させられた。「凡事徹底」と受け止めた。

左ウイングかMFで1年生から4年生まで起用され続けたのは、スピードと90分間休まない運動量を買われたから。4年目に関塚隆の下、リーグ戦優勝をあと一歩で逃した悔しさを胸に東海大をPK戦で下してインカレ優勝を果たす。

MF礒貝洋光《いそがいひろみつ》（ガンバ大阪）らを擁するタレント集団を相手に、最終学年で出番を得た早実出身の館英一と、1年から固定されてきた大倉のFWペアが前線から圧力をかけ続け、先制されたがセットプレーで追いついた。試合後は東伏見に帰って校舎の一室にビールを並べ、カップに注いで回し飲みをしたという。

卒業後は鹿島アントラーズの母体の住友金属で5年間プレーしたが、心身ともにコンディシヨンを崩してサッカー人生で初めての挫折を味わう。期限付きで移籍したブランメル仙台で復調し、サンフレッチェ広島では貴重な交代要員になった。

指導者としての振り出しは、ア式の先輩の紹介でコーチになった滋賀県の草津東高校だ。鹿島ユースを経て2010年に母校に帰って監督に就任した。現役時代に寮のトイレに貼りだしてあった「WASEDA the 1st」をあらためて掲げ、人間力を重視した。

遊びに使っていたためミラーが壊れかけ、いつ事故を起こしてもおかしくない「部車」を、猛反対にあいながら廃車にした。グラウンドでは、自ら周囲のゴミ拾いを続ける。入部に際して覚悟と人間性を測る仮入部を厳格にし、1学年を10数人に絞った。

3年目に島田譲主将で果たしたインカレ優勝は、島田ら高校時代の主将経験者10人という一見仲の良い集団が、リーグ戦で惜敗したあとに腹を割ってぶつかった結果と古賀は振り返る。3年後にその年の1年生で念願を果たしたリーグ戦優勝は、ギアが上がらなかった中盤の慶大戦に1点差で粘り勝ち、そこからは運も引き寄せて連勝でゴールした。

翌年に2部に降格し、1年で復帰させて辞任する。2017年までの在任8年は戦前戦後に計20年以上指揮を執った工藤孝一を除けば最長になる。働き盛りにア式に身を捧げた8年を振り返り、こう話した。

「本気でぶつからなければ、ぶつかり返してくれない。ごまかしの効かない世界で選手に学び、成長させてもらったので、まったく悔いはありません」

名古屋グランパスのユースに転じて、手取り足取りの過保護的な指導を変えようとア式の気風を持ち込んだ。グラウンド脇の草むしりやごみ拾いの習慣も変えずにやった。それに感化された石川真丸や西凜誓がア式の門をくぐった。単身赴任で40代の6年を過ごした名古屋を離れ、明学大に移ったのは新しい刺激を求めてのこと。まじめで吸収力があるという110人の部員を率いて、今日もごみがあれば率先して拾う。

「S級ライセンスを取ってプロ監督を目指そうとはまったく思いません。子どもたちの成長を見守って、自分も成長していきたい」

3連覇をした歴代最強時代とその後

女子シーズンの最後に行われる大学女子サッカー選手権（女子インカレ）は、多くのチームにとって学年の最終目標であり、男子同様にその位置づけは重い。

2024年度で33回目になる同大会は、1987年に始まった全国大学女子サッカー大会が前身。同大会で第2回から4連覇を果たした日体大が92年度の第1回から連覇。第3回の大阪体育大学をはさんで、第4回からは4連覇と圧倒的な戦績を誇った。ア女はシーズン途中まで堀野博幸が指揮したチームを2004年卒のア女OGの堀飯豊が引き継いだ2005年度に、東京女子体育大を破って初優勝した。

現Jリーグ社員の江崎康子は、初優勝時の主務兼マネジャーだ。埼玉県立不動岡高校を卒業し、1年の浪人生活を経て社会科学部に入学。入学式に向かう記念会堂前で、当時4年生の齋藤史子に武蔵関公園での新歓の催しに誘われた。江崎は中学2年生のクラスで隣席の男子にサッカー専門誌を見せられてから、鹿島アントラーズのファンになり、高校時代はテニス部に身を置きながらサテライトチームを追いかけた。浪人期間に日韓ワールドカップと浦和レッズのボランティアも経験。早大ではサークルでボールを蹴れればいいかなと考えていた。

　初の体験練習での苦しさが強烈だった。武蔵関公園の池の周りを走る、通称〝関走《せきばし》り〟では浪人時代に増えた体重もあって、周回遅れだった。同期10人のうち3人だったサッカー初心者の1人。4年生には初のスポーツ推薦の選手がいて、1学年下からはほとんどが高校女子選手権出場レベルの選手が占めるなか、浮き球は蹴れず、リフティングは30回が目標。それでも続けられたのは、毎日課されるメニューに向き合い、少しずつうまくなっていく習い事の感覚だったからだ。

　3年生で副務になり、会計、渉外のほか、練習試合のマッチメークをした。グラウンドがあり、レフェリーがいて、ボールがあるという、選手にすれば当たり前の環境をつくる作業が体に叩き込まれた。4年生で主務になると、事務方としてチームを支える立場での責任感が芽生え、どうしたら日本一になれるのだろうかと考えた。キャリアの矢印をサッカー選手、しかも代表クラスのレベルに置いている選手が増えたぶん、指導者に求めるものも大きくなり、不平不満も増える。堀野の辞任が決まってから、鋭いナイフのような雰囲気を漂わせている後藤史を呼び出して訊ねた。

「どうしたら、日本一になれると思う?」

「レベルが違う選手が一緒に練習していても、意味ないですよ」

後藤はそう言う。トップレベルでやろうという選手たちがフラストレーションをためるのは部活としてダメだと思った。幹部で話し合い、あえて後藤たちの不平を受け入れた。同時に、試合に出る選手も出ない選手もお互いが何を考えているかを知るために、伝え合おうと決めた。

「半端にやるのなら、就活したりバイトしたりしたほうがいいよね?」

と試合に出られないメンバーに問いかけ、できる立場でチームを支えようと説いた。部から去っていく選手もいた。個人の不満をガス抜きできたかどうかは今もわからない。結果的に、江崎は初の日本一の主務になった。

就活は出遅れたが、サッカーにこだわりたいという意向を聞いたア式ＯＢが、大先輩であるＪリーグの鬼武健二チェアマンに紹介してくれた。インカレ初優勝の美酒に酔う暇もなく、Ｊリーグの競技運営部での仕事に放り込まれる。

その後は育成世代のアカデミーリーグの立ち上げに関わり、広報、経営企画、コロナ対策室、チェアマン室を経て、現在は各クラブと地方局のリレーションシップを構築するクラブサポートと公式ＷＥＢサイトの運用などのプロモーションを担当する。

クラブの個別の悩みを吸い上げ、しかるべき部署や機関とつなぎ、解決の糸口をたどる。目が回るほど忙しい日々だが、人生を何周生き直しても、ア女に入りたいとは思う。

「仕事を決めるという意味で、岐路になる4年間に1つのことをやりきるというのは尊いこと。

記念会堂前で声をかけられた偶然に感謝したい」

インカレ初優勝から３年を経て、２００９年度からは、卒業後になでしこジャパン入りするＦＷ大滝麻未やＵ－20代表のＭＦ小山季絵（ＴＥＰＣＯマリーゼ、ベガルタ仙台レディース）らの活躍で初の連覇。次の４大会は、２０１２年度の準優勝を除き決勝進出を逃していたが、２０１５年度の第24回大会からは３連覇を果たす。大学女子サッカーを草創期からリードしてきた日体大に５連覇と４連覇があるが、そのほかの大学では唯一の記録だ。

松原有沙、高木ひかり、中村みづき、村上真帆らトップリーグに進む選手をそろえたチームの守備の中心で、２年生時に大会最優秀選手になったのがＤＦの三浦紗津紀（日テレ・東京ヴエルディベレーザ）だ。

浦和レッズレディースのユースから２０１５年に自己推薦でスポーツ科学部に入学。上級生が負傷した穴に入ったことで左センターバックのポジションをつかみ、関カレの初戦から出場機会を得た。

インカレでコンビを組んだのは、卒業後にノジマステラ神奈川相模原に入る２年生の松原有沙。三浦の１６６センチの身長を生かした空中戦で相手の攻撃を跳ね返した。準決勝で日体大をＰＫ戦で振りきり、決勝は神大とのカード。22分にＦＷの河野《かわの》朱里《じゅり》が混戦で先制点を押し込み、後半早々に追いつかれたが、66分に再び河野が頭で決めて２－１で勝ち、５年ぶり４回目の優勝を果たした。ＦＷ河野の後方には、のちになでしこジャパンに入るＭＦ高木ひかりと、浦和レッズレディースに進むＭＦ中村みづきがいた。

「4年生についていく感じでしたが、同期の河野をはじめ1年生が4人いたので、このまま連覇していこうという雰囲気になりました」

2年目は3年生以下が中心のチーム。下支えをしてくれた4年生のためにと結束した。DFの奥川千沙（現・AC長野パルセイロ・レディース）とコンビを組み、準々決勝は三浦自身の先制点で新潟医療福祉大を3－0と一蹴、準決勝は河野の決勝点で武蔵丘短期大学を2－1と下して、日体大との決勝に進んだ。

前半に先制されたが、50分に三浦が松原のFKを頭で押し込み同点。延長かと思われた追加時間に、河野のパスカットから中村が決めて劇的な逆転勝ちを収め、史上二度目の連覇を果たした。2ゴールの三浦は攻守の働きによって大会MVPになった。

3年目も準決勝で東洋大に1－2とリードされた70分に三浦のヘッドで追いつき、終了間際に交代出場のMF熊谷《くまがい》汐華《しおか》が勝ち越し点を決める劇的な勝利。決勝は神大にシュート25本を浴びせて中村のゴールで1－0と制し、ア女史上初の3連覇を遂げた。

「3年間同じメンバーで戦ってきて、経験でもフィジカルでも他大学に負けないチームでした。自分も含めて前年から出ている選手が残るので、これは4連覇を狙えるぞ、と」

その意気込みがあだになった。1年生のときから主力のメンバーは、上級生から言われるフォアザチームの精神に懐疑的で、サッカーの結果を重視してきた。自分たちが最終学年になったときに、4年生はどうあるべきかを誰も学んでいなかった。キャプテン選びも難航し、おとなしい性格の熊谷になった。

「1学年上の先輩が抜けて戦力ダウンはありましたが、1年生のときから合言葉だった4連覇だけに思いがいってしまって、下級生がついてきてくれなかった」

日体大との決勝は淡々と戦って1点を返せずに負けた。3連覇の過程にあった、部員の思いが引き寄せるような劇的な逆転や奇跡的なゴールは生まれなかった。負けて気づいたのはチーム力というもののあり方だった。サッカーだけを必死にやってきた代で、やめていく同期も多かった。もっとまとまっていればという悔いは、今も胸に残る。

卒業後は同期の河野とともにＩＮＡＣ神戸レオネッサに入ったが、よくも悪くも選手個々が屹立するチームカラーになじめず、1年で退団。結束力が強いアルビレックス新潟で5シーズン、プレーを続けた。秀でた選手はいなくてもまとまりで戦うチームで、サッカーをする充実感があった。

「同期にもサッカーを続けた子が多いのは、どこかあの敗戦が引っかかっているのではないかと思います。チームのまとまりや利他的なところがなければ勝てないとは思いませんが、そういうチームにはなかなか勝てないというのはプロでもあるのではないでしょうか」

今シーズン前に日テレ・東京ヴェルディベレーザに移籍。攻撃的な守備ラインに戸惑いながら、空中戦やロングフィードを武器により高いレベルに挑戦している。

ア女のトレーナーとして25年になる渡辺昭彦は、三浦の前後の代が歴代最強ではと話す。

「今でも覚えているのは、3連覇1年目の日体大戦。ベンチのすぐ前でのＦＫを監督の福島さんが『蹴れ!』と一言。松原が30メートルくらいの距離から蹴り込んだ。三浦と松原が守り、高木、中村、河野と攻めのタレントもそろっていて、自分たちの体への意識も高い。ピッチの外では一緒に行動しない代でしたが、試合になると力を出した」

東京都の国体女子チームについていた1998年、ア女所属のGKを個人的にケアしたところからチームの依頼を受け、堀野以降、現任の後藤まで歴代の監督の信頼を得てきた。

後藤とは現役時代からのつきあい。小柄だが運動能力のある後藤が長身選手に立ち向かうために、低い姿勢でプレーできる体づくりのサポートをした。学生トレーナーの指導もしてきたが、いちばんの役割は選手のメンタルケアだ。話をしながら普段から仲が良い選手を知り、その選手から本人の情報を聞き出す。試合に出たいがために負傷を隠している場合も多いからだ。

「最初から礼儀正しい選手が多いという印象は変わりませんが、昔の選手のほうがケガを隠してもがんばるという気概は強かったかな」

3連覇のベンチに監督として座っていたのは、ア女のパスサッカーを確立させた1970年卒の福島廣樹だ。父親が商社勤めで小学生まで当時の西ドイツで暮らし、中学入学時に帰国して独協中高に学ぶ。4学年上の卒業生に釜本邦茂とア式同期の鈴木彬之がおり、福島が高校3年生のときの練習に鈴木が釜本を連れてきた。釜本から「サッカーがうまくなりたいなら早大に来い」と言われ、ドイツ語で受験して教育学部に入る。

入部後はパス回しが得意なMFとしてプレーした。卒業後は指導者を志して西ドイツに渡り、プロ選手を指導できるS級ライセンスを取得。帰国後に鹿島アントラーズの前身の住友金属、Jリーグを目指す本田技研でコーチを務めた。

いずれも嘱託という立場のプロコーチで、当時サッカーの指導だけで生活していた例は、ほかに加茂周（元日本代表監督）しかない。ア女の指導をするのは40代で本田技研の正社員になり、研究室の管理畑で定年まで勤めあげたあとの60代。ア式で3学年上の長岡義一の下でのコーチを経て、2012年に監督になった。

「ワンタッチでつないで逆サイドに展開し、スピードのある選手でサイドから崩すのが基本。つなぐサッカーを目指していたから、無闇にロングボールは蹴らせなかった」

ドイツで学んだコーチングは、システムの前に選手の特徴を生かすのが基本。空中戦に強い三浦らで中央をしっかりと固め、松原らの展開力を生かしてサイドから攻めた。3連覇を果たしたあと、70歳になるのを機にシニア選手としての生活を優先させたいと辞任。ア式で6代下の川上嘉郎《よしお》にア女スタイルの継承を託した。

「今の部員のブログを読むと、東洋大や山学大に挑戦する気持ちでいるようですが、大学女子のトップクラスにいて、つねに勝たなければならないのがア女です」

12月26日に開幕し、2025年1月6日まで開催される第33回インカレは、順調に勝ち進めば準決勝で山学大、決勝で東洋大と顔を合わせる組分けになった。

ア式100年の記念の年は関カレで東洋大、山学大に続く3位に終わり、皇后杯予選は初戦で敗退。2019年まで11連覇を果たした関東女子リーグは最下位に終わり、入れ替え戦にまわった。残されたタイトルはインカレだけだ。

3年ぶりの覇権奪回に向けて、関カレ終了後の1カ月半の準備期間で、帝京長岡高校などの高校生、ちふれＡＳエルフェン埼玉などのＷＥリーグ勢と練習試合をこなした。テーマは関カレ終盤に力を注いだビルドアップからの攻めに続いて、インカレであたる強敵を想定したチーム一体のディフェンスだ。３バックの中央でプレーする杉山遥菜は、「負けられないリーグ戦と違って、練習試合は試合ごとに課題を整理しながら戦える」と話した。

インカレは2回戦から登場して、勝てば関カレ5位の帝京平成大との対戦が濃厚だ。スタイルは縦に速いボールを多用して攻めてくる山学大に近い。関カレ終了後、チーム全体でサイドに追い込んでボールを奪うトレーニングを続けたが、帝京平成大にはよりロングボールの出どころを封じる守りが必要だ。それは準決勝でぶつかる可能性が高い山学大対策につながる。

山学大のストロングポイントは俊足ＦＷの伊藤琴音をロングボールで走らせる攻め。前年から何度となくかき回された。杉山は言う。

「彼女を走らせる前に出どころをつぶさなければならない。そのためには全体をプッシュアップして前線から追い込んでいかなければ。極端にいえば、マンツーマンでつぶすくらいの意識も必要かもしれない」

幅広く素早いカバーリングを買われて3バックの中央に置かれた杉山にとって、インカレはシーズンの集大成になる。パワーアップのために母親に握ってもらって練習に出かけるおにぎりを、秋になって4つから6つに増やした。

インカレのキーパーソンの1人が、関カレの終盤戦から3バックの左サイドに座った吉田玲音だ。練習試合の相手にもなった帝京長岡高校出身の1年生で、１６９センチの長身から左右キックを同じレベルで繰り出す。ボランチが本職だが、後藤はシーズン前から手薄な守備陣のバックアップとして期待していた。だが、入学前に負っていた足の甲の負傷で出遅れた。開幕から活躍した同じ新人の福岡結や三宅万尋らを応援しながらリハビリを続け、シーズン終盤に台頭した。

愛知県名古屋市出身。隣県には高校女子選手権で過去5年に4回の優勝を誇る藤枝順心高校があったが、「順心を倒してやろう」と新潟に行った。

ア女には、練習に参加して目にした、現在サンフレッチェ広島レディースのMF笠原綺乃にあこがれて入部。攻守に働く大型ボランチを目指すが、インカレで期待されるのはまず守りだ。

「マークの受け渡しや周囲との連動で守るので、頭を使います。課題はたくさんあるけど、少しずつこなしていきたい。あとは得意のヘッドでセットプレーから点を取ります」

吉田の前方の左ワイドでプレーする﨑岡由真は、関カレ終盤に本来のFWから左サイドでボールを落ち着かせる役割に指名された。パワーとスピードに巻き込んでくる相手に対する緩衝材としての存在だ。

裏抜けのスピードと左右両足のシュート力に加えて、献身的な守りも持ち味。関カレではFW生田に次ぐ7点を決めたが、左ワイドではスピードが売りの三宅がいる右サイドを崩すための起点になるとともに、機を見て前に出てチャンスをつくり、ゴール前にも絡む幅広い動きを求められる。浦和レッズレディースのユースで経験したサイドバックの感覚を思い出し、ボールキープから一度預けて攻めに出るリズムを体に刻んだ。さらに、カットインしてシュートというイメージをふくらませる。

関カレ終盤の東洋大戦、山学大戦とも左サイドからゴール前に攻め入り、決定的なチャンスをつかんだが、決めきれず悔しさが募った。「山学大戦は右足で決められなかった東洋大戦の場面を思い出して、左足で打ってしまった」という冷静さが仇になった。生田のコンディションしだいでは、点取り屋にも戻るインカレでは、攻守に渡ってのキーになる。

「1年生から試合経験を積んだ2年生として、〝声出しにもプレーにも積極性を出す〟と自分で決めたシーズンのテーマをやりきりたい」

置かれた場所で実らせる

季節外れの寒気が舞い降りた11月下旬、18時半からの練習で選手たちの吐く息が照明の下で白くなった。湿気が白い靄になってピッチを覆う。秋から冬に向かう1カ月半は、ア女の4年生にとって集大成の大会に向けて過ごす最後の日々でもある。

藤枝順心高校で1年生と3年生のときに日本一を経験した4年生FWの栗田彩令は、卒業後にサッカーシューズを脱いで一般企業に進む。

高校時代に副将を務めながらレギュラーを取りきれなかった悔しさを高いレベルでぶつけたいと、特待生で進める大学には目を向けずア女を選んだ。入ってみるとBチームに振り分けられてグラウンドの端っこでまともな練習ができず、レギュラー組に食らいつく機会も限られている。「不満が顔に出てしまって、上級生には迷惑をかけっぱなしでした」と振り返る。

それも生来の負けず嫌いからで、その性格でなければ、トップチームにほぼ絡めないまま4年間を送ることはできなかった気もする。投げやりにならずに耐える強さを学んだ。

同期で話し合った夏合宿では、同郷の築地と主将の田頭の間に立ち、お互いを理解してほしいと2人を説得した。それによって、レギュラーやサブなどそれぞれの立場があっても、まとまれる感触をつかんだ。

「みんなが優しいことが裏目に出ていた。それぞれに立場は違うけれど、素を出せば1つになれると、初めて思えました」

早慶戦は途中交代で出場して、左サイドを駆けぬけた。関東女子リーグや育成リーグの「ブロッサムリーグ」でゴールを決めたときのチームメートの笑顔は、今も鮮明に脳裏にある。かけがえのない財産だ。長いようで短かった4年間に苦しさと悔しさで得た強さをもって、今度は金融機関でチャレンジをする。

150センチと小柄なMFの澤田美海は、卒業後に大学院に進学し、まずは将来に向けて語学留学する予定だ。

中学時代に母親から、自分でプレーをしながらスポーツを学べる場があると言われ、スポーツ科学部を志した。宇都宮中央女子高校では県大会で優勝。ア女のレベルの高さはわかっていて、食らいつく4年間にしようと入部した。関カレでのベンチ入りは4年間で2試合。Bチームで臨む関東リーグや育成リーグで精力的なプレーを続け、毎年、シーズンの最後にあるインカレのメンバー入りを目指した。

ピッチ外では自分でできる作業をつねに探し、気がつけば部室の掃除をした。上級生になってプロモーションの担当を任され、部発信のSNSに力を注いだ。TikTokなどを頻繁に観て、どうすればフォロワーが増えるかを研究した。カメラを固定し、部員が入れ替わりでいろいろなテーマでアピールするインスタグラム企画は数万人に向けてバズった。将来はスポーツに関わる職種に進みたいと考えてきたが、選手やチームをプロモートする仕事にも興味が湧いてきた。

「紅白戦で思うようにプレーできなくて悔し涙を流しながら帰ることも多かったけど、こんなに苦楽をともにする仲間との時間はもう一生もてない。私の財産です」

監督の後藤が「どんな立場でも嫌な顔を見たことがない。ア女の精神を体現する存在」と評する生谷寧々は、システムエンジニアを目指してIT系の企業に入社する。入学のときに理工学部も考えた理系脳だ。

東京の吉祥女子高校を出て、スポーツをする自分の体のメカニズムを知りたいと、スポーツ科学部に一般入学した。高校の女子サッカー部は、十文字などの強豪校に対して死力を尽くして5点差負けというレベル。「自分がどこまでできるのかを知りたかった」とア女に入部した3カ月でレベルの差を実感し、練習に出るのが怖くなった。

1年生の終わりに関東女子リーグに10分ほど出た。なぜ自分がと思い後藤に尋ねると「実力以外に選ぶ理由はない」という答えだった。バックグラウンドは関係なく、がんばっていれば試合に出るチャンスもあると思った。2年目から関東女子リーグで出番がまわってくるようになっても、チームのための雑用は進んでこなした。

「尊敬できる先輩は、上級生になっても嫌な仕事でも率先してやることを意識していた。試合に出られていないからやるわけではありません。自分がどんな立場でもやっていると思います」

　1年生では学業成績最優秀賞を受け、その後も評定は3・8をキープした。サッカーの知識は学年一で、同期からは「サッカーおたく」と言われる。すべてに手を抜きたくないのは生来の性格からだが、正直、試合終盤にまわってくる途中出場を「お情け」と感じることもある。そのたびに悔しく、落ち込む。

　4年間の嬉しかった感情も悔しかった感情も、すべてスマホのメモに残している。3年目の関東女子リーグで、VONDS市原FC戦で押されっぱなしの展開をPK1本で制したことがある。選手全員で喜びを爆発させたが、心をのぞくと、自分がピッチにいなかったという事実を受け入れられない嫉妬心があった。メモにはこうある。

〈仲間に距離を感じてしまい、涙は流したけど、それはうれし涙ではなく悔し涙だった〉

　入部直後のフィジカルテストにパスできず別メニューをこなしながら、4年目に関カレのゲームに絡み、インカレメンバーに入るという目標を立てた。それから3年半。最後のインカレに向けて、わずかなチャンスであっても、望みを捨てずにピッチ内外に全力で臨む。

「4年間、サッカーをやめてチームを去ろうと思ったことは一度もありませんでした」

「ONE TEAM」の祈り

曇り空の下、ア式のシーズン最終戦がある東伏見のグラウンドに500人を超える人々が集まった。11月16日。関東大学リーグ2部で3位の順大と4位早大の対戦は、勝ったほうが1部10位との昇格プレーオフに進出する。順大は引き分けでもプレーオフに進むことができ、勝てば同時刻に始まる慶大と日体大戦の結果によって自動昇格の2位に入る可能性を残す。一方で勝たなければならないのが、早大だ。

スタメンは、GKヒル(4年)、DFが右から佐々木、増田(ともに3年)、神橋、石川(ともに4年)。守備的MFには第12節以来の出場となる山市、谷村(ともに3年)、その前に右から光田、成定(ともに4年)、本保(3年)。トップには2年生の鈴木が入った。

前節の立大戦中に負傷したMF松尾と左靱帯を傷めているFW駒沢の両4年生のほか、ベンチメンバーはGK北村(4年)、DF西(2年)、笹木(3年)、MF東、森山(ともに4年)、柏木(2年)、FWの網代(1年)。

3年生のマネジャー高見貴史は、朝の6時半まで選手15人のシューズを磨いた。預けられたシューズの泥を落として洗い、ドライヤーをかけて乾かし、持ち主の顔を思い浮かべながらクリームをかける。最後に磨くのはエースの一足と決めているが、この日はベンチで見守るキャプテン伊勢のシューズも磨き上げた。

通常のマネジャー業務が終わってからの「残業」を志願して続けているのは、Jリーグクラブのホペイロという用具係兼マネジャーを目指しているからだ。サッカーは小学生でスクールに通った程度で、プロを目指すレベルにはない。地元の大宮アルディージャを応援していて選手をサポートする職業の存在を知り、大学サッカー部で経験を積むために栄東高校から人間科学部に進んだ。

マネジャー業務をこなしながらJリーグのクラブに見学に出かけ、プロの練習から得る気づきとスタッフの名刺を持ち帰った。Jクラブの現場での仕事に公募はなく、人脈が頼りだ。3年目は遠征全体の準備にも携わり、前年に旅行会社に頼んで不便も多かった総理大臣杯は、ホテルや練習場の手配やバス会社との交渉などを一から手がけた。

マネジャーは4年生以下11人。そのなかでは運動量の豊富なボランチ的な役割を自任する。

「動き回る仕事ですが、スタッフと選手の間で調整力が必要にもなる。チームの調子がいいときは洗濯を選手が手伝ってくれますが、最近はこちらから手伝ってほしいと声をかけてコミュニケーションを取ることも必要と思えてきました」

勝てば自分たちの準備が報われた気持ちにもなるし、部員としての自覚も対等にある。好きなサッカーの近くにこれからもいたい、と思う。ただ、一方で最終学年が近づいてきて将来の道について迷う自分もいる。プロクラブの現場の仕事は1年契約で待遇も厳しい。そこに飛び込む人生でいいのだろうか。

普通に就職をするためには、準備を始めなければならない。生来の気配りとマネジャーとして身につけた献身性と調整力は、どんな職種でも生きるはずだ。知り合ったJクラブの人からは「来ないか」と声をかけられてもいる。そうして悩みながらシューズを磨くのも、最長であと2試合になった。

山市が開始3分に右からカットインして得意の左足シュートを放ち、ゴール上へと外れた。なんとしても先に点を取るという意欲の表れだったが、その2分後に順大が得意とするセットプレーで先制される。左CKからDF三輪椋平をフリーにし、やすやすとヘッドを叩き込まれたのだ。

いきなり最低でも2点が必要になった早大は、冷静にボールをつなぎながら順大陣内に入っていく。MF谷村が守備ラインに落ちて山市が右斜め前に入る陣形から、佐々木の突破力を生かそうとボールを動かし、そこに成定が精力的に縦に動いて顔を出す。

14分には山市の右からのパスで成定がゴール前左に抜け出し、左足シュート。GKの正面を突いた。積極的に相手センターバックとサイドバックの間にあるポケットと呼ばれるゾーンにボールを入れて、16分過ぎからの5分間は立て続けにCKを得る。しかし順大もゴール前を固め、鈴木の右からのシュート、光田の切れ込みを手堅くブロックする。

同点ゴールは30分、成定だった。谷村の縦パスを受けて鈴木に一度ボールを預けるワンツーパスで中央から抜け出し、左足で蹴り込んだ。左右に揺さぶって中を空けるというシーズンを通して続けてきた攻撃のかたちが実り、試合を振り出しに戻した。

そこから前半終了までの15分が、結果的にシーズンの趨勢を決めることになった。同点ゴールの2分後に再び成定が山市のパスで抜け出すが、シュートはＧＫへ。38分にも右ポケットをとったが、成定のヘッドはわずかにそれる。40分にゴール正面やや左のＦＫから谷村が巻き込むように放ったシュートは、ポストの右に外れた。順大のクリアをことごとく拾ってほとんどの時間を敵陣で戦い、ボクシングでいえば順大をロープ際に追い込んだ。が、順大は倒れない。

石井玲於奈は松葉づえ姿で、ベンチ外のメンバーとサポーターが声をからす応援席にいた。第13節の日体大戦で、ゴール前の相手選手との競り合いから左膝の前十字靱帯を断裂。主将の伊勢に続いて全治8カ月の診断がくだり、シーズンの残り試合から外れた。

千葉県の梨農家の三男として生まれ育ち、街クラブからＦＣ東京の下部組織に入った。中学の成績はオール5。高校は文武両道を目指して早大学院に進む。ＦＣ東京ユースでも173センチの上背ながら、対人の強さでトップチームから目をかけられる存在だったが、高校1年生で練習参加した際、トップの長谷川健太監督との会話中に「目をそらした」と言われて練習から外された。

商学部に進んで入ったア式の1年目は、監督の外池に自分の売りとして口にした「球際」のあだ名で呼ばれたが、脳震盪、かかとの打撲、第5中足骨の骨折と負傷続きで顔を上げられない。2年目の新人戦で自分のプレーに初めて手ごたえを得たが、3年目は筋肉の負傷でスタート。80パーセントの状態で出た第2節の慶大戦は、相手ＦＷの塩貝健人にまともに対峙しないまま消化不良で終わった。身長の低さから、将来プロになるためにサイドバックで活路を見出したいという希望を持ち続けてきたが、兵藤に訴えてもなかなか受け入れられない。夏のＪ3

クラブとの練習試合でのプレーが認められ、総理大臣杯から右センターバックに定着した。

自己診断はネガティブな完璧主義。欠点は不満が顔に出てしまうこと。前十字靱帯断裂については、講義で学んだ統計学から、因果関係はなくランダムに自分に起こったことと割りきれた。伊勢に比べれば自分の苦悩など取るに足らないとも思えた。入院とリハビリが長引き、応援に足を運ぶ機会は最終節までなかった。

「強いワセダだからここに来た自分がいる。人間には感情があるので、信じる気持ちを送れば、選手をゾーンに入らせることはできると思う。仲間を信じるしかない」

流れを手離さないうちにほしかった2点目で相手を仕留められず、試合はハーフタイムに入った。

後半は膠着状態になった。相手陣内でゲームを進めようとしたところで順大のファウルやクリアにあって流れが途切れる。山市が「緩いぞ、緩いぞ」と声を出して仲間を叱咤した。徐々にイーブンボールを拾った順大のカウンターアタックが出始め、50分、52分と早大ゴールを急襲した。前半の好リズムは消えていた。

65分過ぎからベンチ脇でエースの駒沢がスタンバイを始める。順大が交代選手で中盤の活力を上げようと先に動いたあと、70分に駒沢が西とともに送り込まれた。左腿にテーピングをしてピッチに立つ駒沢に課されたミッションはただ1つ、シーズン14点目を勝ち越しゴールにすることだった。前線で手を上げてボールを呼び込み、サイドに中央にと動いてボールを収め、味方に展開する。が、足の運びはどこか重い。

中山夏妃《なつき》はベンチの脇で手を握りしめていた。女子マネジャーの祈りといった、よくある話ではない。部員として、いや部員以上に深い部への帰属意識の表れだ。

スポーツ全般に興味を抱いて桐光学園高からスポーツ科学部に入り、自分がプレーしても絶対に届かない日本一を目指せると、ア式のマネジャーを志願した。抱いていたマネジャーのイメージは「水汲み」で、あくまで選手をサポートする感覚だったが、入部するとピッチでプレーする選手以外の学生スタッフは部員扱いだった。練習の準備や片づけだけでなく、練習中もメニュー進行に従ってコーンを動かすといった仕事までやるとは考えてもいなかった。抱いていたマネジャーのイメージは消え、どうすればチームがまとまるかを考えるのが習慣になる。

練習の70分前集合が原則なので、授業が忙しかった下級生時は朝6時台に家を出て、夜10時台に帰宅する日々。2年目から100年目の早慶戦の企画に関わり、最終学年の本番前にあった夏休みもほぼつぶれた。試合に負ければ自分たちの準備の仕方に緩みがなかったかと振り返り、試合中も水やタオルを準備して、少しでもいいパフォーマンスを引き出そうとする。その過程で嫌でも感じてきたのは、部員すべてがまとまることの重要さとその難しさだった。

「トップチームだけでなく、社会人リーグに出るチームや部員全員がカテゴリーを超えて全体がワンチームでないと勝てない。腹を割ってコミュニケーションを取らなければ、外れる部員が必ず出てきてしまう」

ピッチの外にいる誰もが動きを止めていた。膝の自由がきかない伊勢も石井も、中山、矢萩、高見ら学生スタッフも、「ＯＮＥ ＴＥＡＭ」とプリントされたＴシャツを着たベンチ外の選手も、ただ祈るしかなかった。

自分たちの力が及ばないピッチでの時間が、ただ過ぎていく。自らボールを蹴り込み、ゴールを守れたらどんなによかったことだろう。

76分には前節の試合後に松葉づえをついていた松尾が入り、続いてルーキーの網代が送り込まれた。長身の神橋を前線にあげ、キック力のある柏木を投入して前節に続いてパワープレーに出る。競り合いにつながるボールを上げられずに効果がなかった立大戦のあと、ロビングを上げる前のボールの動かし方について入念なトレーニングを積んできた。しかし今度はロビングが上がっても、肝心の空中戦に勝てない。

80分に駒沢のポストプレーから鈴木が右足シュートを放つが右へ。ショートカウンターから中央を持ち出した駒沢が右に走る西に送ったパスは、外にそれた。右サイドから山市が送ったボールに身を投げ出した網代のヘッドはわずかに届かない。西のクロスからの駒沢自身のヘッドも大きく上方に外れた。

終了間際にカウンターから順大がつかんだチャンスをヒルが防ぎ、後方からロングボールを送る。順大のクリアを拾って左サイドからゴール前に送ったボールは、順大ＧＫの両手に収まった。ＧＫの右足が、ロングボールを蹴った。

ボールが空中にある間に、８分のアディショナルタイムの終わりを告げるホイッスルが鳴った。

エピローグ

伊勢航は4年生の単位をあえて4つ落とすことにした。卒業を延期するためだ。右膝を傷めて「シーズンアウト」になり、プロ志向だった進路を夏の終わりに決めた。大学に残って1年遅れの就職活動をする道だった。

4年生になって練習に参加をしたJ2のクラブからのオファーはなかった。最終学年でチームを1部昇格に導いてプロの道を拓こうと口にはしていたが、知らず知らずのうちに自信を失っていたのかもしれない。ユース時代にJ1クラブにあと一歩だったという自負が揺らいだのかもしれない。そこに前十字靱帯断裂という悲運に見舞われた。

裏方としてチームを支えた早慶戦、総理大臣杯を終えて胸の内をのぞくと、サッカーに疲れ、ほかの道を選ぼうとしている自分がいた。父親は決断を尊重してくれたが、母親は「本当に未練はないの？　逃げようとしていない？」と食い下がった。決めるのは僕だよ、と答えた。

せっかくキャンパスに残るのだから、政経学部や国際教養学部の授業を受けてみようと思う。見識を広げて、語学を含めた海外経験を生かせるグローバルな仕事に進むのだ。自分からサッカーを引いて残る価値を見出そうとすることには楽しみしかなく、一度決めれば迷いも悔いもない。皮肉にもサッカーを失って、大学に進んだ意味を理解したのだ。

4年間は無駄ではなかった。

引き分けに終わったリーグ最終戦の順大戦のあと、ア式蹴球部は3日間のオフを取って始動した。天皇杯予備予選学生系の部が12月初めに始まる。

11月24日に東伏見であった2024年度の解散式で、シーズンの報告があった。兵藤慎剛監督下2年目のトップチームは関東大学リーグ2部で勝ち点35の5位。前年より勝ち点は下がったが、昇格プレーオフ圏内への2差は同じだった。兵藤は最終戦を終えて、「個人の能力だけ見れば昨年のほうが上かもしれないが、チーム力は今年のほうがあったのではないか。プレシーズンが良くて、自分にもどこか緩みがあったのかもしれない」と振り返った。

事実上のBチームで臨んだインディペンデンスリーグ（Iリーグ）は8勝3分け6敗で4位に終わり、目標の関東大会を逃した。Cチームが早大ア式FCとして参加した東京都社会人リーグ1部で11勝3分け3敗の3位になったが、関東社会人リーグは1回戦で敗退した。部長の石井昌幸は、解散式でこう話した。

「学校スポーツには期限があって、いつか終わりがくる。だからこそ学年に意味がある。3年生以下には歴史を紡いでいってほしい」

再開したトレーニングには駒沢直哉と神橋良汰の姿もあった。20得点以上でリーグ得点王を取り、1部昇格に導くと目標を定めていた駒沢は、「この悔しさを次につなげなければならないから、終わったという喪失感はない」、神橋は「ヘッドには自信があったのに勝てなかった自分にあきれている。まだまだ自分は弱いし、全然足りない」と話した。ともに年内には紺碧寮を出て、年明けには例年よりシーズン開幕が早いJリーグクラブに合流する。

101年目のキャプテンに指名された山市秀翔は、副将の谷村峻、佐々木奈琉ら幹部とともに始動した。「泥臭いチームにする」と山市が話せば、佐々木は「多くの選手が競争をする環境を目指す」、谷村は「本当の意味でのワンチームにしていく」と言った。兵藤は新チームについて、こう話した。

「これまでより決まりごとを増やして、そこに独創性を加えるので、選手も使う頭が多くなる。今までやってきたベースは変えずに、選手に合わせていろいろなチャレンジをしていく」

2月にはドイツへの強化遠征が決まった。2週間で25人のメンバーが遠征する。経費は早慶定期戦の余剰金と、大学からの補助だ。

現在、ア式全体の通常の年間予算は収入が5500万円前後だ。内訳はOB会費400万円、指定寄付400万円、大学から2000万円、部費が2000万円、不足分は部への指定寄付の保管分、早慶定期戦などのスポンサー費を充てる。2024年度からは運動部全体に年間5000万円が割り当てられ、ア式は男女のスタッフの人件費にもこの財源を使った。WMWクラブの副会長についた1986年卒で石井と同期の亀田雅博は、「100周年を機に横のつながりはあったOB・OGを縦に結ぶ糸口ができた。1人ひとりが強制ではなく自分ごととして会費を払える仕組みを工夫していく」と話す。

秋口までJリーグ入りを模索した東廉は本田技研に入社して、JFLから上のレベルを目指す。リーグ最終戦に出番はなかったが、最後の数試合はチームの勝利だけを純粋に祈った。

光田脩人は秋までプロとの道を模索する日々を過ごした結果、内定していた金融機関に進む道を選んだ。やりきったうえでの結論かと訊かれれば、うなずけない。解散式でこう言った。

「後輩にはやりきった末の決断ができるように過ごしてほしい」

松尾倫太郎、成定真生也、北村公平はメガバンクに、石川真丸は大手信託銀行に入行する。テレビドラマ「ハゲタカ」が好きだった松尾が抱く将来像は海外を闊歩する投資のプロ、成定は「人々に信頼されなければならない職業は自分に合っていると思う」、北村は「早慶戦でOBの方々と折衝した体験を生かしたい」と入行を決めた。石川はこう話した。

「サッカーはここまでですが、仕事に慣れるとボールが恋しくなるかもしれません」

学生コーチの矢萩啓暉は就職人気ランキング上位の食品メーカーに進む。営業で顧客のニーズを受けて商品を企画し、販促をするという流れを次のステップに生かすためだ。

「ゴールはモンテディオ山形の社長。帰属意識をもったメンバーで勝つ組織をつくりたい」

マネジャーの中山夏妃は大学院に進む。在学中に大学院のための単位も取得し始めているので、修士2年のところを1年で修了する予定で、そのあとはスポーツに関わる仕事に就くのが希望だ。

2024年3月に卒業した一代上のキャプテン、平松柚佑は関東サッカーリーグ1部に属する東京ユナイテッドFCでプレーしながら、教職課程のために週に1回、大学に通っている。JRの始発で埼玉県浦和市の自宅を出る朝練を含めて、週に5日が練習と試合。空いた時間はサッカー教室での指導、コーヒー機器のメンテナンス、東京ドーム内のカフェと、アルバイトをかけ持つ。チームでのポジションは、本来の持ち場のボランチ。長髪にもなった。サッカーを楽しみながらプレーを続けて、30歳前後で教職を活かして指導者になれればと将来図を描く。

4月にコンサルティング会社に入社した中谷颯辰は、3カ月の研修期間を終えてキャッシュレス決済を扱うクライアント企業に通っていた。赴任先ではミーティングの議事録の採録などが最初の仕事だったが、だんだんと任される業務が増えてきた。同期入社は400人いるが、サッカーのピッチほどのヒリヒリ感はない。かといって、社会人になってできた知り合いを友だちと呼ぶのは少し違う気がする。これといって趣味はなく、休日には学生時代のサッカー仲間とサウナやご飯にいき、資格試験のための勉強をするくらいだ。以前から抱く「いつか起業してワセダのスポンサーに入りたい」という漠然とした気持ちは変わらずにある。ジムには週に2回は通うが、ボールは蹴っていない。

2024年のJリーグは12月8日に全日程を終えた。

J1ではFC町田ゼルビアがJ1昇格初年度で3位に入った。鈴木準弥は24試合に出場して1得点、相馬勇紀は9試合1得点だった。

城福浩率いるJ1の東京ヴェルディは6位、曺貴裁の京都サンガFCは14位でリーグ戦を終えた。城福の通算記録はJ1とJ2で計459試合185勝、曺は438試合で176勝となった。東京ヴェルディのチーム走行距離はFC町田ゼルビアと並ぶ1試合平均116キロでリーグ2位だった。

アルビレックス新潟は16位でJ1に残留した。島田譲は19試合、小島亨介は33試合に出場した。チームの平均パス数はリーグトップの586・3回、平均ボール支配率は56・6パーセントでリーグ2位だった。島田譲はリーグ戦の終了前に契約満了で退団することが発表された。濱田祐太郎がアナリストを務めるサガン鳥栖は、2012年の昇格以降、死守してきたJ1からの降格が決まった。リーグ1の走行距離も及ばなかった。

植村洋斗がプレーするジュビロ磐田は1年でJ2に降格した。植村は35試合1得点。合計プレー時間の2971分はチーム2位だった。

J2で昇格プレーオフを狙った大倉智社長のいわきFCは終盤に失速して9位に終わった。1試合の平均タックル数は18・5回でリーグ2位だった。

J3では岡田武史がオーナーを務めるFC今治が2位になって、J2への自動昇格を果たした。関塚隆、森璃太らア式OBが3人いる福島ユナイテッドFCは、5位で進出した昇格プレーオフで敗れた。

古賀聡が率いる明学大は3部リーグで4位に入り、2部参入プレーオフに進出。2部9位の拓大と0－0の引き分けに終わり、就任1年目での2部昇格はならなかった。

池田誠剛は7月に洪明甫が韓国代表監督に転任したのちも蔚山HDのフィジカルコーチの任にとどまり、金判坤《キムパンゴン》新監督の下でチーム5回目のK1リーグ優勝を果たした。池田就任以降、3連覇となった。

西武新宿線武蔵関駅の南口を出て5分ほど歩くと、一軒の蕎麦店がある。11時から21時まで通し営業をする「板蕎麦 山葵《わさび》」は、昼時を過ぎても夕方まで客が絶えない。11月の午後、店内にア女の田頭花菜と築地育の姿があった。店では15年前から歴代のア女の部員がアルバイトとして働く。

2013年卒の吉武百香がアルバイト募集の貼り紙を見て応募したのが最初で、その後、代々の部員が受け継ぎ、2024年卒の笠原綺乃、三谷和華奈に声をかけられて田頭と築地が入った。「みんな仕事の飲み込みが早くて、やるべきことの優先順位が判断できる」と店長の吉田綾子さん。早慶戦の日は店を閉めてオーナーの征弘さんと応援に行く。多忙な大晦日は、アルバイトのほかの部員の力も借りて乗りきるのが通例になった。

「昨年の12月31日、調理場を仕切ってくれたタガ（田頭）に『キャプテンに向いているね』と言ったら、『私、キャプテンやるんです』と張りきっていました」

店には他大学の学生らのアルバイトもいて、閉店後にスタッフで飲み会を開く日もある。田頭は「サッカー界以外にも知り合いができて、就活の参考にもなった」と振り返り、築地は「正直、サッカー以外の接点はこの店くらい」と笑う。卒業する2人のほかに3年生の淀川知華がいて、秋からは1年生の米村歩夏と吉田玲音が加わった。

伊勢は、駒沢と4年間を過ごした316号室で3月まで暮らす。几帳面な駒沢が衣類を折りたたんで入れていたラックがなくなって、部屋が広くなった。グラウンド脇の桜がほころぶ頃に部屋を出ていく。あとには101年目の新入生が入るだろう。

あとがき

20代半ばでサッカーに関わる仕事を始め、2つの専門誌の編集部に身を置いた20年は、日本サッカー界がプロ時代と世界舞台に向かう歳月に重なる。幾多の選手、指導者、関係者に話を聞く機会があったが、早稲田大学ア式蹴球部の出身者は個性的で多彩、情熱を秘めたサッカー人ばかりだった。

１００年の歴史をたどる作業であらためて感じたのは、日本サッカーの通史を貫く先人の功績の重みと人脈の深さだ。多くの男女がさまざまな志を抱いて学び舎に集い、4年間の日々で得た財産をサッカーに限らず幅広い分野に広げていた。紙幅に限りがあり、その功の多くを書き記すことができなかったことについて、まずはお詫びしたい。

史実や証言の多くはＯＢ・ＯＧ会組織であるＷＭＷクラブが編んだ『早稲田大学ア式蹴球部50年史』および『同75年史』を頼り、可能な限り関連資料にあたったが、とりわけ草創期の史実については散逸のきらいを免れなかった。誤謬《ごびゅう》や脱落があるとすれば、これも筆者の力不足にほかならない。

ＷＭＷクラブとア式蹴球部の協力を仰いでＯＢ・ＯＧの証言を集め、男女部に在籍する現役生の位相を重ねた。資料編を加えたものの網羅的でも一貫的でもなく、いわば大海を投網でさらうようなアプローチが、周年を寿《ことほ》ぐ書物としてふさわしいかたちであるのかは、筆を置いた今も自信がない。

いずれにしても卒業生の末席にいるとはいえ、部のＯＢでもない一介の書き手の試みにおつきあいいただいたＯＢ・ＯＧ諸氏と監督、部員に感謝したい。その度量は多様を容れ、進取を尊ぶ大学と部の気風に通ずる。

１００年目の男子部は目標の関東大学リーグ１部復帰を果たせなかったが、伝統を紡ぐための戦いはこれからだ。女子部の日本一への挑戦の結末は本稿締め切りの時点ではわからない。次の１００年への始まりが厳しいものであっても、それも東伏見で希望を胸にボールを追う多くの情熱によって編まれる歴史の１ページにすぎない。

ゴール脇の桜は、集まり散じてゆく若者を見守りながら、この春も次の春も花をつける。人は変われどそこにあり続ける、有名無名の青春譚として読んでいただけたならば嬉しい。

伊東武彦

２０２５年１月

※本文中の敬称は原則として省略させていただきました。

装　　丁　坂井栄一（坂井図案室）
校　　正　月岡廣吉郎　安部千鶴子（美笑企画）
組　　版　キャップス
編集協力　川原宏樹　田口卓

企画・編集　苅部達矢

早稲田サッカー　百年の挑戦

第1刷　2025年1月31日

著　者　伊東武彦
発行者　小宮英行
発行所　株式会社徳間書店
〒141-8202　東京都品川区上大崎3-1-1
目黒セントラルスクエア
電　話　編集（03）5403-4344／販売（049）293-5521
振　替　00140-0-44392
印刷・製本　TOPPANクロレ株式会社

Printed in Japan
ISBN978-4-19-865930-1

伊東武彦（いとう・たけひこ）

1961年4月29日、東京都生まれ。早稲田大学卒業後、フリーライターなどを経て1990年にベースボール・マガジン社入社。『週刊サッカーマガジン』編集部で編集記者、1998年から2004年に同編集長。2004年に朝日新聞社に移り、『AERA』編集部記者、副編集長、サッカー推進委員会事務局長など。著書に『サッカーMONO物語』（ベースボール・マガジン社）、『アイスタイム』（講談社）。後者で2013年度ミズノスポーツライター賞最優秀賞。2023年に退職後はノンフィクションライター、活字集団『studio montereggio』主宰。

おしらせ

101年目のア式、ア女のスタートを描いた本書の続編『早稲田サッカー百年の挑戦　101年目の冬』は2025年1月15日（予定）にスポーツ専門WEBサイト『Sportsnavi』（スポーツナビ）の「早稲田大学競技スポーツセンター」の公式情報で公開されます。

URL https://sports.yahoo.co.jp/official/writer/10219

QRコード

早稲田サッカー
百年の戦績

男子部編

戦績ならびに卒会員は、早稲田大学WMWクラブ提供の『早稲田大学ア式蹴球部50年史』『早稲田大学ア式蹴球部75年史』『WMW会員名簿』をもとに『早稲田大学体育各部卒業アルバム』ならびに外部資料と照合して作成しました。

1921 大正10年度

◇専門学校四校リーグ戦
［日程］1922年1月29日～2月12日
1/19［場所］高師グラウンド
○早高－商大（棄権）※商大選手不足
○早高・帝大連合3－2高師
2/5［場所］高師グラウンド
●早高 0－3 帝大
2/12［場所］高師グラウンド
●早高 1－6 高師
以上　戦績1勝2敗　第3位

◇第1回全国優勝大会関東予選
［日程］1921年11月19日～23日
11/20［場所］高師グラウンド
○早高 0－0 豊山中（抽選勝）
○早高 3－1 ドラゴン
11/23［場所］高師グラウンド
●早高 0－1 青山師範

1922 大正11年度

◇第2回全国優勝大会関東予選
［日程］1922年10月28日～11月5日
10/29［場所］高師グラウンド
○早高 1－0 台湾クラブ
10/31［場所］高師グラウンド
●早高 0－3 帝大

◇第1回全国高等学校蹴球大会
［日程］1923年1月4日～5日
1/4［場所］高師グラウンド
○早高 1－0 松江高
1/5［場所］高師グラウンド
○早高 2－0 七高
○早高 2－0 山口高

1923 大正12年度

◇第1回早慶サッカー定期戦
［日程］1924年1月29日
［場所］戸塚早大野球場
○早大 2－0 慶大

◇第2回全国高等学校蹴球大会
［日程］1924年1月3日～5日
1/4［場所］高師グラウンド
○早高 1－0 山口高
1/5［場所］高師グラウンド
○早高 0－0 松江高（抽選）
○早高 3－1 八高
以上　戦績3勝0敗　第1位

1924 大正13年度〈創部〉

◇ア式蹴球東京コレッジ・リーグ
［日程］1925年1月31日～2月11日
1/31［場所］高師グラウンド
●早大 2－4 帝大
2/4［場所］高師グラウンド
○早大 3－1 高師
2/7［場所］戸塚早大野球場
○早大 3－0 慶大
2/10 早大－農大（農大棄権）
2/11［場所］法大中野球場
○早大 2－1 法大
以上戦績 4勝1敗 第1位

◇第1回早関サッカー定期戦
［日程］1924年12月6日
［場所］戸塚早大野球場
△早大 2－2 関西学院大

◇第3回全国高等学校蹴球大会
［日程］1925年1月1日～4日
1/2［場所］高師グラウンド
●早高 1－2 松山高

◇第7回日本フットボール大会
［日程］1925年1月17日～19日
1/17［場所］甲陽中学校グラウンド
○早大－松山高（棄権）
1/18［場所］甲陽中学校グラウンド
○早大 1－0 関大
1/19［場所］甲子園野球場
○早大 2－1 関学大

◇第3回全国高等学校蹴球大会
［日程］1925年1月1日～4日
1/2［場所］高師グラウンド
●早高 1－2 松山高

1925 大正14年度

部長・島田孝一

◇ア式蹴球東京コレッジ・リーグ
［日程］1925年12月19日～1926年1月30日
12/19［場所］一高グラウンド
○早大 4－0 一高
12/26［場所］中野法大球場
○早大 4－0 法大
1/21［場所］一高グラウンド
●早大 0－3 帝大
1/30［場所］戸塚球場
△早大 2－2 慶大
○早大 4－2 高師
以上戦績 第3位

◇第5回全国優勝大会兼
第2回明治神宮体育大会関東北予選
［日程］1925年10月3～11日
10/4［場所］明治神宮競技場
○早大 6－0 紫友
10/10［場所］明治神宮競技場
○早大 2－1 豊師
10/11［場所］明治神宮競技場
●早大 0－1 帝大
3位決定戦 △早大1－1東京蹴球団

◇第2回早関サッカー定期戦
［日程］1925年12月5日

［場所］神戸関学大グラウンド
△早大 2－2 関西学院大

◇第4回全国高等学校蹴球大会
［日程］1926年1月1日～5日
1/2［場所］学習院グラウンド
○早高 3－0 七高
1/3［場所］学習院グラウンド
○早高 2－0 東京高
1/4［場所］学習院グラウンド
●早高 0－1 広島高（延長戦6回）
以上戦績 2勝1敗

◇第7回極東大会関東北予選会
［日程］1925年4月3日～5日
4/5［場所］豊島師範グラウンド
○早大 3－1 成城サッカー
○早大 2－1 豊師

◇第7回極東大会代表決定戦
［日程］1925年4月11日～12日
［場所］高師グラウンド
●早大 1－2 大阪サッカー

大正14年度（1926年）卒会員
川口敏郎、重松頼広、鈴木重義（主将）、中川順一郎（主務）、福田寅男

1926 大正15年度

部長・島田孝一

◇第3回明治神宮競技会
［日程］1926年10月29日～30日
10/29［場所］明治神宮競技場
●WMW 2－3 御影蹴球団

◇ア式蹴球東京コレッジ・リーグ
［日程］1926年11月4日～12月5日
11/4［場所］法政阿佐ケ谷グラウンド
○早大 2－1 法大
11/20［場所］農大グラウンド
△早大 2－2 農大
11/30［場所］高師グラウンド
○早大 3－2 高師
12/5［場所］一高グラウンド
●早大 0－1 帝大
12/25
早大－一高（中止）※天皇崩御のため

◇第3回早関サッカー定期戦
［日程］1926年11月24日～26日
11/24［場所］戸塚球場
△早大 2－2 関西学院大
11/25［場所］戸塚球場
△早大 3－3 関西学院大
11/26［場所］戸塚球場
○早大 2－1 関西学院

◇第3回明治神宮競技大会関東予選
［日程］1926年10月2日～17日
10/2［場所］京浜電鉄羽田球場
○WMW 2－0 帝大マツエ
10/9［場所］京浜電鉄羽田球場
○WMW 1－1 自白蹴球団（抽選勝）
10/16［場所］京浜電鉄羽田球場
○WMW 3－0 帝大RS
10/17［場所］高師グラウンド
○WMW 3－1 水戸高

大正15度(1927年)卒会員
荒木三良、有馬映夫、伊藤友吉(主将)、井田(尹)宗植、金子英輔
芝本金雄、高畠次郎、日高民世、山田直枝、吉田末幸

1927 昭和2年度

部長・島田孝一

◇ア式蹴球東京コレッジ・リーグ
[日程] 1927年10月5日～12月17日
11/10 [場所] 法政グラウンド
○早大 4－1 法政
11/13 [場所] 高師グラウンド
●早大 2－4 高師
11/19 [場所] 東京高等グラウンド
●早大 0－2 帝大
11/26 [場所] 神宮競技場
△早大 2－2 慶大
12/17 [場所] 一高グラウンド
○早大 5－2 一高
以上戦績　2勝2敗1分　第3位

◇第4回早関サッカー定期戦
[日程] 1927年12月1日～2日
12/1 [場所] 関西学院グラウンド
●早大 0－2 関西学院大
12/2 [場所] 関西学院グラウンド
●早大 0－1 関西学院大

◇第1回三田稲門戦
[日程] 1927年5月21日
[場所] 三田綱町グラウンド
●稲門 1－2 三田

◇第2回三田稲門戦
[日程] 1928年1月29日
[場所] 戸塚球場
△稲門 2－2 三田

◇第5回全国高等学校蹴球大会
[日程] 1928年1月
[場所] 東大御殿下グラウンド
○早高 4－0 松本
●早高 0－2 浦和

◇第8回極東大会東京予選
[日程] 1927年6月18日～26日
6/18 [場所] 戸山学校グラウンド
○WMW 3－2 水戸高
6/19 [場所] 戸山学校グラウンド
○WMW 1－0 法政
6/25 [場所] 戸山学校グラウンド
○WMW 2－1 帝大
6/26 [場所] 戸山学校グラウンド
○WMW 6－2 高師

◇第8回極東大会全国大会
[日程] 1927年7月29日～31日
7/30 [場所] 明治神宮競技場
○WMW 2－1 神中クラブ
7/31 [場所] 明治神宮競技場
○WMW 2－1 広島蹴球団
以上戦績　第1位

昭和2年度(1928年)卒会員
朝倉保、杉山敏、鈴木義弘、高畠一男、玉井操(主将)、平岩圭三

1928 昭和３年度

部長・島田孝一

◇ア式蹴球東京コレッジ・リーグ
[日程] 1928年11月3日～12月18日
11/3 [場所] 元研心学園球場
○早大 3－2 明大
11/18 [場所] 高師グラウンド
○早大 6－1 高師
11/25 [場所] 神宮競技場
●早大 2－3 慶大
12/ 9 [場所] 神宮競技場
●早大 1－3 東大
12/18 [場所] 一高グラウンド
○早大 4－3 一高
以上戦績　3勝2敗　第3位

◇第７回全日本選手権関東予選
[日程] 1928年9月29日～10月14日
9/29 [場所] 豊島園球場
○WMW 2－1 向陵
10/ 7 [場所] 豊島園球場
○WMW 3－2 MTR
10/13 [場所] 豊島園球場
○WMW 3－0 明大
10/14 [場所] 豊島園球場
○WMW 4－2 豊島クラブ

◇第７回全日本選手権大会
[日程] 1928年10月27日～28日
10/27 [場所] 神宮競技場
○WMW 2－0 名古屋工高
10/28 [場所] 神宮競技場
○WMW 5－1 慶大
10/28 [場所] 神宮競技場
○WMW 6－1 京都帝大

◇第５回早関サッカー定期戦
[日程] 1928年11月30日～12月2日
11/30 [場所] 戸塚球場
△早大 0－0 関西学院大
12/1 [場所] 戸塚球場
●早大 1－2 関西学院大
12/2 [場所] 戸塚球場
○早大 2－1 関西学院大

◇第６回全国高等学校蹴球大会
[日程] 1929年1月
[場所] 東大グラウンド
○早高 4－0 五高
○早高 1－0 山口
○早高 2－1 浦和
○早高 1－0 成城
○早高 3－2 六高
以上戦績　5勝0敗　第1位

昭和３年度（1929年）卒会員
青山輝、板谷守、図師嘉彦、高橋茂（主将）、野村正二郎

1929 昭和４年度

部長・島田孝一

◇ア式蹴球東京コレッジ・リーグ
［日程］1929年10月26日～12月15日
10/26［場所］高師グラウンド
△早大 0－0 高師
11/11［場所］成城球場
○早大 4－2 農大
11/16［場所］文理大球場
●早大 3－4 明大
11/24［場所］神宮競技場
○早大 2－1 慶大
12/15［場所］神宮競技場
●早大 3－6 帝大
以上戦績　2勝2敗1分　第3位

◇第６回早関サッカー定期戦
［日程］1929年11月30日～12月1日
11/30［場所］甲子園南球場
●早大 0－2 関西学院大
12/ 1［場所］甲子園南球場
●早大 0－3 関西学院大

◇第７回全国高等学校蹴球大会
［日程］1930年1月
［場所］東大グラウンド
○早高 2－1 浦和
○早高 4－2 松江
●早高 2－3 広島

昭和４年度（1930年）卒会員
轡田三男（主将）、宍戸正景、渋谷茂、滝通世、平田稔、藤岡栄策
松葉文夫、和田太郎

1930 昭和５年度

部長・島田孝一

◇ア式蹴球東京コレッジ・リーグ
［日程］1930年10月19日～12月14日
10/19［場所］東高球場
○早大 3－0 文理大
11/ 8［場所］成城学園球場
●早大 1－2 一高
11/22［場所］神宮競技場
○早大 4－3 慶大
11/30［場所］神宮競技場
○早大 3－2 帝大
※早大、帝大の同率1位
12/14［場所］神宮競技場
優勝決定戦　●早大0－1帝大
以上戦績　第2位

◇第７回早関サッカー定期戦
［日程］1930年12月24日
［場所］神宮競技場
△早大 1－1 関西学院大

◇第９回全日本サッカー選手権関東予選
［日程］1931年1月10日～31日
1/10［場所］東京高校球場
○WMW 2－1 アストラ

1/17［場所］東京高校球場
●WMW 2－3 慶応 BRB
以上戦績　2回戦敗退

◇第8回全国高等学校蹴球大会
［日程］1931年1月
［場所］京都岡崎公園
●早高 1－2 武蔵

昭和5年度（1931年）卒会員
伊藤聖、植谷俊雄、大倉精一、杉村正三郎（主将）、高師康、本田長康

1931 昭和6年度

部長・島田孝一

◇ア式蹴球東京コレッジ・リーグ
［日程］1931年9月27日～12月5日
9/27［場所］東高グラウンド
△早大 2－2 一高
10/ 5［場所］神宮競技場
○早大 11－1 農大
10/23［場所］神宮競技場
○早大 9－0 明大
11/22［場所］神宮競技場
●早大 3－4 慶大
12/ 5［場所］神宮競技場
●早大 1－3 帝大
以上戦績　2勝2敗1分　第3位

◇第6回明治神宮競技大会兼
全日本サッカー選手権関東予選
［日程］1931年9月27日～10月4日
2回戦　○WMW 4－1 中大
3回戦　●WMW 1－4 帝大 LB

◇第8回早関サッカー定期戦
［日程］1931年1月23日～24日
1/23［場所］甲子園南球場
●早大 1－7 関西学院大
1/24［場所］甲子園南球場
○早大 4－2 関西学院大

◇第9回全国高等学校蹴球大会
［日程］1932年1月
［場所］東大グラウンド
○早高 4－0 浦和
●早高 1－3 水戸

昭和6年度（1932年）卒会員
浅井彬、井村三良、工藤明、舘武明、日高文雄、松波茂、三ツ松進、宮下正治、和地武雄

1932 昭和７年度

部長・島田孝一

◇ア式蹴球東京コレッジ・リーグ戦

［日程］1932 年 10 月 1 日～ 12 月 5 日
10/ 1［場所］神宮競技場
○早大 4 － 0 農大
10/22［場所］神宮競技場
○早大 4 － 1 文理大
10/29［場所］神宮競技場
○早大 2 － 0 一高
11/ 5［場所］神宮競技場
△早大 2 － 2 慶大
11/19［場所］神宮競技場
○早大 5 － 0 帝大
※早大、慶大の同率 1 位
12/ 5［場所］神宮競技場
優勝決定戦　●早大 2 － 5 慶大
以上戦績　第 2 位

◇第９回早関サッカー定期戦

［日程］1933 年 1 月 21 日
［場所］神宮競技場
●早大 2 － 4 関西学院大

◇全国地方対抗選手権大会

［日程］1933 年 3 月 25 日～ 27 日
1 回戦　※不戦勝
3/26 ○早大－アストラ（棄権）
3/27 ●早大－慶大（失格）※遅刻

◇第 10 回全国高等学校蹴球大会

［日程］1933 年 1 月
［場所］京都岡崎公園
○早高 2 － 0 成城
○早高 3 － 1 弘前
●早高 0 － 4 六高

昭和７年度（1933 年）卒会員
井出多米夫（主将）、工藤孝一（主務）、駒井康人、原田七郎、牧村芳郎
宮部一雄

1933 昭和８年度

部長・島田孝一
監督・工藤孝一

◇東京学生蹴球リーグ

［日程］1933 年 10 月 1 日～ 11 月 26 日
10/ 1［場所］神宮競技場
○早大 5 － 1 農大
10/15［場所］石神井球場
○早大 6 － 1 成城
10/25［場所］神宮競技場
○早大 3 － 1 文理大
11/18［場所］神宮競技場
○早大 2 － 0 帝大
11/26［場所］神宮競技場
○早大 4 － 1 慶大
以上戦績　5 戦全勝　第 1 位

◇第５回東西学生王座決定戦

［日程］1933 年 12 月 10 日
［場所］神宮競技場

○早大 5－2 京大

●WMW 1－5 帝大 LB

◇第７回明治神宮大会兼
全国地方対抗選手権関東予選大会
［日程］1933 年 9 月 17 日～ 10 月 1 日
9/17［場所］東京学校
○WMW 2－1 川村電球
9/24［場所］東京高校

◇第 11 回全国高等学校蹴球大会
［日程］1934 年 1 月
［場所］東大グラウンド
○早高 9－3 成城
▲早高 4－4 東高（抽選）

昭和 8 年度（1934 年）卒会員
阿部信男、熊井俊一（主将）、高木六郎、名取武

1934 昭和 9 年度

部長・島田孝一
監督・工藤孝一

◇東京学生蹴球リーグ
［日程］1934 年 10 月 7 日～ 12 月 8 日
10/7［場所］神宮競技場
○早大 5－1 立大
10/19［場所］東大御殿下球場
○早大 10－2 文理大
11/4［場所］神宮競技場
○早大 7－0 農大
11/17［場所］神宮競技場
○早大 6－1 帝大
12/1［場所］神宮競技場
△早大 3－3 慶大
※早大と慶大の同率１位
12/8［場所］神宮競技場
優勝決定戦　△早大 7－7 慶大
以上戦績　両校優勝

◇第６回東西学生王座決定戦
［日程］1934 年 12 月 16 日
［場所］甲子園南球場
○早大 6－0 京大

◇第 12 回全国高等学校蹴球大会
［日程］1935 年 1 月
［場所］京都岡崎公園
●早高 0－1 一高

◇第１回東京大学予科大会
［日程］1935 年 1 月 26 日～ 2 月 3 日
1/27［場所］日吉
○早大 8－0 慈恵大
2/2［場所］日吉
○早大 16－1 明大
2/3［場所］日吉
○早大 8－0 慶大
以上戦績　3 戦全勝　第 1 位

昭和 9 年度（1935 年）卒会員
上野寛、幸田成孝、西川桑畝、野沢晃、長谷川一彦

1935 昭和 10 年度

部長・島田孝一
監督・工藤孝一

◇蹴球祭・関東大学蹴球リーグ

［日程］1935 年 10 月 6 日～ 11 月 24 日
10/6［場所］神宮競技場
○早大 7 − 1 商大
10/31［場所］日吉台競技場
○早大 13 − 1 立大
11/9［場所］神宮競技場
○早大 4 − 2 帝大
11/16［場所］日吉台競技場
○早大 5 − 3 文理大
11/24［場所］神宮競技場
○早大 8 − 2 慶大
以上戦績 5 戦全勝 第 1 位

◇第 1 回全日本総合選手権大会関東予選

［日程］1935 年 4 月 27 日～ 5 月 12 日
4/27［場所］明大和泉球場
○早大 4 − 4 慶応 BRB（抽選）
4/29［場所］明大和泉球場
○早大 6 − 0 WMW
5/5［場所］明大和泉球場
○早大 4 − 0 立大
5/11［場所］明大和泉球場
○早大 3 − 1 帝大 LB
5/12［場所］明大和泉球場
●早大 0 − 1 文理大
以上戦績 3 勝 1 敗 1 分

◇第 4 回全国地方対抗選手権兼第 8 回明治神宮大会関東予選

［日程］1935 年 9 月 22 日～ 29 日
9/22［場所］明大和泉球場
○WMW 9 − 0 慈恵大
9/24［場所］明大和泉球場
○WMW 3 − 1 文理大
9/28［場所］明大和泉球場
○WMW 4 − 1 聖ポール
9/29［場所］明大和泉球場
●WMW 2 − 5 慶応 BRB
以上戦績 3 勝 1 敗 第 2 位

◇第 7 回東西学生王座決定戦

［日程］1935 年 12 月 16 日
［場所］神宮競技場
○早大 12 − 2 関西学院

◇第 13 回全国高等学校蹴球大会

［日程］1936 年 1 月
［場所］東大グラウンド
○早高 6 − 1 府立
●早高 2 − 3 六高

昭和 10 年度（1936 年）卒会員
渡辺芳夫（主務）、阿部信一郎、高島（鈴木）保男、伊達宗直、立原元夫（主将）
中川順一郎、原崎光、平松留雄、堀江忠男、真山零一、螺良仁

1936 昭和11年度

部長・島田孝一
監督・工藤孝一

◇関東大学蹴球リーグ
［日程］1936年9月27日～11月29日
9/27［場所］神宮競技場
●早大 4－6 東京商大
11/ 7［場所］神宮競技場
○早大 3－0 文理大
11/15［場所］神宮競技場
○早大 6－0 農大
11/20［場所］神宮競技場
○早大 2－0 慶大
11/29［場所］神宮競技場
○早大 4－0 帝大
以上戦績　4勝1敗　第1位

◇第8回東西学生王座決定戦
［日程］1936年12月13日
［場所］甲子園球場
○早大 3－2 神商大

◇第14回全国高等学校蹴球大会
［日程］1937年1月
［場所］京都岡崎公園
○早高 3－0 北大予科
○早高 3－0 府立
○早高 1－0 一高
●早高 0－2 武蔵

昭和11年度（1937年）卒会員
大越康弘、小野基彦、川本泰三（主将）、木島右弥大、塚本竜平、村形繁明（主務）

1937 昭和12年度

部長・島田孝一
監督・工藤孝一

◇関東大学蹴球リーグ
［日程］1937年10月3日～11月28日
10/3［場所］神宮競技場
○早大 9－3 明大
11/7［場所］神宮競技場
○早大 6－1 文理大
11/13［場所］神宮競技場
○早大 4－0 商大
11/24［場所］神宮競技場
●早大 0－1 帝大
11/28［場所］神宮競技場
●早大 1－5 慶大
以上戦績　3勝2敗　第3位

◇第3回全日本総合蹴球選手権大会関東予選
［日程］1937年5月8日～23日
5/9［場所］明大和泉球場
○WMW 7－0 ZSK
5/17［場所］明大和泉球場
○WMW 6－0 東京商大
5/22［場所］明大和泉球場
○WMW 1－0 帝大LB（延長）
5/23［場所］東高球場
●WMW 1－4 慶大
以上戦績　第2位

◇第9回明治神宮選手権大会関東予選
［日程］1937年9月23日～27日

9/23［場所］明大和泉球場
◯WMW 3－0 帝大LB
9/27 ［場所］明大和泉球場
◯WMW 3－0 農大
◯WMW 1－0 帝大LB
以上戦績　第1位

◇第9回明治神宮選手権大会
［日程］1937年10月30日～11月3日
10/31［場所］神宮競技場
◯WMW 14－0 熊本
11/1
◯WMW 7－0 区立蹴球団
11/3
◯WMW 2－1 清津蹴球団
以上戦績　第1位

◇第15回全国高等学校蹴球大会
［日程］1938年1月
［場所］東大グラウンド
◯早高－弘前（不戦勝）
▲早高 1－1 武蔵（抽選）

◇第1回関東6人制蹴球
［日程］1937年5月30日～6月13日
5/30［場所］神宮競技場
◯早大Ⓐ 1－0 立教
●WMWⒷ 0－3 帝大LBⒶ
◯WMWⒶ 6－0 豊師
6/ 6［場所］東大球場
2回戦　◯早大Ⓐ－東京医専Ⓐ（棄権）
2回戦　◯WMWⒶ 5－0 青師Ⓐ
2回戦　◯早大B－東京医専Ⓑ（棄権）
6/6［場所］東大球場
3回戦　◯早大Ⓐ 1－0 帝大LBⒶ
3回戦　●WMWⒶ 0－1 日本体操
3回戦　◯早大Ⓑ 1－1 上智大（抽選）
6/13［場所］神宮競技場
準決勝　◯早大Ⓐ 2－1 日本体操
準決勝　●早大Ⓑ 0－2 MTR
6/13［場所］神宮競技場
決勝　◯早大Ⓐ 1－0 MTR
以上戦績　第1位（早大Ⓐチーム）

昭和12年度（1938年）卒会員
上野敏、加茂健、佐野理平（主将）、関野正隆、辻規矩雄（主務）
長内好男、中村義美、松田太郎

1938 昭和13年度

部長・島田孝一
監督・工藤孝一

◇関東大学蹴球リーグ
［日程］1938年10月～11月20日
10/2［場所］神宮競技場
◯早大 4－0 明大
10/23［場所］東大御殿下
◯早大 1－0 文理大
11/5［場所］東高球場
△早大 1－1 農大
11/12［場所］神宮競技場
●早大 2－3 帝大
11/20［場所］神宮競技場
●早大 0－2 慶大
以上戦績　2勝2敗1分　第3位

◇第4回全日本総合選手権大会関東予選
［日程］1938年5月21日～6月5日

5/21［場所］青山師範球場
1回戦　○早大 3－2 帝大
5/28［場所］東高球場
2回戦　○早大 6－2 豊島サッカー
5/29［場所］東高球場
準決勝　○早大 4－0 高獣
6/5［場所］東大球場
決勝　○早大 4－0 慶応 BRB
以上戦績　4戦全勝　第1位

◇第4回全日本総合選手権大会
［日程］1938年6月17日～19日
6/18［場所］神宮競技場
○早大 2－2 全延禧（延長、抽選）
6/19［場所］神宮競技場
○早大 4－1 慶大
以上戦績　2勝　第1位

◇第16回全国高等学校蹴球大会
［日程］1938年1月1日～6日
［場所］京都岡崎公園
1回戦　○早高 2－0 五高
2回戦　●早高 0－2 広島

◇第2回6人制蹴球大会
［日程］1938年4月26日～5月1日
4/26［場所］青山師範球場
1回戦　○早大Ⓐ 6－0 東医クラブ
1回戦　▲WMW 0－0 明大Ⓑ（抽選）
1回戦　●早大Ⓑ 0－3 文理大
4/26［場所］青山師範球場
2回戦　○早大Ⓐ 1－0 日体大
5/ 1［場所］青山師範球場
準決勝　○早大Ⓐ 1－0 明大Ⓑ
5/ 1［場所］青山師範球場
決勝　○早大Ⓐ 1－0 帝大 LB Ⓑ
以上戦績　第1位（早大Ⓐチーム）

昭和13年度（1939年）卒会員
加茂正五、小山達夫（主務）、笹野積次（主将）、柴田淑彦、西邑昌一
吉田義臣

1939 昭和14年度

部長・島田孝一
監督・工藤孝一

◇関東大学蹴球リーグ
［日程］1939年10月1日～11月26日
10/1［場所］神宮競技場
○早大 7－0 農大
10/22［場所］東大
●早大 1－2 明大
11/5［場所］神宮競技場
○早大 5－0 商大
11/11［場所］神宮競技場
○早大 4－1 帝大
11/26［場所］神宮競技場
●早大 2－3 慶大
以上戦績　3勝2敗　第2位

◇第5回全日本総合選手権大会
第1次予選
［日程］1939年5月28日
［場所］仙台
○早大 4－0 東北帝大

◇第5回全日本総合選手権大会
［日程］1939年6月9日～11日
6/9［場所］神宮競技場
○早大 6－0 神戸高商

6/10［場所］神宮競技場
準決勝　○早大 2－2 全普成
（延長、抽選）
6/11［場所］神宮競技場
決勝　●早大 2－3 慶応BRB（延長）
以上戦績　第2位

◇第17回全国高等学校蹴球大会
［日程］1940年1月
［場所］東大グラウンド
早高－五高
○早高 2－0 水戸
○早高 2－0 四高
●早高 1－2 六高

◇第3回関東6人制蹴球大会
［日程］1939年4月23日～30日
4/23［場所］青師球場
1回戦　●早大Ⓑ 0－3 帝大OB
1回戦　○WMW 7－0 日体大Ⓑ
4/25［場所］青師球場
2回戦　○WMW 2－0 明大Ⓑ
2回戦　○早大Ⓐ 4－0 帝大Ⓒ
4/29［場所］青師球場
準々決勝　●WMW 0－1 帝大OB
準々決勝　○早大Ⓐ 1－0 成城
4/30［場所］青師球場
準決勝　●早大Ⓐ 0－0 帝大Ⓐ（抽選）

昭和14年度（1940年）卒会員
荘田修平、縄舟信正、西松文男（主務）、西村淳、不破整（主将）
宮川栄一、渡辺義清

1940 昭和15年度

部長・島田孝一
監督・工藤孝一

◇関東大学蹴球リーグ
［日程］1940年10月17日～11月24日
10/17［場所］神宮競技場
○早大 2－1 明大
10/27［場所］神宮競技場
●早大 1－2 商大
11/9［場所］神宮競技場
○早大 1－0 帝大
11/17［場所］神宮競技場
○早大 4－3 文理大
11/24［場所］神宮競技場
●早大 1－4 慶大
以上戦績　3勝2敗
第2位（商大と同率）

◇第6回全日本総合選手権大会関東予選
［日程］1940年4月27日～29日
4/27
○WMW 2－0 竜子会
4/28
準決勝　○WMW 3－2 商大（延長）
4/29
決勝　○WMW 3－0 文理大
以上戦績　第1位

◇第18回全国高等学校蹴球大会
［日程］1941年1月
［場所］京大グラウンド
○早高 6－0 二高
○早高 3－1 京城大予科
●早高 0－2 六高

◇第6回全日本サッカー選手権
［日程］1940年5月24日～26日
5/24［場所］神宮競技場
○WMW 2－1 全延禧
5/25［場所］神宮競技場
○WMW 2－0 帝大
5/26［場所］神宮競技場
●WMW 0－1 慶応BRB
以上戦績　第2位

◇第4回関東6人制蹴球大会
［日程］1940年4月7日～21日
4/7
●WMWⒷ 0－3 日体大Ⓐ
4/14
●WMWⒶ 0－3 帝大Ⓑ
○早大 3－0 埼玉蹴球団
4/20
○早大 3－1 帝大Ⓑ
4/21
●早大 0－1 東京クラブ

昭和15年度（1941年）卒会員員
永田勇夫（主務）、天野巌、石川立男、織内雄二、小久保俊二、末岡圀孝
高橋英辰（主将）、高橋（井古田）基治、中林太司馬、堀野博、吉川純吉

1941 昭和16年度

部長・島田孝一
監督・工藤孝一

◇関東大学蹴球リーグ
［日程］1941年9月23日～11月16日
9/23［場所］神宮競技場
△早大 2－2 文理大
10/4［場所］神宮競技場
○早大 4－2 立大
10/19［場所］神宮競技場
○早大 4－0 商大
10/25［場所］神宮競技場
△早大 2－2 帝大
11/8［場所］神宮競技場
○早大 1－0 慶大
※早大と帝大の同率1位
11/16［場所］神宮競技場
優勝決定戦　△早大 1－1 帝大
以上戦績　両校優勝

◇第1回三田稲門復活戦
［日程］1941年5月25日
○稲門 2－0 三田

◇第5回関東6人制蹴球大会
［日程］1941年5月10日～18日
5/10
●早大Ⓒ 0－3 慶大Ⓑ
○WMW 0－0 日体大（延長、抽選）
○早大Ⓑ 5－1 駿台
○早大Ⓐ 4－0 法大
5/18
○早大Ⓑ 2－0 慶大Ⓐ
○早大Ⓐ 1－0 一高
▲WMW 1－1 帝大B（延長、抽選）
5/24
○早大Ⓑ 2－0 帝大Ⓑ（延長）
○早大Ⓐ 7－0 明大Ⓑ
5/25
○早大Ⓐ 2－1 早大Ⓑ
○早大Ⓐ 1－0 明大（延長4回）
以上戦績　第1位（早大Ⓐチーム）

昭和16年度（1942年）卒会員
折原勝、河西晶三郎、片田政男、川島兵四郎、中井混、永田勇夫（主務）
早川益之助、水谷恭輝、村田一郎、森本興一郎、米谷徳也、裵宗鏑（主将）

1942 昭和17年度

部長・島田孝一
監督・工藤孝一

◇関東大学蹴球リーグ
［日程］1942年4月29日～6月21日
4/29［場所］神宮競技場
●早大 2－4 商大
5/10［場所］神宮競技場
○早大 8－1 立大
5/23［場所］神宮競技場
○早大 8－0 明大
6/14［場所］神宮競技場
○早大 5－2 慶大
6/21［場所］神宮競技場
●早大 0－1 帝大
以上戦績　3勝2敗　第2位

◇第1回関東学生選手権大会
［日程］1942年11月14日～28日
11/15［場所］神宮競技場
○早大 9－1 文理大
11/16［場所］神宮競技場
○早大 2－1 明大
11/17［場所］神宮競技場
○早大 7－1 商大
11/18［場所］神宮競技場
○早大 3－2 帝大
以上戦績　第1位

◇第6回関東6人制蹴球大会
［日程］1942年8月1日～3日
8/1［場所］青山師範校庭
○WMW 3－0 拓大
8/2［場所］青山師範校庭
○WMW 1－0 明大
8/3［場所］青山師範校庭
○WMW 4－0 拓大B
以上戦績　第1位

昭和17年度（1943年）卒会員
上松茂吉郎、内堀慎悟、小川浩業、折原勝、島田良彦（主将［後期］）
杉暁夫、田口祥三、根本俊、三宅恒好（主将［前期］）、村上博治（主務）

1943 昭和 18 年度

部長・島田孝一
監督・工藤孝一

◇試合なし

昭和 18 年度（1944 年）卒会員
藤田正明、船山敏夫、李時東

1944 昭和 19 年度

部長・島田孝一

◇試合なし

昭和 19 年度（1945 年）卒会員
小熊幸雄、加納孝、田中啓介、露木清、花村徑、宮田孝治
※戦時中につき新田源一（主務）のみ

1945 昭和 20 年度

部長・島田孝一
監督・立原元夫

◇試合なし

昭和 20 年度（1946 年）卒会員
大田垣貴美、沙川（山田）善三郎、世古口陽、服部斐夫、藤井鎮男（主将）

1946 昭和21年度

部長・小松芳喬
監督・加納孝

◇関東大学蹴球リーグ

[日程] 1946年10月9日～11月17日
10/9 [場所] 東大グラウンド
○早大 3－1 文理大
10/18 [場所] 東大グラウンド
△早大 1－1 慶大
10/27 [場所] 東大グラウンド
○早大 7－0 立大
11/10 [場所] 東大グラウンド
○早大 3－1 商大
11/17 [場所] 東大グラウンド
○早大 3－0 東大
以上戦績　4勝0敗1分　第1位

◇関東大学蹴球選手権大会

[日程] 1946年3月21日～4月6日
3/24 [場所] 東大球場
○全早大 8－3 文理大
4/3 [場所] 東大球場
○全早大 6－1 東蹴
4/6 [場所] 東大球場
●全早大 0－2 全東大
以上戦績　第2位

◇第18回東西学生王座決定戦

[日程] 1946年12月8日
[場所] 東大球場
○早大 2－0 神経大

昭和21年度(1947年)卒会員
小熊正雄(主将)、中野直美、藤井喬、星良明、槇要一、皆木良夫
弥谷宏(主務)

1947 昭和22年度

部長・小松芳喬
監督・加納孝

◇関東大学サッカーリーグ

[日程] 1947年10月11日～11月16日
10/11 [場所] 東大グラウンド
○早大 3－0 千葉医大
10/18 [場所] 東伏見
○早大 5－1 文理大
10/22 [場所] 東大グラウンド
○早大 3－0 商大
11/9 [場所] 東大グラウンド
○早大 2－1 慶大
11/16 [場所] 東大グラウンド
○早大 2－1 東大
以上戦績　5戦全勝　第1位

◇第19回東西学生王座決定戦

[日程] 1947年12月14日
[場所] 西宮球場
○早大 4－1 関西学院大

◇関東学生トーナメント

[日程] 1947年5月17日～6月8日
5/18 [場所] 日吉

○早大 6－1 明大
6/1［場所］東大グラウンド
準決勝　○早大 2－1 文理大
6/8［場所］東大グラウンド
決勝　○早大 2－1 東大
以上戦績　第1位

◇第2回東京選手権大会
［日程］1947年9月13日～24日
9/
○WMW 7－1 全商大
9/21［場所］東大グラウンド
準決勝　○WMW 5－2 BRB
9/24［場所］東大グラウンド
決勝　○WMW 2－1 東大LB
以上戦績　第1位

◇第2回国民体育大会
［日程］1947年10月31～11月3日
11/1［場所］金沢
○WMW 3－0 全静岡
11/2［場所］金沢
○WMW 6－1 仁保青年会
11/3［場所］金沢
○WMW 2－1 神経大
以上戦績　第1位

昭和22年度（1948年）卒会員
高橋信夫（主将）、鈴木稔（主務）、岩谷俊夫、武田五郎、津田慶次
寺島登

1948 昭和23年度

部長・小松芳喬
監督・加納孝

◇関東大学サッカーリーグ
［日程］1948年10月10日～11月21日
10/10　●早大 0－1 明大
10/17　○早大 6－1 文理大
10/30　○早大 13－0 千葉医大
11/14　●早大 0－2 東大
11/21　△早大 1－1 慶大
以上戦績　2勝2敗1分　第3位

◇第3回国民体育大会
［日程］1948年10月30日～11月2日
10/30［場所］福岡平和台競技場
○WMW 5－0 松山クラブ
11/1［場所］福岡平和台競技場
○WMW 3－0 仙台クラブ
11/2［場所］福岡平和台競技場
●WMW 2－4 全関西学院大（延長）

昭和23年度（1949年）卒会員員
※卒会員はなし

1949 昭和24年度

部長・小松芳喬
監督・加納孝

◇関東大学サッカーリーグ

［日程］1949年10月9日～11月27日
10/16［場所］武蔵野
△早大 1－1 教大
10/23［場所］武蔵野
○早大 5－0 立大
11/6［場所］武蔵野
○早大 2－1 明大
11/23［場所］武蔵野
△早大 1－1 慶大
11/27［場所］武蔵野
○早大 2－1 東大
以上戦績　3勝0敗2分　第1位

◇東西学生王座決定戦

［日程］1949年12月11日
［場所］西宮球場
○早大 4－2 関大

◇全日本選手権関東予選

［日程］1949年5月27日～
5/27［場所］東大グラウンド
○WMW 7－2 東蹴団
○早大 2－0 駿台クラブ
5/28［場所］東大グラウンド
○WMW 3－2 慶応BRB
●早大 1－2 東大LB
5/29［場所］東大グラウンド
準決勝　●WMW 1－2 東大LB
以上戦績　予選敗退

◇早関サッカー定期戦

［日程］1949年6月12日
［場所］西宮球場
○早大 2－1 関西学院大

◇東京選手権大会兼団体予選

［日程］1949年9月18日～23日
9/18［場所］東伏見
●早大 3－4 東蹴団
○WMW 7－1 青蹴会
9/23［場所］武蔵野
一般準々決勝　○WMW 4－1 全教大

昭和24年度（1950年）卒会員
岡田（岸本）陽三郎、岡田吉夫、鈴木稔（主務）、高橋信夫（主将）、田村恵
真鍋誠次郎、光武節

1950 昭和25年度

部長・小松芳喬
監督・加納孝

◇関東大学サッカーリーグ

［日程］1950年10月15日～11月26日
10/15［場所］後楽園競輪場
○早大 3－0 中大
11/5［場所］後楽園競輪場
△早大 3－3 教大
11/12［場所］武蔵野
○早大 3－2 立大

11/19［場所］武蔵野
△早大 0－0 東大
11/26［場所］武蔵野
◯早大 3－2 慶大
以上戦績 3勝0敗2分 第1位

◇東西学生王座決定戦
［日程］1950年12月17日
［場所］保土ヶ谷球場
△早大 1－1 関西学院大

◇全日本選手権関東予選
［日程］1950年5月21日
［場所］武蔵野
準決勝 ◯WMW 5－1 東蹴
※関東地区代表選出：WMW、全浦和、慶大

◇全日本サッカー選手権
［日程］1950年6月1日～4日
6/1［場所］刈谷
◯WMW 4－2 名古屋クラブ（東海）
6/2［場所］刈谷
◯WMW 7－0 日鉄二瀬（九州）
6/3［場所］刈谷
準決勝 ●WMW 2－4 全関西学院大

◇早関サッカー定期戦
［日程］1950年5月14日
［場所］広島
●早大 2－4 関西学院大

◇復活第1回早慶サッカー定期戦
［日程］1950年10月1日
［場所］神宮競技場
●早大 4－6 慶大

昭和25年度（1951年）卒会員
加納順、堀口英雄（主将）、松永碩、八木茂（主務）

1951 昭和26年度

部長・小松芳喬
監督・堀江忠男

◇関東大学サッカーリーグ
［日程］1951年10月7日～12月16日
10/7［場所］武蔵野
◯早大 3－1 中大
10/14［場所］神宮競技場
●早大 0－3 明大
10/29［場所］神宮競技場
◯早大 2－1 教大
11/19［場所］神宮競技場
◯ 4－0 東大
12/ 9［場所］神宮競技場
◯早大 1－0 慶大
※早大と慶大の同率1位
12/16［場所］神宮競技場
優勝決定戦 ◯早大 2－1 慶大
以上戦績 6勝1敗 第1位

◇第23回東西学生王座決定戦
［日程］1951年12月22日
［場所］西宮球場
●早大 1－2 関西学院大

◇全日本サッカー選手権
［日程］1951年5月24日～
5/24［場所］仙台城野原球場
◯WMW 8－0 札幌クラブ
5/25［場所］仙台城野原球場
準々決勝 ●WMW 0－1 仙台クラブ（延長）

◇第２回早慶サッカー定期戦
［日程］1951年7月9日
［場所］神宮競技場
○早大 5－2 慶大

◇東京選手権兼国体予選
［日程］1951年9月15日～
9/17［場所］武蔵野
○WMW 6－0 駿台クラブ

◇早関サッカー定期戦
●早大 0－2 関西学院大

昭和26年度（1952年）卒会員
永田洋次郎（主務）、加納浩（主将）、清水明、渡辺亮

1952 昭和27年度

部長・小松芳喬
監督・堀江忠男→工藤孝一

◇関東大学サッカーリーグ
［日程］1952年10月5日～12月17日
10/5［場所］神宮競技場
○早大 3－1 教大
10/18［場所］神宮競技場
△早大 3－3 東大
10/26［場所］神宮競技場
○早大 3－0 立大
11/9［場所］神宮競技場
●早大 1－2 明大
11/15［場所］神宮競技場
△早大 1－1 中大
12/17［場所］神宮競技場
△早大 1－1 慶大
以上戦績　2勝1敗3分　第3位

◇第１回全国大学サッカー選手権
［日程］1953年1月2日～6日
1/3［場所］神宮競技場
○早大 2－1 清水商船大
1/4［場所］神宮競技場
○早大 3－1 教大
1/5［場所］神宮競技場
○早大 4－0 慶大
1/6［場所］神宮競技場
●早大 1－2 東大
以上戦績　第2位

◇早関サッカー定期戦
［日程］1952年9月7日
［場所］神宮競技場
●早大 1－3 関西学院大

◇第３回早慶サッカー定期戦
［日程］1952年6月27日
［場所］後楽園球場
△早大 1－1 慶大
※前半終了後、豪雨により延期
［日程］1952年7月4日
［場所］後楽園球場
再試合　△早大 5－5 慶大

昭和27年度（1953年）卒会員
青木要三、桑田孝、鈴木達郎、田中義一、永田洋次郎（主務）
伯井弘（主将）、福井淳一、松尾稔、宮崎光雄、八木潔、山路修

1953 昭和28年度

部長・小松芳喬
監督・工藤孝一（堀江忠男）

◇関東大学サッカーリーグ
［日程］1953年10月4日～12月6日
10/11［場所］武蔵野
●早大 0－2 教大
10/18［場所］武蔵野
○早大 3－1 東大
11/ 1［場所］神宮競技場
○早大 3－0 明大
11/14［場所］神宮競技場
●早大 0－4 中大
11/22［場所］神宮競技場
●早大 0－3 慶大
12/6［場所］神宮競技場
●早大 2－7 立大
以上戦績　2勝4敗　第5位

◇第2回全国大学サッカー選手権
［日程］1954年1月2日～6日
1/2［場所］神宮競技場
○早大 5－0 宇都宮大
1/3［場所］神宮競技場
○早大 4－0 名古屋大
1/4［場所］神宮競技場
○早大 3－1 教大
1/5　［場所］神宮競技場
●早大 0－2 立大
1/ 6［場所］神宮競技場
3位決定戦　△早大 3－3 学芸大(延長)
以上戦績　第3位

◇全日本サッカー選手権関東予選
［日程］1953年4月12日～19日
4/18［場所］武蔵野
　WMW－教大クラブ
4/19［場所］武蔵野
●早大 0－2 全立大
以上戦績　予選敗退

◇第4回早慶サッカー定期戦
［日程］1953年6月22日
［場所］後楽園球場
●早大 1－4 慶大

◇早関サッカー定期戦
［日程］1953年7月2日
［場所］西宮球場
△早大 4－4 関西学院大

◇大学新人蹴球大会
［日程］1953年6月20日～28日
6/20［場所］東大グラウンド
○早大 2－1 慶大（延長）
6/21［場所］東大グラウンド
○早大 3－1 明大（延長）
6/27［場所］東大グラウンド
○早大 2－1 立大
6/28［場所］東大グラウンド
●早大 0－5 教大
以上戦績　第2位

昭和28年度（1954年）卒会員
小田島三之助（主将）、篠崎正孝、清水恒信、長井治、長澤隆、古川能章（主務）

1954 昭和29年度

部長・小松芳喬
監督・高橋英辰

◇関東大学サッカーリーグ
［日程］1954年10月10日〜11月28日
10/10［場所］武蔵野
●早大 0－1 立大
10/24［場所］神宮競技場
○早大 5－2 中大
10/31［場所］神宮競技場
△早大 0－0 教大
11/ 7［場所］神宮競技場
○早大 2－0 明大
11/20［場所］神宮競技場
○早大 2－0 慶大
11/28［場所］神宮競技場
○早大 8－0 東大
以上戦績　4勝1敗1分　第2位

◇第3回全国大学サッカー選手権
［日程］1955年1月2日〜6日
1回戦　※不戦勝
1/3［場所］神宮競技場
○早大 8－1 富山大
1/4［場所］神宮競技場
○早大 3－0 東学芸大
1/5［場所］神宮競技場
準決勝　●早大 2－2 教大
（延長、抽選）
1/6［場所］神宮競技場
3位決定戦　△早大 1－1 東大(延長)
以上戦績　第3位

◇全日本サッカー選手権関東予選
［日程］1954年4月29日〜
4/29［場所］東大グラウンド
●WMW 2－3 教大クラブ（延長）

◇第5回早慶サッカー定期戦
［日程］1954年6月18日
［場所］後楽園球場
●早大 2－3 慶大

◇早関サッカー定期戦
●早大 0－2 関西学院大

昭和29年度（1955年）卒会員
石津吉朗、胡崇人、岡和雄、加計修（主将）、片野喜佐男、川田良吉、塩沢満
三井晴雄（主務）、村形泰男、安田一男

1955 昭和30年度

部長・小松芳喬
監督・高橋英辰

◇関東大学サッカーリーグ
［日程］1955年10月16日〜11月27日
10/16［場所］神宮競技場
○早大 5－3 中大
10/23［場所］神宮競技場
○早大 2－1 明大
10/30［場所］神宮競技場
○早大 6－0 東大

11/ 6 [場所] 神宮競技場
◯早大 1 − 0 教大
11/19 [場所] 神宮競技場
△早大 2 − 2 慶大
11/27 [場所] 神宮競技場
◯早大 5 − 1 立大
以上戦績　5勝0敗1分　第1位

◇第4回全国大学サッカー選手権
[日程] 1956年1月2日〜6日
1/3 [場所] 絵画館前特設球場
◯早大 6 − 0 学習院大
1/4　[場所] 神宮競技場
準々決勝　◯早大 5 − 0 法大
1/5 [場所] 神宮競技場
準決勝　◯早大 4 − 0 東大
1/6 [場所] 神宮競技場
決勝　◯早大 10 − 1 東北学院大
以上戦績　第1位

◇第27回東西学生王座決定戦
[日程] 1955年12月11日
[場所] 西宮球技場
●早大 1 − 3 関大

◇全日本サッカー選手権関東予選
[日程] 1955年4月10日〜17日
4/10 [場所] 東大グラウンド
◯早大 6 − 2 駿台蹴友会
4/16 [場所] 神宮競技場
◯WMW 3 − 0 日大
◯早大 3 − 2 全山梨
4/17 [場所] 早大グラウンド
◯早大 3 − 1 東大
●WMW 0 − 1 立大 (延長2回)
関東地区代表選出：早大チーム

◇第35回全日本サッカー選手権
[日程] 1955年5月1日〜4日
5/1 [場所] 西宮球場
●早大 2 − 2 中大クラブ (延長、抽選)

◇第6回早慶サッカー定期戦
[日程] 1955年6月17日
[場所] 後楽園野球場
◯早大 5 − 2 慶大

◇早関サッカー定期戦
●早大 1 − 2 関西学院大

昭和30年度 (1956年) 卒会員
磯崎章、金子章、小林智夫、桜井頼己 (主将)、杉野精一、中山 (石田) 洋
宮崎博之、吉田幸夫、米世三省 (主務)

1956 昭和31年度

部長・小松芳喬
監督・高橋英辰

◇関東大学サッカーリーグ
[日程] 1956年10月14日〜12月2日
10/14 [場所] 後楽園競輪場
◯早大 2 − 1 農大
10/21 [場所] 後楽園競輪場
◯早大 8 − 0 東大
10/28 [場所] 東大御殿下グラウンド
◯早大 4 − 0 明大
11/10 [場所] 後楽園競輪場
△早大 2 − 2 中大
11/17 [場所] 後楽園競輪場
●早大 1 − 3 慶大
11/25 [場所] 東大御殿下グラウンド
◯早大 2 − 1 立大

12/2［場所］後楽園競輪場
○早大 6－0 教大
以上戦績　5勝1敗1分　第1位

◇第5回全国大学サッカー選手権
［日程］1957年1月2日～7日
1/2［場所］東大御殿下グラウンド
○早大 6－1 名古屋大
1/4［場所］東大御殿下グラウンド
○早大 5－0 北海道学大函館
1/5［場所］東大御殿下グラウンド
○早大 7－1 法大
1/6［場所］東大御殿下グラウンド
○早大 3－2 中大
1/7［場所］東大御殿下グラウンド
●早大 1－2 教大
以上戦績　第2位

◇第29回東西学生王座決定戦
［日程］1956年12月9日
［場所］後楽園競輪場
○早大 4－1 大経大

◇早関サッカー定期戦
［日程］1956年9月14日
［場所］西宮球場
●早大 2－4 関西学院大

◇第7回早慶サッカー定期戦
［日程］1956年9月24日
［場所］後楽園野球場
△早大 1－1 慶大

昭和31年度（1957年）卒会員
石川章（主務）、織田輝明、木村武史、鈴木章、中島富士夫、西本八寿雄
橋島嘉一、平林俊次（主将）、山本光夫

1957 昭和32年度

部長・小松芳喬
監督・工藤孝一

◇関東大学サッカーリーグ
［日程］1957年10月19日～12月1日
10/19［場所］東大御殿下グラウンド
○早大 6－0 法大
10/27［場所］東大御殿下グラウンド
△早大 2－2 教大
11/2［場所］東大御殿下グラウンド
○早大 4－1 農大
11/10［場所］東大御殿下グラウンド
○早大 2－1 明大
11/17［場所］東大御殿下グラウンド
○早大 2－0 中大
11/23［場所］後楽園競輪場
○早大 3－2 慶大
12/1［場所］東大御殿下グラウンド
●早大 1－2 立大
以上戦績　5勝1敗1分　第1位

◇第29回東西学生王座決定戦
［日程］1957年12月15日
［場所］西宮球場
○早大 2－0 関西学院大

◇第37回全日本サッカー選手権
［日程］1957年5月3日～6日
5/3［場所］広島国泰寺高校
○早大 7一0 全北海クラブ
5/4［場所］広島国泰寺高校
●早大 1－2 東洋工業

◇第8回早慶サッカー定期戦
［日程］1957年6月21日
［場所］後楽園競輪場
●早大 0－2 慶大

◇早関サッカー定期戦
○早大 3－2 関西学院大

昭和32年度(1958年)卒会員
伊藤嘉朗、岩崎康二、大橋謙三、加計信郎(主務) 鏑木潤三
八重樫茂生(主将)、吉本正三郎、渡辺健市

1958 昭和33年度

部長・小松芳喬
監督・工藤孝一

◇関東大学サッカーリーグ
［日程］1958年10月18日～11月30日
10/18［場所］国立競技場
○早大 2－1 法大
10/25［場所］東大御殿下グラウンド
○早大 2－0 農大
11/1［場所］小石川グラウンド
○早大 3－2 慶大
11/9［場所］小石川グラウンド
○早大 3－1 教大
11/15［場所］小石川グラウンド
●早大 1－4 中大
11/22［場所］国立競技場
○早大 4－3 明大
11/30［場所］小石川グラウンド
○早大 3－1 立大
優勝決定戦　○早大 2－1 慶大
以上戦績　6勝1敗　第1位

◇第7回全国大学サッカー選手権
［日程］1958年12月24日～29日
12/25［場所］小石川グラウンド
○早大 4－1 東北学院大
12/26［場所］東大御殿下グラウンド
○早大 10－0 成城大
12/27［場所］小石川グラウンド
○早大 6－0 国士舘大
12/28［場所］小石川グラウンド
●早大 0－2 中大
12/29［場所］小石川グラウンド
3位決定戦　○早大 2－1 農大
以上戦績　第3位

◇第30回東西学生王座決定戦
［日程］1958年12月
［場所］小石川グラウンド
○早大 4－2 関西学院大

◇第9回早慶サッカー定期戦
［日程］1958年6月20日
［場所］国立競技場
△早大 1－1 慶大

昭和33年度(1959年)卒会員
厳恭彦、轡田隆史、栗田英之(主将)、白坂陽一(主務)、杉本錦治
須藤浩二、服部幸太郎、森節男

1959 昭和34年度

部長・小松芳喬
監督・工藤孝一

◇関東大学サッカーリーグ

[日程] 1958年10月10日〜11月22日
10/10 [場所] 東大御殿下グラウンド
○早大 7－1 法大
10/18 [場所] 東大御殿下グラウンド
○2－1 農大
10/24 [場所] 立大グラウンド
○早大 5－0 教大
11/1 [場所] 東大御殿下グラウンド
○早大 3－0 明大
11/8 [場所] 小石川グラウンド
●早大 1－2 中大
11/14 [場所] 小石川グラウンド
●早大 2－4 立大
11/22 [場所] 国立競技場
○早大 3－1 慶大
以上戦績　5勝2敗　第2位

◇第8回全国大学サッカー選手権

[日程] 1959年12月23日〜28日
[場所] 小石川グラウンドほか
12/23 ○早大 2－0 千葉工大
12/25 ●早大 0－1 松山商大

◇早関サッカー定期戦

[日程] 1959年5月24日
[場所] 小石川グラウンド
△早大 4－4 関西学院大

◇第10回早慶サッカー定期戦

[日程] 1958年6月19日
[場所] 国立競技場
△早大 1－1 慶大

昭和34年度（1960年）卒会員
阿部俊夫、泉井純一、岩本隆良（主将）、北村英雄、清水正美、平石嘉男
水本龍太郎、由井濱洋一（主務）

1960 昭和35年度

部長・小松芳喬
監督・工藤孝一

◇関東大学サッカーリーグ

[日程] 1960年10月8日〜11月20日
10/8 [場所] 小石川グラウンド
●早大 2－3 農大
10/16 [場所] 東大農学部グラウンド
○早大 7－2 法大
10/22 [場所] 東大御殿下グラウンド
○早大 3－2 明大
10/29 [場所] 東大御殿下グラウンド
△早大 3－3 教大
11/6 [場所] 東大御殿下グラウンド
○早大 2－1 中大
11/13 [場所] 小石川グラウンド
○早大 5－2 慶大
11/20 [場所] 東大農学部グラウンド
●早大 0－1 立大
以上戦績　4勝2敗1分

※早大、立大、中大、明大が同率1位
12/2［場所］小石川グラウンド
決勝トーナメント　○早大 3－1 明大
12/3［場所］小石川グラウンド
決勝トーナメント　○早大 2－1 中大
以上戦績　第1位（15回目）

◇第32回東西学生王座決定戦
［日程］1960年12月18日
［場所］小石川グラウンド
●早大 1－2 関西学院大

◇第11回早慶サッカー定期戦
［日程］1960年6月17日
［場所］国立競技場
△早大 2－2 慶大

◇早関サッカー定期戦
●早大 0－2 関西学院大

昭和35年度（1961年）卒会員
泉信一郎、伊野本孝允（主務）、今西泰晴、川淵三郎（主将）、河野慎二
竹腰恭重、中村修、宮本征勝、吉田旭雄

1961 昭和36年度

部長・小松芳喬
監督・工藤孝一

◇関東大学サッカーリーグ
［日程］1961年9月27日～11月26日
10/14［場所］東大御殿下グラウンド
○早大 6－0 法大
10/22［場所］東大御殿下グラウンド
○早大 2－0 慶大
10/29［場所］東大御殿下グラウンド
○早大 3－1 東教大
11/5［場所］東大御殿下グラウンド
○早大 7－0 東農大
11/11［場所］小石川グラウンド
●早大 1－2 明大
11/18［場所］小石川グラウンド
○早大 5－3 立大
11/26［場所］小石川グラウンド
●早大 2－3 中大
以上戦績　5勝2敗　第3位

◇第10回全国大学サッカー選手権
［日程］1961年12月23日～27日
12/23［場所］東大グラウンド
○早大 12－0 新潟大
12/24［場所］東大御殿下グラウンド
○早大 1－0 上智大
12/25［場所］小石川グラウンド
○早大 2－0 日大
12/26［場所］小石川グラウンド
○早大 3－1 法大
12/27［場所］小石川グラウンド
●早大 1－2 慶大

◇第12回早慶サッカー定期戦
［日程］1961年6月23日
［場所］国立競技場
△早大 1－1 慶大

◇早関サッカー定期戦
○早大 3－1 関西学院大

昭和36年度(1962年)卒会員
市川雅晴、鬼武健二、久保田重雄、榛葉晃(主務)、鈴木光男
住啓祐、高橋幸三(主将)、高橋俊男、中沢茂、前川(本西)晴男
光岡修、横沢景彦

1962 昭和37年度

部長・小松芳喬
監督・工藤孝一

◇関東大学サッカーリーグ
[日程]1962年10月6日～11月26日
10/7[場所]小石川グラウンド
○早大 3－0 教大
10/14[場所]東大御殿下グラウンド
△早大 0－0 慶大
10/21[場所]東大御殿下グラウンド
○早大 5－0 日大
10/28[場所]東大御殿下グラウンド
○早大 7－0 法大
11/4[場所]小石川グラウンド
●早大 0－1 明大
11/10[場所]小石川グラウンド
△早大 1－1 中大
11/24[場所]小石川グラウンド
●早大 1－4 立大
以上戦績　3勝2敗2分　第3位

◇第11回全国大学サッカー選手権
[日程]1962年12月22日～27日
12/23[場所]小石川グラウンド
○早大 4－0 電気通信大
12/24[場所]東大御殿下グラウンド
○早大 4－0 東北学院大
12/25[場所]小石川グラウンド
○早大 2－0 法大
12/26[場所]小石川グラウンド
●早大 0－1 立大
12/27[場所]小石川グラウンド
3位決定戦　△早大 3－3 慶大(延長)

◇第13回早慶サッカー定期戦
[日程]1962年6月1日
[場所]後楽園競輪場
○早大 3－1 慶大

◇早関サッカー定期戦
●早大 0－1 関西学院大

◇韓国遠征
[日程]1962年7月12日～22日
7/14[場所]ソウル
●早大 0－1 延世大
7/15[場所]ソウル
●早大 0－3 慶熙大
7/17[場所]釜山
○早大 4－0 海運士官
7/18[場所]釜山
○早大 1－0 釜山大
7/19[場所]太田
○早大 2－1 忠清大
7/21[場所]ソウル
△早大 1－1 漢陽大
7/22[場所]ソウル
○早大 2－1 高麗大
以上戦績　4勝2敗1分

昭和37年度（1963年）卒会員

青木茂昌、秋葉和美、伊藤徹、大垣尭永、轡田日吉、久保田寿治、佐々木克也
佐々木正晴、柴正二、鈴木寛和、玉川俊二、田村文彦、新田正一、
丹羽洋介（主将）、浜崎勝久、前川紀雄、山口徳和（主務）

1963 昭和38年度

部長・小松芳喬
監督・工藤孝一

◇関東大学サッカーリーグ
［日程］1963年9月14日〜11月24日
9/15［場所］東大御殿下グラウンド
○早大 5－1 日大
9/21［場所］小石川グラウンド
○早大 2－1 教大
10/26［場所］小石川グラウンド
○早大 8－0 法大
11/3［場所］小石川グラウンド
○早大 3－0 慶大
11/10［場所］小石川グラウンド
○早大 2－0 明大
11/16［場所］小石川グラウンド
○早大 3－1 中大
11/23［場所］小石川グラウンド
○早大 5－0 立大
以上戦績　7戦全勝　第1位

◇第43回全日本サッカー選手権
［日程］1964年1月12日〜15日
1/12［場所］神戸王子競技場
○早大 2－1 東洋工業
1/13［場所］神戸王子競技場
○早大 2－1 関西大
1/15［場所］神戸王子競技場
○早大 3－0 日立本社
以上戦績　第1位

◇第35回東西学生王座決定戦
［日程］1963年12月10日
［場所］京都西京極競技場
○早大 2－0 関西学院大

◇第14回早慶サッカー定期戦
［日程］1963年7月12日
［場所］後楽園競輪場
●早大 1－2 慶大

◇早関サッカー定期戦
○早大 4－1 関西学院大

昭和38年度（1964年）卒会員

赤坂健二、泉山泰一、大獄憲正、大塚康雄、斎藤隆幸、栄隆男
塩路勝英（主務）、高橋昭彦、竹内民雄、西山孝朗（主将）、野口正
野村尊敬萩谷文夫、檜山稔、平岩俊彦、松本育夫、三輪勝也

1964 昭和39年度

部長・小松芳喬
監督・工藤孝一

◇関東大学サッカーリーグ
[日程] 1964年10月31日～12月13日
10/31 [場所] 小石川グラウンド
◯早大 4－0 日体大
11/8 [場所] 小石川グラウンド
◯早大 3－0 慶大
11/15 [場所] 小石川グラウンド
◯早大 4－1 東教大
11/21 [場所] 駒沢競技場
◯早大 5－0 日大
11/28 [場所] 駒沢競技場
△早大 0－0 中大
12/5 [場所] 駒沢競技場
△早大 2－2 明大
12/13 [場所] 駒沢競技場
△早大 1－1 立大
以上戦績 4勝0敗3分 第2位

◇第44回全日本サッカー選手権
[日程] 1965年1月11日～17日
1/11 [場所] 神戸王子競技場
◯早大 7－0 日大
1/12 [場所] 神戸王子競技場
◯早大 2－0 関西学院大
1/13 [場所] 神戸王子競技場
●早大 1－2 八幡製鉄
1/15 [場所] 神戸王子競技場
◯早大 4－0 三菱重工
1/17 [場所] 神戸王子競技場
3位決定戦 ●早大1－2 東洋工業

◇早関サッカー定期戦
[日程] 1964年5月10日
[場所] 広島国泰寺高校グラウンド
△早大 0－0 関西学院大

◇第15回早慶サッカー定期戦
[日程] 1964年6月12日
[場所] 後楽園競輪場
◯早大 4－1 慶大

◇第12回大学新人蹴球大会
[日程] 1964年4月16日～24日
4/16 [場所] 早大東伏見グラウンド
◯早大 7－0 順天堂大
4/17 [場所] 早大東伏見グラウンド
◯早大 2－0 農大
4/23 [場所] 早大東伏見グラウンド
▲早大 0－0 中大（抽選）

昭和39年度（1965年）卒会員
稲葉一泰（主務）、岡聖司、岡本博央、加藤昭、桑田隆幸（主将）
首藤匡良

1965 昭和 40 年度

部長・小松芳喬
監督・工藤孝一

◇関東大学サッカーリーグ
[日程] 1965 年 10 月 9 日～ 11 月 28 日
10/9 [場所] 駒沢競技場
○早大 6 － 0 日大
10/24 [場所] 駒沢競技場
○早大 4 － 1 日体大
10/30 [場所] 駒沢競技場
○早大 4 － 1 教大
11/7 [場所] 駒沢競技場
○早大 5 － 0 立大
11/13 [場所] 駒沢競技場
○早大 3 － 0 慶大
11/20 [場所] 駒沢競技場
○早大 5 － 0 中大
11/28 [場所] 駒沢競技場
○早大 7 － 1 明大
以上戦績　7 戦全勝　第 1 位
◇東西学生王座決定戦
[日程] 1965 年 12 月 19 日
[場所] 長居競技場
○早大 2 － 0 関西学院大

◇第 45 回全日本サッカー選手権
[日程] 1966 年 1 月 13 日～ 16 日
1/13 [場所] 三ツ沢競技場
○早大 3 － 0 日立本社
1/15 [場所] 駒沢競技場
●早大 3 － 4 八幡製鉄 (延長)
1/16 [場所] 駒沢競技場
3 位決定戦　○早大 3 － 0 関西学院大

◇第 37 回東京学生王座決定戦
[日程] 1965 年 12 月 19 日
[場所] 長居競技場
○早大 2 － 0　関西学院大

◇早関サッカー定期戦
[日程] 1965 年 5 月 16 日
[場所] 三ツ沢球技場
△早大 1 － 1 関西学院大

◇第 16 回早慶サッカー定期戦
[日程] 1965 年 9 月 13 日
[場所] 国立競技場
△早大 1 － 1 慶大

◇韓国遠征
[日程] 1965 年 4 月 8 日～ 20 日
4/10 [場所] ソウル
●早大 0 － 4 延世大
4/11 [場所] ソウル
●早大 2 － 3 韓国大
4/12 [場所] 全州
●早大 1 － 3 高麗大
4/14 [場所] ソウル
●早大 1 － 3 漢陽大
4/15 [場所] ソウル
●早大 0 － 1 中央大
4/17 [場所] ソウル
●早大 0 － 5 慶熙大
4/18 [場所] 釜山
●早大 0 － 1 釜山大
以上戦績　7 戦全敗

◇第 13 回大学新人蹴球大会
[日程] 1965 年 5 月 23 日～ 6 月 12 日
5/23 [場所] 駒沢競技場
○早大 9 － 0 一橋大
5/30 [場所] 駒沢競技場
○早大 3 － 0 法大
6/5 [場所] 駒沢競技場
○早大 2 － 0 慶大
6/6 [場所] 駒沢競技場
●早大 1 － 3 中大

◇第 13 回大阪招待サッカー
［日程］1966 年 3 月 13 日
［場所］広大付属高グラウンド
△早大 1－1 東洋工業

昭和 40 年度（1966 年）卒会員
大野亮一、河野孝次、武田量三郎、辻康之、寺崎享一、二村昭雄（主将）
林秀基、久田英夫（主務）、松田雄三、水庭正勝、藪修身

1966 昭和 41 年度

部長・小松芳喬
監督・青木要三

◇関東大学サッカーリーグ
［日程］1966 年 9 月 10 日～11 月 20 日
9/10［場所］駒沢競技場
○早大 5－0 法大
9/17［場所］駒沢競技場
○早大 3－0 日大
10/2［場所］三ツ沢競技場
○早大 5－0 立大
10/15［場所］駒沢競技場
○早大 5－0 慶大
10/23［場所］駒沢競技場
●早大 1－3 中大
11/13［場所］駒沢競技場
●早大 0－1 教大
11/20［場所］駒沢競技場
○早大 2－1 明大
11/25［場所］駒沢競技場
優勝決定戦　△早大 1－1 中大
以上戦績　5 勝 2 敗 1 分　第 1 位

◇第 15 回全国大学サッカー選手権
［日程］1966 年 12 月 24 日～ 27 日
12/24［場所］三ツ沢陸上競技場
○早大 3－0 広島商科大
12/25［場所］三ツ沢陸上競技場
○早大 4－3 明大
12/26［場所］駒沢競技場
○早大 4－1 教大
12/27［場所］駒沢競技場
○早大 4－0 中大

◇第 46 回全日本サッカー選手権
［日程］1967 年 1 月 12 日～ 15 日
1/12［場所］駒沢競技場
○早大 3－1 三菱重工
1/14［場所］駒沢競技場
○早大 2－1 八幡製鉄
1/15［場所］駒沢競技場
○早大 3－2 東洋工業（延長）
以上戦績　第 1 位

◇第 17 回早慶サッカー定期戦
［日程］1966 年 6 月 18 日
［場所］国立競技場
○早大 2－0 慶大

◇日韓親善サッカー
［日程］1966 年 3 月 30 日～ 4 月 3 日
4/3［場所］駒沢競技場
●早大 2－4 高麗大
6/11［場所］三ツ沢競技場
○早大 4－1 延世大

昭和41年度（1967年）卒会員
岩崎洋三、大野毅、釜本邦茂、桑田博至、鈴木彬之、立花邦彦（主務）
中野真逸郎、古迫民雄、松永忠史、森孝慈（主将）、渡辺直樹

1967 昭和42年度

部長・小松芳喬
監督・青木要三

◇関東大学サッカーリーグ
［日程］1967年10月14日〜11月26日
10/14［場所］駒沢競技場
○早大 3－1 立大
10/21［場所］駒沢競技場
○早大 4－1 日大
10/29［場所］駒沢競技場
○早大 2－1 法大
11/4［場所］駒沢競技場
●早大 0－2 明大
11/12［場所］大宮サッカー場
△早大 1－1 慶大
11/18［場所］大宮サッカー場
○早大 2－1 教大
11/26［場所］駒沢競技場
●早大 2－3 中大
以上戦績　4勝2敗1分　第1位

◇第16回全国大学サッカー選手権
［日程］1967年12月22日〜26日
12/22［場所］駒沢競技場
○早大 12－0 北海道教大函館分校
12/23［場所］駒沢競技場
●早大 0－3 関西学院大
以上戦績　準々決勝敗退

◇早関サッカー定期戦
［日程］1967年7月2日
［場所］西宮球場
●早大 2－3 関西学院大

◇第18回早慶サッカー定期戦
［日程］1967年9月16日
［場所］国立競技場
○早大 3－2 慶大

◇韓国遠征
［日程］1967年3月28日〜4月8日
3/29［場所］ソウル
●早大 1－5 延世大
3/30［場所］ソウル
●早大 1－5 慶熙大
4/2［場所］ソウル
△早大 0－0 中央大
4/3［場所］ソウル
△早大 1－1 高麗大
4/5［場所］光州
△早大 0－0 高麗大
4/6［場所］ソウル
△早大 2－2 漢陽大
以上戦績　0勝2敗4分

昭和42年度（1968年）卒会員
井口正夫、菊崎賢、河野忠生（主務）、笹野晟、清水進、長岡義一（主将）
三田僥、村形義明

1968 昭和43年度

部長・小松芳喬
監督・青木要三

◇関東大学サッカーリーグ
［日程］1968年9月28日～11月17日
9/28［場所］国立競技場
△早大 1－1 慶大
10/6［場所］国立競技場
○早大 2－0 法大
10/13［場所］三ツ沢球技場
○早大 2－1 日大
10/26［場所］三ツ沢球技場
△早大 2－2 東教大
11/2［場所］大宮サッカー場
△早大 1－1 明大
11/10［場所］大宮サッカー場
○早大 5－1 立大
11/17［場所］駒沢競技場
○早大 1－0 中大
以上戦績　4勝0敗3分　第2位

◇第17回全国大学サッカー選手権
［日程］1968年12月14日～18日
12/14［場所］三ツ沢球技場
○早大 7－0 愛媛大
12/15［場所］三ツ沢球技場
○早大 2－1 大商大
12/17［場所］駒沢競技場
●早大 2－3 関西大（延長）
12/18［場所］駒沢競技場
3位決定戦　●早大 2－3 立大

◇第48回全日本サッカー選手権
［日程］1968年12月25日～1967年1月1日
12/25［場所］広島県営競技場
○早大 2－0 東洋工業
12/29　［場所］国立競技場
●早大 3－4 三菱（延長）

◇第19回早慶サッカー定期戦
［日程］1968年5月17日
［場所］国立競技場
△早大 1－1 慶大

◇日韓親善サッカー
［日程］1968年4月7日
［場所］国立競技場
●早大 0－3 高麗大

◇第16回大学新人蹴球大会
［日程］1968年5月25日～6月16日
6/2［場所］明大八幡山グラウンド
○早大 3－1 学芸大
6/8［場所］早大東伏見グラウンド
○早大 3－1 明大
6/9［場所］早大東伏見グラウンド
○早大 2－1 日大
6/16［場所］早大東伏見グラウンド
●早大 3－5 中大

◇東北遠征
［日程］1968年6月29日～7月7日
6/29
　早大 2－0 茨城日立（前半で中止）
6/30
○早大 6－1 茨城日立
7/7
○早大 8－0 岩手医大
○早大 7－0 盛岡商高
7/3
○早大 6－0 岩手大
7/4
○早大 2－0 遠野高
○早大 5－2 盛岡ゼブラ・C
7/6
○早大 4－0 五戸高

7/7
○早大 10 − 0 八戸電波高
○早大 2 − 0 五戸高 OB
以上戦績　9勝

昭和 43 年度（1969 年）卒会員
岩間昌夫、杉山康彦、高田稔、田中登（主務）、野村和彦、藤本定勝（尊裕）
細谷一郎（主将）、横山孝治

1969 昭和 44 年度

部長・小松芳喬
監督・安田一男

◇関東大学サッカーリーグ
［日程］1969 年 10 月 4 日〜 11 月 16 日
10/ 5［場所］駒場サッカー場
△早大 3 − 3 日大
10/11［場所］国立競技場
●早大 0 − 1 中大
10/19［場所］駒沢競技場
△早大 1 − 1 立大
10/26［場所］国立競技場
●早大 2 − 3 慶大
11/3［場所］三ツ沢球技場
△早大 1 − 1 明大
11/8［場所］駒沢競技場
△早大 0 − 0 法大
11/16［場所］三ツ沢球技場
●早大 1 − 2 東教大
以上戦績　0 勝 3 敗 4 分　第 6 位

◇第 20 回早慶サッカー定期戦
［日程］1969 年 5 月 31 日
［場所］国立競技場
△早大 0 − 0 慶大

◇早関サッカー定期戦
●早大 1 − 2 関西学院大

◇韓国遠征
［日程］1969 年 3 月 27 日〜 4 月 7 日
3/29　［場所］ソウル
●早大 0 − 1 漢陽大
3/30［場所］ソウル
●早大 0 − 3 高麗大
4/1［場所］ソウル
△早大 2 − 2 建国大
4/2［場所］ソウル
●早大 0 − 3 東国大
4/5［場所］釜山
○早大 1 − 0 高麗大
以上戦績　1 勝 3 敗 1 分

昭和 44 年度（1970 年）卒会員
赤須陽太郎、荒尾哲夫、小柳津修、楠目（田ノ上）敏之、田辺暁男
田頭登志久、高橋修、中村勤（主将）、野田義一、福島広樹、古田拓
本堂達郎（主務）山本和夫

1970 昭和45年度

部長・小松芳喬
監督・安田一男

◇関東大学サッカーリーグ
[日程] 1970年9月19日〜11月8日
9/19 [場所] 国立競技場
○早大 1－0 慶大
9/27 [場所] 駒沢陸上競技場
△早大 1－1 明大
9/27 [場所] 三ツ沢球技場
●早大 0－1 東教大
10/18 [場所] 駒沢陸上競技場
○早大 2－1 法大
10/24v 駒沢陸上競技場
○早大 3－1 中大
11/1 [場所] 駒沢陸上競技場
○早大 2－0 日大
11/7 [場所] 駒沢陸上競技場
●早大 0－1 立大
以上戦績　4勝2敗1分　第2位

◇第19回全国大学サッカー選手権
[日程] 1970年12月1日〜4日
12/1 [場所] 駒沢陸上競技場
○早大 9－0 富山大
12/2 [場所] 駒沢陸上競技場
●早大 0－3 大経大

◇第21回早慶サッカー定期戦
[日程] 1970年5月23日
[場所] 国立競技場
○早大 2－1 慶大

◇早関サッカー定期戦
○早大 3－1 関西学院大

◇日韓親善サッカー
[日程] 1970年4月4日
[場所] 国立競技場
△早大 0－0 高麗大

◇清水・名古屋遠征
[日程] 1970年7月3日〜6日
7/3 [場所] 清水
○早大 2－1 日軽金
7/4 [場所] 豊田
●早大 1－5 トヨタ自工
7/5 [場所] 瑞穂
○早大 2－0 名古屋選抜

昭和45年度（1971年）卒会員
伊藤充良、北川幸雄、鈴木貞雄、塚原啓一（主務）、一言輝行、藤沢修
松永章（主将）、山崎利夫

1971 昭和46年度

部長・小松芳喬
監督・堀江忠男

◇関東大学サッカーリーグ
［日程］1971年9月18日～11月14日
9/19［場所］大宮サッカー場
●早大 1－2 日大
9/26［場所］駒沢陸上競技場
○早大 3－2 日体大
10/2［場所］三ツ沢球技場
○早大 4－1 東教大
10/16［場所］駒沢陸上競技場
△早大 0－0 中大
10/23［場所］駒沢陸上競技場
○早大 1－0 慶大
11/ 1［場所］大宮サッカー場
○早大 3－1 法大
11/14［場所］駒沢陸上競技場
○早大 1－0 立大
以上戦績　5勝1敗1分　第1位

◇第20回全国大学サッカー選手権
［日程］1971年12月8日～11日
12/8［場所］読売サッカー場
○早大 2－0 広島大
12/9［場所］読売サッカー場
○早大 4－0 日大
12/10［場所］読売サッカー場
●早大 1－2 東教大（延長）
12/11［場所］国立競技場
3位決定戦　●早大0－1慶大
以上戦績　第4位

◇第22回早慶サッカー定期戦
［日程］1971年5月19日
［場所］国立競技場
○早大 2－0 慶大

◇早関サッカー定期戦
○早大 2－0 関西学院大

◇韓国遠征
［日程］1971年3月25日～4月6日
3/27［場所］ソウル
●早大 0－1 高麗大
3/28［場所］ソウル
●早大 0－2 中央大
3/30［場所］ソウル
●早大 0－3 漢陽大
4/1［場所］ウル
△早大 1－1 慶熙大
4/3［場所］釜山
●早大 0－1 高麗大
4/4［場所］光州
△早大2－2高麗大
以上戦績　0勝4敗2分

昭和46年度（1972年）卒会員
小田豊、木村勉、田中正親、椿原四郎（主将）、杉野（中野）誠一
古舘秀樹、本間善司、脇裕司

1972 昭和47年度

部長・小松芳喬
監督・堀江忠男

◇関東大学サッカーリーグ
［日程］1972年9月23日～11月12日
9/23［場所］駒沢競技場
△早大 2－2 明大
9/30［場所］駒沢競技場
●早大 0－1 日体大
10/8［場所］西が丘サッカー場
○早大 2－0 法大
10/14［場所］駒沢競技場
○早大 3－2 日大
10/29［場所］浦和市駒場サッカー場
○早大 5－2 東教大
11/4［場所］浦和市駒場サッカー場
△早大 0－0 慶大
11/12［場所］西が丘サッカー場
△早大 0－0 中大
以上戦績　3勝1敗3分　第1位

◇第21回全国大学サッカー選手権
［日程］1972年11月29日～12月2日
11/29［場所］駒沢競技場
○早大 5－2 愛媛大
11/30［場所］駒沢競技場
○早大 1－0 中京大
12/1［場所］西が丘サッカー場
○早大 1－1 法大（抽選勝）
12/2［場所］西が丘サッカー場
○早大 1－0 大商大（延長）
以上戦績　第1位

◇第52回全日本サッカー選手権
［日程］1972年12月10日～1973年1月1日
12/10［場所］瑞穂
●早大 2－3 日軽金（延長）
以上戦績　第1回戦敗退（中央大会）

◇第23回早慶サッカー定期戦
［日程］1972年5月28日
［場所］国立競技場
●早大 1－2 慶大

◇早関サッカー定期戦
○早大 3－0 関西学院大

昭和47年度（1973年）卒会員
青島直樹、小谷仁、金性勲、工藤大幸、合田隆光、菅原哲、高島正保（主務）
山岡保、山村芳男（主将）、淀川隆博

1973 昭和48年度

部長・小松芳喬
監督・堀江忠男

◇関東大学サッカーリーグ
［日程］1973年9月24日〜11月4日
9/24［場所］駒沢競技場
○早大 5－0 国士舘大
9/29［場所］大宮サッカー場
△早大 1－1 明大
10/10［場所］西が丘サッカー場
○早大 2－1 教大
10/13［場所］西が丘サッカー場
△早大 2－2 日体大
10/21［場所］西が丘サッカー場
●早大 0－1 法大
10/24［場所］西が丘サッカー場
○早大 3－1 慶大
11/4［場所］駒沢競技場
○早大 3－0 中大
以上戦績 4勝1敗2分 第2位

◇第22回全国大学サッカー選手権
［日程］1973年11月21日〜25日
11/21
○早大 7－0 高知大
11/22
○早大 4－1 京都産大
11/23
○早大 3－0 大商大
11/25
○早大 3－0 法大
以上戦績 第1位

◇第53回全日本サッカー選手権
［日程］1973年12月2日〜1974年1月1日
12/9［場所］東海
○早大 1－0 名城大
12/16［場所］四日市
▲早大 2－2 古河（PK1－3）
以上戦績 3回戦敗退

◇第50回早関サッカー定期戦
［日程］1973年8月22日
［場所］西宮球場
○早大 2－1 関西学院大

◇第24回早慶サッカー定期戦
［日程］1973年6月30日
［場所］国立競技場
○早大 4－0 慶大

昭和48年度（1974年）卒会員
田村誠（主将）、福田恵一（主務）、松本紀夫、松若敏昭、村松章隆

1974 昭和49年度

部長・小松芳喬
監督・堀江忠男

◇関東大学サッカーリーグ
[日程] 1974年9月21日～11月4日
9/21 [場所] 西が丘サッカー場
○早大 2－1 慶大
9/29 [場所] 西が丘サッカー場
●早大 1－2 東農大
10/5 [場所] 西が丘サッカー場
○早大 1－0 東教大
10/10 [場所] 西が丘サッカー場
○早大 2－1 明大
10/20 [場所] 西が丘サッカー場
△早大 1－1 日体大
10/26 [場所] 西が丘サッカー場
○早大 3－0 中大
11/4 [場所] 西が丘サッカー場
●早大 2－3 法大
以上戦績　4勝2敗1分　第3位

◇第23回全国大学サッカー選手権
[日程] 1974年11月27日～12月1日
11/27 [場所] 大宮サッカー場
○早大 6－0 愛媛大
11/28 [場所] 大宮サッカー場
準々決勝　○早大 3－0 中京大
11/29 [場所] 西が丘サッカー場
準決勝　○早大 3－0 大体大
12/1 [場所] 西が丘サッカー場
決勝　○早大 2－0 大商大
以上戦績　第1位

◇昭和49年度関東大学春季対抗戦
[日程] 1974年4月21日～5月19日
4/21 [場所] 東伏見
○早大 2－0 青学大
4/28 [場所] 東伏見
△早大 0－0 東大
5/3 [場所] 東伏見
早大－教育大
5/6 [場所] 三ツ沢球技場
準々決勝　●早大 0－4 日体大

◇第43回全日本サッカー選手権
[日程] 1974年12月8日～1975年1月1日
12/15 [場所] 藤枝
○早大 2－1 本田技研
12/22 [場所] トヨタS・C
●早大 0－1 トヨタ
以上戦績　3回戦敗退

◇第25回早慶サッカー定期戦
[日程] 1974年6月8日
[場所] 国立競技場
○早大 3－0 慶大

◇早関サッカー定期戦
○早大 3－0 関西学院大

◇日韓親善サッカー
[日程] 1974年6月16日～
6/16 [場所] 西が丘
定期戦　●早大 1－2 高麗大
6/18 [場所] 大宮
親善試合　●早大 1－2 高麗大

昭和49年度（1975年）卒会員
市毛央文、岩谷省吾、駒崎尚宏、篠沢達雄（主務）、野曽原芳彦（主将）
古田篤良、町田久雄

1975 昭和 50 年度

部長・小松芳喬
監督・堀江忠男

◇関東大学サッカーリーグ
［日程］1975 年 9 月 20 日〜11 月 3 日
9/21［場所］西が丘サッカー場
○早大 4－1 東教大
9/29［場所］西が丘サッカー場
●早大 0－1 日体大
10/4［場所］西が丘サッカー場
○早大 4－0 日大
10/12 ［場所］西が丘サッカー場
○早大 1－0 慶大
10/19 ［場所］西が丘サッカー場
○早大 3－0 法大
10/26 ［場所］西が丘サッカー場
○早大 2－0 中大
11/3 ［場所］西が丘サッカー場
○早大 3－0 東農大
以上戦績 6 勝 1 敗 第 1 位

◇第 24 回全国大学サッカー選手権
［日程］1976 年 1 月 7 日〜11 日
1/7 ［場所］市原臨海グラウンド
○早大 5－0 仙台大
1/8 ［場所］市原臨海グラウンド
○早大 3－1 札幌大
1/10 ［場所］西が丘サッカー場
▲早大 1－1 日体大（延長、PK3－5）
1/11 ［場所］西が丘サッカー場
3 位決定戦 ●早大 0－2 大商大
以上戦績 第 4 位

◇昭和 50 年度関東大学春季対抗戦
［日程］1975 年 4 月 20 日〜5 月 18 日
4/20 ［場所］東伏見
○早大 5－0 一橋大
4/27 ［場所］東伏見
○早大 3－0 明大
5/3 ［場所］東伏見
○早大 3－0 慶大
5/5 ［場所］三ツ沢球技場
○早大 3－0 東教大
5/11 ［場所］西が丘サッカー場
準決勝 ●早大 0－1 青学大
5/18 ［場所］西が丘サッカー場
3 位決定戦 ○早大 2－0 法大

◇早関サッカー定期戦
［日程］1975 年 8 月 27 日
［場所］神戸中央
△早大 1－1 関西学院大

◇第 55 回全日本サッカー選手権
［日程］1975 年 12 月 16 日〜1976 年 1 月 1 日
12/18 ［場所］三ツ沢球技場
●早大 0－2 日本鋼管

◇第 26 回早慶サッカー定期戦
［日程］1975 年 6 月 7 日
［場所］国立競技場
●早大 0－1 慶大

◇韓国遠征
［日程］1975 年 6 月 16 日〜26 日
6/17 ［場所］ソウルスタジアム
●早大 0－2 延世大
6/19 ［場所］ソウルスタジアム
●早大 1－2 成均館大
6/21 ［場所］釜山運動場
●早大 1－2 高麗大
6/22 ［場所］大邱
△早大 0－0 嶺南大
6/24 ［場所］光州公設運動場
●早大 0－2 高麗大
以上戦績 0 勝 4 敗 1 分

◇日韓親善サッカー
[日程] 1975年8月25日
[場所] 西が丘サッカー場
●早大1－2延世大

昭和50年度（1976年）卒会員
碓井博行、亀田忠幸、川上嘉郎、川北信幸、川本章夫（主将）、木下真、志田達馬、福田誠

1976 昭和51年度

部長・堀江忠男
監督・胡崇人

◇第50回関東大学サッカーリーグ
[日程] 1976年9月18日～10月31日
9/18 [場所] 西が丘サッカー場
○早大 2－0 慶大
9/26 [場所] 西が丘サッカー場
○早大 5－0 東農大
10/3 [場所] 西が丘サッカー場
○早大 3－2 筑波大
10/9 [場所] 西が丘サッカー場
○早大 4－0 日大
10/18 [場所] 西が丘サッカー場
○早大 3－0 日体大
10/24 [場所] 西が丘サッカー場
○早大 5－1 中大
10/31 [場所] 西が丘サッカー場
○早大 2－1 法大
以上戦績　7戦全勝　第1位

◇第25回全国大学サッカー選手権
[日程] 1976年11月24日～28日
11/24 [場所] 大宮サッカー場
○早大 8－0 松山商大
11/25 [場所] 西が丘サッカー場
▲早大 1－1 札幌大（延長、PK1－4）

◇第56回全日本サッカー選手権
[日程] 1976年12月12日～1977年1月1日
12/12 [場所] 西が丘サッカー場
○早大 6－0 札幌大
12/19 [場所] 西が丘サッカー場
●早大 0－1 三菱重工

◇第27回早慶サッカー定期戦
[日程] 1976年5月29日
[場所] 国立競技場
○早大 4－0 慶大

◇早関サッカー定期戦
△早大 2－2 関西学院大

◇日韓親善サッカー場
[日程] 1976年8月18日～25日
8/21 [場所] 西が丘サッカー場
●早大 1－3 高麗大
8/25 [場所] 西が丘サッカー場
△早大 0－0 高麗大

昭和51年度（1977年）卒会員
今井敏明、太田富夫、菊田久、窪田（太田）富夫、小柴健司、桜井博史、白井敬司、杉山正人、土橋俊二（主務）、林義規、藤原義三（主将）、丸笹公嗣、松本栄、村松英伸、飯野千草

1977 昭和52年度

部長・堀江忠男
監督・大橋謙三

◇第51回関東大学サッカーリーグ
［日程］1977年9月24日〜11月6日
9/24［場所］西が丘サッカー場
○早大 3－1 国士舘大
10/2［場所］西が丘サッカー場
△早大 0－0 日大
10/8［場所］西が丘サッカー場
●早大 0－1 東農大
10/16［場所］西が丘サッカー場
△早大 1－1 中大
10/23［場所］西が丘サッカー場
△早大 1－1 筑波大
10/30［場所］西が丘サッカー場
●早大 0－2 法大
11/6［場所］西が丘サッカー場
●早大 0－3 日体大
以上戦績 1勝3敗3分 第5位

◇第1回総理大臣杯
全日本大学サッカートーナメント
［日程］1977年7月28日〜7月31日
7/28［場所］藤枝市民グランドサッカー場
1回戦 ○早大10－0室蘭工業大
7/29［場所］藤枝市民グランドサッカー場
2回戦 ○早大5－2九州産業大
7/3［場所］県営草薙球技場
準決勝 ○早大3－0中大
決勝 ●早大 2－1 法大
以上戦績 準優勝

◇第28回早慶サッカー定期戦
［日程］1977年6月4日
○早大2－0慶大

◇早関サッカー定期戦
○早大1－0関西学院大

昭和52年度（1978年）卒会員
足立賢治、大石郁夫、尾花善生、河村隆司、桑田幸治、五領壮太（主務）、下條佳明、鳥井裕紀、内藤洋介（主将）、西野朗、福原伸一、松浦敏夫、松下哲二、安田一、渡辺博之、江口（真弓）昌子、永井ちはる

1978 昭和53年度

部長・堀江忠男
監督・大橋謙三

◇第52回関東大学サッカーリーグ
［日程］1978年9月16日〜10月29日
9/17［場所］西が丘サッカー場
△早大 1－1 中大
9/23［場所］西が丘サッカー場
○早大 3－1 東農大
9/30［場所］西が丘サッカー場
●早大 0－2 筑波大
10/8［場所］西が丘サッカー場
○早大 3－1 法大
10/15［場所］西が丘サッカー場
○早大 3－1 明大
10/21［場所］西が丘サッカー場
○早大 1－0 国士舘大
10/28［場所］西が丘サッカー場
○早大 6－3 日大

以上戦績　5勝1敗1分　2位

第27回全国大学サッカー選手権
[日程] 1978年11月30日〜12月3日
12/1 [場所] 西が丘サッカー場
○早大 4－0 金沢大
12/2 [場所] 西が丘サッカー場
○早大 1－0 大商大
12/3 [場所] 西が丘サッカー場
○早大 1－0 法大
以上戦績　優勝

◇第2回総理大臣杯
全日本大学サッカートーナメント
1回戦　○早大 5－3 福岡大
2回戦　○早大 2－0 大商大
準決勝　○早大 2－1 国士舘大
決勝　○早大 2－1 法大
以上戦績　優勝

◇関東大学春季対抗戦
1回戦　●早大 1－2 明大
以上戦績　1回戦敗退

◇第29回早慶サッカー定期戦
[日程] 1978年6月3日
○早大4－1慶大

◇早関サッカー定期戦
○早大 4－0 関西学院大

昭和53年度（1979年）卒会員
植田祐一郎、大塚健一郎、加藤久（主将）、木田由紀夫、清水秀毅、鈴木和彦、島崎達也、中村勝則（主務）、野見山篤、花嶋聡、宮成隆、矢島功、山根孝文

1979 昭和54年度

部長・堀江忠男
監督・堀江忠男

◇第53回関東大学サッカーリーグ
[日程] 1979年9月22日〜11月4日
9/22 [場所] 西が丘サッカー場
○早大 1－0 日大
9/30 [場所] 西が丘サッカー場
○早大 7－0 慶大
10/6 [場所] 西が丘サッカー場
●早大 0－1 筑波大
10/14 [場所] 西が丘サッカー場
●早大 0－1 国士舘大
10/20 [場所] 西が丘サッカー場
●早大 1－3 法大
10/28 [場所] 西が丘サッカー場
△早大 2－2 東農大
11/4 [場所] 西が丘サッカー場
○早大 1－0 中大
以上戦績　3勝3敗1分　第5位

◇第3回総理大臣杯
全日本大学サッカートーナメント
1回戦　○早大 5－0 広島大学福山
2回戦　○早大 0－3 国士舘大
以上戦績　2回戦敗退

◇関東大学春季対抗戦
1回戦　●早大 1－3 日大
以上戦績　1回戦敗退

◇第30回早慶サッカー定期戦
[日程] 1979年5月26日
○早大1－0慶大

◇早関サッカー定期戦
○早大 3 − 1 関西学院大

昭和 54 年度（1980 年）卒会員
有田克彦、生野健輔、石倉一輝（主務）、岡田武史（主将）、小野俊介、唐井直、小林茂樹、城福敬、武田和章、多田正樹、外岡環、富岡賢二、浜田慶一、本橋春彦、山下千佳久、山本修平、横田正俊、松原（香山）奈緒美

1980 昭和 55 年度

部長・堀江忠男
監督・宮本征勝

◇第 54 回関東大学サッカーリーグ
［日程］1980 年 9 月 20 日〜 11 月 2 日
9/21［場所］西が丘サッカー場
○早大 1 − 0 中大
9/27［場所］西が丘サッカー場
△早大 1 − 1 東農大
10/4［場所］西が丘サッカー場
●早大 1 − 4 筑波大
10/12［場所］西が丘サッカー場
△早大 2 − 2 法大
10/19［場所］西が丘サッカー場
●早大 0 − 1 駒澤大
10/25［場所］西が丘サッカー場
○早大 3 − 2 日大
11/1［場所］西が丘サッカー場
●早大 0 − 1 国士舘大
以上戦績　2 勝 3 敗 2 分　第 6 位

◇第 31 回早慶サッカー定期戦
［日程］1980 年 6 月 7 日
○早大 1 − 0 慶大

◇早関サッカー定期戦
○早大 1 − 0 関西学院大

昭和 55 年度（1981 年）卒会員
稲桝大、川崎三喜男、木村孝洋、国松孝年、後藤英輔（主務）、五領継太、清水達哉、鈴木洋一、砂田純二、堤健吾、中山良夫、永井直人、萩原直行、花尾能成、原博実（主将）、引地慶記、鈴木（浅川）あや子、片野坂（平野）陽子

1981 昭和 56 年度

部長・堀江忠男
監督・宮本征勝

◇第 55 回関東大学サッカーリーグ
［日程］1981 年 9 月 26 日〜 11 月 8 日
9/27［場所］西が丘サッカー場
○早大 2 − 1 国士舘大

10/3［場所］西が丘サッカー場
△早大 1－1 法大
10/10［場所］西が丘サッカー場
●早大 0－6 筑波大
10/18［場所］西が丘サッカー場
○早大 3－1 中大
10/24［場所］西が丘サッカー場
△早大 2－2 日体大
10/31［場所］西が丘サッカー場
○早大 3－1 青山学院大
11/3［場所］西が丘サッカー場
△早大 1－1 東農大
以上戦績　3勝1敗3分　第3位

◇第30回全日本大学サッカー選手権
①○早大5－1岡山大
②○早大4－0同志社大
準決勝　●早大1－2日体大
3位決定戦　●早大1－2大商大
以上戦績　第4位

◇第5回総理大臣杯
全日本大学サッカートーナメント
1回戦　●早大 1 － 2 愛知学院大
以上戦績　1回戦敗退

◇関東大学春季対抗戦
1回戦　○早大 1 - 0 法大
準決勝　●早大 0－1 日体大
3位決定戦　○早大 2－0 順天堂大
以上戦績　第3位

◇第32回早慶サッカー定期戦
［日程］1981年5月16日
○早大2－0慶大

◇早関サッカー定期戦
○早大6－0関西学院大

昭和56年度（1982年）卒会員
阿部晋悟、石井利尚、石川直樹、大川祐一郎、亀井太郎（主務）、志田文則、清水透、杉澤直樹、棚橋祐介、中俣道郎、配島幹雄、早野幸治郎、藤田尚司、藤原英吾（主将）、松永定彦、三浦諭、宮治和富、守屋好仁

1982 昭和57年度

部長・堀江忠男
監督・宮本征勝

◇第56回関東大学サッカーリーグ
［日程］1982年9月15日～10月31日
9/19［場所］西が丘サッカー場
●早大 0－1 国士舘大
9/25［場所］西が丘サッカー場
△早大 0－0 中大
10/3［場所］西が丘サッカー場
○早大 2－1 順天堂大
10/9［場所］西が丘サッカー場
○早大 4－0 駒澤大
10/16［場所］西が丘サッカー場
○早大 3－1 東農大
10/24［場所］西が丘サッカー場
○早大 2－1 日体大
10/31［場所］西が丘サッカー場
○早大 4－0 筑波大
以上戦績　5勝1敗1分　第2位

◇第31回全日本大学サッカー選手権
①○早大3－1岡山大
準決勝　○早大2－1大商大
決勝　●早大2－3国士舘大

以上戦績　準優勝

◇関東大学春季対抗戦

1回戦　◯早大 4 - 1 日体大
準決勝　●早大 2 − 3 国士舘大(延長)
3位決定戦　◯早大 3 − 1 順天堂大
以上戦績　第3位

◇第33回早慶サッカー定期戦

［日程］1982年6月5日
◯早大4 − 0慶大

◇早関サッカー定期戦

◯早大3 − 0関西学院大

昭和57年度(1983年)卒会員員

阿佐潔之、池田誠剛、大塚幸司、岡本宏一、柏野一也(主務)、佐藤純平、城福浩、鈴木和彦、高井猛、永田宏、西野昇、服部彰、藤本和久、丸山英男、水越将之、吉田靖(主将)

1983 昭和58年度

部長・堀江忠男
監督・堀江忠男

◇第57回関東大学サッカーリーグ

［日程］1983年9月23日〜11月6日
9/23［場所］西が丘サッカー場
△早大 1 − 1 中大
10/1［場所］西が丘サッカー場
◯早大 2 − 1 法大
10/8［場所］西が丘サッカー場
△早大 0 − 0 駒澤大
10/16［場所］西が丘サッカー場
●早大 0 − 2 順天堂大
10/22［場所］西が丘サッカー場
◯早大 4 − 0 日体大
10/30［場所］西が丘サッカー場
●早大 2 − 4 筑波大
11/6［場所］西が丘サッカー場
◯早大 2 − 0 国士舘大
以上戦績　3勝2敗2分　第2位

◇第32回全日本大学サッカー選手権

①◯早大5 − 1札幌大
②●早大0 − 2大商大
以上戦績　第4位

◇関東大学春季対抗戦

1回戦　▲早大0 − 0 東海大
(延長、PK1 − 3)
以上戦績　1回戦敗退

◇第34回早慶サッカー定期戦

［日程］1983年6月4日
◯早大1 − 0慶大

◇早関サッカー定期戦

◯早大3 − 1関西学院大

昭和58年度(1984年)卒会員

朝比奈昌光、麻生研二、植村秀明(主務)、浦野浩一、大澤浩司、神戸清雄、酒井貴、宍戸隆、関塚隆(主将)、外岡哲、直井規男、永井啓介、中山幸男、伯井寛、早坂陸行、半田一夫、堀越正人、吉田憲司、吉山忠

1984 昭和 59 年度

部長・伊達邦春
監督・堀江忠男

◇第 58 回関東大学サッカーリーグ
［日程］1984 年 9 月 15 日～11 月 4 日
9/15［場所］西が丘サッカー場
○早大 2 － 0 日体大
9/23［場所］西が丘サッカー場
●早大 1 － 2 東農大
10/7［場所］西が丘サッカー場
○早大 2 － 1 中大
10/13［場所］西が丘サッカー場
●早大 0 － 2 国士舘大
10/21［場所］西が丘サッカー場
○早大 2 － 0 駒澤大
10/28［場所］西が丘サッカー場
○早大 3 － 1 順天堂大
11/4［場所］西が丘サッカー場
●早大 1 － 2 筑波大
以上戦績　4 勝 3 敗 0 分　第 5 位

◇関東大学春季対抗戦
決勝トーナメント
①●早大 0 － 2 国士舘大

◇第 35 回早慶サッカー定期戦
［日程］1984 年 5 月 26 日
△早大 1 － 1 慶大

◇早関サッカー定期戦
○早大 4 － 0 関西学院大

昭和 59 年度（1985 年）卒会員
河合豪、佐々木功、佐藤敏彦、滝道裕、田口誠（主将）、高山昭二、野本東、広戸正之、藤原敬裕、古屋武範、松永誠吾、和田均（主務）

1985 昭和 60 年度

部長・伊達邦春
監督・堀江忠男

◇第 59 回関東大学サッカーリーグ
［日程］1985 年 9 月 21 日～11 月 4 日
9/22［場所］西が丘サッカー場
○早大 2 － 0 駒澤大
9/28［場所］西が丘サッカー場
○早大 4 － 1 中大
10/5［場所］西が丘サッカー場
△早大 2 － 2 明大
10/13［場所］西が丘サッカー場
●早大 1 － 2 法大
10/20［場所］西が丘サッカー場
●早大 0 － 2 国士舘大
10/27［場所］西が丘サッカー場
△早大 1 － 1 順天堂大
11/4［場所］西が丘サッカー場
●早大 1 － 2 筑波大
以上戦績　2 勝 3 敗 2 分　第 5 位

◇第 34 回全日本大学サッカー選手権
①○早大 2 － 0 福岡大
②●早大 0 － 3 国士舘大

◇第 9 回総理大臣杯
大学全日本大学サッカートーナメント
[日程] 1985 年 7 月 3 日〜 7 月 6 日
7/3 [場所] 万博記念競技場
1 回戦　◯早大 3 − 2 福岡大
7/4 [場所] 万博記念競技場
2 回戦　◯早大 1 − 0 関西学院大
7/5 [場所] 靱サッカー場
準決勝　◯早大 1 − 0 東海大
7/6 [場所] 長居陸上競技場
決勝　●早大 0 − 2 大商大
以上戦績　準優勝

◇関東大学春季対抗戦
※順不同
D グループ　◯早大 5 − 2 中大
D グループ　◯早大 5 − 1 東京学芸大
D グループ　◯早大 5 − 0 青山学院大
決勝トーナメント
1 回戦　◯早大 3 − 1 東農大
2 回戦　●早大 1 − 2 国士舘大
3 位決定戦　◯早大 3 − 2 明大
以上戦績　第 3 位

◇第 36 回早慶サッカー定期戦
[日程] 1985 年 6 月 8 日
△早大 0 − 0 慶大

◇早関サッカー定期戦
◯早大 3 − 0 関西学院大

◇日韓親善サッカー
●早大−高麗大
●早大−高麗大

昭和 60 年度（1986 年）卒会員
新井敬義、池田稔、石井昌幸、石橋雅彦、遠藤穣、亀田雅博、川中定（主務）、杉野倫久、高橋彰、辻成之、辻井学、中島智美、浜田秀樹（主将）、水谷光昭、永山龍子

1986 昭和 61 年度

部長・伊達邦春
監督・堀江忠男

◇第 60 回関東大学サッカーリーグ
[日程] 1986 年 9 月 20 日〜 11 月 3 日
9/20 [場所] 西が丘サッカー場
△早大 2 − 2 中大
9/28 [場所] 西が丘サッカー場
◯早大 3 − 1 法大
10/5 [場所] 西が丘サッカー場
●早大 0 − 1 明大
10/11 [場所] 西が丘サッカー場
◯早大 2 − 1 国士舘大
10/18 [場所] 西が丘サッカー場
●早大 0 − 2 東海大
10/24 [場所] 西が丘サッカー場
◯早大 2 − 0 筑波大
11/2 [場所] 西が丘サッカー場
◯早大 2 − 1 順天堂大
以上戦績　4 勝 2 敗 1 分　第 2 位

◇第 35 回全日本大学サッカー選手権
[日程] 1986 年 11 月 27 日〜 30 日
11/28 [場所] 駒沢競技場
○早大 2 − 0 札幌大
11/29 [場所] 西が丘サッカー場
準決勝　◯早大 1 − 0 国士大

11/30［場所］西が丘サッカー場
決勝　○早大 4－0 東海大
以上戦績　優勝

◇第 10 回総理大臣杯
大学全日本大学サッカートーナメント
①○早大 2－1 福井工大
②○早大 1－0 大商大
準決勝　○早大 2－2 東海大
(延長、PK3－1)
決勝　●早大 2－3 大体大
以上戦績　準優勝

◇関東大学春季対抗戦
［日程］1986 年 4 月 5 日～5 月 5 日
グループ D　○早大 7－0 中大
グループ D　△早大 0－0 日体大
グループ D　○早大 5－0 日大
決勝トーナメント
1 回戦　○早大 4－0 明大
準決勝　○早大 0－0 筑波大
(延長、PK5－4)
決勝　○早大 1－ 0 東海大
以上戦績　優勝

◇第 37 回早慶サッカー定期戦
［日程］1986 年 5 月 28 日
○早大 3－1 慶大

◇早関サッカー定期戦
○早大 4－1 関西学院大

昭和 61 年度 (1987 年) 卒会員
伊藤彰敏、角谷俊彰、加藤明代 (主務)、小松原琢、佐々木秀輝、田中章元、田中久雄、堀直人、三橋透 (主将)、山田淳一

1987 昭和 62 年度

部長・伊達邦春
監督・堀江忠男

◇第 61 回関東大学サッカーリーグ
△早大 1－1 筑波大
●早大 0－1 順天堂大
○早大 1－0 東海大
△早大 1－1 中大
○早大 1－0 国士舘大
○早大 4－1 明大
○早大 3－1 法大
以上戦績　4 勝 1 敗 2 分　第 2 位

◇第 37 回全日本大学サッカー選手権
［日程］1987 年 11 月 25 日～29 日
11/25［場所］江戸川区陸上競技場
○早大 6－0 松山商大
11/26［場所］江戸川区陸上競技場 7
○早大 3－2 (延長) 同大
11/28［場所］西が丘サッカー場
準決勝　▲早大 2－2 (PK1－3) 東海大
11/29［場所］西が丘サッカー場
3 位決定戦　○早大 1－0 筑波大
以上戦績　3 位

◇第 11 回総理大臣杯
全日本大学サッカートーナメント
①○早大 5－0 高知大
②●早大 0－1 福岡大

◇関東大学春季対抗戦
①○早大 3－0 日大
②○早大 1－1 筑波大（PK4－2）
③○早大 0－0 順天堂大（PK3 －1）
決勝 ○早大 1－1 慶大（PK5－4）
以上戦績 優勝

◇第38回早慶サッカー定期戦
［日程］1987年6月6日
●早大 1－3 慶大

◇早関サッカー定期戦
○早大 2－1 関西学院大

昭和62年度（1988年）卒会員
浅香浩司、雨宮保、池田直人（主将）、伊藤竜一、魚住俊之、大榎克己、大森修司、小野沢教至、角田清志、木下正幸、木村尚史、小杉直揮、高垣秀一、高橋徹、藤田陽一（主務）、前田薫、三富健大、峯岸滋、宗形忍、矢野眞光、小沢（落合）玲子

1988 昭和63年度

部長・伊達邦春
監督・堀江忠男

◇第62回関東大学サッカーリーグ
［日程］1988年9月11日～11月3日
9/11［場所］西が丘サッカー場
○早大 3－0 明大
9/17［場所］西が丘サッカー場
○早大 1－0 慶大
9/23［場所］西が丘サッカー場
△早大 1－1 中大
10/1［場所］西が丘サッカー場
○早大 2－0 国士舘大
10/9［場所］西が丘サッカー場
△早大 0－0 順天堂大
10/23［場所］江戸川区陸上競技場
△早大 3－3 東海大
11/3［場所］西が丘サッカー場
○早大 1－0 筑波大
以上戦績 4勝0敗3分 第2位

第37回全日本大学サッカー選手権
［日程］1988年11月23日～27日
11/23［場所］江戸川陸上競技場
○早大 5－2 福岡大
11/24［場所］駒沢競技場
○早大 3－1 京産大
11/26［場所］西が丘サッカー場
準決勝 ●早大 0－1 東海大
11/27［場所］西が丘サッカー場
3位決定戦 △早大 2－2 筑波大
以上戦績 第3位
（引き分けにより両校ともに）

◇第2回関東大学サッカー選手権大会兼第12回総理大臣杯全日本大学サッカートーナメント関東予選
1回戦 ○早大 5－0 中央学院大
2回戦 ●早大 0－1 日体大
以上戦績 2回戦敗退

◇関東大学春季対抗戦
※順不同
Aグループ ○早大 1－0 中大
Aグループ ○早大 1－0 法大
Aグループ △早大 0－0 成蹊大
決勝トーナメント
1回戦 ○早大 4－1 慶大
準決勝 ○早大 2－0 東海大

決勝　●早大 0－1 東京学芸大
以上戦績　準優勝

◇第 39 回早慶サッカー定期戦
［日程］1988 年 5 月 14 日
○早大 3－0 慶大

◇早関サッカー定期戦
○早大 4－2 関西学院大

◇早稲田大学・高麗大学サッカー定期戦
●早大－高麗大
●早大－高麗大

昭和 63 年度（1989 年）卒会員
秋山邦彦、井口量志、上野展裕、梅田英幸、大佐田裕一郎、加藤剛、加藤豊、倉持正彦、小関弘明、佐藤典生、堤利民、野竹英俊、服部尚、松本匡央、松山吉之（主将）、水谷尚人、宮村匡俊（主務）、渡辺孝吉

1989 平成元年度

部長・伊達邦春
監督・古舘秀樹

◇第 63 回関東大学サッカーリーグ
●早大 1－4 国士舘大
●早大 1－5 順天堂大
○早大 3－2 筑波大
●早大 1－2 中大
△早大 0－0 東海大
△早大 1－1 明大
○早大 3－1 慶大
以上戦績　2 勝 3 敗 2 分　第 6 位

◇第 13 回総理大臣杯
全日本大学サッカートーナメント
①○早大 4－0 仙台大
②○早大 1－0 福岡大
準決勝　●早大 1－2 筑波大
3 位決定戦　○早大 4－1 鹿屋体育大
以上戦績　第 3 位

◇関東大学春季対抗戦
グループB　○早大 3－0 東農大
グループB　○早大 2－0 拓殖大
グループB　○早大 4－1 茨城大
決勝トーナメント
1 回戦　○早大 3－0 慶大
2 回戦　○早大 2－0 明大
準決勝　○早大 1－1 中大(PK5－4)
決勝　○早大 2－1 順天堂大
以上戦績　優勝

◇第 40 回早慶サッカー定期戦
［日程］1989 年 5 月 6 日
△早大 0－0 慶大

◇早関サッカー定期戦
○早大 6－0 関西学院大

平成元年度（1990 年）卒会員
市毛朱人、上野新吾、落合洋太、北村恭明（主務）、小西池健、小林端、鈴木圭（主将）、竹山宗力、平田英治、松岡浩明、松山広淳、山田泰寛

1990 平成２年度

部長・伊達邦春
監督・古舘秀樹

◇第 64 回関東大学サッカーリーグ

●早大 0 − 3 順天堂大
●早大 0 − 4 国士舘大
○早大 3 − 1 東海大
●早大 0 − 1 青山学院大
△早大 1 − 1 中大
○早大 3 − 1 明大
○早大 3 − 2 筑波大
以上戦績　3 勝 3 敗 1 分　第 4 位

◇第 39 回全日本大学サッカー選手権

①○早大 4 − 0 福岡大
②○早大 5 − 1 大商大
準決勝　●早大 1 − 1 国士舘大（PK）
以上戦績　第 3 位

◇第 14 回総理大臣杯 全日本大学サッカートーナメント

①●早大 1 − 1 福岡大（PK2 − 4）

◇関東大学春季対抗戦

グループF
●早大 1 − 2 駒沢大
○早大 6 − 1 上智大
○早大 3 − 0 関東学院大
グループ F 戦績　2 勝 1 敗　1 位通過
決勝トーナメント
①○早大 3 − 2 中大
②●早大 2 − 3 東海大

◇第 70 回天皇杯全日本サッカー選手権大会

［日程］1990 年 12 月 15 日〜 1991 年 1 月 1 日
1 回戦　●早大 0 − 3 読売クラブ
以上戦績　1 回戦敗退

◇第 41 回早慶サッカー定期戦

［日程］1990 年 6 月 6 日
○早大 1 − 0 慶大

◇早関サッカー定期戦

○早大 3 − 0 関西学院大

平成 2 年度（1991 年）卒会員
荒井晃、梅本勝利（主務）、北村春光、久保田武晴、児島哲郎、三分一剛、鈴木雅彦、関口潔、竹林吾朗、曺貴裁、辻井隆行、中嶋晋一郎（主将）、南原務、東達彦、藤原完、松村潤、水谷隆一郎、向井淳也、森統則、藤井美穂

1991 平成３年度

部長・伊達邦春
監督・関塚隆

◇第 65 回関東大学サッカーリーグ
［日程］1991 年 9 月 13 日〜 11 月 3 日
9/16［場所］西が丘サッカー場
○早大 3 − 0 青山学院大
9/21［場所］西が丘サッカー場
○早大 3 − 1 駒澤大
10/4［場所］江戸川区陸上競技場
○早大 1 − 0 筑波大
10/10［場所］山梨県営小瀬スポーツ公園陸上競技場
○早大 3 − 2 国士舘大
10/20［場所］西が丘サッカー場
●早大 0 − 4 順天堂大
10/26［場所］江戸川区陸上競技場
△早大 1 − 1 中大
11/3［場所］西が丘サッカー場
△早大 0 − 0 東海大
以上戦績　4 勝 1 敗 2 分　第 2 位

◇第 40 回全日本大学サッカー選手権
①○早大 3 − 1 仙台大
②○早大 1 − 0 立命館大
準決勝　○早大 1 − 0 大商大
決勝　○早大 1 − 1 東海大（PK）
以上戦績　優勝

◇関東大学春季対抗戦
グループ D　○早大 1 − 0 東農大
グループ D　○早大 6 − 2 帝京大
グループ D　○早大 4 − 1 濁協大
決勝トーナメント
1 回戦　○早大 2 − 2 中大（PK4 − 1）
2 回戦　●早大 1 − 2 東海大
第 5 代表決定戦
［日程］1991 年 5 月 11 日〜 5 月 12 日
5/11［場所］東伏見グラウンド
●早大 0 − 1 順天堂大
以上戦績　第 5 代表決定戦準決勝敗退

◇第 42 回早慶サッカー定期戦
［日程］1991 年 5 月 25 日
○早大 2 − 0 慶大

◇早関サッカー定期戦
○早大 8 − 0 関西学院大

平成 3 年度（1992 年）卒会員
阿部克也、内田武志、大倉智（主将）、大森一伸、古賀聡、小林誠、佐藤広（主務）館英一、津久井浩、原（早川）博子、福田哲、星野一輝、堀野博幸、松澤俊典、山崎信矢、吉武貴主、早川博子

1992 平成４年度

部長・柏崎利之輔
監督・関塚隆

◇第66回関東大学サッカーリーグ
●早大 0－4 筑波大
△早大 1－1 国士舘大
●早大 0－2 中大
○早大 1－0 東海大
○早大 3－1 駒沢大
△早大 2－2 順天堂大
△早大 1－1 日大
以上戦績　2勝2敗3分　第4位

◇第41回全日本大学サッカー選手権
①○早大 4－0 札幌大
②○早大 1－0 鹿屋体育大
準決勝　○早大 3－1 高知大
決勝　●早大 0－1 中大
以上戦績　準優勝

◇第6回関東大学サッカー選手権大会兼第12回総理大臣杯全日本大学サッカートーナメント関東予選
戦績　準優勝

◇第16回総理大臣杯全日本大学サッカートーナメント
○早大 5－0 仙台大
●早大 1－3 中大

◇関東大学春季対抗戦
グループB　○早大 1－0 東京学芸大
グループB　△早大 0－0 創価大
グループB　○早大 2－0 横浜商大

◇第43回早慶サッカー定期戦
［日程］1992年6月6日
△早大 0－0 慶大

◇早関サッカー定期戦
○早大 1－0 関西学院大

平成4年度（1993年）卒会員
赤岸律子、池田伸康（主将）、石黒徹次郎、上森謙一、岡原直樹（主務）、小川岳史、奥野僚右、小椋哲也、小泉行紀、桜井新一、塚野真樹、冨澤睦美、長井雅明、塙健司、廣崎圭、矢野由治、吉田博之、渡辺康二、赤岸律子

1993 平成５年度

部長・柏崎利之輔
監督・松永章

◇第 67 回関東大学サッカーリーグ
○早大 1 − 0 筑波大
●早大 0 − 3 中大
△早大 1 − 1 慶大
△早大 0 − 0 国士舘大
△早大 1 − 1 駒沢大
△早大 0 − 0 東海大
●早大 3 − 1 順天堂大
以上戦績　1 勝 2 敗 4 分　第 3 位

◇第 42 回全日本大学サッカー選手権
①○早大 4 − 0 大商大
②○早大 4 − 0 中京大
準決勝　○早大 2 − 1 慶大
決勝　○早大 3 − 1 同志社大
以上戦績　優勝

◇関東大学春季対抗戦
グループ D　●早大 1 − 2 東農大
グループ D　○早大 1 − 0 国際武道大
グループ D　○早大 3 − 0 上智大

◇第 44 回早慶サッカー定期戦
［日程］1993 年 6 月 4 日
●早大 0 − 1 慶大

◇早関サッカー定期戦
○早大 4 − 0 関西学院大

平成 5 年度（1994 年）卒会員
植野信生、大場立揮、窪田武、三田祐司、嶋田一義、関智、相馬直樹（主将）、中村茂人、中村裕一、能智大介、濱田浩（主務）、浜田裕一、原田武男、本多克之、森泉竹信

1994 平成６年度

部長・柏崎利之輔
監督・松永章

◇平成 6 年度リーグ戦
△早大 0 − 0 筑波大
○早大 1 − 0 中大
●早大 1 − 2 駒沢大
●早大 0 − 3 順天堂大
○早大 4 − 0 国士舘大
△早大 1 − 1 慶大
○早大 4 − 0 日体大
以上戦績　3 勝 2 敗 1 分　第 3 位

◇全日本大学サッカー選手権
①○早大 3 − 0 阪南大
②○早大 5 − 0 福岡大
準決勝　○早大 2 − 1 東農大
決勝　○早大 1 − 1 駒沢大（PK）
以上戦績　優勝

◇関東大学春季対抗戦
グループ C
●早大 1 − 2 東京学芸大

○早大 6－0 濁協大
○早大 5－0 帝京大
グループC戦績　2位通過

◇第45回早慶サッカー定期戦
[日程]1994年6月3日
△早大 0－0 慶大

◇早関サッカー定期戦
○早大 4－0 関西学院大

平成6年度(1995年)卒会員
秋元利幸(主将)、石塚理人、井手健太郎、岩崎健二、海老名直俊、大場立輝、大平進(主務)、河島泰紀、岸亮介、木村研介、熊谷陽一、清水克禎、高原秀人、津田行代、手塚謙二、早川学、松木省仁、山本真一郎、吉原直樹、渡辺誠輝

1995 平成7年度

部長・柏崎利之輔
監督・松永章

◇第69回関東大学サッカーリーグ
[日程]1995年9月8日～10月29日
9/16[場所]西が丘サッカー場
△早大 2－2 国士舘大
9/24[場所]西が丘サッカー場
●早大 1－2 筑波大
9/30[場所]古河市立古河サッカー場
○早大 4－1 日体大
10/10[場所]西が丘サッカー場
●早大 0－1 中大
10/15[場所]高崎市浜川競技場
△早大 2－2 明大
10/19[場所]西が丘サッカー場
○早大 2－1 順天堂大
10/29[場所]西が丘サッカー場
○早大 2－1 駒澤大
以上戦績　3勝2敗2分　第3位

◇第44回全日本大学サッカー選手権
11/18
1回戦　○早大 1－0 大体大
11/19
2回戦　○早大 3－0 阪南大
11/21
準決勝　●早大 1－2 筑波大
以上戦績　第3位

◇第9回関東大学サッカー選手権大会兼第12回総理大臣杯全日本大学サッカートーナメント関東予選
4/29
グループC　○早大 5－0 宇都宮大
4/30
グループC　○早大 5－1 東洋大
5/3
グループC　○早大 1－0 法大
決勝トーナメント
5/7
1回戦　●早大 1－2 青山学院大
以上戦績　1回戦敗退

◇第46回早慶サッカー定期戦
[日程]1995年6月4日
○早大 2－1 慶大

◇早関サッカー定期戦
[日程]1995年7月2日
○早大 3－0 関西学院大

◇第35回早稲田大学・高麗大学サッカー定期戦
[日程] 1995年6月8日〜6月11日
6/8
●早大 3－4 高麗大
6/11
●早大 1－3 高麗大

平成7年度(1996年)卒会員
油谷教史、石井一弘(主務)、植木達也、小田原真、鹿目貴志、斎藤清次、斎藤俊秀(主将)、塚本恭也、土谷健二、中里寛裕、中村彰、根岸正樹、日高昇、藤原夏子(マネージャー)、星智彦、山本陽、渡辺英寛

1996 平成8年度

部長・柏崎利之輔
監督・松永章

◇第70回関東大学サッカーリーグ戦
[日程] 1996年9月14日〜10月27日
9/16 [場所] 西が丘サッカー場
○早大 3－1 順天堂大
9/23 [場所] 江戸川陸上競技場
○早大 1－0 中大
9/29 [場所] 大井陸上競技場
○早大 4－1 日体大
10/5 [場所] 古河市立古河サッカー場
○早大 3－1 明大
10/10 [場所] 西が丘サッカー場
○早大 1－0 国士舘大
10/20 [場所] 江戸川陸上競技場
△早大 2－2 筑波大
10/27 [場所] 江戸川陸上競技場
○早大 1－0 駒澤大
以上戦績　6勝0敗1分　優勝

◇第45回全日本大学サッカー選手権
1回戦　○早大 4－0 広島大
2回戦　○早大 3－0 順天堂大
準決勝　○早大 5－0 高知大
決勝　●早大 1－2 国士舘大
(延長Vゴール)
以上戦績　準優勝

◇第10回関東大学サッカー選手権大会兼第12回総理大臣杯全日本大学サッカートーナメント関東予選
グループC　○早大 1－0 青山学院大
グループC　△早大 1－1 国学院大
グループC　○早大 4－0 流通経済大
決勝トーナメント
1回戦　○早大 2－1 東海大
(延長Vゴール)
2回戦　●早大 1－2 順天堂大
第5代表決定戦
1回戦　○早大 3－0 日体大
決定戦　○早大 1－0 中大
以上戦績　第5位　関東第5代表権獲得

◇第20回総理大臣杯
全日本大学サッカートーナメント
[日程] 1996年7月1日〜7月5日
7/1 [場所] 神戸市立中央球技場
1回戦　○早大 5－1 福岡大
7/1 [場所] 神戸市立中央球技場
2回戦　●早大 2－3 同志社大
以上戦績　2回戦敗退

◇第76回天皇杯全日本サッカー選手権大会
[日程] 1996年11月3日〜1997年1月1日

1 回戦　○早大 5 − 0 YKK
2 回戦　●早大 0 − 1 NTT 関東
以上戦績　2 回戦敗退

◇第 47 回早慶サッカー定期戦
［日程］1996 年 5 月 31 日
○早大 2 − 1 慶大

◇早関サッカー定期戦
○早大 3 − 1 関西学院大

平成 8 年度（1997 年）卒会員
池谷聡、小田川剛、兼村竜介、佐々木崇浩、篠本東吾、高井純平、高田栄二、谷口智威（主務）、手塚弘隆、外池大亮、中村磨艶、廿日岩亮、花村仁、福岡耕平、藤島淳史、丸山良明（主将）、両角智樹、矢後平八郎、吉野勝己、渡邊光輝

1997 平成 9 年度

部長・南部宣行
監督・松永章

◇第 71 回関東大学サッカーリーグ
［日程］1997 年 9 月 20 日〜11 月 3 日
9/20［場所］西が丘サッカー場
△早大 1 − 1 日体大
9/27［場所］栃木県グリーンスタジアム
●早大 0 − 5 筑波大
10/2［場所］夢の島陸上競技場
△早大 1 − 1 中大
10/12［場所］西が丘サッカー場
○早大 3 − 2 明大
10/19［場所］西が丘サッカー場
●早大 0 − 1 順天堂大
10/26［場所］江戸川区陸上競技場
●早大 0 − 1 駒沢大
10/3［場所］西が丘サッカー場
●早大 0 − 3 国士舘大
以上戦績　1 勝 4 敗 2 分　第 7 位
入替戦
［場所］西が丘サッカー場
●早大 0 − 1 慶大
以上戦績　2 部降格

◇第 11 回関東大学サッカー選手権大会兼第 12 回総理大臣杯全日本大学サッカートーナメント関東予選
グループ A　●早大 0 − 1 日大
グループ A　△早大 1 − 1 学習院大
グループ A　○早大 4 − 1 芝浦工大
※同率 2 位による抽選の末 3 位となりグループリーグ敗退

◇第 48 回早慶サッカー定期戦
［日程］1997 年 6 月 13 日
○早大 2 − 1 慶大

◇早関サッカー定期戦
○早大 4 − 2 関西学院大

平成 9 年度（1998 年）卒会員
石井孝幸、板谷乙彦、伊藤哲朗、太田渉（主将）、斎藤泰一郎（主務）、櫻井順、塩坂雄人、須賀井浩之、友近聡朗、早川寛、広田健太郎、鹿畑惇朗、伏木孝之、四方田祐介、和久井宗一、鈴木由香、美留和子

1998 平成 10 年度

部長・南部宣行
監督・松永章

◇第 72 回関東大学サッカーリーグ [2 部]

[日程] 1998 年 9 月 11 日～10 月 25 日
9/15 [場所] 江戸川区陸上競技場
●早大 1 − 3 東京学芸大
9/20 [場所] 西が丘サッカー場
○早大 2 − 1 東農大
9/26 [場所] 夢の島陸上競技場
●早大 1 − 3 亜細亜大
10/3 [場所] 青山学院大学グラウンド
○早大 3 − 1 専修大
10/7 [場所] 江戸川区陸上競技場
△早大 0 − 0 法大
10/18 [場所] 秋津サッカー場
○早大 2 − 0 日大
10/24 [場所] 上柚木公園陸上競技場
●早大 0 − 2 青山学院大
以上戦績 3 勝 3 敗 1 分 第 6 位

◇第 47 回全日本大学サッカー選手権

1 回戦 ▲早大 1 − 1 福岡大
(延長、PK2 − 4)
以上戦績 1 回戦敗退

◇第 12 回関東大学サッカー選手権大会兼第 22 回総理大臣杯全日本大学サッカートーナメント関東予選

F グループ ○早大 1 − 0 学習院大
F グループ ○早大 4 − 0 東海大
F グループ ●早大 0 − 2 明大
決勝トーナメント
1 回戦 ○早大 3 − 2 筑波大
(延長 V ゴール)
2 回戦 ●早大 0 − 4 帝京大
第 5 代表決定戦
1 回戦 ○早大 2 − 1 東農大
決定戦 ○早大 2 − 1 亜細亜大
(延長 V ゴール)
以上戦績 関東第 5 代表権獲得

◇第 22 回総理大臣杯全日本大学サッカートーナメント

1 回戦 ○早大 1 − 0 中京大
2 回戦 ○早大 2 − 1 関西学院大
準決勝 ○早大 3 − 1 福岡教育大
決勝 ○早大 3 − 1 青山学院大
以上戦績 優勝

◇天皇杯予選

①○早大 5 − 0 三菱養和サッカークラブ
②○早大 4 − 0 学習院大

◇第 49 回早慶サッカー定期戦

[日程] 1998 年 6 月 9 日
△早大 2 − 2 慶大

◇早稲田大学・高麗大学サッカー定期戦

高麗大学定期戦
●早大 0 − 5 高麗大

平成 10 年度（1999 年度）卒会員

青木孝博、浅野正人、伊東哲郎、小山淳、石田不憂、石本慎（主将）、内田謙一郎（主務）、大野将則、奥村智英、尾之上哲也、小西慶祐、小宮山賢、小室俊幸、榊泰教、橋本淳、星野有治、村上康一、村松大介、吉田雄一、若海弘康

1999 平成11年度

部長・南部宣行
監督・由井濱洋一

◇第73回関東大学サッカーリーグ［2部］
［日程］1999年9月15日〜10月31日
9/19［場所］江戸川区陸上競技場
○早大 1－0 法大
9/25［場所］大井陸上競技場
●早大 1－2 亜細亜大
10/2［場所］古河市立古河サッカー場
○早大 2－0 日体大
10/10［場所］川越運動公園陸上競技場
○早大 2－1 日大
10/16［場所］大和市営大和スポーツセンター競技場
△早大 1－1 流通経済大
10/24［場所］多摩市立陸上競技場
△早大 2－2 東農大
10/29［場所］江戸川区陸上競技場
△早大 3－3 青山学院大
以上戦績　3勝1敗3分　第3位

◇第13回関東大学サッカー選手権大会兼第23回総理大臣杯全日本大学サッカートーナメント関東予選
※順不同
Dグループ　●早大 0－1 中大
Dグループ　○早大 5－1 創価大
Dグループ　○早大 3－0 明海大
決勝トーナメント
1回戦　●早大 0－6 筑波大
以上戦績　1回戦敗退

◇第50回早慶サッカー定期戦
［日程］1999年6月5日
△早大 2－2 慶大

◇早関サッカー定期戦
●早大 1－3 関西学院大

平成11年度（2000年度）卒会員
秋山信之、大元康生、金子誠、黒木悟、玉井智久（主将）、辻上裕章、飛永琢磨、永野能弘、中山準士、中脇啓介、西脇徹也、日高雅人、松元周二郎、水島壮野（主務）、山田健一郎、若鍋聡志、

2000 平成12年度

部長・南部宣行
監督・伊藤徹

◇第74回関東大学サッカーリーグ［2部］
［日程］2000年9月15日〜10月29日
9/15［場所］江戸川区陸上競技場
△早大 1－1 亜細亜大
9/23［場所］西が丘サッカー場
●早大 1－2 東海大
10/1［場所］古河市立古河サッカー場
△早大 1－1 日大
10/8［場所］古河市立古河サッカー場
△早大 2－2 法大
10/15［場所］西が丘サッカー場
●早大 1－7 明大
10/20［場所］江戸川区陸上競技場
●早大 2－3 東農大
10/28［場所］駒沢陸上競技場
●早大 1－3 青山学院大

以上戦績　0勝4敗3分　第8位
入替戦
11/23［場所］西が丘サッカー場
●早大 2－3 立正大
以上戦績　東京都1部降格

◇第14回関東大学サッカー選手権大会兼第24回総理大臣杯全日本大学サッカートーナメント関東予選
※順不同
Gグループ　△早大 0－0 慶大
Gグループ　△早大 1－1 専修大
Gグループ　●早大 2－3 明海大
以上戦績　グループリーグ敗退

◇第5回東京都サッカートーナメント
戦績　準優勝

◇第51回早慶サッカー定期戦
［日程］2000年6月3日
△早大 1－1 慶大

◇早関サッカー定期戦
○早大 5－1 関西学院大

◇早稲田大学・高麗大学サッカー定期戦
※順不同
○早大－高麗大
●早大－高麗大

平成12年度（2001年）卒会員
伊藤剛、漆畑研太、大桐隆行、小野田弘士、作井正浩、趙守顕（主務）、中谷昌広、菱木智英、長澤良介、宮澤（後藤）治、柳努、山下雄歩、吉田一馬（主将）

2001 平成13年度

部長・南部宣行
監督・藤原義三

◇第34回東京都大学サッカーリーグ
※順不同
○早大 4－2 専修大
○早大 4－0 東洋大
●早大 0－3 帝京大
○早大 1－0 学習院大
○早大 3－0 上智大
○早大 3－0 國學院大
○早大 5－0 東大
以上戦績　6勝1敗0分　優勝

◇第34回関東大学サッカー大会
1回戦　○早大 3－0 中央学院大
準決勝　○早大 3－0 尚美学園大
決勝　●早大 2－5 流通経済大
以上戦績　準優勝

◇関東大学サッカーリーグ入替戦
［日程］2001年11月23日
11/23［場所］西が丘サッカー場
○早大 2－1 立正大（延長Vゴール）
以上戦績
関東大学サッカーリーグ2部昇格

◇第15回関東大学サッカー選手権大会兼第25回総理大臣杯全日本大学サッカートーナメント関東予選
［日程］2001年6月2日～6月17日
1回戦　○早大 3－2 明大
2回戦　●早大 0－2 順天堂大
以上戦績　2回戦敗退

◇第6回東京都サッカートーナメント
戦績　準優勝

◇第 52 回早慶サッカー定期戦
［日程］2001 年 5 月 25 日
○早大 1－0 慶大

◇早関サッカー定期戦
○早大 1－0 関西学院大

平成 13 年度（2002 年）卒会員
青嶋晶（主将）、上赤坂佳孝、齋藤玄、佐久川紀之、桜井智成、佐藤利章、佐野航、篠田洋之、津田孝浩、浜岡雄介（主務）、廣川雄一、福重康太、細川功、横山聡、渡邊鉄也、齋藤いくみ

2002 平成 14 年度

部長・南部宣行
監督・藤原義三

◇第 76 回関東大学サッカーリーグ［2 部］
［日程］2002 年 4 月 13 日～10 月 27 日
4/13［場所］江戸川区陸上競技場
△早大 1－1 中大
4/20［場所］大井陸上競技場
△早大 1－1 法大
4/29［場所］古河市立古河サッカー場
○早大 3－1 明大
5/4［場所］江戸川区陸上競技場
●早大 0－1 東農大
5/12［場所］古河市立古河サッカー場
○早大 2－1 東海大
5/19［場所］古河市立古河サッカー場
●早大 1－3 日大
5/25［場所］神奈川県立体育センター球技場
●早大 1－2 流通経済大
●早大 0－5 中大
●早大 1－3 法大
●早大 0－1 明大
●早大 0－4 東農大
△早大 1－1 東海大
●早大 1－4 日大
●早大 1－4 流通経済大
以上戦績　2 勝 9 敗 3 分　第 8 位
東京都 1 部降格

◇第 16 回関東大学サッカー選手権大会兼第 26 回総理大臣杯全日本大学サッカートーナメント関東予選
［日程］2002 年 6 月 23 日～7 月 21 日
1 回戦　●早大 2－4 拓殖大
以上戦績　1 回戦敗退

◇早関サッカー定期戦
●早大 1－3 関西学院大

◇第 53 回早慶サッカー定期戦
●早大 0－1 慶大

平成 14 年度（2003 年）卒会員
一政貴志（主務）、岩崎勇一郎、梅澤明、狩野正雄、久藤貴也、今野和志、佐々木慶信、佐藤勇吾（主将）、武田哲子（トレーナー）、谷口高浩、浜中聡、水野俊樹、師井一樹

2003 平成15年度

部長・南部宣行
監督・藤原義三

◇第36回東京都大学サッカーリーグ
○早大 4－1 日本大学文理学部
△早大 1－1 専修大
○早大 2－1 拓殖大
○早大 3－0 東洋大
○早大 4－1 立正大
△早大 1－1 日体大
○早大 2－1 帝京大
以上戦績 5勝0敗2分 優勝 関東大会出場権獲得

◇第36回関東大学サッカー大会
［日程］2003年11月2日～11月16日
11/3［場所］東松山サッカー場
1回戦 ○早大 3－0 神奈川大
11/9［場所］埼玉スタジアム2002第2グラウンド
準決勝 ●早大 1－2 専修大
以上戦績 準決勝敗退 東京都1部残留

◇第80回早関サッカー定期戦
△早大 1－1 関西学院大

◇第54回早慶サッカー定期戦
○早大 1－0 慶大

◇第42回早稲田大学・高麗大学サッカー定期戦
●早大 0－1 高麗大

平成15年度(2004年)卒会員
秋山真之、小貫多加志、春日聡、神田義輝、榊原剛志、曽田宗吾、庄堂裕也、高井洋平(主務)、高橋悠太、中軽米順、西村瑠里子、長谷川浩一、堀池亮太、山田正道(主将)、脇坂隼人

2004 平成16年度

部長・南部宣行
監督・大榎克己

◇第37回東京都大学サッカーリーグ
［日程］2004年9月5日～10月17日
9/5［場所］東伏見グラウンド
○早大 5－1 朝鮮大
9/12［場所］東洋大学グラウンド
○早大 3－0 國學院大
9/19［場所］日本体育大学グラウンド
○早大 2－1 立正大
9/26［場所］拓殖大学グラウンド
●早大 1－2 日本大学文理学部
10/3［場所］東洋大学グラウンド
△早大 1－1 東洋大
10/10［場所］東洋大学グラウンド
●早大 0－1 日体大
10/17［場所］東洋大学グラウンド
○早大 2－0 拓殖大
以上戦績 4勝2敗1分 第3位
関東大会出場権獲得

◇第37回関東大学サッカー大会
［日程］2004年11月3日～11月21日
Cブロック　◯早大 4－0 桐蔭横浜大
Cブロック　◯早大 5－0 白鴎大
Cブロック　◯早大 3－0 国際武道大
以上戦績　Cブロック第1位
関東2部昇格

◇第9回東京都サッカートーナメント兼第17回関東大学サッカー選手権大会都学連予選大会トーナメント
Bブロック
4/4
2回戦　◯早大 3－0 上智大
4/11
3回戦　◯早大 2－0 明治学院大
4/25
4回戦　◯早大 2－0 一橋大
5/2
決勝　◯早大 4－0 日本大学文理学部

◇第18回関東大学サッカー選手権大会兼第28回総理大臣杯全日本大学サッカートーナメント関東予選
［日程］2004年5月20日～6月20日
1回戦　●早大 0－1日 大
以上戦績　1回戦敗退

◇早関サッカー定期戦
△早大 1－1 関西学院大

◇第55回早慶サッカー定期戦
△早大 2－2 慶大

◇第43回早稲田大学・高麗大学サッカー定期戦
●早大 0－2 高麗大

平成16年度（2005年）卒会員
安達尚子、植草裕樹、加藤次郎、加藤真之、亀崎允啓、河村成晃、木藤大輔（主務）、小林弘毅、近藤繁也（主将）、笹木正悟、佐々木孝裕、清水健、白石淳、杉崎祐太郎、高橋孝介、原田真弓、松尾英成、若松潤

2005 平成17年度

部長・南部宣行
監督・大榎克己

◇第79回関東大学サッカーリーグ［2部］
［日程］2005年4月2日～11月27日
4/2［場所］東洋大学グラウンド
◯早大 5－2 東洋大
4/10［場所］東伏見グラウンド
△早大 1－1 日体大
4/15［場所］駒沢オリンピック公園補助競技場
◯早大 3－1 青山学院大
4/24［場所］多摩市立陸上競技場
●早大 1－2 慶大
4/29［場所］埼玉スタジアム2002第2グラウンド
◯早大 3－0 東海大
5/4［場所］駒沢オリンピック公園第2球技場
◯早大 4－0 専修大
5/8［場所］駒沢オリンピック公園第2球技場
◯早大 3－0 尚美学園大
5/14［場所］鴨川市営陸上競技場
◯早大 2－0 作新学院大
5/22［場所］東伏見グラウンド
◯早大 2－1 神奈川大

5/28［場所］千葉県総合運動場東総運動場
●早大 0 − 1 国際武道大
6/4［場所］東伏見グラウンド
○早大 3 − 0 拓殖大
○早大 6 − 0 作新学院大
○早大 3 − 0 東洋大
○早大 5 − 1 東海大
○早大 2 − 1 尚美学園大
●早大 2 − 3 拓殖大
●早大 0 − 1 専修大
○早大 2 − 0 日体大
○早大 2 − 1 青山学院大
○早大 4 − 1 慶大
○早大 6 − 0 神奈川大
△早大 3 − 3 国際武道大
以上戦績　16 勝 4 敗 2 分　優勝
1 部昇格

**◇第 29 回総理大臣杯
全日本大学サッカートーナメント
関東代表決定戦**
［日程］2005 年 6 月 12 日〜 19 日
第 5 代表決定トーナメント
1 回戦　○早大 3 − 1 明大
2 回戦　○早大 3 − 0 国士舘大
決定戦　○早大 7 − 0 東京学芸大
以上戦績　関東第 5 代表権獲得

**◇第 29 回総理大臣杯全
日本大学サッカートーナメント**
［日程］2005 年 7 月 5 日〜 7 月 10 日
7/5［場所］神戸総合運動公園ユニバー記念競技場
1 回戦　○早大 3 − 0 鹿屋体育大
7/6［場所］神戸総合運動公園ユニバー記念競技場
準々決勝　○早大 4 − 3 駒澤大
7/8［場所］長居第 2 陸上競技場
準決勝　○早大 2 − 0 流通経済大
7/10［場所］長居スタジアム
決勝　●早大 2 − 3 関西大
以上戦績　準優勝

**◇第 85 回天皇杯予選兼第 10 回東京都
サッカートーナメント（学生系の部）**
［日程］2005 年 7 月 16 日〜 7 月 18 日
1 回戦　○早大 2 − 0 駒澤大
決定戦　●早大 0 − 1 国士舘大
以上戦績　決定戦敗退

◇早関サッカー定期戦
［日程］2005 年 8 月 21 日
［場所］長居第 2 陸上競技場
○早大 2 − 0 関西学院大

◇第 56 回早慶サッカー定期戦
［日程］2005 年 6 月 29 日
［場所］国立競技場
○早大 2 − 1 慶大

平成 17 年度（2006 年）卒会員
浅川智、岡佑亮、加藤正人、金子聡、国井智和、小高雄多、後藤秀平、霜田健仁、高橋周大、高橋稔裕、玉田英史、為沢浩一、徳永悠平（主将）、中井聡、長嶺圭介、野村和敬、宮間幸久、森永耕平、矢島卓郎、安井健吾、吉村文宏（主務）

2006 平成 18 年度

部長・南部宣行
監督・大榎克己

◇第 80 回関東大学サッカーリーグ

［日程］2006 年 4 月 1 日～11 月 26 日
4/1［場所］味の素フィールド西が丘
●早大 1 － 3 法大
4/5［場所］多摩
△早大 1 － 1 駒澤大
4/9［場所］フクダ電子アリーナ
○早大 3 － 1 順天堂大
4/15［場所］味の素フィールド西が丘
●早大 1 － 4 流通経済大
4/23［場所］夢の島競技場
△早大 1 － 1 中大
4/30［場所］フクダ電子アリーナ
△早大 1 － 1 筑波大
5/3［場所］鴨川市陸上競技場
○早大 2 － 1 明大
5/6［場所］味の素フィールド西が丘
○早大 2 － 0 東京学芸大
5/14［場所］古河サッカー場
○早大 3 － 0 東京農業大
5/20［場所］駒沢陸上競技場
●早大 0 － 1 国士舘大
5/28［場所］平塚競技場
○早大 3 － 0 専修大
9/2［場所］味の素フィールド西が丘
△早大 2 － 2 筑波大
9/9［場所］フクダ電子アリーナ
○早大 3 － 1 順天堂大
8/20［場所］駒沢第二球技場
○早大 4 － 0 中大
9/30［場所］高崎
●早大 0 － 2 明大
10/15［場所］大和
○早大 4 － 1 専修大
10/21［場所］川口
○早大 4 － 1 東京農業大
10/29［場所］味の素フィールド西が丘
○早大 4 － 0 国士舘大
11/4［場所］古河サッカー場
●早大 0 － 1 東京学芸大
11/10［場所］駒沢第二球技場
●早大 0 － 1 駒澤大
11/19［場所］ひたちなか市総合運動公園
○早大 2 － 0 流通経済大
11/26［場所］味の素フィールド西が丘
●早大 2 － 3 法大
以上戦績　11 勝 7 敗 4 分　第 5 位

◇第 55 回全日本大学サッカー選手権大会

［日程］2006 年 12 月 20 日～2007 年 1 月 14 日
E ブロック　△早大 1 － 1 静岡産業大
E ブロック　○早大 10 － 2 近畿大
E ブロック　○早大 6 － 1 高知大
1/7［場所］西が丘サッカー場
準々決勝　○早大 4 － 1 立命館大
1/10［場所］西が丘サッカー場
準決勝　○早大 2 － 0 流通経済大
1/14［場所］国立競技場
決勝　●早大 1 － 6 駒澤大
以上戦績　準優勝

◇第 30 回総理大臣杯全日本大学サッカートーナメント

［日程］2006 年 7 月 2 日～7 月 8 日
7/2［場所］鶴見緑地球技場
1 回戦　○早大 3 － 2 桃山学院大
7/4［場所］鶴見緑地球技場
準々決勝　●早大 0 － 1 東京学芸大
以上戦績　準々決勝敗退

◇第 57 回早慶サッカー定期戦

［日程］2006 年 6 月 29 日
○早大 5 － 0 慶大

◇早関サッカー定期戦

○早大 2 － 1 関西学院大

平成18年度(2007年)卒会員

井上知宣、大島修平、大塚小容子、大成崇、金田隼輔(主将)、川井紀幸、河村嘉樹、佐々木優、佐藤真也、佐藤貴哉、芝原克英、鈴木詩織、鈴木祐、竹内えりな、寺本大樹、時久省吾、冨田昌孝、中井聡、長沼圭一、福地秀基、堀江重誠、松橋優、村井俊介、森春基(主務)、矢澤隼人、山口貴弘

2007 平成19年度

部長・南部宣行
監督・大榎克己

◇第81回関東大学サッカーリーグ
[日程]2007年4月1日～11月25日
4/2[場所]江戸川区陸上競技場
○早大 2－1 国士舘大
4/7[場所]味の素フィールド西が丘
○早大 3－0 東京学芸大
4/15[場所]フクダ電子アリーナ
○早大 3－0 東海大
4/18[場所]夢の島競技場
●早大 1－2 法大
4/21[場所]市原緑地運動公園臨海競技場
○早大 2－0 順天堂大
4/28[場所]味の素フィールド西が丘
△早大 3－3 青山学院大
5/3[場所]多摩
●早大 2－4 筑波大
5/6[場所]夢の島競技場
●早大 0－2 明大
5/12[場所]古河サッカー場
●早大 1－3 流通経済大
5/20[場所]江戸川区陸上競技場
○早大 3－1 駒澤大
5/27[場所]味の素フィールド西が丘
○早大 6－2 中大
9/8[場所]味の素フィールド西が丘
○早大 2－1 国士舘大
9/17[場所]平塚競技場
○早大 4－1 東海大
9/30[場所]高崎
○早大 6－0 筑波大
10/3[場所]江戸川区陸上競技場
●早大 1－3 明大
10/14[場所]古河サッカー場
●早大 1－4 中大
10/20[場所]龍ヶ崎市陸上競技場たつのこフィールド
○早大 2－0 東京学芸大
10/28[場所]味の素フィールド西が丘
○早大 2－0 青山学院大
11/7[場所]駒沢第二球技場
●早大 1－2 流通経済大
11/11[場所]古河サッカー場
○早大 2－0 順天堂大
11/18[場所]龍ヶ崎市陸上競技場たつのこフィールド
○早大 5－1 駒澤大
11/25[場所]味の素フィールド西が丘
○早大 1－0 法大
以上戦績　14勝7敗1分　準優勝

◇第56回全日本大学サッカー選手権大会
[日程]2006年12月19日～2008年1月13日
12/19[場所]東員町スポーツ公園陸上競技場
Cブロック　○早大 6－1 東北学院大
12/21[場所]東員町スポーツ公園陸上競技場
Cブロック　○早大 3－0 静岡大
12/23[場所]東員町スポーツ公園陸上競技場
Cブロック　○早大 2－1 桃山学院大

1/7［場所］江戸川区陸上競技場
準々決勝　○早大 3 − 0 高知大
1/10［場所］駒沢陸上競技場
準決勝　○早大 2 − 1 駒澤大
1/13［場所］国立競技場
決勝　○早大 2 − 0 法大
以上戦績　優勝

◇第 58 回早慶サッカー定期戦
［日程］2007 年 6 月 22 日
△早大 0 − 0 慶大

◇早関サッカー定期戦
△早大 1 − 1 関西学院大

平成 19 年度（2008 年）卒会員
板垣惇哉、一木俊介、糸井正、門田新平、金守貴紀、河瀬悠貴、後藤真樹、坂本亮太（主務）、重信英之、島村毅、首藤豪、鈴木修人、戸田裕之、中澤佑介、中島健太、長井章浩、兵藤慎剛（主将）、藤森渉、前田亮、山下大智、山本脩斗、横山知伸

2008 平成 20 年度

部長・南部宣行
監督・今井敏明

◇第 82 回関東大学サッカーリーグ
［日程］2008 年 4 月 5 日〜11 月 23 日
4/5［場所］駒沢陸上競技場
△早大 0 − 0 神奈川大
4/9［場所］埼玉スタジアム 2002 第 2 グラウンド
●早大 2 − 3 専修大
4/12［場所］駒沢陸上競技場
○早大 3 − 1 東京学芸大
4/20［場所］フクダ電子アリーナ
○早大 1 − 0 順天堂大
4/25［場所］横浜市三ツ沢球技場
○早大 3 − 2 筑波大
4/29［場所］多摩
●早大 0 − 1 国士舘大
5/5［場所］NACK5 スタジアム
●早大 3 − 5 中大
5/10［場所］龍ヶ崎市陸上競技場たつのこフィールド
●早大 0 − 2 駒澤大
5/16［場所］横浜市三ツ沢球技場
●早大 1 − 2 法大
5/24［場所］江戸川区陸上競技場
●早大 1 − 2 流通経済大
6/1［場所］味の素フィールド西が丘
○早大 2 − 1 明大
9/6［場所］駒沢第二球技場
○早大 2 − 0 専修大
9/10［場所］駒沢第二球技場
●早大 1 − 2 法大
9/23［場所］熊谷スポーツ文化公園陸上競技場
●早大 0 − 1 明大
9/27［場所］古河サッカー場
●早大 0 − 2 国士舘大
10/5［場所］古河サッカー場
●早大 1 − 2 神奈川大
10/8［場所］江戸川区陸上競技場
●早大 0 − 1 流通経済大
10/18［場所］龍ヶ崎市陸上競技場たつのこフィールド
●早大 1 − 2 順天堂大
10/25［場所］味の素フィールド西が丘
○早大 2 − 0 東京学芸大
11/8［場所］川口
△早大 1 − 1 駒澤大
11/16［場所］熊谷スポーツ文化公園陸上競技場
△早大 1 − 1 中大

11/22［場所］味の素フィールド西が丘
●早大 2－4 筑波大
以上戦績 6勝13敗3分 第10位

◇第32回総理大臣杯
全日本大学サッカートーナメント
［日程］2008年7月6日～7月12日
7/6［場所］長居第2陸上競技場
1回戦 ●早大 0－1 阪南大
以上戦績 1回戦敗退

◇第59回早慶サッカー定期戦
［日程］2008年6月20日
○早大 4－2 慶大

◇早関サッカー定期戦
○早大 3－0 関西学院大

平成20年度（2009年）卒会員
石神洋平、石川俊佑、泉澤博也、伊藤拓真、岩田啓佑、梅澤誠司、久保篤史、佐野光大（主務）、城雄二朗、鄭秀豪、寺内裕生、鳥井翔大、長島大、中田槙人、西村悠太郎、丹羽祐介、塗師亮（主将）、長谷川悠、藤澤昌聡、松尾竜聖、松本健太朗、松本征也、山中健太郎、米原渉、渡邉千真

2009 平成21年度

部長・南部宣行
監督・今井敏明

◇第83回関東大学サッカーリーグ
［日程］2009年4月11日～11月22日
4/12［場所］平塚競技場
○早大 3－0 筑波大
4/18［場所］駒沢陸上競技場
○早大 3－0 中大
4/22［場所］夢の島競技場
○早大 1－0 法大
4/30［場所］埼玉スタジアム2002第2グラウンド
●早大 1－3 流通経済大
5/3［場所］味の素フィールド西が丘
△早大 1－1 慶大
5/8［場所］味の素フィールド西が丘
●早大 0－1 国士舘大
5/12［場所］味の素フィールド西が丘
●早大 1－4 明大
5/16［場所］龍ヶ崎市陸上競技場たつのこフィールド
△早大 1－1 駒澤大
5/24［場所］平塚競技場
●早大 1－3 専修大
5/30［場所］保土ヶ谷公園サッカー場
○早大 2－0 東海大
6/3［場所］古河サッカー場
○早大 2－1 神奈川大
9/7［場所］熊谷スポーツ文化公園陸上競技場
○早大 2－0 神奈川大
9/11［場所］埼玉スタジアム2002第2グラウンド
●早大 0－3 国士舘大
9/16［場所］埼玉スタジアム2002第2グラウンド
△早大 2－2 法大
9/27［場所］古河サッカー場
●早大 3－4 筑波大
10/3［場所］古河サッカー場
○早大 1－0 専修大
10/17［場所］川口
△早大 1－1 中大
10/25［場所］平塚競技場
△早大 0－0 東海大
11/3［場所］駒沢陸上競技場
●早大 1－3 明大

11/8［場所］古河サッカー場
○早大 3－2 流通経済大
11/15［場所］味の素フィールド西が丘
●早大 0－1 慶大
11/21［場所］味の素フィールド西が丘
●早大 1－2 駒澤大
以上戦績 8勝9敗5分 第7位

◇第60回早慶サッカー定期戦
［日程］2009年6月28日
●早大 0－3 慶大

◇早関サッカー定期戦
●早大 2－3 関西学院大

平成21年度（2010年）卒会員
市川雄太郎、上村俊介、臼見拓磨、海老名隼樹、大嶋葉子、大畑将徹、川合正紘（主務）、河野猛、佐々木景一、菅田恭介、山内（栖原）祥也子、反町一輝、寺川俊平、土居隆之、中川翔平、中川裕平（主将）、中島大徳、中野大輔、中村敬彦、服部大樹、浜村元大、藤田愛、松澤友基、松本怜、宮成昇、宮本章宏、柳瀬貴史

2010 平成22年度

部長・南部宣行
監督・古賀聡

◇第84回関東大学サッカーリーグ
［日程］2010年4月11日～11月21日
4/11［場所］平塚競技場
○早大 2－0 国士舘大
4/17［場所］西が丘サッカー場
●早大 0－1 慶大
4/25［場所］多摩市立陸上競技場
○早大 3－0 法大
4/29［場所］西が丘サッカー場
△早大 2－2 中大
5/3［場所］駒沢オリンピック公園総合運動場
○早大 2－1 流通経済大
5/9［場所］NACK5スタジアム大宮
△早大 1－1 筑波大
5/15［場所］フクダ電子アリーナ
●早大 1－2 拓殖大
5/19［場所］江戸川陸上競技場
●早大 1－2 順天堂大
5/23［場所］NACK5スタジアム大宮
●早大 1－2 明大
6/12［場所］古河市立古河サッカー場
△早大 0－0 駒澤大
6/20［場所］西が丘サッカー場
●早大 0－1 神奈川大
9/11［場所］厚木市荻野運動公園
●早大 1－3 筑波大
9/16［場所］埼玉スタジアム2002第3グラウンド
○早大 2－1 中大
9/20［場所］龍ヶ崎市陸上競技場たつのこフィールド
○早大 1－0 明大
9/26［場所］平塚競技場
●早大 0－3 慶大
10/11［場所］栃木県グリーンスタジアム
△早大 2－2 神奈川大
10/17［場所］古河市立古河サッカー場
●早大 0－4 駒澤大
10/23［場所］埼玉スタジアム2002第2グラウンド
○早大 4－2 国士舘大
11/3［場所］西が丘サッカー場
○早大 6－0 拓殖大
11/6［場所］赤羽スポーツの森公園競技場
△早大 1－1 法大
11/13［場所］フクダ電子アリーナ
●早大 1－2 順天堂大

11/20［場所］西が丘サッカー場
●早大 0－1 流通経済大
以上戦績 7勝10敗5分 第10位

**◇第34回総理大臣杯
全日本大学サッカートーナメント**
関東代表決定戦 第5代表（Eブロック）
［日程］2010年5月30日～6月6日
6/5［場所］早稲田大学東伏見サッカー場
2回戦 ○早大 2－2 日体大
（延長、PK5－4）
6/6［場所］早稲田大学東伏見サッカー場
決勝 ▲早大 2－2 流通経済大
（延長、PK4－5）
以上戦績 予選敗退

◇第61回早慶サッカー定期戦
［日程］2010年6月25日
●早大 0－2 慶大

◇早関サッカー定期戦
●早大 0－1 関西学院大

平成22年度（2011年）卒会員
飯田圭成、伊藤太、越後圭祐、太田健児（主務）、大平直樹、岡根直哉（主将）、小川諒、小倉朋也、胡桃澤祐也、幸田一亮、齋藤雄弥、佐藤拓也、菅野一弘、鈴木隆司、竹井聡志、竹下壮太郎、武田卓馬、角田雅樹、寺島尚彦、中野遼太郎、野田明弘、彦坂佑哉、松田匠生、皆川翔太、村山拓也、村越康輔

2011 平成23年度

部長・南部宣行
監督・古賀聡

◇第85回関東大学サッカーリーグ
［日程］2011年5月3日～12月4日
5/3［場所］平塚競技場
○早大 1－0 中大
5/7 ［場所］フクダ電子アリーナ
●早大 1－2 筑波大
5/15［場所］西が丘サッカー場
●早大 3－5 専修大
5/21［場所］赤羽スポーツの森公園競技場
△早大 0－0 神奈川大
5/29［場所］国士舘大学グラウンド
○早大 2－0 国士舘大
6/5［場所］平塚競技場
○早大 1－0 駒澤大
6/11［場所］西が丘サッカー場
○早大 1－0 順天堂大
6/18［場所］厚木市荻野運動公園
○早大 6－1 青山学院大
6/25［場所］古河市立古河サッカー場
△早大 1－1 流通経済大
9/9［場所］西が丘サッカー場
△早大 2－2 慶大
9/20［場所］平塚競技場
●早大 0－1 明大
9/24［場所］夢の島競技場
●早大 0－2 国士舘大
10/1［場所］駒沢オリンピック公園総合運動場
○早大 1－0 中大
10/15［場所］古河市立古河サッカー場
○早大 2－1 青山学院大
10/23［場所］東伏見グラウンド
●早大 0－1 駒澤大
10/29［場所］江戸川区陸上競技場
●早大 0－1 専修大

11/2［場所］横浜市三ツ沢公園陸上競技場
○早大 2－0 神奈川大
11/5［場所］川口市青木町公園総合運動場
●早大 0－1 明大
11/12［場所］夢の島競技場
△早大 1－1 筑波大
11/20［場所］龍ヶ崎市陸上競技場たつのこフィールド
○早大 2－1 順天堂大
11/27［場所］西が丘サッカー場
△早大 2－2 慶大
12/4［場所］駒沢オリンピック公園総合運動場
○早大 2－1 流通経済大
以上戦績　10勝7敗5分　第5位

◇第35回総理大臣杯
全日本大学サッカートーナメント
関東代表決定戦　Cブロック
［日程］2011年5月18日～6月8日
5/26［場所］青山学院大学緑ヶ丘グラウンド
2回戦　○早大 1－0 桐蔭横浜大
6/8［場所］流通経済大学フットボールフィールド
決勝　○早大 1－0 駒澤大

本選
［日程］2011年7月3日～7月9日
7/3［場所］J-GREEN堺
1回戦　▲早大 2－2 大阪体育大
（延長、PK2－4）
以上戦績　1回戦敗退

◇第62回早慶サッカー定期戦
［日程］2011年6月29日
［場所］国立競技場
●早大 1－2 慶大

◇第88回早関サッカー定期戦
［日程］2011年8月20日
［場所］関西学院大学グラウンド
△早大 0－0 関学大

◇第48回早稲田大学・高麗大学
サッカー定期戦
［日程］2011年8月23日
［場所］高麗大学グラウンド
●早大 2－3 高麗大

平成23年度（2012年）卒会員
赤堀勇太、石川峻己、井上和己、奥井諒、柿沼貴宏、川島拓、倉島智志、栗田勇輝、小井土翔、佐々木絢也、世良俊和、竹田弘昂、東郷壮馬（主務）、永田宏紀、畠山祐輔、服部健大、前田大地、松井亮大、山中真（主将）、渡部雄史

2012 平成24年度

部長・岩井方男
監督・古賀聡

◇第86回関東大学サッカーリーグ
［日程］2012年4月7日～11月25日
4/8［場所］川口市青木町公園総合運動場
○早大 3－2 流通経済大
4/14［場所］味の素フィールド西が丘
○早大 3－0 順天堂大
4/21［場所］千葉県総合スポーツセンター東総運動場
●早大 0－2 筑波大
4/28［場所］ニッパツ三ツ沢球技場
○早大 2－0 日体大
5/4［場所］厚木市荻野運動公園
○早大 2－1 東京学芸大
5/6［場所］江戸川区陸上競技場
●早大 1－2 中大
5/12［場所］味の素フィールド西が丘
○早大 4－1 神奈川大

5/19［場所］味の素スタジアム西競技場
△早大 1－1 専修大
5/26［場所］市原緑地運動公園臨海競技場
○早大 2－1 慶大
6/16［場所］駒沢オリンピック公園総合運動場
●早大 2－3 明大
6/23［場所］味の素フィールド西が丘
○早大 3－2 国士舘大
9/16［場所］ニッパツ三ツ沢球技場
○早大 4－3 神奈川大
9/22［場所］龍ヶ崎市陸上競技場たつのこフィールド
●早大 1－2 明大
9/29［場所］江戸川区陸上競技場
○早大 6－1 国士舘大
10/8［場所］Shonan BMW スタジアム平塚
●早大 0－1 東京学芸大
10/14［場所］相模原麻溝公園競技場
○早大 1－0 慶大
10/20［場所］古河市立古河サッカー場
○早大 2－0 順天堂大
10/27［場所］横浜市三ツ沢公園陸上競技場
●早大 0－2 中大
11/3［場所］駒沢オリンピック公園総合運動場
○早大 2－1 筑波大
11/11［場所］龍ヶ崎市陸上競技場たつのこフィールド
△早大 2－2 流通経済大
11/17［場所］味の素スタジアム西競技場
●早大 2－3 専修大
11/25［場所］味の素フィールド西が丘
○早大 3－1 日体大
以上戦績　13勝7敗2分　第3位
（※第2位の明大とは総得点数差）

◇第61回全日本大学サッカー選手権大会
［日程］2012年12月19日～2013年1月6日
12/19［場所］厚木市荻野運動公園競技場
1回戦　○早大 3－0 徳山大
12/22［場所］Shonan BMW スタジアム平塚
準々決勝　○早大 2－1 札幌大
12/24［場所］味の素フィールド西が丘
準決勝　○早大 5－0 鹿屋体育大
1/6［場所］国立競技場
決勝　○早大 3－1 福岡大
以上戦績　優勝

◇アミノバイタルカップ2012
第1回関東大学サッカートーナメント大会
兼総理大臣杯全日本サッカートーナメント
関東予選
［日程］2012年6月2日～6月10日
6/2［場所］時之栖スポーツセンター裾野グラウンド
1回戦　○早大 2－0 埼玉大
6/4［場所］時之栖スポーツセンター裾野グラウンド
2回戦　○早大 2－1 明大
6/6［場所］時之栖スポーツセンター裾野グラウンド
3回戦　○早大 2－0 青山学院大
6/9［場所］味の素フィールド西が丘
準決勝　○早大 2－0 国士舘大
6/10［場所］味の素フィールド西が丘
決勝　○早大 2－2 筑波大
（延長、PK7－6）
以上戦績　優勝　関東第1代表権獲得

◇第36回総理大臣杯
全日本大学サッカートーナメント
［日程］2012年7月8日～7月16日
7/8［場所］J-GREEN 堺
1回戦　○早大 3－1 広島修道大
7/10［場所］大阪長居スタジアム
2回戦　○早大 2－0 静岡大
7/12［場所］大阪長居第2陸上競技場
準々決勝　○早大 1－0 中大
7/14［場所］キンチョウスタジアム
準決勝　●早大 1－2 阪南大（延長）
以上戦績　第3位

◇第89回早関サッカー定期戦
［日程］2012年8月19日
［場所］東伏見グラウンド
○早大 4－0 関西学院大

◇第63回早慶サッカー定期戦
［日程］2012年7月4日
［場所］国立競技場
○早大 2－0 慶大

◇第 49 回 早稲田大学・高麗大学校
サッカー定期戦
［日程］2012 年 8 月 28 日
［場所］東伏見グラウンド
△早大 2 − 2 高麗大

平成 24 年度（2013 年）卒会員
岡村高志、喜田弘亮、小山大樹、島田譲、白井豪、白神賢、菅井順平、
鈴木茉莉花、高橋拓也、デュプス恵実瑠源、富山貴光、中井翔太、
野村良平、畑尾大翔（主将）、福田勝也、三原祐輔、山地翔、吉川真行（主務）

2013 平成 25 年度

部長・岩井方男
監督・古賀聡

◇第 87 回関東大学サッカーリーグ
［日程］2013 年 4 月 6 日〜11 月 24 日
4/7［場所］夢の島競技場
●早大 0 − 1 順天堂大
4/13［場所］味の素フィールド西が丘
○早大 2 − 1 慶大
4/20［場所］夢の島競技場
○早大 1 − 0 筑波大
4/28［場所］Shonan BMW スタジアム平塚
△早大 1 − 1 桐蔭横浜大
5/4［場所］龍ヶ崎市陸上競技場たつのこフィールド
○早大 3 − 0 流通経済大
5/6［場所］横浜市三ツ沢公園陸上競技場
○早大 1 − 0 東洋大
5/12［場所］味の素フィールド西が丘
○早大 2 − 1 明大
5/18［場所］龍ヶ崎市陸上競技場たつのこフィールド
△早大 1 − 1 日体大
5/25［場所］味の素フィールド西が丘
○早大 2 − 1 国士舘大
9/4［場所］味の素フィールド西が丘
●早大 1 − 2 専修大
9/11［場所］味の素フィールド西が丘
○早大 2 − 1 中央大
9/18［場所］日本体育大学健志台キャンパスサッカー場
○早大 3 − 2 東洋大
9/22［場所］龍ヶ崎市陸上競技場たつのこフィールド
●早大 0 − 3 流通経済大
9/28［場所］東伏見グラウンド
△早大 2 − 2 国士舘大
10/6［場所］駒沢オリンピック公園補助競技場
○早大 3 − 2 日本体育大
10/12［場所］ひたちなか市総合運動公園陸上競技場
●早大 1 − 3 筑波大
10/22［場所］国士舘大学鶴川キャンパスサッカー場
△早大 2 − 2 順天堂大
10/27［場所］味の素フィールド西が丘
○早大 2 − 1 慶大
11/2［場所］江戸川区陸上競技場
△早大 1 − 1 明大
11/9［場所］古河市立古河サッカー場
△早大 2 − 2 中央大
11/17［場所］龍ヶ崎市陸上競技場たつのこフィールド
●早大 2 − 3 桐蔭横浜大
11/24［場所］味の素フィールド西が丘
●早大 0 − 1 専修大
以上戦績　10 勝 6 敗 6 分　第 2 位

◇第 62 回全日本大学サッカー選手権大会
［日程］2013 年 12 月 14 日〜12 月 25 日
12/18［場所］江戸川区陸上競技場
2 回戦　●早大 1 − 2 関西学院大
以上戦績　2 回戦敗退

◇アミノバイタルカップ 2013
第 2 回関東大学サッカートーナメント大会

兼総理大臣杯全日本サッカートーナメント関東予選
［日程］2013年6月1日～6月9日
6/2［場所］時之栖スポーツセンター裾野グラウンド
1回戦　○早大 2－0 上武大
6/3［場所］時之栖スポーツセンター裾野グラウンド
2回戦　○早大 4－1 日大
6/5［場所］時之栖スポーツセンター裾野グラウンド
3回戦　▲早大 4－4 流通経済大
（延長、PK2－4）
6/7［場所］味の素フィールド西が丘
順位決定戦　●早大 3－4 法大
6/8［場所］日本体育大学健志台キャンパスサッカー場
順位決定戦　○早大 2－1 青山学院大
以上戦績　関東第7代表権獲得

◇第37回総理大臣杯
全日本大学サッカートーナメント
［日程］2013年8月8日～8月17日
8/8［場所］長居第2陸上競技場
1回戦　○早大 1－0 桃山学院大
8/11［場所］長居第2陸上競技場
2回戦　●早大 0－0 中京大
（延長、PK4－5）
以上戦績　2回戦敗退

◇第18回東京都サッカートーナメント兼第93回 天皇杯全日本サッカー選手権大会東京都代表決定戦
［日程］2013年7月19日～8月25日
7/19［場所］東伏見グラウンド
1回戦　○早大 1－0 亜細亜大
7/21［場所］東伏見グラウンド
2回戦　○早大 5－1 東京ヴェルディユース
8/22［場所］味の素フィールド西が丘
準決勝　●早大 0－1 横河武蔵野FC
以上戦績　準決勝敗退

◇第90回早関サッカー定期戦
［日程］2013年3月16日
［場所］神戸総合運動公園ユニバー記念競技場
●早大1－2関西学院大

◇第64回早慶サッカー定期戦
［日程］2013年6月29日
［場所］国立競技場
○早大 3－0 慶大

◇第50回 早稲田大学・高麗大学校サッカー定期戦
［日程］2013年8月28日
［場所］ソウルオリンピックスタジアム
●早大 0－1 高麗大

平成25年度（2014年）卒会員
青木奎樹、阿部雄太（主務）、安才武志、池西希、石川拓、榎本大希、海老原未星、大木美波、小原敬、片山瑛一、小松聖音、佐藤周作、澤山周眺、竹中達郎、竹谷昂祐、中田航平（主将）、三竿雄斗、望月理人、森岡礼佳、八木彩美、山口潤

2014 平成26年度

部長・岩井方男
監督・古賀聡

◇第88回関東大学サッカーリーグ
［日程］2014年4月5日～11月16日
4/5［場所］味の素フィールド西が丘
○早大 2－0 東京国際大
4/12［場所］駒沢オリンピック公園総合運動場
○早大 3－1 駒澤大

4/16［場所］江戸川区陸上競技場
△早大 0－0 順天堂大
4/19［場所］味の素フィールド西が丘
○早大 2－1 中大
4/26［場所］古河市立古河サッカー場
△早大 0－0 桐蔭横浜大
5/3［場所］味の素スタジアム西競技場
●早大 1－2 明大
5/6［場所］味の素フィールド西が丘
○早大 2－0 慶大
5/10［場所］龍ヶ崎市陸上競技場たつのこフィールド
△早大 1－1 流通経済大
5/18［場所］味の素スタジアム西競技場
○早大 3－1 国士舘大
5/25［場所］Shonan BMW スタジアム平塚
○早大 1－0 筑波大
6/15［場所］味の素フィールド西が丘
●早大 0－3 専修大
9/7［場所］東伏見グラウンド
○早大 1－0 東京国際大
9/14［場所］日立市民運動公園陸上競技場
△早大 2－2 駒澤大
9/20［場所］味の素スタジアム西競技場
○早大 1－0 国士舘大
9/28［場所］千葉県総合スポーツセンター東総運動場
●早大 0－1 筑波大
10/7［場所］中央大学多摩キャンパスサッカー場
○早大 2－0 中大
10/12［場所］Shonan BMW スタジアム平塚
○早大 3－1 桐蔭横浜大
10/19［場所］味の素フィールド西が丘
●早大 0－1 流通経済大
10/25［場所］東伏見グラウンド
△早大 0－0 順天堂大
11/2［場所］中央大学多摩キャンパスサッカー場
●早大 1－2 明大
11/9［場所］Shonan BMW スタジアム平塚
●早大 2－3 専修大
11/16［場所］味の素フィールド西が丘
●早大 0－1 慶大
以上戦績 10勝7敗5分 第4位

◇第63回全日本大学サッカー選手権大会
［日程］2014年12月11日～12月21日
12/14［場所］Shonan BMW スタジアム平塚
2回戦 ○早大 3－1 北海道教育大岩見沢校
12/16［場所］Shonan BMW スタジアム平塚
準々決勝 ●早大 1－2 阪南大
以上戦績 準々決勝敗退

◇アミノバイタルカップ2014
第3回関東大学サッカートーナメント大会
兼総理大臣杯全日本サッカートーナメント
関東予選
［日程］2014年5月31日～6月8日
5/31［場所］時之栖スポーツセンター裾野グラウンド
1回戦 ○早大 3－0 国際武道大
6/2［場所］時之栖スポーツセンター裾野グラウンド
2回戦 ○早大 0－0 東京国際大
（延長、PK5－4）
6/4［場所］時之栖スポーツセンター裾野グラウンド3回戦 ●早大 0－2 国士舘大
6/6［場所］RKU フットボールフィールド
順位決定戦 ●早大 1－2 法大
6/7［場所］RKU フットボールフィールド
7・8位決定戦 ○早大 2－0 慶大
以上戦績 第7位 関東予選敗退

◇第19回東京都サッカートーナメント兼
第94回 天皇杯全日本サッカー選手権大会
東京都代表決定戦
［日程］2014年6月18日～6月29日
6/18［場所］東伏見グラウンド
1回戦 ●早大 0－1 FC 東京 U-18
以上戦績 予選1回戦敗退

◇第91回早関サッカー定期戦
［日程］2014年3月22日
［場所］東伏見グラウンド
○早大 3－1 関西学院大

◇第65回早慶サッカー定期戦
［日程］2014年7月2日
［場所］等々力陸上競技場
○早大 1－0 慶大

◇第51回早稲田大学・高麗大学校サッカー定期戦
［日程］2014年8月28日
［場所］東伏見グラウンド
●早大 2－3 高麗大
△早大 1－1 高麗大

平成26年度（2015年）卒会員
秋岡活哉、海野洋介、江口徹、小川弘志、上形洋介、近藤貴司、近藤洋史（主将）、清水大志、園田慎一郎、田中進之介、堂本大輝、永井あとむ、中谷幸葉、廣谷未宇、松澤香輝、山下翔平（主務）

2015 平成27年度

部長・岩井方男
監督・古賀聡

◇第89回関東大学サッカーリーグ
［日程］2015年4月4日～11月15日
4/5［場所］駒沢オリンピック公園総合運動場陸上競技場
○早大 1－0 国士舘大
4/11［場所］多摩市立陸上競技場
△早大 1－1 桐蔭横浜大学
4/15［場所］江戸川区陸上競技場
●早大 1－4 中大
4/18［場所］味の素フィールド西が丘
△早大 1－1 神奈川大
4/25［場所］横浜市三ツ沢公園陸上競技場
●早大 0－1 流通経済大
5/3［場所］県立保土ヶ谷公園サッカー場
△早大 0－0 専修大
5/5［場所］龍ヶ崎市陸上競技場たつのこフィールド
●早大 0－2 法大
5/9［場所］味の素フィールド西が丘
○早大 1－0 慶大
5/16［場所］味の素フィールド西が丘
○早大 2－1 明大
5/23［場所］駒沢オリンピック公園総合運動場陸上競技場
○早大 1－0 駒澤大
6/14［場所］東伏見グラウンド
○早大 2－1 順天堂大
9/5［場所］味の素フィールド西が丘
○早大 2－1 専修大
9/13［場所］味の素フィールド西が丘
○早大 2－1 明大
9/19［場所］横浜市三ツ沢公園陸上競技場
○早大 2－0 中大
9/27［場所］東伏見グラウンド
●早大 1－2 神奈川大
10/3 ［場所］龍ヶ崎市陸上競技場たつのこフィールド
○早大 2－0 駒澤大
10/11［場所］川越運動公園陸上競技場
△早大 0－0 桐蔭横浜大
10/17［場所］江戸川区陸上競技場
○早大 1－0 流通経済大
10/24［場所］味の素フィールド西が丘
○早大 2－1 慶大
10/31［場所］龍ヶ崎市陸上競技場たつのこフィールド
△早大 1－1 順天堂大
11/7［場所］江戸川区陸上競技場
○早大 2－1 国士舘大
11/15［場所］味の素フィールド西が丘
○早大 2－1 法大
以上戦績 13勝4敗5分 第1位

◇第64回全日本大学サッカー選手権大会
［日程］2015年12月8日～12月19日
12/10［場所］Shonan BMW スタジアム平塚
2回戦 ○早大 4－0 高知大

12/13［場所］味の素フィールド西が丘
準々決勝　●早大 1－4 国士舘大
以上戦績　準々決勝敗退

◇アミノバイタルカップ 2015
第4回関東大学サッカートーナメント大会兼総理大臣杯全日本サッカートーナメント関東予選
［日程］2015年5月30日～6月7日
5/30［場所］時之栖スポーツセンター裾野Fグラウンド
1回戦　○早大 5－0 城西国際大
5/31［場所］時之栖スポーツセンター裾野E1グラウンド
2回戦　●早大 1－2 筑波大
以上戦績　2回戦敗退　予選敗退

◇第20回東京都サッカートーナメント兼第95回 天皇杯全日本サッカー選手権大会東京都代表決定戦
［日程］2015年7月18日～8月23日
7/18［場所］東伏見グラウンド
1回戦　○早大 1－0 大東文化大
7/20［場所］法政大学多摩キャンパス城山サッカー場
2回戦　○早大 1－0 法大
8/20［場所］味の素フィールド西が丘
準決勝　○早大 3－0 東京23FC
8/23［場所］味の素フィールド西が丘
決勝　●早大 1－2 FC町田ゼルビア
以上戦績　第2位　予選敗退

◇第92回早関サッカー定期戦
［日程］2015年3月22日
［場所］関西学院大学第4フィールド
●早大 2－3 関西学院大

◇第66回早慶サッカー定期戦
［日程］2015年7月1日
［場所］等々力陸上競技場
○早大 1－0 慶大

◇日韓4大学サッカー交流大会
［日程］2015年11月29日
［場所］味の素フィールド西が丘
○早大 2－0 慶大・延世大連合

平成27年度（2016年）卒会員
市村一貴、岩井稜、奥山政幸、恩田雄基（主務）、金澤拓真（主将）、川井健吾、小長谷勇太、田中太郎、大丸瞬、登内麗音、中村大志、西山航平、八角大智、日高裕介、堀田稜、前田智子、宮本拓弥、牟田翼、山本有一

2016 平成28年度

部長・岩井方男
監督・古賀聡

◇第90回関東大学サッカーリーグ
［日程］2016年4月2日～11月13日
4/2［場所］味の素フィールド西が丘
○早大 2－0 流通経済大
4/9　［場所］味の素フィールド西が丘
○早大 2－1 順天堂大
4/17［場所］味の素フィールド西が丘
△早大 1－1 国士舘大
4/23［場所］夢の島競技場
○早大 1－0 日体大
4/30［場所］多摩市立陸上競技場
△早大 0－0 法大
5/7［場所］味の素フィールド西が丘
●早大 0－2 専修大
5/14［場所］龍ヶ崎市陸上競技場たつのこフィールド
△早大 2－2 桐蔭横浜大

5/21［場所］味の素フィールド西が丘
●早大 2－3 駒澤大
5/28［場所］味の素フィールド西が丘
●早大 1－2 慶大
6/5［場所］浦和駒場スタジアム
●早大 0－1 明大
6/12［場所］佐倉市岩名運動公園陸上競技場
△早大 1－1 筑波大
9/11［場所］佐倉市岩名運動公園陸上競技場
○早大 2－1 順天堂大
9/14［場所］横浜市三ツ沢公園陸上競技場
○早大 2－0 法大
9/18［場所］日立市民運動公園陸上競技場
△早大 1－1 日体大
9/25［場所］味の素フィールド西が丘
●早大 0－1 明大
10/2［場所］千葉県総合スポーツセンター東総運動場
●早大 1－2 筑波大
10/8［場所］東伏見グラウンド
●早大 0－3 流通経済大
10/15［場所］東伏見グラウンド
●早大 0－1 専修大
10/23［場所］東金アリーナ陸上競技場
●早大 0－1 国士舘大
10/29［場所］味の素フィールド西が丘
●早大 1－3 慶大
11/5［場所］Shonan BMW スタジアム平塚
●早大 2－3 桐蔭横浜大
11/12［場所］東伏見グラウンド
○早大 6－1 駒澤大
以上戦績 6勝11敗5分 第11位
(2部降格)

◇アミノバイタルカップ 2016
第5回関東大学サッカートーナメント大会
兼総理大臣杯全日本サッカートーナメント
関東予選
［日程］2016年6月25日～7月3日
6/25［場所］時之栖スポーツセンター裾野 E2 グラウンド
1回戦 ○早大 2－0 明治学院大
6/27［場所］時之栖スポーツセンター裾野 E2 グラウンド
2回戦 ○早大 2－0 慶大
6/29［場所］味の素フィールド西が丘
3回戦 ○早大 2－1 順天堂大(延長)
7/2［場所］味の素スタジアム西競技場
準決勝 ○早大 2－1 明大
7/3［場所］味の素フィールド西が丘
決勝 ▲早大 1－1 桐蔭横浜大
(延長、PK5－6)
以上戦績 第2位 関東第2代表権獲得

◇第40回総理大臣杯
全日本大学サッカートーナメント
［日程］2016年8月6日～8月14日
8/6［場所］三木総合防災公園陸上競技場
1回戦 ○早大 1－0 仙台大
8/8［場所］三木総合防災公園陸上競技場
2回戦 ○早大 2－1 中京大
8/10［場所］ヤンマーフィールド長居
準々決勝 ○早大 0－3 日体大
以上戦績 準々決勝敗退

◇第21回東京都サッカートーナメント兼
第96回 天皇杯全日本サッカー選手権大会
東京都代表決定戦
［日程］2016年7月16日～8月21日
7/16［場所］東洋大学朝霞グラウンド
予備予選 ○早大 1－0 東洋大
7/22［場所］赤羽スポーツの森公園競技場
1回戦 ○早大 3－2 慶大
7/24［場所］法政大学多摩キャンパス城山サッカー場
2回戦 ○早大 2－0 法大
8/18［場所］味の素フィールド西が丘
準決勝 ○早大 0－0 東京武蔵野シティFC
(延長、PK4－1)
8/21［場所］味の素フィールド西が丘
決勝 ○早大 2－1 明治学院大
以上戦績 優勝 東京都代表権獲得

◇第96回天皇杯全日本サッカー選手権大会
［日程］2016年8月27日～2017年1月1日
8/28［場所］岩手県営運動公園陸上競技場
1回戦 ●早大 0－4 グルージャ盛岡

◇第 93 回早関サッカー定期戦
［日程］2016 年 3 月 19 日
［場所］東伏見グラウンド
○早大 3 − 0 関西学院大

◇第 67 回早慶サッカー定期戦
［日程］2016 年 7 月 6 日
［場所］等々力陸上競技場
○早大 1 − 0 慶大

◇第 52 回早稲田大学・高麗大学校サッカー定期戦
［日程］2016 年 8 月 25 日
［場所］ソウルオリンピック主競技場
△早大 1 − 1 高麗大

平成 28 年度（2017 年）卒会員
新井純平（主将）、樫尾和明、岸浪卓志、後藤雅明、小林大地、斉藤央、斉藤康平（主務）、佐藤飛天、下島健、渋谷勇太郎、鈴木崇文、須田智博、多田八起、中山雄希、西村秀樹、西本八博、東浦壮一朗、平澤俊輔、三島翼、山内寛史

2017 平成 29 年度

部長・岩井方男
監督・古賀聡

◇第 91 回関東大学サッカーリーグ［2 部］
［日程］2017 年 4 月 16 日～ 11 月 18 日
4/16［場所］日本大学稲城グラウンド
○早大 2 − 0 日大
4/29［場所］中央大学多摩キャンパスサッカー場
△早大 2 − 2 中大
5/3［場所］立正大学熊谷キャンパスサッカー場
○早大 7 − 0 朝鮮大
5/7［場所］東金アリーナ陸上競技場
○早大 3 − 2 東京学芸大
5/14［場所］拓殖大学八王子キャンパスグラウンド
○早大 4 − 1 東海大
5/20［場所］神奈川県立保土ヶ谷公園サッカー場
○早大 1 − 0 拓殖大
5/27［場所］相模原ギオンスタジアム
○早大 5 − 1 青山学院大
6/4［場所］中央大学多摩キャンパスサッカー場
●早大 1 − 3 東京農業大
6/10［場所］古河市立古河サッカー場
○早大 2 − 1 立正大
6/17［場所］日本大学稲城グラウンド
△早大 2 − 2 神奈川大
6/24［場所］国士舘大学鶴川グラウンド
●早大 1 − 2 国士舘大
9/16［場所］神奈川県立保土ヶ谷公園サッカー場
○早大 6 − 0 神奈川大
9/23［場所］東伏見グラウンド
●早大 3 − 4 青山学院大
10/1［場所］東伏見グラウンド
○早大 1 − 0 朝鮮大
10/7［場所］拓殖大学八王子キャンパスグラウンド
△早大 2 − 2 東京農業大
10/11［場所］東伏見グラウンド
○早大 4 − 0 日大
10/14［場所］古河市立古河サッカー場
△早大 3 − 3 拓殖大
10/21［場所］東伏見グラウンド
○早大 2 − 1 東海大

10/28［場所］東伏見グラウンド
△早大 1－1 立正大
11/5［場所］龍ケ崎市陸上競技場たつのこフィールド
○早大 3－0 中大
11/11［場所］江戸川区陸上競技場
○早大 4－0 東京学芸大
11/18［場所］横浜市三ツ沢公園陸上競技場
○早大 3－2 国士舘大
以上戦績 14勝3敗5分 第1位
（1部昇格）

◇アミノバイタルカップ2017
第6回関東大学サッカートーナメント大会
兼総理大臣杯全日本サッカートーナメント
関東予選
［日程］2017年7月1日～7月9日
7/1［場所］時之栖スポーツセンター裾野E1グラウンド
1回戦 ○早大 6－0 朝鮮大
7/3［場所］時之栖スポーツセンター裾野Aグラウンド
2回戦 ●早大 1－2 流通経済大
以上戦績 2回戦敗退 予選敗退

◇第22回東京都サッカートーナメント兼
第97回 天皇杯全日本サッカー選手権大会
東京都代表決定戦
［日程］2017年3月22日～4月8日
3/22［場所］法政大学多摩キャンパス城山サッカー場
1回戦 ○早大 2－1 法大
3/26［場所］国士舘大学鶴川グラウンド
2回戦 ●早大 1－3 国士舘大
以上戦績 2回戦敗退 予選敗退

◇第94回早関サッカー定期戦
［日程］2017年3月12日
［場所］神戸総合運動公園ユニバー記念競技場
△早大 1－1 関西学院大

◇第68回早慶サッカー定期戦
［日程］2017年7月15日
［場所］等々力陸上競技場
○早大 5－1 慶大

◇第53回早稲田大学・高麗大学校
サッカー定期戦
［日程］2017年8月17日
［場所］東伏見グラウンド
○早大 4－0 高麗大

平成29年度（2018年）卒会員
秋山陽介、飯泉涼矢、石川大貴、伊藤昌記、今来俊介、臼倉宏、柏木大輝、金島遼、木下諒、熊本雄太、鈴木準弥（主将）、鈴木裕也、須藤駿介、曽我巧、武颯、仲谷将樹、丹羽悠介、野田紘暉、広田佑、松岡拓郁、松本渉、宮城雄斗、安田壱成、柳沢拓弥、山本新太郎（主務）

2018 平成30年度

部長・岩井方男、石井昌幸
監督・外池大亮

◇第92回関東大学サッカーリーグ

［日程］2018年4月7日～11月25日
4/8［場所］龍ケ崎市陸上競技場たつのこフィールド
○早大 2－1 桐蔭横浜大
4/14［場所］味の素フィールド西が丘
○早大 3－2 筑波大
4/28［場所］夢の島競技場
○早大 2－1 流通経済大
5/3［場所］浦和駒場スタジアム
○早大 1－0 明大
5/6［場所］東京国際大学坂戸キャンパスサッカー場
●早大 0－2 駒澤大
5/20［場所］フクダ電子アリーナ
△早大 2－2 東京国際大
5/30［場所］法政大学城山サッカー場
○早大 5－2 法大
6/2［場所］味の素フィールド西が丘
○早大 2－1 順天堂大
6/9［場所］龍ケ崎市陸上競技場たつのこフィールド
○早大 4－0 国士舘大
6/17［場所］岩名運動公園陸上競技場
○早大 3－1 専修大
7/1［場所］Shonan BMW スタジアム平塚
○早大 2－1 東洋大
9/15［場所］味の素フィールド西が丘
●早大 1－6 明大
9/22［場所］県立保土ヶ谷公園サッカー場
△早大 3－3 桐蔭横浜大
9/30［場所］Shonan BMW スタジアム平塚
○早大 3－2 専修大
10/7［場所］笠松運動公園陸上競技場
○早大 4－0 流通経済大
10/13［場所］笠松運動公園陸上競技場
△早大 1－1 駒澤大
10/2［場所］江戸川区陸上競技場
○早大 5－2 国士舘大
10/28［場所］横浜市三ツ沢公園陸上競技場
●早大 1－6 東洋大
11/4［場所］味の素フィールド西が丘
△早大 0－0 筑波大
11/10［場所］フクダ電子アリーナ
○早大 2－1 東京国際大
11/17［場所］味の素スタジアム西競技場
○早大 2－1 順天堂大
11/25［場所］味の素フィールド西が丘
●早大 1－2 法大
以上戦績　14勝4敗4分　優勝

◇第67回全日本大学サッカー選手権大会

［日程］2018年12月12日～12月22日
12/15［場所］味の素フィールド西が丘
2回戦　○早大 1－0 北海道教育大学岩見沢校
12/17［場所］味の素フィールド西が丘
準々決勝　●早大 1－2 順天堂大
以上戦績　準々決勝敗退

◇アミノバイタルカップ2018 第7回関東大学サッカートーナメント大会 兼総理大臣杯全日本サッカートーナメント 関東予選

［日程］2018年7月14日～7月22日
7/14［場所］時之栖スポーツセンター裾野グラウンドA
1回戦　○早大 3－2 日大
7/16［場所］時之栖スポーツセンターうさぎ島グラウンド1
2回戦　○早大 2－1 慶大
7/18［場所］味の素フィールド西が丘
3回戦　●早大 0－1 明治学院大
7/20［場所］龍ケ崎市陸上競技場たつのこフィールド
順位決定戦　○早大 2－1 東海大
7/22　［場所］RKUフットボールフィールド
5・6位決定戦　○早大 4－3 専修大
以上戦績　第5位　関東第5代表権獲得

◇第 42 回総理大臣杯
全日本大学サッカートーナメント
［日程］2018 年 8 月 31 日～ 9 月 9 日
9/3［場所］ヤンマーフィールド長居
2 回戦　●早大 3 − 4 鹿屋体育大（延長）
以上戦績　2 回戦敗退

◇第 23 回東京都サッカートーナメント兼
第 98 回 天皇杯全日本サッカー選手権大会
東京都代表決定戦
［日程］2017 年 12 月 3 日～ 2018 年 4 月 8 日
12/3［場所］東伏見グラウンド
予備予選 1 回戦　○早大 14 − 1 東京スポーツレクリエーション専門学校
12/10［場所］東伏見グラウンド
予備予選 2 回戦　●早大 0 − 2 立正大
以上戦績　2 回戦敗退　予備予選敗退

◇第 95 回早関サッカー定期戦
［日程］2018 年 3 月 17 日
［場所］東伏見グラウンド
○早大 3 − 1 関西学院大

◇第 69 回早慶サッカー定期戦
［日程］2018 年 7 月 7 日
［場所］等々力陸上競技場
○早大 2 − 1 慶大

◇第 54 回早稲田大学・高麗大学校サッカー定期戦
［日程］2018 年 8 月 2 日
［場所］高麗大学校グラウンド
△早大 2 − 2 高麗大

平成 30 年度（2019 年）卒会員
秋葉遼太（主務）、飯原健斗、石神佑基、井上純平、榎本大輝、小笠原学、岡田優希（主将）、春日崇暢、小島亨介、相馬勇紀、高岡大翼、土屋千優、冨田康平、直江健太郎、根木秀彰、平岡拓己、蓮川雄大、山口萌香、山本隼平

2019 令和元年度

部長・石井昌幸
監督・外池大亮

◇第 93 回関東大学サッカーリーグ
［日程］2019 年 4 月 6 日～ 11 月 24 日
4/6［場所］味の素フィールド西が丘
●早大 1 − 3 立正大
4/14［場所］中台運動公園陸上競技場
●早大 0 − 1 法大
4/28［場所］味の素フィールド西が丘
△早大 1 − 1 中大
5/2［場所］横浜市三ツ沢公園陸上競技場
●早大 0 − 2 専修大
5/5［場所］武蔵野市立武蔵野陸上競技場
●早大 0 − 2 明大
5/18［場所］県立保土ヶ谷公園サッカー場
●早大 0 − 1 駒澤大
5/29［場所］NACK5 スタジアム大宮
○早大 3 − 1 東洋大
6/1［場所］味の素スタジアム西競技場
○早大 2 − 1 流通経済大
8/4［場所］浦安市運動公園陸上競技場
●早大 1 − 2 順天堂大
8/7［場所］NACK5 スタジアム大宮
●早大 2 − 3 桐蔭横浜大
8/11［場所］味の素フィールド西が丘
○早大 2 − 1 筑波大

9/14［場所］筑波大学第一サッカー場
●早大 0－5 筑波大
9/21［場所］千葉県総合スポーツセンター東総運動場
△早大 0－0 東洋大
9/28［場所］葛飾区奥戸総合スポーツセンター
○早大 2－1 駒澤大
10/5［場所］千葉県総合スポーツセンター東総運動場
△早大 2－2 順天堂大
10/14［場所］桐蔭学園多目的グラウンド
●早大 1－2 桐蔭横浜大
10/20［場所］前橋総合運動公園サッカー場
○早大 2－1 立正大
10/26［場所］龍ケ崎市陸上競技場たつのこフィールド
●早大 1－3 流通経済大
11/3［場所］龍ケ崎市陸上競技場たつのこフィールド
●早大 2－3 中大
11/9［場所］千葉県総合スポーツセンター東総運動場
●早大 0－1 法大
11/16［場所］味の素フィールド西が丘
○早大 1－0 明大
11/23［場所］東伏見グラウンド
○早大 3－0 専修大
以上戦績 7勝12敗3分 第8位

**◇アミノバイタルカップ2019
第8回関東大学サッカートーナメント大会
兼総理大臣杯全日本サッカートーナメント
関東予選**
［日程］2019年6月8日～7月27日
6/8［場所］時之栖スポーツセンター裾野グラウンドF
1回戦 ○早大 1－0 東京国際大
6/10［場所］時之栖スポーツセンター裾野グラウンドE1
2回戦 ●早大 1－2 法大
以上戦績 2回戦敗退 予選敗退

**◇第24回東京都サッカートーナメント兼
第99回 天皇杯全日本サッカー選手権大会
東京都代表決定戦**
［日程］2018年9月1日～2019年5月11日
3/24［場所］東伏見グラウンド
1回戦 ○早大 1－1 青山学院大
（延長、PK5－3）
3/31［場所］東伏見グラウンド
2回戦 ○早大 4－3 国士舘大
4/21［場所］味の素フィールド西が丘
準決勝 ○早大 1－0 東京ユナイテッドFC
5/11 ［場所］味の素フィールド西が丘
決勝 ●早大 0－2 明大
以上戦績 第2位 予選敗退

◇第96回早関サッカー定期戦
［日程］2019年3月17日
［場所］関西学院大学第4フィールド
●早大 1－3 関西学院大

◇第70回早慶サッカー定期戦
［日程］2019年7月12日
［場所］等々力陸上競技場
○早大 1－0 慶大

**◇第55回早稲田大学・高麗大学校
サッカー定期戦**
［日程］2019年11月30日
［場所］東伏見グラウンド
○早大 5－2 高麗大

令和元年度（2020年）卒会員
天田光紀、伊藤彰吾、今井悠太郎、大里優斗、大桃海斗（主将）、笠原駿之介、金田拓海、神山皓亮、栗島健太、佐藤優輝、紫竹隼也、武田太一、千葉健太、中園健太郎（主務）、野牧元、藤沢和也、牧野潤、道渕和基、宮田拓実、森岡和磨、大和翔、山中龍祐

2020 令和２年度

部長・石井昌幸
監督・外池大亮

◇第 94 回関東大学サッカーリーグ
［日程］2020 年 7 月 12 日～ 12 月 25 日
7/5［場所］龍ケ崎市陸上競技場たつのこフィールド
◯早大 2 − 1 法大
10/14［場所］RKU フットボールフィールド A 面
◯早大 5 − 0 筑波大
7/18［場所］RKU フットボールフィールド A 面
◯早大 2 − 1 専修大
7/26［場所］RKU フットボールフィールド B 面
◯早大 5 − 0 桐蔭横浜大
8/1［場所］龍ケ崎市陸上競技場たつのこフィールド
●早大 0 − 1 明大
8/9［場所］RKU フットボールフィールド A 面
◯早大 3 − 0 中大
8/15［場所］RKU フットボールフィールド B 面
◯早大 6 − 3 駒澤大
10/20［場所］RKU フットボールフィールド B 面◯早大 3 − 0 順天堂大
9/5［場所］流通経済大学サッカー場
◯早大 5 − 0 国士舘大
11/18［場所］RKU フットボールフィールド A 面
◯早大 2 − 1 立正大
9/19［場所］RKU フットボールフィールド A 面
●早大 0 − 1 慶大
10/10［場所］AGF フィールド
●早大 0 − 1 駒澤大
10/17［場所］流通経済大学サッカー場
◯早大 3 − 0 立正大
10/24［場所］味の素フィールド西が丘
◯早大 3 − 1 専修大
10/31［場所］味の素フィールド西が丘
◯早大 2 − 0 国士舘大
11/7［場所］Shonan BMW スタジアム平塚
△早大 0 − 0 桐蔭横浜大
11/14［場所］AGF フィールド
●早大 0 − 1 明大
11/21［場所］国士舘楓の杜キャンパスグラウンド
●早大 0 − 5 順天堂大
11/29［場所］味の素フィールド西が丘
◯早大 3 − 1 中大
12/5［場所］駒沢オリンピック公園陸上競技場
△早大 1 − 1 慶大
12/9［場所］RKU フットボールフィールド A 面
◯早大 3 − 1 筑波大
12/19［場所］AGF フィールド
●早大 0 − 2 法大
以上戦績　14 勝 6 敗 2 分　第 2 位

◇第 69 回全日本大学サッカー選手権大会
※コロナ禍により中止となり、代替として #atarimaeni CUP が開催

◇アミノバイタルカップ 2020
第 9 回関東大学サッカートーナメント大会
兼総理大臣杯全日本サッカートーナメント
関東予選
［日程］2020 年 9 月 26 日～ 11 月 3 日
9/27［場所］非公開
1 回戦　◯早大 2 − 1 城西大
9/29［場所］非公開
2 回戦　◯早大 0 − 0 立教大
（延長、PK4 − 2）
10/2［場所］非公開
準々決勝　◯早大 1 − 0 立正大
10/4［場所］非公開
準決勝　◯早大 1 − 0 東洋大
11/3［場所］AGF フィールド
決勝　●早大 2 − 3 流通経済大
以上戦績　準優勝

◇第 44 回総理大臣杯
全日本大学サッカートーナメント
［日程］2020 年 8 月 27 日～ 9 月 6 日
※コロナ禍により中止となり、代替として #atarimaeni CUP が開催

◇ #atarimaeni CUP
［日程］2021 年 1 月 6 日～ 1 月 23 日
1/6［場所］非公開
1 回戦　○早大 4 － 0 IPU・環太平洋大
1/8［場所］非公開
2 回戦　○早大 3 － 0 静岡産業大
1/10［場所］非公開
3 回戦　○早大 3 － 0 甲南大
1/21［場所］味の素フィールド西が丘
準決勝　●早大 0 － 2 法大
以上戦績　準決勝敗退　第 3 位

◇第 25 回東京都サッカートーナメント兼第 100 回 天皇杯全日本サッカー選手権大会東京都代表決定戦
［日程］2020 年 8 月 19 日～ 9 月 2 日
3/24［場所］東伏見グラウンド
1 回戦　▲早大 1 － 1 中大
（延長、PK3 － 5）
以上戦績　1 回戦敗退　予選敗退

◇第 71 回早慶サッカー定期戦
［日程］2020 年 12 月 5 日
［場所］駒沢オリンピック公園総合運動場陸上競技場
△早大 1 － 1 慶大

令和 2 年度（2021 年）卒会員
阿部隼人、奥野立己、小野寺拓海、金田佑耶、楠優輔、工藤泰平、鍬先裕弥、小山修世、坂本寛之、清水駿、杉山耕二（主将）、鈴木郁也、鈴木怜、谷口智洋、千田奎斗、中野陽太、中山尚英、西前一輝（主務）、松高遼、森本貴裕、梁賢柱、山﨑昴、山田晃士、渡邊恵太

2021 令和 3 年度

部長・石井昌幸
監督・外池大亮

◇第 95 回関東大学サッカーリーグ
［日程］2021 年 4 月 3 日～ 10 月 30 日
4/3［場所］味の素フィールド西が丘
○早大 1 － 0 拓殖大
4/10［場所］流通経済大学龍ケ崎フィールド
○早大 1 － 0 筑波大
4/25［場所］AGF フィールド
○早大 1 － 0 慶大
4/28［場所］RKU フットボールフィールド B 面
△早大 1 － 1 立正大
5/2［場所］味の素フィールド西が丘
○早大 2 － 1 流通経済大
5/15［場所］AGF フィールド
●早大 1 － 2 駒澤大
5/30［場所］レモンガススタジアム平塚
△早大 0 － 0 国士舘大
6/23［場所］東伏見グラウンド
△早大 0 － 0 順天堂大
6/13［場所］東伏見グラウンド
●早大 3 － 4 桐蔭横浜大
6/20［場所］横浜市三ツ沢公園陸上競技場
○早大 1 － 0 法大
6/26［場所］中台運動公園陸上競技場
●早大 0 － 3 明大
9/28［場所］東伏見グラウンド
●早大 0 － 2 筑波大
11/6［場所］神奈川県立保土ケ谷公園サッカー場
●早大 0 － 2 流通経済大
11/13［場所］法政大学城山サッカー場

○早大 1－0 法大
10/27［場所］東伏見グラウンド
○早大 2－0 拓殖大
9/19［場所］味の素フィールド西が丘
●早大 0－1 立正大
9/25［場所］国士舘楓の杜キャンパスグラウンド
○早大 5－3 国士舘大
10/2［場所］流通経済大学龍ケ崎フィールド
○早大 4－3 桐蔭横浜大
10/9［場所］立正大学熊谷キャンパスサッカー場
●早大 1－3 駒澤大
10/17［場所］AGF フィールド
●早大 1－2 明大
10/24［場所］味の素フィールド西が丘
●早大 2－3 慶大
10/30［場所］日本体育大学横浜・健志台キャンパスグラウンド
●早大 0－2 順天堂大
以上戦績　9勝10敗3分　第5位

◇第70回全日本大学サッカー選手権大会
［日程］2021年12月8日～12月25日
12/15［場所］味の素フィールド西が丘
2回戦　▲早大 2－2 びわこ成蹊スポーツ大（延長、PK3－4）
以上戦績　2回戦敗退

◇アミノバイタルカップ2021
第10回関東大学サッカートーナメント大会
兼総理大臣杯全日本サッカートーナメント
関東予選
［日程］2021年7月10日～7月25日
7/11［場所］非公開
1回戦　○早大 2－0 城西大
7/13［場所］非公開
2回戦　●早大 0－3 日大
以上戦績　2回戦敗退　予選敗退

◇第26回東京都サッカートーナメント兼
第101回 天皇杯全日本サッカー選手権大会
東京都代表決定戦
［日程］2021年3月24日～5月9日
3/24［場所］東伏見グラウンド
1回戦　●早大 1－3 青山学院大
以上戦績　1回戦敗退　予選敗退

◇第97回早関サッカー定期戦
［日程］2021年11月28日
［場所］非公開
△早大 0－0 関西学院大

◇第72回早慶サッカー定期戦
［日程］2021年10月24日
［場所］味の素フィールド西が丘
●早大 2－3 慶大

令和3年度（2022年）卒会員
秋元浩希、浦田幹、大西翔也、加藤拓己、上川琢、川野秀悟、公文翔、倉田拓実、倉持快、小泉建太、小林将也、佐藤航大、杉田将宏、須藤友介、高田侑真、髙橋佑太、高原歩希、田中雄大（主将）、田部井悠、西川玄記、羽田拓矢（主務）、林隆生、松浦一貴、宮脇有夢、吉田峻

2022 令和４年度

部長・石井昌幸
監督・外池大亮

◇第 96 回関東大学サッカーリーグ
［日程］2022 年 4 月 2 日～ 11 月 13 日
4/3 ［場所］第一カッターフィールド
△早大 0 － 0 拓殖大
4/24［場所］東伏見グラウンド
●早大 0 － 1 東洋大
4/9［場所］神奈川県立保土ケ谷公園サッカー場
●早大 0 － 2 国士舘大
4/16［場所］ひたちなか市総合運動公園陸上競技場
●早大 2 － 3 拓殖大
4/30［場所］東金アリーナ陸上競技場
●早大 0 － 3 東京国際大
5/15［場所］AGF フィールド
△早大 1 － 1 明大
5/29［場所］第一カッターフィールド
△早大 0 － 0 流通経済大
6/5［場所］多摩市立陸上競技場
△早大 1 － 1 駒澤大
6/11［場所］味の素フィールド西が丘
○早大 3 － 1 順天堂大
6/15［場所］RKU フットボールフィールド B 面
●早大 0 － 1 桐蔭横浜大
6/18［場所］法政大学城山サッカー場
●早大 0 － 2 法大
8/20［場所］東京国際大学第一サッカー場
△早大 1 － 1 東京国際大
9/28［場所］東伏見グラウンド
●早大 1 － 4 駒澤大
10/25［場所］筑波大学第一サッカー場
○早大 1 － 0 筑波大
10/1［場所］ブリオベッカ浦安競技場
●早大 0 － 4 明大
10/9［場所］RKU フットボールフィールド A 面
●早大 0 － 1 東洋大
10/12［場所］国士舘楓の杜キャンパスグラウンド
○早大 2 － 1 桐蔭横浜大
10/16［場所］国士舘楓の杜キャンパスグラウンド
●早大 2 － 3 国士舘大
10/22［場所］JOSAI SPORTS FIELD 第1グラウンド
●早大 0 － 2 法大
10/29［場所］第一カッターフィールド
●早大 2 － 3 順天堂大
11/5［場所］流通経済大学サッカー場
●早大 0 － 2 流通経済大
11/12［場所］スポーツ日大アスレティックパーク稲城サッカー場
●早大 1 － 4 拓殖大
以上戦績 3 勝 14 敗 5 分 第 12 位
（2 部降格）

**◇アミノバイタルカップ 2022
第 11 回関東大学サッカートーナメント大会
兼総理大臣杯全日本サッカートーナメント
関東予選**
［日程］2022 年 7 月 9 日～ 7 月 24 日
7/10［場所］非公開
1 回戦 ○早大 2 － 1 城西大
7/13［場所］非公開
2 回戦 ●早大 0 － 2 城西大
以上戦績 2 回戦敗退 予選敗退

**◇第 27 回東京都サッカートーナメント兼
第 102 回 天皇杯全日本サッカー選手権大会
東京都代表決定戦**
［日程］2022 年 3 月 24 日～ 5 月 8 日
3/24［場所］非公開
1 回戦 ●早大 2 － 3 国士舘大
以上戦績 1 回戦敗退 予選敗退

◇第 98 回早関サッカー定期戦
［日程］2022 年 8 月 27 日
［場所］非公開
○早大 1 － 0 関西学院大

◇第 73 回早慶サッカー定期戦
［日程］2022 年 9 月 10 日

[場所] 味の素フィールド西が丘　　　　　○早大 2 − 0 慶大

令和4年度(2023年)卒会員
安達佳哉、生方聖己、江田祐基、大場琳平、菊地彩花、北本達拓、小林俊太、監物拓歩、宍戸凛、柴田徹(主将)、島崎元、鈴木俊也、竹浪良威、中津留正大、中村亮介、西尾颯大、西田翔央、西堂久俊、丹羽匠、橋山航輔、平瀬大、平田陸人(主務)、平田周、水野雄太、山下雄大、余合壮太、吉岡直輝

2023 令和5年度

部長・石井昌幸
監督・兵藤慎剛

◇第97回関東大学サッカーリーグ[2部]
[日程] 2023年4月2日〜11月18日
4/2 [場所] 東伏見グラウンド
○早大 3 − 1 立教大
4/9 [場所] 作新学院大学サッカー部グラウンド
○早大 2 − 0 作新学院大
4/16 [場所] 青山学院大学緑ヶ丘グラウンド
△早大 1 − 1 青山学院大
4/30 [場所] 東伏見グラウンド
●早大 0 − 2 山梨学院大
5/14 [場所] 東伏見グラウンド
○早大 3 − 0 亜細亜大
5/28 [場所] 日本体育大学横浜・健志台キャンパスグラウンド
○早大 1 − 0 日体大
6/4 [場所] 東伏見グラウンド
●早大 2 − 4 立正大
6/11 [場所] 東伏見グラウンド
●早大 2 − 4 駒澤大
6/18 [場所] 関東学院大学金沢八景キャンパスグラウンド
●早大 1 − 2 関東学院大
8/20 [場所] 東伏見グラウンド
●早大 1 − 2 順天堂大
7/23 [場所] 産業能率大学第二グラウンド
○早大 3 − 1 産業能率大
7/30 [場所] 東伏見グラウンド
△早大 1 − 1 山梨学院大
8/6 [場所] 立教大学富士見総合グラウンド
△早大 2 − 2 立教大
8/13 [場所] 東伏見グラウンド
○早大 7 − 0 作新学院大
10/1 [場所] 立正大学熊谷キャンパスサッカー場
△早大 1 − 1 立正大
10/8 [場所] 東伏見グラウンド
○早大 4 − 1 産業能率大
10/15 [場所] 駒澤大学玉川キャンパス
△早大 0 − 0 駒澤大
10/22 [場所] 東伏見グラウンド
○早大 4 − 0 青山学院大
10/29 [場所] 東伏見グラウンド
△早大 2 − 2 日体大
11/5 [場所] 東伏見グラウンド
△早大 2 − 2 関東学院大
11/12 [場所] 亜細亜大学日の出キャンパス多目的競技場
○早大 5 − 1 亜細亜大
11/18 [場所] 小出義雄記念陸上競技場
○早大 2 − 1 順天堂大
以上戦績　10勝5敗7分　第5位

◇アミノバイタルカップ2023
第11回関東大学サッカートーナメント大会
兼総理大臣杯全日本サッカートーナメント
関東予選
[日程] 2023年6月16日〜7月2日

6/23［場所］流通経済大学サッカー場
3回戦　○早大 2－1 山梨学院大
6/25［場所］レモンガススタジアム平塚
4回戦　○早大 3－2 日大
6/27［場所］熊谷スポーツ文化公園陸上競技場
5回戦　○早大 5－2 法大
6/30［場所］AGF フィールド
準決勝　▲早大 1－1 国士舘大
（延長、PK4－5）
7/2　［場所］味の素フィールド西が丘
3位決定戦　○早大 2－1 順天堂大
以上戦績　第3位　関東第3代表権獲得

◇第47回総理大臣杯
全日本大学サッカートーナメント
［日程］2023年9月1日～9月10日
9/1［場所］いわぎんスタジアムBグラウンド
1回戦　○早大 3－0 立命館大
9/3［場所］いわぎんスタジアムAグラウンド
2回戦　●早大 0－2 関西学院大
以上戦績　2回戦敗退

◇第28回東京都サッカートーナメント兼
第103回 天皇杯全日本サッカー選手権大会
東京都代表決定戦
［日程］2022年9月3日～2023年5月7日
予備予選2次Aブロック
2022/12/4［場所］非公開
1回戦　○早大 1－1 大東文化大
（延長、PK8－7）
2022/12/10［場所］非公開
2回戦　○早大 2－0 明治学院大
2022/12/24［場所］非公開
Aブロック決勝　○早大 3－2 日体大
3/25［場所］非公開
1回戦　●早大 3－4 法大
以上戦績　1回戦敗退　予選敗退

◇第99回早関サッカー定期戦
［日程］2023年3月5日
［場所］関西学院大学西宮上ケ原キャンパス第4フィールド
●早大 0－1 関西学院大

◇第74回早慶サッカー定期戦
［日程］2023年7月7日
［場所］味の素フィールド西が丘
○早大 1－0 慶大

令和5年度（2024年）卒会員員
浅木柊人、植村洋斗、大橋優貴、奥田陽琉、小倉陽太、小泉和、小林朋睦、小松寛太、佐藤慧一、藤間英吉、戸部広大、富永東吾、中谷颯辰、平川功、平野右京、平松柚佑（主将）、平山怜央、藤本隼斗、森璃太、山田怜於（主務）、福井寿俊、松沢遥

2024 令和6年度

部長・石井昌幸
監督・兵藤慎剛

◇第98回関東大学サッカーリーグ［2部］
［日程］2024年4月7日～11月16日
4/7［場所］東伏見グラウンド
△早大 1－1 立教大
4/14［場所］日本体育大学横浜・健志台キャンパスグラウンド
●早大 2－4 日体大
4/28［場所］東伏見グラウンド
●早大 1－4 慶大

5/5［場所］東伏見グラウンド
○早大 2－0 城西大
5/19［場所］東伏見グラウンド
△早大 2－2 法大
5/26［場所］産業能率大学第二グラウンド
○早大 2－1 産業能率大
6/2［場所］山梨学院大学川田ツインサッカー場
○早大 3－1 山梨学院大
6/9［場所］拓殖大学八王子国際キャンパスサッカー場
○早大 2－1 拓殖大
6/16［場所］東伏見グラウンド
△早大 1－1 神奈川大
7/14［場所］順天堂大学さくらキャンパスサッカー場
●早大 0－1 順天堂大
7/21［場所］立正大学熊谷キャンパスサッカー場
●早大 2－3 立正大
7/28［場所］東伏見グラウンド
△早大 2－2 産業能率大
8/3［場所］法政大学城山サッカー場
△早大 2－2 法大
9/22［場所］JOSAI SPORTS FIELD 第1グラウンド
●早大 1－2 城西大
9/29［場所］東伏見グラウンド
○早大 5－0 山梨学院大
10/6［場所］東伏見グラウンド
○早大 3－2 日体大
10/13［場所］神奈川大学中山キャンパストラック内フィールド
○早大 2－1 神奈川大
10/20［場所］東伏見グラウンド
○早大 2－1 拓殖大
10/27［場所］慶應義塾大学下田グラウンド
△早大 1－1 慶大
11/3［場所］東伏見グラウンド
○早大 2－1 立正大
11/10［場所］立教大学富士見総合グラウンド
△早大 0－0 立教大
11/16［場所］東伏見グラウンド
△早大 1－1 順天堂大
以上戦績 9勝5敗8分 第5位

◇アミノバイタルカップ2024
第13回関東大学サッカートーナメント大会
兼総理大臣杯全日本サッカートーナメント
関東予選
［日程］2024年6月13日～6月30日
6/19［場所］RKUフットボールフィールドA面
3回戦 ○早大 1－1 産業能率大
（延長、PK7－6）
6/22［場所］RKUフットボールフィールドA面
4回戦 ●早大 1－7 明大
6/25［場所］中央学院大学つくし野総合グラウンド
順位決定戦 ○早大 2－1 専修大（延長）
6/28 ［場所］AGFフィールド
順位決定戦 ○早大 2－2 亜細亜大
（延長、PK5－4）
6/30 ［場所］東伏見グラウンド
9位決定戦 ●早大 1－2 流通経済大
以上戦績 第10位
関東第10代表権獲得

◇第48回総理大臣杯
全日本大学サッカートーナメント
［日程］2024年9月4日～9月15日
9/4［場所］泉サッカー場
1回戦 ○早大 5－0 IPU・環太平洋大
9/6［場所］セイホクパーク石巻フットボール場
2回戦 ○早大 2－1 慶大
9/9 ［場所］セイホクパーク石巻フットボール場
準々決勝 ○早大 0－1 筑波大
以上戦績 準々決勝敗退

◇第29回東京都サッカートーナメント兼
第104回 天皇杯全日本サッカー選手権大会
東京都代表決定戦
［日程］2023年9月2日～2024年5月11日
予備予選2次Aブロック
2023/12/9［場所］東伏見グラウンド
1回戦 ○早大 2－0 明治学院大
2023/12/16［場所］東伏見グラウンド
2回戦 ○早大 3－3 日体大
（延長、PK4－2）
2023/12/27［場所］清瀬内山運動公園サッカー場B面
Aブロック決勝 ○早大 3－3 法大
（延長、PK7－6）

3/28 [場所] 国士館大学楓の杜キャンパスグラウンド
1 回戦　◯早大 1 − 0 国士舘大
3/31 [場所] 国士館大学楓の杜キャンパスグラウンド
2 回戦　◯早大 2 − 0 駒澤大
4/21 [場所] 味の素フィールド西が丘
準決勝　●早大 1 − 3 横河武蔵野 FC
以上戦績　準決勝敗退　予選敗退

◇第 100 回早関サッカー定期戦
[日程] 2024 年 3 月 10 日
[場所] 東伏見グラウンド
●早大 1 − 2 関西学院大

◇第 75 回早慶サッカー定期戦
[日程] 2024 年 8 月 25 日
[場所] 国立競技場
◯早大 4 − 0 慶大

◇第 56 回早稲田大学・高麗大学校サッカー定期戦
[日程] 2024 年 3 月 22 日
[場所] 高麗大学校ソウルキャンパスグラウンド
◯早大 3 − 2 高麗大

女子部編

1991 平成３年度〈創部〉

部長・伊達邦春

1992 平成４年度

部長・柏崎利之輔

◇第６回関東大学女子サッカーリーグ［２部］
※順不同
○早大　５－０　国際基督教大
○早大　１－０　創価女子短期大
○早大　１－０　武蔵丘短期大
以上戦績　３戦全勝　優勝　１部昇格

**◇第５回関東女子サッカー大会兼
全日本大学女子サッカー選手権大会
関東予選**
１回戦　●早大　０－３　日本女子体育大
以上戦績　１回戦敗退

平成４年度（1993年）卒会員
奥島美帆、篠田綾子、堤たづる（主将）

1993 平成５年度

部長・柏崎利之輔

◇第７回関東大学女子サッカーリーグ
［日程］1993年９月５日～９月23日
9/5［場所］筑波大学第１サッカーグラウンド
早大－日体大
9/12［場所］日本体育大学健志台グラウンド
早大－筑波大
9/15［場所］日本体育大学健志台グラウンド
早大－東京学芸大
9/19［場所］筑波大学第１サッカーグラウンド
早大－東京女子体育大
9/23［場所］日本体育大学健志台グラウンド
早大－日本女子体育大
以上戦績　０勝３敗２分　第６位
２部降格

◇第13回東京都女子サッカーリーグ［３部］
戦績　５勝２敗０分　第２位　２部昇格

**◇第６回関東女子サッカー大会兼
全日本大学女子サッカー選手権大会
関東予選**
１回戦　○早大－不明
２回戦　●早大　０－１　日本女子体育大
以上戦績　２回戦敗退

平成５年度（1994年）卒会員
川波裕子、島津尚子、深野悦子（主将）、森田水緒（主務）、
須々木（山内）やよい

1994 平成6年度

部長・柏崎利之輔

◇第8回関東大学女子サッカーリーグ［2部］
戦績　3勝1敗0分　第2位

◇関東大学女子サッカーリーグ入替戦
●早大　0－2　武蔵丘短期大
以上戦績　2部残留

◇第14回東京都女子サッカーリーグ［2部］
戦績　4勝1敗1分　第3位　2部昇格

◇東京都女子サッカーリーグ入替戦
▲早大　3－3　日本女子体育大
以上戦績　2部残留

◇第7回関東女子サッカー大会兼
全日本大学女子サッカー選手権大会
関東予選
1回戦　●早大　1－2　武蔵丘短期大
以上戦績　1回戦敗退

平成6年度（1995年）卒会員
今関葉子、武井久子（主将）、吉村久子

1995 平成7年度

部長・柏崎利之輔

◇第9回関東大学女子サッカーリーグ［2部］
○早大　6－1　創価女子短期大
○早大　4－0　帝京大
○早大　10－0　東京外国語大
○早大　3－0　国際基督教大
○早大　4－0　実践女子大
○早大　14－0　青山学院大
●早大　0－1　筑波大
以上戦績　6勝1敗0分　第2位
1部自動昇格（チーム枠増設のため）

◇第15回東京都女子サッカーリーグ［2部］
○早大　3－0　駒澤FC女子
●早大　0－1　FC小金井レディース
●早大　1－2　FC ESPERANZA
○早大　3－2　元八SUNSET'98
▲早大　0－0　東京学芸
○早大　2－1　城南ビクトリア
▲早大　1－1　CIPEHR
●早大　0－2　東京女子体育大
○早大　2－1　OFCバックス
以上戦績　4勝3敗2分　第3位

◇東京都女子サッカーリーグ入替戦
●早大　1－2　小平サッカークラブ
以上戦績　2部残留

平成7年度（1996年）卒会員
竹内典子、中根嘉代子（主将）、渡辺綾

1996 平成８年度

部長・柏崎利之輔
監督・由井濱洋一

◇第10回関東大学女子サッカーリーグ
［日程］1996年９月１～９月23日
9/1［場所］武蔵丘短期大学サッカーグラウンド
●早大 ０－３ 日体大
9/7［場所］東京学芸大学
●早大 ０－１ 東京学芸大
9/8［場所］武蔵丘短期大学サッカーグラウンド
●早大 ０－２ 東京女子体育大
9/15［場所］武蔵丘短期大学サッカーグラウンド
▲早大 ０－０ 日本女子体育大
9/16［場所］筑波大学第１サッカーグラウンド
▲早大 １－１ 筑波大
9/22［場所］国際基督教大学グラウンド
○早大 ４－０ 東京女子体育短期大
9/23［場所］武蔵丘短期大学サッカーグラウンド
○早大 ３－２ 武蔵丘短期大
以上戦績　２勝３敗２分　第５位

◇第16回東京都女子サッカーリーグ［2部］
○早大 １－０ 東京ペレフットボールクラブ深川レディース
○早大 ２－０ FC FALX
○早大 ２－１ FC ESPERANZA
○早大 ３－１ 元八 SUNSET‘98
●早大 ０－２ CIPEHR
（※その他の試合は不明）
以上戦績　５勝２敗２分　第４位

平成８年度（1997年）卒会員
市村恵代（主将）、井上美香、坂口井、田多井優子、乗松洋子、
細川睦子（主務）、森英子

1997 平成９年度

部長・南部宣行
監督・由井濱洋一

◇第11回関東大学女子サッカーリーグ
［日程］1997年９月７日～10月10日
●早大 ０－２ 東京学芸大
●早大 ０－５ 東京女子体育大
●早大 ０－４ 日体大
△早大 ０－０ 日本女子体育大
●早大 ０－４ 東京女子体育短期大
●早大 ０－４ 武蔵丘短期大
●早大 ０－２ 筑波大
以上戦績　０勝６敗１分　第８位

◇関東大学女子サッカーリーグ入替戦
●早大 ０－１ 帝京大
以上戦績　２部降格

◇第17回東京都女子サッカーリーグ［2部］
●早大 ０－３ インターセプト
△早大 １－１ 城南ビクトリア
△早大 ０－０ 青梅フットボールクラブ
●早大 ０－１ 東京学芸大
●早大 ０－１ 東京女子体育大
●早大 ０－７ 小平サッカークラブ
●早大 ０－３ 東京女子体育短期大

△早大 0 − 0 FC ESPERANZA
以上戦績　0勝5敗3分　第9位

◇東京都女子サッカーリーグ入替戦
○早大 1 − 0 帝京大
以上戦績　2部残留

平成9年度（1998年）卒会員
井出直子、竿代信子、坂野愛、玉瀬理枝

1998 平成10年度

部長・南部宣行
監督・由井濱洋一

◇第12回関東大学女子サッカーリーグ［2部］
［日程］1998年9月6日〜10月11日
○早大 9 − 0 創価女子短期大
○早大 7 − 0 埼玉大
○早大 2 − 0 国際基督教大
○早大 3 − 0 筑波大
○早大 12 − 0 実践女子大
以上戦績　5戦全勝　優勝

◇関東大学女子サッカーリーグ入替戦
［日程］1998年11月3日
11/3［場所］東伏見グラウンド
○早大 1 − 0 帝京大
以上戦績　1部昇格

◇第18回東京都女子サッカーリーグ［2部］
△早大 0 − 0 東京女子体育大B
△早大 0 − 0 日本女子体育大B
●早大 0 − 2 立川FC
△早大 0 − 0 城南ビクトリア
○早大 1 − 0 CIPEHR
△早大 1 − 1 東京女子体育短期大
○早大 2 − 1 おおるりフットボールクラブ
△早大 0 − 0 FC ESPERANZA
以上戦績　2勝1敗5分

平成10年度（1999年）卒会員
遠藤みのり、小川麻帆、梶由紀子（主将）、田村瑞穂（主務）、戸澤由美、
松浦美麗、村松愛子

1999 平成 11 年度

部長・南部宣行
監督・堀野博幸

◇第 13 回関東大学女子サッカーリーグ
［日程］1999 年 8 月 29 日〜11 月 7 日
※順不同
●早大 0 − 1 日本女子体育大
●早大 0 − 3 日体大
△早大 1 − 1 東京女子体育大
●早大 1 − 2 武蔵丘短期大
●早大 2 − 2 筑波大
○早大 2 − 1 東京学芸大
●早大 0 − 2 東京女子体育短期大
以上戦績　1 勝 5 敗 1 分　第 8 位

◇関東大学女子サッカーリーグ入替戦
［日程］1999 年 11 月 14 日
11/14［場所］東伏見グラウンド
○早大 4 − 0 帝京大
以上戦績　1 部残留

平成 11 年度（2000 年）卒会員
吉田（石川）敦恵（主将）、大澤文佳

2000 平成 12 年度

部長・南部宣行
監督・堀野博幸

◇第 14 回関東大学女子サッカーリーグ
※順不同
●早大 0 − 3 日本女子体育大
●早大 0 − 6 日体大
●早大 1 − 3 東京女子体育大
●早大 1 − 2 武蔵丘短期大
△早大 1 − 1 東京女子体育短期大
●早大 0 − 1 筑波大
○早大 2 − 0 東京学芸大
以上戦績　1 勝 5 敗 1 分　第 7 位

◇関東大学女子サッカーリーグ入替戦
［日程］2000 年 12 月 10 日
12/10［場所］東伏見グラウンド
○早大 6 − 0 埼玉大
以上戦績　1 部残留

平成 12 年度（2001 年）卒会員
石川ふみ、宮本万里子（主将）、山口祥子

2001 平成 13 年度

部長・南部宣行
監督・堀野博幸

◇第 15 回関東大学女子サッカーリーグ
※順不同
●早大 0 − 2 東京女子体育大
●早大 0 − 3 日体大
●早大 0 − 6 武蔵丘短期大
●早大 0 − 2 日本女子体育大
△早大 1 − 1 筑波大
○早大 2 − 0 東京女子体育短期大
○早大 2 − 0 東京学芸大
以上戦績 2 勝 4 敗 1 分 第 5 位

◇東京都女子サッカーリーグ [2 部]
戦績 優勝 1 部昇格

平成 13 年度(2002 年)卒会員
石川真理、浦島智美、笠井総子(主将)、小室啓子(主務)、柳瀬明香

2002 平成 14 年度

部長・南部宣行
監督・堀野博幸

◇第 15 回関東大学女子サッカーリーグ
[日程] 2002 年 9 月 8 日〜 10 月 27 日
※一部順不同
△早大 1 − 1 日本女子体育大
●早大 1 − 2 日体大
●早大 1 − 6 東京女子体育大
○早大 2 − 1 東京学芸大
○早大 6 − 1 東京女子体育短期大
○早大 2 − 0 筑波大
●早大 1 − 4 武蔵丘短期大
以上戦績 3 勝 3 敗 1 分 第 5 位
関東第 5 代表権獲得

◇第 11 回全日本大学女子サッカー選手権大会
[日程] 2002 年 12 月 19 日〜 12 月 25 日
12/20 [場所] しあわせの村運動公園
C グループ △早大 0 − 0 武庫川女子大
12/21 [場所] ユニバー記念競技場
C グループ ●早大 1 − 4 東京女子体育大
12/2 [場所] ユニバー記念補助競技場
C グループ ○早大 2 − 0 静岡産業大
以上戦績 グループリーグ敗退

◇第 1 回早慶女子サッカー定期戦
○早大 11 − 0 慶大

平成 14 年度(2003 年)卒会員
石川聡子、エンデスビィ(植松)佑佳、上村(是永)絵美、猿波夏子、
渋谷(田所)知美、渡邊(臣永)桂奈、福井美江、堀飯豊(主将)、
伊藤(御代川)百花(主務)、山本法子

2003 平成15年度

部長・南部宣行
監督・堀野博幸

◇第17回関東大学女子サッカーリーグ
※順不同
△早大 2－2 東京女子体育大
△早大 1－1 日体大
○早大 3－1 神奈川大
△早大 1－1 日本女子体育大
○早大 3－0 筑波大
△早大 0－0 武蔵丘短期大
○早大 6－0 東京女子体育短期大
以上戦績　3勝0敗4分　第3位
関東第3代表権獲得

◇第12回全日本大学女子サッカー選手権大会
［日程］2003年12月19日～12月25日
12/20［場所］ユニバー記念競技場
Bグループ　△早大 0－0 静岡産業大
12/21［場所］しあわせの村運動公園
Bグループ　●早大 0－0 松山大
12/22［場所］いぶきの森球技場
Bグループ　○早大 0－0 武庫川女子大
12/24［場所］ユニバー記念補助競技場
準決勝　●早大 0－0 東京女子体育大
以上戦績　準決勝敗退

◇第2回早慶サッカー女子定期戦
○早大 12－0 慶大

平成15年度（2004年）卒会員
富樫美樹子（主将）、清水（並木）梢、長谷川礼香、大田（半田）麻衣（主務）

2004 平成16年度

部長・南部宣行
監督・堀野博幸

◇第18回関東大学女子サッカーリーグ
※順不同
●早大 0－2 日体大
●早大 0－3 武蔵丘短期大
○早大 1－0 神奈川大
○早大 1－0 東京女子体育大
○早大 1－0 日本女子体育大
○早大 5－1 筑波大
○早大 9－0 東京学芸大
以上戦績　5勝2敗0分　第4位
（2、3位とは得失点差）関東第4代表権獲得

◇第13回全日本大学女子サッカー選手権大会
［日程］2004年12月18日～12月24日
12/19［場所］しあわせの村運動公園
Bグループ　○早大 15－0 信州大
12/20［場所］しあわせの村運動公園
Bグループ　○早大 2－0 中京女子大
12/21［場所］ユニバー記念競技場
Bグループ　●早大 1－2 大阪体育大
以上戦績　グループリーグ敗退

◇第3回早慶サッカー女子定期戦
○早大 13－0 慶大

平成16年度(2005年)卒会員
木下美緒(主将)、南野(菊山)智未、小池晶子(主務)、齋藤史子

2005 平成17年度

部長・南部宣行
総監督・堀野博幸
監督・堀飯豊

◇第19回関東大学女子サッカーリーグ
※順不同
△早大 2－2 日体大
●早大 2－3 神奈川大
○早大 2－1 武蔵丘短期大
○早大 5－1 東京女子体育大
○早大 6－0 日本女子体育大
○早大 8－0 筑波大
○早大 1－0 東京学芸大
以上戦績 5勝1敗1分 第2位
関東第2代表権獲得

◇第14回全日本大学女子サッカー選手権大会
［日程］2005年12月27日～2006年1月15日
12/27［場所］ユニバー記念競技場
Dグループ ○早大 5－0 福岡大
12/20［場所］ユニバー記念補助競技場
Dグループ ○早大 11－0 北海道浅井学園大
12/21［場所］ユニバー記念補助競技場
Dグループ ○早大 8－1 山形大
1/14［場所］西が丘サッカー場
準決勝 ○早大 2－0 神奈川大
1/15［場所］国立競技場
決勝 ○早大 2－1 東京女子体育大(延長)
以上戦績 優勝

◇第27回全日本女子サッカー選手権大会
東京都予選
［日程］2005年7月3日～7月24日
1回戦 ○早大 3－0 東京成徳大学中学高
2回戦 ○早大 3－0 SOCIOS FC
準決勝 ○早大 5－0 東京経営短期大附属村田女子高
決勝 ○早大 4－1 日テレ・メニーナ
以上戦績 優勝 関東大会出場権獲得

◇第27回関東女子サッカー選手権大会
［日程］2005年10月15日～10月23日
1回戦 ○早大 4－0 日体大
2回戦 ○早大 4－0 FC VIDAレディース
準決勝 ○早大 1－1 武蔵丘短期大
(延長、PK4－3)
決勝 ●早大 0－3 神奈川大
以上戦績 準優勝 皇后杯関東代表権獲得

◇皇后杯第27回全日本女子サッカー選手権大会
［日程］2005年12月10日～2006年1月1日
12/10［場所］ひたちなかし総合運動公園
1回戦 ○早大 2－0 聖和学園高
12/11［場所］ひたちなかし総合運動公園
2回戦 ●早大 0－5 日テレ・ベレーザ
以上戦績 2回戦敗退

◇第4回早慶女子サッカー定期戦
○早大 13－0 慶大

平成17年度(2006年)卒会員
植草(河田)優、近藤絵梨佳(主将)

2006 平成18年度

部長・南部宣行
監督・長岡義一

◇第20回関東大学女子サッカーリーグ
［日程］2006年9月2日～11月3日
○早大 5－0 東京女子体育大
○早大 9－0 日本女子体育大
○早大 2－0 筑波大
○早大 10－0 東京学芸大
●早大 1－2 日体大
○早大 1－0 武蔵丘短期大
●早大 0－1 神奈川大
以上戦績 5勝2敗0分
第3位 関東第3代表権獲得

◇第26回東京都女子サッカーリーグ
［日程］2006年5月21日～11月26日
○早大 6－3 駒沢女子大
○早大 2－0 FC PAF
○早大 12－0 小金井SC
○早大 6－0 立川FC
○早大 6－0 日本女子体育大
○早大 5－0 日テレ・メニーナ
●早大 0－5 FC.SFIDA.世田谷
○早大 8－0 FCバルティーレ
○早大 5－0 小平SC
以上戦績 8勝1敗0分

◇第15回全日本大学女子サッカー選手権大会
［日程］2006年12月26日～2007年1月12日
12/26［場所］ユニバー記念競技場
グループB ○早大 3－1 東京女子体育大
12/2［場所］しあわせの村運動公園
グループB ○早大 9－0 京都教育大
12/27［場所］ユニバー記念補助競技場
グループB ○早大 5－0 北海道浅井学園大
1/12［場所］西が丘サッカー場
準決勝 ●早大 0－1 日体大
以上戦績 準決勝敗退

◇第28回全日本女子サッカー選手権大会東京都予選
［日程］2006年7月9日～7月23日
1回戦 ○早大 6－0 小金井SC
2回戦 ○早大 2－0 ラガッツァFC
準決勝 ○早大 2－0 十文字高
決勝 ○早大 2－0 FC PAF
以上戦績 優勝

◇第28回関東女子サッカー選手権大会
［日程］2006年10月21日～10月29日
1回戦 ○早大 2－0 武蔵丘短期大
2回戦 ○早大 2－0 東京女子体育大
準決勝 ○早大 2－1 日テレ・メニーナ
決勝 ○早大 1－1 神奈川大
（延長、PK5－4）

◇皇后杯第28回全日本女子サッカー選手権大会
［日程］2006年12月10日～2007年1月1日
12/10［場所］ひたちなかし総合運動公園
1回戦 ○早大 4－0 FC adoma
12/10［場所］水戸市立競技場
2回戦 ○早大 1－0 アルビレックス新潟レディース
12/22［場所］Jヴィレッジスタジアム
3回戦 ●早大 0－2 東京電力女子サッカー部マリーゼ
以上戦績 3回戦敗退

◇東京都女子サッカー大会
［日程］2006年3月21日～4月23日
グループリーグ ○早大 4－1 17多摩
グループリーグ ○早大 3－0 小金井SC
グループリーグ ○早大 1－0 インターセプト
グループリーグ ○早大 3－2 東京女子体育大
準々決勝 ○早大 1－0 SOCIOS FC
準決勝 ○早大 1－0 FC RAF

決勝　○早大 6 − 1 FC.SFIDA. 世田谷
以上戦績　優勝

◇第 5 回早慶女子サッカー定期戦
○早大 10 − 0 慶大

平成 18 年度（2007 年）卒会員
伊藤絢子、岩田恵梨子、江崎康子、山崎さやか、山本りさ、渡辺夏奈（主将）

2007 平成 19 年度

部長・南部宣行
監督・長岡義一

◇第 21 回関東大学女子サッカーリーグ
［日程］2007 年 9 月 2 日〜 10 月 20 日
9/2［場所］武蔵丘短期大学グラウンド
○早大 8 − 0 筑波大
9/8［場所］東伏見グラウンド
○早大 5 − 1 東京女子体育大
9/15［場所］東伏見グラウンド
○早大 9 − 0 日本女子体育大
9/22［場所］東伏見グラウンド
○早大 12 − 0 東京学芸大
10/7［場所］東伏見グラウンド
△早大 1 − 1 日体大
10/14［場所］東伏見グラウンド
○早大 3 − 0 武蔵丘短期大
10/20［場所］神奈川大学グラウンド
○早大 5 − 1 神奈川大
以上戦績　6 戦 0 敗 1 分　優勝

◇第 27 回東京都女子サッカーリーグ
［日程］2007 年 5 月 19 日〜 11 月 23 日
5/19［場所］東伏見グラウンド
○早大 7 − 1 FC 駒沢女子
5/20［場所］東伏見グラウンド
○早大 7 − 1 SOCIOS FC
5/27［場所］東伏見グラウンド
○早大 9 − 0 国立 FC2001
6/3［場所］東伏見グラウンド
○早大 8 − 0 立川 FC
8/19［場所］東伏見グラウンド
○早大 3 − 0 FC PAF
10/21［場所］東伏見グラウンド
○早大 2 − 0 ラガッツァ FC
11/10［場所］東伏見グラウンド
△早大 2 − 2 FC.SFIDA. 世田谷
11/18［場所］東伏見グラウンド
○早大 4 − 0 小平 SC
11/23［場所］東伏見グラウンド
○早大 6 − 0 FC PARTIRE
以上戦績　8 勝 0 敗 1 分　優勝

◇第 16 回全日本大学女子サッカー選手権大会
［日程］2007 年 12 月 25 日〜 2008 年 1 月 13 日
12/25［場所］ユニバー記念補助競技場
グループ D　○早大 14 − 0 北翔大
12/26［場所］ユニバー記念補助競技場
グループ D　○早大 9 − 0 中京女子大
12/27［場所］ユニバー記念補助競技場
グループ D　△早大 0 − 0 神奈川大
1/11［場所］駒沢陸上競技場
準決勝　●早大 1 − 1 日体大
（延長、PK3 − 4）
以上戦績　準決勝敗退　3 位

◇第 29 回全日本女子サッカー選手権大会東京都予選
［日程］2007 年 7 月 1 日〜 7 月 29 日

7/1［場所］自治大学グラウンド
2回戦　○早大 4－0 慶大
7/8［場所］東伏見グラウンド
3回戦　○早大 8－0 修徳高
7/22［場所］東伏見グラウンド
準決勝　○早大 6－1 FC.SFIDA.世田谷
7/29［場所］東伏見グラウンド
決勝　○早大 4－1 小平SC
以上戦績　優勝　東京都代表権獲得

◇第29回関東女子サッカー選手権大会
［日程］2007年10月27日～
10/27［場所］市原スポレクパーク
1回戦　●早大 0－0 浦和レッズJr
（延長、PK2－4）
以上戦績　1回戦敗退

◇第6回早慶女子サッカー定期戦
［日程］2007年11月17日
［場所］慶應義塾大学グラウンド
○早大 9－0 慶大

平成19年度（2008年）卒会員
天野実咲、佐藤衣里子、武末彩子（主将）、福田あや、松長佳恵、

2008 平成20年度

部長・南部宣行
監督・長岡義一

◇第22回関東大学女子サッカーリーグ
［日程］2008年9月7日～11月2日
9/7［場所］武蔵丘短期大学グラウンド
○早大 16－0 大東文化大
9/13［場所］東伏見グラウンド
○早大 4－0 日本女子体育大
9/21［場所］東伏見グラウンド
○早大 2－0 武蔵丘短期大
9/23［場所］東伏見グラウンド
○早大 6－0 東京女子体育大
10/4［場所］東伏見グラウンド
●早大 1－2 神奈川大
10/11［場所］東伏見グラウンド
○早大 1－0 筑波大
11/2［場所］東伏見グラウンド
●早大 0－2 日体大
以上戦績　5戦2敗0分　準優勝

◇第14回関東女子サッカーリーグ
［日程］2008年4月20日～11月23日
4/20［場所］東伏見グラウンド
●早大 0－1 日体大
4/27［場所］東伏見グラウンド
●早大 0－1 日テレ・メニーナ
5/11［場所］レッズランド
○早大 3－1 浦和レッズジュニアユース
5/18［場所］東伏見グラウンド
○早大 4－1 武蔵丘短期大
5/25［場所］東伏見グラウンド
○早大 1－0 東京女子体育大
6/15［場所］東伏見グラウンド
●早大 2－3 神奈川大
6/22［場所］保土ヶ谷公園
○早大 3－0 横須賀シーガルズ
7/13［場所］東伏見グラウンド
●早大 1－2 日本体育大
7/20［場所］ヴェルディグラウンド
●早大 0－1 日テレ・メニーナ
9/14［場所］東伏見グラウンド
○早大 1－0 浦和レッズジュニアユース

10/5［場所］武蔵丘短期大学グラウンド
○早大 5－2 武蔵丘短期大
11/9［場所］東伏見グラウンド
○早大 4－0 東京女子体育大
11/16［場所］神奈川大学グラウンド
○早大 1－0 神奈川大
11/23［場所］東伏見グラウンド
○早大 7－0 横須賀シーガルズ
以上戦績 9勝5敗0分 準優勝

◇第17回全日本大学女子サッカー選手権大会
［日程］2009年1月4日～1月11日
1/4［場所］兵庫県立三木総合防災公園第1球技場
グループC ○早大 22－0 北翔大
1/5［場所］兵庫県立三木総合防災公園第2球技場
グループC ○早大 10－0 信州大
1/6［場所］兵庫県立三木総合防災公園陸上競技場
グループC ○早大 4－0 福岡大
1/9［場所］国立スポーツ科学センター西が丘サッカー場
準決勝 ○早大 5－2 大阪体育大
1/11［場所］国立競技場
決勝 ●早大 0－2 日体大
以上戦績 準優勝

◇第30回関東女子サッカー選手権大会
［日程］2008年10月18日～10月26日
10/18［場所］ひたちなか市総合運動公園
1回戦 ○早大 3－1 関東学園大
10/19［場所］ひたちなか市総合運動公園
2回戦 ○早大 2－0 航空高
10/25［場所］ひたちなか市総合運動公園
準決勝 ○早大 4－1 日テレ・メニーナ
10/26［場所］ひたちなか市総合運動公園
決勝 ○早大 4－2 日体大
以上戦績 優勝 皇后杯関東代表権獲得

◇第30回皇后杯全日本女子サッカー選手権大会
［日程］2008年11月29日～2009年1月1日
11/29［場所］上野運動公園競技場
1回戦 ○早大 8－0 ブッチギリ
12/6［場所］加古川運動公園陸上競技場
2回戦 ○早大 3－2 ASエルフェン狭山FC
12/21［場所］三木総合防災公園陸上競技場
3回戦 ●早大 0－3 浦和レッズレディース
以上戦績 3回戦敗退

◇第7回早慶女子サッカー定期戦
［日程］2008年6月1日
［場所］東伏見グラウンド
○早大 9－0 慶大

平成20年度（2009年）卒会員
梶尾（北村）雅子（主務）、岸星美、小石絵里子、澤夏美、堂下弥里（主将）、藤居海好、藤本知恵、錦見優子（女子部学生トレーナー）

2009 平成21年度

部長・南部宣行
監督・長岡義一

◇第23回関東大学女子サッカーリーグ
［日程］2009年9月6日～11月1日
○早大 2－1 関東学園大
○早大 5－0 慶大
○早大 5－1 東京女子体育大
○早大 4－3 筑波大
○早大 4－1 武蔵丘短期大
●早大 0－1 神奈川大

○早大 2－1 日体大
以上戦績 6勝1敗0分

◇第15回関東女子サッカーリーグ
［日程］2009年4月26日～11月12日
○早大 5－0 東京女子体育大
○早大 4－2 FC PAF
●早大 0－1 浦和レッズジュニアユース
○早大 9－1 横須賀シーガルズ
○早大 4－1 日テレ・メニーナ
○早大 3－1 神奈川大
○早大 1－0 日体大
○早大 5－0 東京女子体育大
○早大 1－0 FC PAF
●早大 1－2 浦和レッズジュニアユース
○早大 10－0 横須賀シーガルズ
○早大 2－1 日テレ・メニーナ
○早大 2－0 神奈川大
○早大 3－0 日体大
以上戦績 12勝2敗0分 第2位

◇第18回全日本大学女子サッカー選手権大会
［日程］2009年11月28日～2010年1月6日
11/28［場所］Jヴィレッジ Pitch5
グループD ○早大 34－0 北海道教育大
11/29［場所］Jヴィレッジ Pitch5
グループD ○早大 11－1 信州大
11/30［場所］Jヴィレッジ Pitch5
グループD ○早大 4－1 武蔵丘短期大
1/4［場所］西が丘サッカー場
準決勝 ○早大 2－0 大阪体育大
1/6［場所］国立競技場
決勝 ○早大 2－1 神奈川大
以上戦績 優勝

◇第29回東京都女子サッカー大会
［日程］2009年3月21日～5月10日
1回戦 ○早大 2－0 日本女子体育大
2回戦 ○早大 7－0 小平SC
3回戦 ○早大 5－0 FC.SFIDA.世田谷
4回戦 ○早大 3－0 FC駒沢女子
準決勝 ○早大 2－0 FC.SFIDA.世田谷
決勝 ○早大 6－0 立川SC
以上戦績 優勝

◇第31回関東女子サッカー選手権大会兼皇后杯全日本女子サッカー選手権大会関東地区予選
［日程］2009年10月17日～10月25日
1回戦 ○早大 7－2 FC.SFIDA.世田谷
2回戦 ○早大 5－0 関東学園大
準決勝 ○早大 3－0 浦和レッズジュニアユース
決勝 ●早大 1－1 日テレ・メニーナ（延長、PK1－3）
以上戦績 準優勝 皇后杯関東代表権獲得

◇皇后杯第31回全日本女子サッカー選手権大会
［日程］2009年12月6日～2010年1月1日
12/6［場所］アウトソーシングスタジアム日本平
1回戦 ○早大 7－3 日ノ本学園高
12/13［場所］ユアテックスタジアム仙台
2回戦 ●早大 1－1 大原学園JaSRA女子SC（延長、PK3－4）
以上戦績 2回戦敗退

◇第8回早慶女子サッカー定期戦
［日程］2009年6月28日
6/28［場所］国立競技場
△早大 0－0 慶大

平成21年度（2010年）卒会員
今井さゆり、大脇友里佳（主将）、斎藤友里、島田（松本）知佳、杉山遼、寺澤希、中村西、水本（安松）舞（主務）、渡部清子

2010 平成22年度

部長・南部宣行
監督・長岡義一

◇第24回関東大学女子サッカーリーグ

［日程］2010年8月27日～11月3日
8/29［場所］夢の島競技場
○早大 5－0 日体大
9/11［場所］東伏見グラウンド
○早大 10－0 東京女子体育大
9/19［場所］東伏見グラウンド
○早大 4－0 尚美学園大
11/3［場所］東伏見グラウンド
○早大 2－1 武蔵丘短期大
10/17［場所］東伏見グラウンド
○早大 3－0 筑波大
10/24［場所］東伏見グラウンド
○早大 3－0 関東学園大
10/31［場所］神奈川大学グラウンド
○早大 1－0 神奈川大
以上戦績　7戦全勝　優勝

◇第16回関東女子サッカーリーグ

［日程］2010年4月17日～11月23日
4/18［場所］武蔵丘短期大グラウンド
○早大 2－1 武蔵丘短期大
4/25［場所］東伏見グラウンド
○早大 3－0 関東学園大
5/9［場所］東伏見グラウンド
○早大 8－1 東京女子体育大
5/16［場所］東伏見グラウンド
○早大 6－0 FC PAF
5/23［場所］東伏見グラウンド
○早大 5－0 神奈川大
5/30［場所］東伏見グラウンド
△早大 0－0 浦和レッズジュニアユース
6/6［場所］東伏見グラウンド
○早大 2－0 日テレ・メニーナ
7/4［場所］太田市運動公園サッカー場
○早大 2－0 関東学園大
7/11［場所］東伏見グラウンド
○早大 4－3 武蔵丘短期大
7/18［場所］東伏見グラウンド
○早大 4－0 東京女子体育大
9/5［場所］東伏見グラウンド
○早大 3－0 FC PAF
9/12［場所］神奈川大学グラウンド
○早大 3－1 神奈川大
11/7［場所］レッズランド
○早大 2－0 浦和レッズジュニアユース
11/14［場所］ヴェルディグラウンド
●早大 0－2 日テレ・メニーナ
以上戦績　12勝1敗1分

◇第19回全日本大学女子サッカー選手権大会

［日程］2010年11月26日～2011年1月5日
11/26［場所］堺市立サッカー・ナショナルトレーニングセンターS2
グループA　△早大 0－0 尚美学園大
11/27［場所］堺市立サッカー・ナショナルトレーニングセンターS2
グループA　○早大 4－0 静岡産業大
11/28［場所］堺市立サッカー・ナショナルトレーニングセンターS2
グループA　○早大 1－0 吉備国際大
1/3［場所］相模原麻溝公園競技場
準決勝　○早大 6－0 武庫川女子大
1/5［場所］国立競技場
決勝　○早大 4－1 武蔵丘短期大
以上戦績　優勝

◇第30回東京都女子サッカー大会

［日程］2010年3月22日～4月25日
1回戦　○早大 21－0 FC Clavellina
2回戦　○早大 16－1 チアフル日野
3回戦　○早大 17－0 ESPERANZA
4回戦　○早大 12－0 日本女子体育大
準決勝　○早大 2－0 駒沢女子FC
決勝　○早大 5－1 FC.SFIDA.世田谷
以上戦績　優勝

◇第32回関東女子サッカー選手権大会兼皇后杯全日本女子サッカー選手権大会関東地区予選

［日程］2009年10月2日〜10月10日
1回戦　○早大 4－0 湘南学院高
2回戦　○早大 2－1 筑波大
準決勝　●早大 1－2 日テレ・メニーナ
以上戦績　準決勝敗退

◇第9回早慶女子サッカー定期戦

［日程］2010年6月27日
6/27［場所］慶応義塾大学日吉グラウンド
○早大 3－1 慶大

平成22年度（2011年）卒会員
有町紗也香、小野瞳、織立真有、北山愛萌（主務）、黒川晃、小山季絵（主将）、辻翔子、鶴田佳代、原一歩

2011 平成23年度

部長・南部宣行
監督・長岡義一

◇第25回関東大学女子サッカーリーグ

［日程］2011年8月28日〜10月22日
8/28［場所］西が丘サッカー場
○早大 2－0 慶大
9/4［場所］東伏見グラウンド
○早大 2－0 関東学園大
9/11［場所］東伏見グラウンド
○早大 4－0 尚美学園大
9/17［場所］東伏見グラウンド
○早大 2－1 日体大
9/23［場所］東伏見グラウンド
○早大 1－0 筑波大
9/25［場所］東伏見グラウンド
●早大 0－2 神奈川大
10/22［場所］東伏見グラウンド
○早大 6－0 武蔵丘短期大
以上戦績　6勝1敗0分　優勝

◇第17回関東女子サッカーリーグ

［日程］2011年4月16日〜11月13日
4/16［場所］東伏見グラウンド
○早大 2－0 筑波大
4/29［場所］尚美学園大学グラウンド
○早大 3－1 尚美学園大
5/1［場所］東伏見グラウンド
○早大 5－1 FC PAF
5/15［場所］レッズランド
○早大 3－1 浦和レッズジュニアユース
5/22［場所］東伏見グラウンド
●早大 0－1 関東学園大
5/29［場所］東伏見グラウンド
○早大 4－1 武蔵丘短期大
6/5［場所］東伏見グラウンド
○早大 1－0 日テレ・メニーナ
6/26［場所］筑波大学グラウンド
○早大 2－1 筑波大
7/3［場所］東伏見グラウンド
○早大 8－1 尚美学園大
7/17［場所］東伏見グラウンド
○早大 7－0 FC PAF
7/24［場所］東伏見グラウンド
○早大 4－0 浦和レッズジュニアユース
7/31［場所］東伏見グラウンド
○早大 4－0 関東学園大

11/3［場所］武蔵丘短期大グラウンド
○早大 5－1 武蔵丘短期大
11/13［場所］ヴェルディグラウンド
○早大 5－1 日テレ・メニーナ
以上戦績　13勝1敗0分　優勝

◇第20回全日本大学女子サッカー選手権大会
［日程］2011年11月25日～2012年1月5日
11/25［場所］J-GREEN 堺天然芝 S2
グループA　○早大 3－1 尚美学園大
11/26［場所］J-GREEN 堺天然芝 S2
グループA　○早大 7－0 姫路獨協大
11/27［場所］J-GREEN 堺天然芝 S2
グループA　△早大 0－0 吉備国際大
以上戦績　グループリーグ敗退

◇第33回関東女子サッカー選手権大会兼皇后杯全日本女子サッカー選手権大会関東地区予選
［日程］2011年10月8日～10月16日
1回戦　○早大 7－0 神奈川大
2回戦　○早大 6－0 筑波大
準決勝　○早大 5－1 武蔵丘短期大
決勝　○早大 3－2 関東学園大
以上戦績　優勝　皇后杯関東代表権獲得

◇皇后杯第33回全日本女子サッカー選手権大会
［日程］2011年12月3日～2012年1月1日
12/11［場所］藤枝総合運動公園サッカー場
2回戦　○早大 6－2 十文字高
12/17［場所］コカ・コーラウエスト広島スタジアム
3回戦　●早大 0－1 INAC神戸レオネッサ
以上戦績　3回戦敗退

◇第10回早慶女子サッカー定期戦
［日程］2010年6月19日
6/19［場所］東伏見グラウンド
○早大 2－0 慶大

平成23年度（2012年）卒会員
新井敦子、岩田麻奈、臼井理恵、大滝麻未、菅藤彩子、高畑志帆（主将）、戸枝美咲、鍋谷涼香（主務）、山根ひかり

2012 平成24年度

部長・南部宣行
監督・長岡義一

◇第26回関東大学女子サッカーリーグ
［日程］2012年8月26日～11月3日
8/26［場所］駒沢陸上競技場
○早大 3－0 大東文化大
9/2［場所］東伏見グラウンド
○早大 6－0 国士舘大
9/9［場所］東伏見グラウンド
○早大 2－0 慶大
9/15［場所］東伏見グラウンド
○早大 5－0 筑波大
9/17［場所］東伏見グラウンド
△早大 0－0 尚美学園大
9/23［場所］東伏見グラウンド
○早大 4－1 武蔵丘短期大
10/21［場所］東伏見グラウンド
○早大 2－1 関東学園大
10/27［場所］東伏見グラウンド
○早大 3－1 日体大

10/21［場所］東伏見グラウンド
○早大 3－1 神奈川大
以上戦績 8勝0敗1分 優勝

◇第18回関東女子サッカーリーグ
［日程］2012年4月14日～11月17日
4/14［場所］東伏見グラウンド
○早大 1－0 筑波大
4/21［場所］尚美学園大学グラウンド
△早大 0－0 尚美学園大
4/28［場所］東伏見グラウンド
○早大 4－0 FC PAF
5/13［場所］ヴェルディグラウンド
●早大 1－3 日テレ・メニーナ
5/20［場所］東伏見グラウンド
○早大 4－0 浦和レッズレディースユース
5/27［場所］東伏見グラウンド
○早大 2－1 武蔵丘短期大
6/3［場所］東伏見グラウンド
○早大 3－0 関東学園大
6/24［場所］筑波大学グラウンド
●早大 0－1 筑波大
7/1［場所］東伏見グラウンド
○早大 1－0 尚美学園大
7/8［場所］東伏見グラウンド
○早大 6－0 FC PAF
7/21［場所］東伏見グラウンド
○早大 4－0 日テレ・メニーナ
7/29［場所］レッズランド
○早大 3－0 浦和レッズレディースユース
11/11［場所］武蔵丘短期大グラウンド
○早大 1－0 武蔵丘短期大
11/17［場所］東伏見グラウンド
○早大 1－0 関東学園大
以上戦績 11勝2敗1分

◇第21回全日本大学女子サッカー選手権大会
［日程］2012年12月26日～2013年1月6日
12/28［場所］三木総合防災公園第1陸上競技場
2回戦 ○早大 3－0 神戸親和女子大
12/29［場所］三木総合防災公園第1陸上競技場
準々決勝 ○早大 2－0 静岡産業大
1/4［場所］味の素フィールド西が丘
準決勝 ○早大 4－0 武蔵丘短期大
1/6［場所］国立競技場
決勝 ○早大 4－0 日体大
以上戦績 準優勝

◇第32回東京都女子サッカー大会
［日程］2012年3月20日～4月29日
3/20［場所］浅川スポーツ公園グラウンド
グループリーグ ○早大 11－0 大崎すみれ
3/25［場所］駒沢オリンピック公園陸上競技場
グループリーグ ○早大 5－0 日本女子体育大
4/8［場所］駒沢オリンピック公園陸上競技場
グループリーグ ○早大 9－1 17多摩SC
4/15［場所］大井第2球技場
準々決勝 ○早大 3－1 フィオーレ武蔵野FC
4/22［場所］駒沢オリンピック公園陸上競技場準決勝 ○早大 3－0 小平SC
4/29［場所］駒沢オリンピック公園陸上競技場
決勝 ○早大 7－1 FC.SFIDA.世田谷
以上戦績 優勝

◇第34回関東女子サッカー選手権大会兼皇后杯全日本女子サッカー選手権大会関東地区予選
［日程］2013年10月6日～10月14日
10/6［場所］熊谷スポーツ文化公園東多目的広場
1回戦 ○早大 4－1 JEF U18
10/7［場所］埼玉スタジアム2002第4グラウンド
2回戦 ○早大 7－0 日本航空高校
10/8［場所］埼玉スタジアム2002第4グラウンド
3回戦 ○早大 2－1 関東学園大学（延長）
10/14［場所］埼玉スタジアム2002第4グラウンド
決勝 ○早大 5－1 ノジマステラ神奈川
以上戦績 優勝

◇第34回皇后杯全日本女子サッカー選手権大会
［日程］2013年11月23日～12月24日
11/24［場所］三木総合防災公園陸上競技場

1回戦　○早大 3 − 0 福井工業大学附属福井高校
12/1［場所］三重県営鈴鹿スポーツガーデン
サッカー・ラグビー場メイングラウンド
2回戦　○早大 5 − 1 北海道大谷室蘭高校
12/9［場所］香川県立丸亀競技場
3回戦　●早大 0 − 1 INAC神戸レオネッサ
以上戦績　3回戦敗退

◇第11回早慶女子サッカー定期戦
［日程］2012年6月16日
6/16［場所］慶應義塾大学日吉陸上競技場
△早大 1 − 1 慶大

◇第1回早関女子サッカー定期戦
［日程］2012年8月19日
8/19［場所］東伏見グラウンド
○早大 18 − 0 関西学院大

平成24年度（2013年）卒会員
小野寺美咲、川口祭里、菊池梨佳子、越川侑美（主務）、鈴木望、立川真美、谷本晴奈（主将）、八木彩香、吉武百香

2013 平成25年度

部長・岩井方男
監督・長岡義一

◇第27回関東大学女子サッカーリーグ
［日程］2013年8月24日〜11月19日
8/25［場所］熊谷スポーツ文化公園陸上競技場
○早大 3 − 0 順天堂大
9/1［場所］東伏見グラウンド
○早大 5 − 0 東京国際大
9/8［場所］東伏見グラウンド
○早大 1 − 0 大東文化大
9/14［場所］東伏見グラウンド
○早大 2 − 1 筑波大
9/29［場所］東伏見グラウンド
○早大 8 − 1 神奈川大
9/22［場所］東伏見グラウンド
○早大 4 − 0 尚美学園大
10/20［場所］東伏見グラウンド
○早大 3 − 0 武蔵丘短期大
10/27［場所］東伏見グラウンド
○早大 5 − 0 関東学園大
11/2［場所］東伏見グラウンド
○早大 3 − 1 日体大
以上戦績　9戦全勝　優勝

◇第19回関東女子サッカーリーグ
［日程］2013年4月14日〜11月16日
4/14［場所］東伏見グラウンド
○早大 6 − 0 太田レディース
4/20［場所］尚美学園大学グラウンド
○早大 4 − 0 尚美学園大
4/17［場所］東伏見グラウンド
△早大 2 − 2 筑波大
5/12［場所］武蔵丘短期大学グラウンド
○早大 3 − 0 武蔵丘短期大
5/19［場所］東伏見グラウンド
○早大 3 − 0 浦和レッズレディースユース
5/26［場所］ヴェルディグラウンド
△早大 2 − 2 日テレ・メニーナ
6/2［場所］東伏見グラウンド
○早大 6 − 0 関東学園大
6/22［場所］太田市運動公園サッカー場
△早大 1 − 1 太田レディース
6/30［場所］東伏見グラウンド
○早大 4 − 0 尚美学園大
7/6［場所］筑波大学グラウンド

△早大 1－1 筑波大
7/14［場所］東伏見グラウンド
△早大 0－0 武蔵丘短期大
7/20［場所］レッズランド
○早大 4－0 浦和レッズレディースユース
11/10［場所］東伏見グラウンド
○早大 8－0 日テレ・メニーナ
11/16［場所］東伏見グラウンド
○早大 3－2 関東学園大
以上戦績　9勝0敗5分

◇第22回全日本大学女子サッカー選手権大会
［日程］2013年12月25日～12月29日
12/27［場所］三木総合防災公園陸上競技場
2回戦　●早大 3－4 姫路獨協大
以上戦績　2回戦敗退

◇第35回関東女子サッカー選手権大会
［日程］2013年10月6日～10月14日
10/6［場所］小瀬スポーツ公園補助競技場
1回戦　○早大 7－1 日本航空高
10/12［場所］押原公園グラウンド
2回戦　●早大 0－1 日体大
10/13［場所］韮崎中央公園陸上競技場
順位決定戦
○早大 3－0 浦和レッズレディースユース
以上戦績　皇后杯関東第6代表権獲得

◇第35回皇后杯全日本女子サッカー選手権大会
［日程］2013年11月23日～12月23日
11/23［場所］テクノポート福井スタジアム
1回戦　○早大 3－0 仙台大
11/30［場所］三重県営鈴鹿スポーツガーデンサッカー・ラグビー場メイングラウンド
2回戦　○早大 4－0 JAPANサッカーカレッジレディース
12/8［場所］藤枝総合運動公園サッカー場
3回戦　●早大 0－4 日テレ・ベレーザ
以上戦績　3回戦敗退

◇第12回早慶女子サッカー定期戦
［日程］2013年6月9日
［場所］東伏見グラウンド
○早大 5－0 慶大

◇第2回早関女子サッカー定期戦
［日程］2013年8月8日
［場所］東伏見グラウンド
○早大 13－0 関西学院大

平成25年度（2014年）卒会員
安部藍里、石田みなみ、大宮玲央奈、小林優加、千葉梢恵（主将）、千葉望愛、友末（山下）唯（主務）、福沢真菜美、渡井汐莉

2014 平成26年度

部長・岩井方男
監督・福島廣樹

◇第28回関東大学女子サッカーリーグ
［日程］2014年8月30日～11月2日
8/30［場所］駒沢陸上競技場
○早大 3－2 国士舘大
9/6［場所］東伏見グラウンド
○早大 7－0 大東文化大
9/10［場所］東伏見グラウンド
○早大 4－1 神奈川大

9/15［場所］東京国際大学 第3グラウンド
○早大 2－0 東京国際大
9/20［場所］東伏見グラウンド
○早大 4－0 筑波大
9/23［場所］東伏見グラウンド
○早大 2－1 尚美学園大
9/28［場所］東伏見グラウンド
○早大 2－0 武蔵丘短期大
10/26［場所］東伏見グラウンド
○早大 6－0 関東学園大
11/2［場所］東伏見グラウンド
●早大 0－1 日体大
以上戦績 8勝1敗 準優勝

◇第20回関東女子サッカーリーグ
［日程］2014年4月13日～11月23日
4/13［場所］東伏見グラウンド
○早大 5－0 東京国際大
4/20［場所］東伏見グラウンド
○早大 3－2 ジェフユナイテッド市原・千葉レディースU-18
4/27［場所］武蔵丘短期大学グラウンド
○早大 3－1 武蔵丘短期大
5/11［場所］鹿島アントラーズつくばアカデミーセンター
○早大 4－1 筑波大
5/18［場所］東伏見グラウンド
△早大 0－0 関東学園大
5/25［場所］ヴェルディグラウンド
●早大 0－3 日テレ・メニーナ
6/1［場所］東伏見グラウンド
○早大 2－1 浦和レッズレディースユース
6/22［場所］東京国際大学グラウンド
○早大 1－0 東京国際大
6/28［場所］習志野市秋津サッカー場
○早大 1－0 ジェフユナイテッド市原・千葉レディースU-18
7/6［場所］東伏見グラウンド
○早大 3－0 武蔵丘短期大
7/13［場所］東伏見グラウンド
●早大 0－1 筑波大
7/20［場所］関東学園大学グラウンド
○早大 4－3 関東学園大
11/16［場所］東伏見グラウンド
●早大 2－3 日テレ・メニーナ
11/23［場所］レッズランド
○早大 2－1 浦和レッズレディースユース
以上戦績 10勝3敗1分 優勝

◇第22回全日本大学女子サッカー選手権大会
［日程］2015年1月7日～1月18日
1/9［場所］三木総合防災公園第2陸上競技場
2回戦 ●早大 1－1 国士舘大
（延長、PK2－4）
以上戦績 2回戦敗退

◇第36回関東女子サッカー選手権大会
［日程］2014年10月4日～
10/4 ［場所］群馬県藤岡市庚申山多目的広場
1回戦 ○早大3－1横浜FCシーガルズ
10/5［場所］群馬県藤岡市庚申山多目的広場
2回戦 ●早大0－2関東学園大
以上戦績 2回戦敗退

◇第13回早慶女子サッカー定期戦
7/2［場所］等々力陸上競技場
△早大 0－0 慶大

◇第3回早関女子サッカー定期戦
8/8［場所］東伏見グラウンド
○早大 16－1 関西学院大

平成26年度（2015年）卒会員
大島茉莉花、小野田莉子（主将）、一原梓、大作眞智子、国分真帆、権野貴子、瀬口七海、高須咲帆、堀川玲奈（主務）、三田一紗代

2015 平成27年度

部長・岩井方男
監督・福島廣樹

◇第29回関東大学女子サッカーリーグ

［日程］2015年8月29日～11月1日
8/29［場所］味の素スタジアム西競技場
○早大 1－0 慶大
9/2［場所］NACK5大宮スタジアム
○早大 3－2 東京国際大
9/6［場所］東伏見グラウンド
△早大 1－1 神奈川大
9/26［場所］東伏見グラウンド
△早大 0－0 筑波大
10/4［場所］東伏見グラウンド
○早大 6－1 国士舘大
10/10［場所］東伏見グラウンド
○早大 1－0 武蔵丘短期大
10/18［場所］東伏見グラウンド
○早大 1－0 関東学園大
10/25［場所］東伏見グラウンド
△早大 1－1 順天堂大
11/1 日体大学健志台キャンパスサッカー場
○早大 1－0 日体大
以上戦績　6勝0敗3分　優勝

◇第20回関東女子サッカーリーグ

［日程］2015年4月12日～12月13日
4/12［場所］東伏見グラウンド
○早大 2－1 筑波大
4/19［場所］東伏見グラウンド
○早大 5－2 関東学園大
4/26［場所］レナウングラウンド
○早大 3－2 ジェフユナイテッド市原・千葉レディースU－18
5/10［場所］武蔵丘短期大学グラウンド
●早大 0－1 武蔵丘短期大学シエンシア
5/17［場所］東伏見グラウンド
○早大 4－1 日テレ・メニーナ
5/24［場所］東伏見グラウンド
●早大 0－1 浦和レッズレディースユース
5/31［場所］東伏見グラウンド
○早大 1－0 東京国際大
6/21［場所］セキショウ・チャレンジスタジアム
○早大 3－1 筑波大
6/28［場所］関東学園大学グラウンド
○早大 2－0 関東学園大
7/5［場所］東伏見グラウンド
●早大 0－1 ジェフユナイテッド市原・千葉レディースU－18
7/12［場所］東伏見グラウンド
○早大 3－1 武蔵丘短期大学シエンシア
7/19［場所］ヴェルディグラウンド
○早大 2－1 日テレ・メニーナ
11/28［場所］レッズランド
○早大 2－1 浦和レッズレディースユース
12/13［場所］東京国際大学グラウンド
●早大 0－2 東京国際大
以上戦績 10勝4敗0分　優勝

◇第25回全日本大学女子サッカー選手権大会

［日程］2015年12月26日～2016年1月17日
12/28［場所］三木総合防災公園陸上競技場
2回戦　○早大 1－1 吉備国際大学
（延長、PK6－5）
12/29［場所］三木総合防災公園みきぼうパークひょうご第1球技場
準々決勝　○早大 2－1 姫路獨協大
1/15［場所］味の素フィールド西が丘
準決勝　○早大 2－2 日体大
（延長、PK4－2）
1/17［場所］味の素フィールド西が丘
決勝　○早大 2－1 神奈川大
以上戦績　優勝

◇第37回関東女子サッカー選手権大会

［日程］2015年9月13日～9月21日

9/13［場所］東総運動場
2回戦　○早大 4－0 修徳高
9/19［場所］東総運動場
準々決勝　○早大 3－2 横浜FCシーガルズ
9/20［場所］東総運動場
準決勝　○早大 3－0 大東文化大
9/21［場所］フクダ電子アリーナ
決勝　○早大 1－0 浦和レッズレディースユース
以上戦績　優勝　皇后杯関東代表権獲得

◇第37回皇后杯全日本女子サッカー選手権大会
［日程］2015年11月7日～12月27日
11/7［場所］五色台運動公園「アスパ五色」
1回戦　○早大 1－0 福岡J・アンクラス
11/14［場所］三木総合防災公園陸上競技場
2回戦　○早大 2－2 ASハリマアルビオン
（延長、PK3－0）
11/21［場所］藤枝総合運動公園サッカー場
3回戦　●早大 0－5 日テレ・ベレーザ
以上戦績　3回戦敗退

◇第14回早慶女子サッカー定期戦
7/1［場所］等々力陸上競技場
△早大 1－1 慶大

◇第4回早関女子サッカー定期戦
8/6［場所］東伏見グラウンド
○早大 11－0 関西学院大

平成27年度（2016年）卒会員
大島瑞稀、河邊花観、正野可菜子、高木ひかり、田中（河田）宏実、
堀口（内藤）佳織、松川智（主将）、山本摩也、荒川（浅見）菜摘（主務）

2016 平成28年度

部長・岩井方男
監督・福島廣樹

◇第30回関東大学女子サッカーリーグ
［日程］2016年8月27日～11月20日
8/28［場所］駒沢陸上競技場
○早大 1－0 帝京平成大
8/31［場所］東伏見グラウンド
○早大 1－0 大東文化大
9/4［場所］東伏見グラウンド
○早大 4－0 東洋大
9/11［場所］東伏見グラウンド
△早大 0－0 慶大
9/14［場所］東伏見グラウンド
○早大 3－0 順天堂大
10/9［場所］東伏見グラウンド
○早大 4－1 神奈川大
10/16［場所］東伏見グラウンド
△早大 3－3 武蔵丘短期大
11/13［場所］東伏見グラウンド
○早大 2－0 東京国際大
11/20［場所］東伏見グラウンド
●早大 0－3 日体大
以上戦績　6勝1敗2分　準優勝

◇第22回関東女子サッカーリーグ
［日程］2016年4月17日～12月4日
4/17［場所］東伏見グラウンド
○早大 1－0 慶大
4/24［場所］東伏見グラウンド
△早大 0－0 筑波大
4/30［場所］関東学園大学グラウンド
○早大 3－1 関東学園大

5/8［場所］東京国際大学坂戸キャンパス第3グラウンド
○早大 5－0 東京国際大
5/15［場所］東伏見グラウンド
○早大 3－0 ジェフユナイテッド市原・千葉レディースU－18
5/22［場所］東伏見グラウンド
○早大 1－0 日テレ・メニーナ
5/28［場所］浦和駒場スタジアム
○早大 3－1 浦和レッズユース
6/26［場所］慶應義塾体育会・下田グラウンド
○早大 5－0 慶大
7/3［場所］筑波大学第1サッカー場
○早大 1－0 筑波大
7/10［場所］東伏見グラウンド
○早大 4－0 関東学園大
7/17［場所］東伏見グラウンド
○早大 1－0 東京国際大
7/24［場所］フクダ電子スクエア
○早大 3－0 ジェフユナイテッド市原・千葉レディースU－18
7/31［場所］ヴェルディグラウンド
○早大 7－1 日テレ・メニーナ
12/4［場所］東伏見グラウンド
△早大 1－1 浦和レッズユース
以上戦績 12勝0敗2分 優勝

◇第25回全日本大学女子サッカー選手権大会
［日程］2016年12月24日～2017年1月15日
12/28［場所］三木総合防災公園みきぼうパークひょうご第2球技場
2回戦 ○早大 3－0 新潟医療福祉大
1/13［場所］味の素フィールド西が丘
準決勝 ○早大 2－1 武蔵丘短期大
1/15［場所］味の素フィールド西が丘
決勝戦 ○早大 2－1 日体大
以上戦績 優勝

◇第38回関東女子サッカー選手権大会
［日程］2016年9月19日～9月24日
9/19［場所］ひたちなか市総合運動公園スポーツ広場A
1回戦 ○早大 1－1 神奈川大
（延長、PK4－3）
9/22［場所］ひたちなか市総合運動公園スポーツ広場A
準々決勝 ●早大 1－1 オルカ鴨川FC
（延長、PK7－8）
9/24［場所］ひたちなか市総合運動公園スポーツ広場A
5･6位決定戦 ○早大 3－0 浦和レッズレディースユース
以上戦績 皇后杯関東代表権獲得

◇第38回皇后杯全日本女子サッカー選手権大会
［日程］2016年10月22日～12月25日
10/23［場所］五色台運動公園「アスパ五色」
1回戦 ○早大 5－0 福岡J・アンクラス
10/30［場所］上野運動公園競技場
2回戦 ●早大 2－3 ノジマステラ神奈川相模原
以上戦績 2回戦敗退

◇第15回早慶女子サッカー定期戦
7/1［場所］等々力陸上競技場
○早大 3－1 慶大

◇第5回早関女子サッカー定期戦
8/18［場所］時之栖スポーツセンター
○早大 4－0 関西学院大

平成28年度（2017年）卒会員
内山穂南、川原奈央、工藤早和子、杉森愛希、福井菜月、松田つみき（主務）、宮沢里彩、山田紅葉（主将）、リコ静香カミーユ

2017 平成 29 年度

部長・岩井方男
監督・福島廣樹

◇第 31 回関東大学女子サッカーリーグ

[日程] 2017 年 9 月 3 日～ 11 月 12 日
9/3 [場所] 東伏見グラウンド
○早大 5 − 0 関東学園大
9/6 [場所] 東伏見グラウンド
○早大 2 − 0 大東文化大
9/10 [場所] 東伏見グラウンド
○早大 2 − 0 帝京平成大
9/13 [場所] 東伏見グラウンド
●早大 0 − 1 東京国際大
10/8 [場所] 東伏見グラウンド
○早大 7 − 0 東洋大
10/15 [場所] 東伏見グラウンド
△早大 3 − 3 神奈川大
11/5 [場所] 東伏見グラウンド
○早大 2 − 0 筑波大
11/8 [場所] 東伏見グラウンド
○早大 2 − 0 武蔵丘短期大
11/15 [場所] 県立保土ヶ谷公園サッカー場
●早大 0 − 1 日本体育大
以上戦績　6 勝 2 敗 1 分　準優勝

◇第 23 回関東女子サッカーリーグ

[日程] 2017 年 4 月 15 日～ 12 月 3 日
4/16 [場所] 東伏見グラウンド
○早大 4 − 1 神奈川大
4/23 [場所] 筑波大学第一サッカー場
○早大 4 − 1 筑波大
4/29 [場所] 東伏見グラウンド
○早大 5 − 1 東京国際大
5/13 [場所] 関東学園大学グラウンド
○早大 6 − 0 関東学園大
5/21 [場所] 東伏見グラウンド
△早大 0 − 0 日テレ・メニーナ
5/27 [場所] フクダ電子フィールド
△早大 1 − 1 ジェフユナイテッド市原・千葉レディース U − 18
6/3 [場所] レッズランド
○早大 1 − 0 浦和レッズレディースユース
6/24 [場所] 神奈川大学湘南ひらつかキャンパスサッカー場
△早大 2 − 2 神奈川大
7/2 [場所] 東伏見グラウンド
○早大 7 − 2 筑波大
7/9 [場所] 東京国際大学坂戸キャンパス第3グラウンド
△早大 0 − 0 東京国際大
7/17 [場所] 東伏見グラウンド
○早大 6 − 0 関東学園大
7/22 [場所] 稲城長峰スポーツ広場
●早大 0 − 1 日テレ・メニーナ
7/30 [場所] 東伏見グラウンド
○早大 3 − 1 ジェフユナイテッド市原・千葉レディース U − 18
12/3 [場所] 東伏見グラウンド
○早大 4 − 1 浦和レッズレディースユース
以上戦績　9 勝 1 敗 4 分　優勝

◇第 25 回全日本大学女子サッカー選手権大会

[日程] 2017 年 12 月 25 日～ 2018 年 1 月 14 日
12/27 [場所] 三木総合防災公園みきぼうパークひょうご第 2 球技場
2 回戦　○早大 13 − 1 札幌大
12/28 [場所] 三木総合防災公園みきぼうパークひょうご第 2 球技場
準々決勝　○早大 3 − 0 静岡産業大
1/12 [場所] 味の素フィールド西が丘
準決勝　○早大 3 − 2 東洋大
1/14 [場所] 味の素フィールド西が丘
決勝　○早大 1 − 0 神奈川大
以上戦績　優勝

◇第 39 回関東女子サッカー選手権大会

[日程] 2017 年 9 月 18 日～ 9 月 30 日
9/18 [場所] 馬入ふれあい公園人工芝サッカー場

2 回戦　○早大 3 − 2 山梨学院大
9/23［場所］大和ゆとりの森大規模多目的スポーツ広場
準々決勝　○早大 5 − 0 日体大 FIELDS 横浜サテライト B
9/24［場所］大和ゆとりの森大規模多目的スポーツ広場
準決勝　○早大 5 − 0 東洋大
9/30［場所］保土ヶ谷公園球技場
決勝　○早大 1 − 0 日テレ・メニーナ
以上戦績　優勝　皇后杯関東代表権獲得

◇第 39 回皇后杯全日本女子サッカー選手権大会

［日程］2017 年 10 月 28 日〜 12 月 24 日
10/29［場所］藤枝総合運動公園陸上競技場
1 回戦○早大 3 − 1 静岡産業大学磐田ボニータ
11/4［場所］丸岡スポーツランドサッカー場
2 回戦○早大 1 − 0 愛媛 FC レディース
11/12［場所］エディオンスタジアム広島
3 回戦△早大 1 − 1 INAC 神戸レオネッサ（延長、PK4 − 1）
11/19［場所］ユアテックスタジアム仙台
準々決勝●早大 3 − 4 ノジマステラ神奈川相模原
以上戦績　準々決勝敗退

◇第 16 回早慶女子サッカー定期戦

7/1［場所］等々力陸上競技場
○早大 1 − 1 慶大

◇第 6 回早関女子サッカー定期戦

8/4［場所］東伏見グラウンド
○早大 8 − 1 関西学院大

平成 29 年度（2018 年）卒会員
奥川千沙（主務）、熊谷遥楓、菅原靖巴、中井仁美、中村みづき、三田村桃子、平國瑞希、松原有沙（主将）、稲山菜月

2018 平成 30 年度

部長・岩井方男、石井昌幸
監督・川上嘉郎

◇第 32 回関東大学女子サッカーリーグ

［日程］2018 年 8 月 15 日〜 11 月 24 日
8/26［場所］東伏見グラウンド
△早大 1 − 1 山梨学院大
9/1［場所］東伏見グラウンド
○早大 8 − 0 武蔵丘短期大
9/5［場所］東伏見グラウンド
○早大 2 − 0 東京国際大
9/9［場所］東伏見グラウンド
○早大 2 − 0 大東文化大
10/6［場所］東伏見グラウンド
○早大 1 − 0 神奈川大
10/14［場所］東伏見グラウンド
●早大 1 − 2 帝京平成大
10/21［場所］東伏見グラウンド
○早大 2 − 1 東洋大
10/28［場所］東伏見グラウンド
△早大 0 − 0 慶大
11/11［場所］東伏見グラウンド
△早大 1 − 1 日体大
以上戦績　7 勝 1 敗 3 分　準優勝

◇第 24 回関東女子サッカーリーグ

［日程］2018 年 4 月 14 日〜 12 月 8 日
4/15［場所］東伏見グラウンド
○早大 9 − 1 慶大
4/22［場所］東伏見グラウンド
○早大 3 − 0 東洋大

4/29［場所］東伏見グラウンド
○早大 5－0 関東学園大
5/12［場所］浦和駒場スタジアム
○早大 2－0 浦和レッズレディースユース
5/20［場所］東伏見グラウンド
○早大 6－0 神奈川大
5/26［場所］姉崎公園サッカー場
○早大 4－1 ジェフユナイテッド市原・千葉レディースU－18
6/3［場所］東伏見グラウンド
●早大 1－3 日テレ・メニーナ
6/24［場所］慶應義塾体育会下田グラウンド
○早大 4－0 慶大
7/1［場所］東洋大学板倉キャンパスグラウンド
○早大 2－0 東洋大
7/8［場所］関東学園大学グラウンド
○早大 2－1 関東学園大
7/15［場所］東伏見グラウンド
○早大 2－1 浦和レッズレディースユース
7/22［場所］神奈川大学湘南ひらつかキャンパスサッカー場
○早大 3－0 神奈川大
8/5［場所］東伏見グラウンド
△早大 2－2 ジェフユナイテッド市原・千葉レディースU－18
12/8［場所］ヴェルディグラウンド
○早大 1－0 日テレ・メニーナ
以上戦績 12勝1敗1分 優勝

◇第27回全日本大学女子サッカー選手権大会
［日程］2018年12月23日～2019年1月20日
12/25［場所］みきぼうパークひょうご第2球技場
2回戦 ○早大 5－1 大東文化大
12/27［場所］みきぼうパークひょうご第2球技場
準々決勝 ○早大 1－0 徳山大
1/18［場所］味の素フィールド西が丘
準決勝 ○早大 2－1 姫路獨協大
1/20［場所］味の素フィールド西が丘
決勝 ●早大 0－1 日体大
以上戦績 準優勝

◇第40回関東女子サッカー選手権大会
［日程］2018年9月16日～9月26日
9/16［場所］清瀬内山運動公園サッカー場
2回戦 ○早大 4－0 前橋育英高
9/22［場所］駒沢オリンピック公園総合運動場第二球技場
準々決勝 ○早大 2－0 日体大FIELDS横浜サテライト
9/23［場所］駒沢オリンピック公園総合運動場第二球技場
準決勝 ○早大 2－1 大東文化大
9/29［場所］北区赤羽スポーツの森公園競技場
決勝 ○早大 2－1 日テレ・メニーナ
以上戦績 優勝 皇后杯関東代表権獲得

◇第40回皇后杯全日本女子サッカー選手権大会
［日程］2018年11月3日～2019年1月1日
11/4［場所］上野運動公園競技場
1回戦 ○早大 3－0 福岡J・アンクラス
11/24［場所］富山県総合運動公園陸上競技場
2回戦 ●早大 0－2 マイナビベガルタ仙台レディース
以上戦績 2回戦敗退

◇第17回早慶女子サッカー定期戦
7/7［場所］等々力陸上競技場
○早大 3－1 慶大

◇第7回早関女子サッカー定期戦
8/12［場所］東伏見グラウンド
○早大 7－0 関西学院大

平成30年度（2019年）卒会員員
安部由希子、卜部令菜、大井美波、岡田茉莉、河野朱里、木付優衣、熊谷汐華（主将）、鈴木朝恵、祖父江慈樹、高野佑美（主務）、三浦紗津紀、八神友梨弥、柳澤紗希、山田彩未、和田麗、渡部那月

2019 令和元年度

部長・石井昌幸
監督・川上嘉郎

◇第33回関東大学女子サッカーリーグ
［日程］2019年8月24日～10月31日
8/24［場所］東伏見グラウンド
△早大 2－2 武蔵丘短期大
9/1［場所］東伏見グラウンド
○早大 4－0 慶応義塾大
9/8［場所］東伏見グラウンド
○早大 2－0 大東文化大
10/6［場所］東伏見グラウンド
○早大 3－2 東洋大
10/20［場所］東伏見グラウンド
○早大 2－1 日本体育大
10/27［場所］東伏見グラウンド
△早大 2－2 筑波大
11/6［場所］東伏見グラウンド
●早大 0－2 神奈川大
11/10［場所］帝京平成大学千葉キャンパスうるいどグラウンド
△早大 0－0 帝京平成大
以上戦績　5勝1敗3分　準優勝

◇第25回関東女子サッカーリーグ
［日程］2019年4月14日～12月7日
4/14［場所］東伏見グラウンド
○早大 5－1 尚美学園大
4/21［場所］前橋総合運動公園陸上競技・サッカー場
●早大 1－2 群馬FCホワイトスター
4/28［場所］東伏見グラウンド
○早大 2－1 浦和レッズレディースユース
5/12［場所］神奈川大学湘南ひらつかキャンパスサッカー場
△早大 2－2 神奈川大
5/18［場所］東伏見グラウンド
○早大 2－1 ジェフユナイテッド市原・千葉レディースU－18
6/2［場所］東伏見グラウンド
○早大 1－0 東洋大
6/9［場所］東伏見グラウンド
△早大 2－2 日テレ・メニーナ
6/23［場所］尚美学園大学グラウンド
○早大 5－0 尚美学園大
6/30［場所］東伏見グラウンド
○早大 5－2 群馬FCホワイトスター
7/7［場所］レッズランド
△早大 1－1 浦和レッズレディースユース
7/14［場所］東伏見グラウンド
●早大 0－2 神奈川大
7/28［場所］東伏見グラウンド
●早大 0－2 日テレ・メニーナ
11/17［場所］東伏見グラウンド
△早大 3－3 ジェフユナイテッド市原・千葉レディースU－18
12/7［場所］東洋大学板倉キャンパスグラウンド
○早大 4－2 東洋大
以上戦績　7勝3敗4分　優勝
（勝点、得失点差でジェフ千葉U－18と並び総得点差による）

◇第28回全日本大学女子サッカー選手権大会
［日程］2019年12月24日～2020年1月19日
12/26［場所］みきぼうパークひょうご第2球技場
2回戦　○早大 5－2 愛知東邦大
12/28［場所］みきぼうパークひょうご第2球技場
準々決勝　○早大 3－0 筑波大
1/17［場所］味の素フィールド西が丘
準決勝　○早大 2－1 大阪体育大
1/19［場所］味の素フィールド西が丘
決勝戦　●早大 0－2 日体大
以上戦績　準優勝

◇第41回関東女子サッカー選手権大会
［日程］2019年9月15日～9月28日
9/15［場所］青木サッカー場グラウンドB
2回戦　○早大 4－0 前橋育英高
9/15［場所］とちぎフットボールセンターB

準々決勝　○早大 2－0 日テレ・メニーナ
9/22［場所］とちぎフットボールセンターB
準決勝　○早大 2－1 東洋大
9/28［場所］とちぎフットボールセンターA
準決勝　○早大 2－1 山梨学院大
以上戦績　優勝　皇后杯関東代表権獲得

◇第41回皇后杯全日本女子サッカー選手権大会

［日程］2019年11月2日～12月29日
11/2［場所］富山県総合運動公園陸上競技場
1回戦○早大 3－1 吉備国際大学Charme岡山高梁
11/24［場所］新潟市陸上競技場
2回戦●早大 0－1 日体大FIELDS横浜
以上戦績　2回戦敗退

◇第18回早慶女子サッカー定期戦

7/12［場所］等々力陸上競技場
○早大 4－1 慶大

◇第8回早関女子サッカー定期戦

8/20［場所］東伏見グラウンド
○早大 18－0 関西学院大

令和元年度（2020年）卒会員
秋山由奈、浅沼英里子、黒川帆花、源関清花、小林菜々子、杉原葵、
高瀬はな（主将）、田中実夏、土居明日香、中條結衣、中田有紀、
野口彩花（主務）、森田海、吉松真希、山田仁衣奈

2020 令和2年度

部長・石井昌幸
監督・福田あや

◇第34回関東大学女子サッカーリーグ

［日程］2020年8月30日～11月8日
9/5［場所］東伏見グラウンド
○早大 1－0 武蔵丘短期大
9/9［場所］筑波学院大学Tフィールド
●早大 0－1 筑波大
10/4［場所］東伏見グラウンド
○早大 5－0 日本体育大
10/11［場所］東伏見グラウンド
○早大 4－2 神奈川大
10/15［場所］東伏見グラウンド
○早大 2－0 慶応義塾大
10/18［場所］東伏見グラウンド
○早大 3－0 東洋大
10/25［場所］東伏見グラウンド
○早大 1－0 大東文化大
10/31［場所］東伏見グラウンド
○早大 5－0 山梨学院大
11/8［場所］帝京平成大学千葉キャンパスうるいどグラウンド
○早大 3－0 帝京平成大学
以上戦績　8勝1敗0分　優勝

◇第26回関東女子サッカーリーグ

［日程］2020年7月25日～11月22日
（※コロナ禍により2グループに分けて開催）
7/25［場所］東伏見グラウンド
グループA　○早大 2－1 東洋大
8/22［場所］東伏見グラウンド
グループA　○早大 2－0 浦和レッズレディースユース
11/14［場所］東伏見グラウンド
グループA　△早大 1－1 群馬FCホワイトスター
以上戦績　2勝0敗1分　グループA1位

◇第 26 回関東女子リーグ順位決定戦
［日程］2020 年 12 月 12 日～ 12 月 20 日
12/20［場所］東伏見グラウンド
決勝　●早大 0 − 1 日テレ・メニーナ
以上戦績　準優勝

◇第 29 回全日本大学女子サッカー選手権大会
［日程］2020 年 12 月 24 日～ 2021 年 1 月 6 日
12/26［場所］三木総合防災公園陸上競技場
2 回戦　●早大 0 − 1 大東文化大
以上戦績　2 回戦敗退

◇第 42 回関東女子サッカー選手権大会
［日程］2020 年 9 月 12 日～ 2020 年 9 月 27 日
9/13［場所］SFA フットボールセンター
2 回戦　○早大 1 − 0 帝京平成大
9/19［場所］SFA フットボールセンター
準々決勝　○早大 0 − 0 神奈川大
（延長、PK4 − 3）
9/20［場所］SFA フットボールセンター
準決勝　○早大 2 − 0 日テレ・メニーナ
9/27［場所］SFA フットボールセンター
決勝　●早大 0 − 1 群馬FCホワイトスター
以上戦績　準優勝　皇后杯関東代表権獲得

◇第 42 回皇后杯全日本女子サッカー選手権大会
［日程］2020 年 11 月 28 日～ 12 月 29 日
11/28［場所］真岡市総合運動公園陸上競技場
1 回戦　○早大 5 − 0 岡山湯郷 Belle
12/5［場所］三木総合防災公園陸上競技場
2 回戦　●早大 1 − 0 AS ハリマアルビオン
以上戦績　2 回戦敗退

◇第 19 回早慶女子サッカー定期戦
1/9［場所］AGF フィールド
○早大 1 − 0 慶応義塾大

令和 2 年度（2021 年）卒会員
荻原優花、川端涼朱（主務）、阪本未周、佐々木呼子、菅原貴幸、
鈴木佐和子（主将）、冨田実侑、松本茉奈加、村上真帆

2021 令和 3 年度

部長・石井昌幸
監督・後藤史

◇第 35 回関東大学女子サッカーリーグ
［日程］2021 年 5 月 1 日～ 11 月 7 日
5/1［場所］東伏見グラウンド
○早大 2 − 1 日大
5/8［場所］東京国際大学坂戸キャンパス第 3 グラウンド
○早大 2 − 1 東京国際大学
5/15［場所］東伏見グラウンド
○早大 4 − 1 武蔵丘短期大
5/29 東伏見グラウンド
○早大 2 − 0 神奈川大
6/5［場所］SFA フットボールセンター
○早大 2 − 0 大東文化大
6/12［場所］東伏見グラウンド
○早大 2 − 0 日本体育大
6/19［場所］山梨学院和戸サッカー場
○早大 2 − 0 山梨学院大
6/26［場所］東伏見グラウンド
△早大 0 − 0 帝京平成大
7/3［場所］東洋大学板倉キャンパスサッカーグラウンド
△早大 0 − 0 東洋大学
7/10［場所］東伏見グラウンド
●早大 1 − 2 筑波大学

7/17［場所］スポーツ日大アスレチックパーク稲城サッカー場
○早大 2－0 日本大
9/5［場所］東伏見グラウンド
○早大 8－0 慶応義塾大
9/26［場所］東伏見グラウンド
○早大 1－0 神奈川大
9/29［場所］慶応義塾下田グラウンド
○早大 3－0 慶応義塾大
10/3［場所］東伏見グラウンド
○早大 5－0 大東文化大
10/9［場所］日本体育大学横浜健志台キャンパスサッカー場
○早大 2－1 日本体育大学
10/16［場所］東伏見グラウンド
○早大 2－1 山梨学院大
10/24［場所］帝京平成大学千葉キャンパスうるいどグラウンド
●早大 0－3 帝京平成大
10/30［場所］東伏見グラウンド
●早大 0－1 東洋大学
11/3［場所］東伏見グラウンド
○早大 1－0 東京国際大学
11/7［場所］矢田部サッカー場Bコート
○早大 5－0 筑波大
11/14［場所］武蔵丘短期大学総合グラウンド
△早大 0－0 武蔵丘短期大
以上戦績　15勝4敗3分　3位

◇第27回関東女子サッカーリーグ

［日程］2021年4月10日～12月5日
4/11［場所］東伏見グラウンド
○早大 3－2 大東文化大
4/17［場所］星槎湘南スタジアム
○早大 4－1 SEISA OSA レイア湘南FC
4/24［場所］東伏見グラウンド
○早大 3－0 筑波大
5/9［場所］東伏見グラウンド
○早大 4－0 神奈川大
5/16［場所］レッズランド
○早大 1－0 浦和レッズレディースユース
5/22［場所］東洋大学板倉キャンパスサッカーグラウンド
○早大 2－0 東洋大
5/30［場所］東伏見グラウンド
○早大 2－1 ジェフユナイテッド市原・千葉レディースU－18
6/20［場所］SFAフットボールセンター（彩の国KAZOヴィレッジ）
○早大 4－0 大東文化大
6/27［場所］東伏見グラウンド
○早大 4－2 SEISA OSA レイア湘南FC
7/4［場所］Tフィールド（筑波学院大学サッカーフィールド）
○早大 7－0 筑波大
7/18［場所］東伏見グラウンド
○早大 5－3 浦和レッズレディースユース
11/13［場所］東伏見グラウンド
△早大 1－1 東洋大
11/20［場所］東伏見グラウンド
○早大 3－0 神奈川大
11/21［場所］東伏見グラウンド
○早大 5－0 ジェフユナイテッド市原・千葉レディースU－18
以上戦績　13勝0敗1分　優勝

◇第30回全日本大学女子サッカー選手権大会

［日程］2021年12月24日～2022年1月6日
12/26［場所］みきぼうパークひょうご第1球技場
2回戦　○早大 2－0 大阪体育大
12/28［場所］みきぼうパークひょうご第1球技場
準々決勝　○早大 3－0 日本大
1/4［場所］味の素フィールド西が丘
準決勝　○早大 1－0 筑波大
1/6［場所］味の素フィールド西が丘
決勝　○早大 1－0 静岡産業大
以上戦績　優勝

◇第43回関東女子サッカー選手権大会

［日程］2021年9月11日～2022年9月19日
9/11［場所］非公開
2回戦　○早大 5－0 Farina 高崎FC
9/12［場所］非公開
準々決勝　●早大 2－6 日テレ・メニーナ
9/19［場所］非公開
3位決定戦　○早大 3－1 ジェフユナイテッド市原・千葉レディースU－18

以上戦績　3位　皇后杯関東代表権獲得

◇第43回皇后杯全日本女子サッカー選手権大会

［日程］2021年11月27日～2022年2月27日
11/27［場所］三木総合防災公園　陸上競技場
1回戦　○早大　4－0　四国学院大学香川西高
12/5［場所］セイホクパーク石巻石巻フットボール場
2回戦　●早大　0－1　スフィーダ世田谷FC
以上戦績　2回戦敗退

◇第20回早慶女子サッカー定期戦

9/29［場所］慶応義塾大学下田グラウンド
○早大　3－0　慶応義塾大

令和3年度（2022年）卒会員
安住伊代、加藤希（主将）、金城実希、黒柳美裕、蔵田あかり、真田彩葉、闞陽南子、並木千夏、山下夏季（主務）

2022 令和4年度

部長・石井昌幸
監督・後藤史

◇第36回関東大学女子サッカーリーグ

［日程］2022年4月23日～10月30日
5/22［場所］日本体育大学横浜健志台キャンパスサッカー場
○早大　2－0日　体大
5/29［場所］東伏見グラウンド
○早大　2－0　十文字学園女子大
6/4［場所］東伏見グラウンド
●早大　0－1　神奈川大
6/11［場所］東伏見グラウンド
○早大　3－0　筑波大
6/18［場所］東伏見グラウンド
△早大　0－0　山梨学院大
6/25［場所］東伏見グラウンド
○早大　2－1　帝京平成大
7/2［場所］東伏見グラウンド
○早大　5－0　国際武道大
7/16［場所］東伏見グラウンド
○早大　4－0　大東文化大
7/23［場所］大東文化大学東松山キャンパス総合グラウンド
○早大　1－0　大東文化大
7/31［場所］東伏見グラウンド
○早大　4－1　日本代
8/20［場所］東京国際大学坂戸キャンパス第3グラウンド
△早大　1－1　東京国際大
8/24［場所］スポーツ日大アスレチックパーク稲城
△早大　3－3　日本大
9/6［場所］東伏見グラウンド
●早大　1－2　日本体育大
9/15［場所］東洋大学板倉キャンパスサッカーグラウンド
●早大　0－1　東洋大
9/25［場所］十文字学園女子サッカーグラウンド
△早大　1－1　十文字学園女子大
10/2［場所］神奈川大学湘南ひらつかキャンパス
△早大　0－0　神奈川大
10/8［場所］筑波大学第一サッカー場
○早大　1－0　筑波大
10/15［場所］山梨学戦和戸サッカー場
○早大　3－1　山梨学院大
10/19［場所］東伏見グラウンド
●早大　0－1　東京国際大
10/23［場所］帝京平成大学うるいどグラウンド千葉キャンパス
●早大　1－2　帝京平成大学
10/30［場所］国際武道大学
○早大　1－0　国際武道大
11/10［場所］東伏見グラウンド

●早大 0－1 東洋大
以上戦績　11勝6敗5分　第4位

◇第28回関東女子サッカーリーグ
［日程］2022年4月9日～11月6日
4/10［場所］東伏見グラウンド
△早大 1－1 南葛SC WINGS
4/17［場所］東京国際大学坂戸キャンパス第3グラウンド
○早大 3－1 東京国際大
5/28［場所］星槎湘南スタジアム
●早大 1－3 SEISA OSAレイア湘南FC
6/5［場所］東伏見グラウンド
△早大 2－2 東洋大
6/8［場所］東伏見グラウンド
○早大 9－0 筑波大
6/12［場所］東伏見グラウンド
○早大 5－0 大東文化大
6/18［場所］水元総合スポーツセンター多目的広場
●早大 0－1 南葛SC WINGS
6/26［場所］東伏見グラウンド
△早大 0－0 東京国際大
7/2［場所］東伏見グラウンド
○早大 3－1 大東文化大
7/10［場所］筑波大学第一サッカー場
○早大 3－0 筑波大
8/21［場所］東伏見グラウンド
○早大 3－2 神奈川大
10/2［場所］神奈川大学湘南ひらつかキャンパスサッカー場
●早大 0－3 神奈川大
10/9［場所］東伏見グラウンド
●早大 1－2 SEISA OSAレイア湘南FC
11/6［場所］東洋大学板倉キャンパスグラウンド
●早大 0－4 東洋大
以上戦績　6勝5敗3分　第5位

◇第31回全日本大学女子サッカー選手権大会
［日程］2022年12月24日～2023年1月6日
12/26［場所］みきぼうパークひょうご第2球技場
2回戦　○早大 2－0 周南公立大
12/28［場所］みきぼうパークひょうご第1球技場
準々決勝　▲早大 1－1 日大
（延長、PK2－3）
以上戦績　準々決勝敗退

◇第44回関東女子サッカー選手権大会
9/4［場所］前橋総合運動公園
2回戦　○早大 2－1 流通経済大
9/10［場所］コーエィ前橋フットボールセンターC
準々決勝　○早大 2－0 筑波大
9/11［場所］コーエィ前橋フットボールセンターD
準決勝　○早大 1－0 東京国際大
9/19［場所］太田市運動公園
決勝　○早大 1－0 東洋大
以上戦績　優勝　皇后杯関東代表権獲得

◇第44回皇后杯全日本女子サッカー選手権大会
［日程］2022年11月26日～2023年1月28日
11/27［場所］セイホクパーク石巻フットボール場
1回戦　○早大 3－1 バニーズ群馬FCホワイトスター
12/3［場所］栃木県グリーンスタジアム
2回戦　○早大 2－1 朝日インテック・ラブリッジ名古屋
12/10［場所］栃木県グリーンスタジアム
3回戦　○早大 0－0 オルカ鴨川FC
（延長、PK5－4）
12/17［場所］栃木県グリーンスタジアム
4回戦　●早大 0－1 大宮アルディージャVENTUS
以上戦績　4回戦敗退

◇第21回早慶女子サッカー定期戦
11/5［場所］AGFフィールド
○早大 2－0 慶応義塾大

令和4年度（2023年）卒会員
井上萌、髙橋雛、近澤澪菜、廣澤真穂、船木和夏（主将）、ブラフ・シャーン、吉野真央、渡邊奈美

2023 令和５年度

部長・石井昌幸
監督・後藤史

◇第 37 回関東大学女子サッカーリーグ
［日程］2023 年 4 月 22 日～10 月 29 日
4/22［場所］東伏見グラウンド
△早大 0 − 0 十文字学園女子大
4/29［場所］東京国際大学坂戸キャンパス第3グラウンド
○早大 1 − 0 東京国際大
5/6［場所］東伏見グラウンド
○早大 2 − 0 神奈川大
5/13［場所］東伏見グラウンド
●早大 0 − 2 山梨学院大
5/21［場所］国際武道大学サッカー場
○早大 3 − 0 国際武道大
5/27［場所］東伏見グラウンド
○早大 3 − 0 筑波大
6/4［場所］スポーツ日大アスレチックパーク稲城サッカー場
○早大 2 − 0 日本大
6/10［場所］東伏見グラウンド
○早大 2 − 1 日本体育大
6/17［場所］東洋大学板倉キャンパスサッカーグラウンド
●早大 0 − 1 東洋大
6/24［場所］帝京平成大学千葉キャンパスうるいどグラウンド
●早大 0 − 4 帝京平成大
7/1［場所］東伏見グラウンド
△早大 2 − 2 大東文化大
7/23［場所］十文字学園サッカーグラウンド
○早大 1 − 0 十文字学園女子大
7/29［場所］東伏見グラウンド
○早大 3 − 2 東京国際大
8/19［場所］神奈川大学付属中・高等学校
○早大 4 − 0 神奈川大
8/27［場所］山梨学院和戸サッカー場
●早大 1 − 2 山梨学院大
9/6［場所］東伏見グラウンド
○早大 4 − 2 国際武道大
9/23［場所］筑波大学第一サッカー場
○早大 4 − 0 筑波大
9/30［場所］東伏見グラウンド
△早大 1 − 1 日本大
10/7［場所］日本体育大学健志台キャンパス
○早大 2 − 0 日本体育大
10/14［場所］東伏見グラウンド
○早大 3 − 1 東洋大
10/21［場所］東伏見グラウンド
○早大 1 − 0 帝京平成大
10/29［場所］大東文化大学東松山キャンパス総合グラウンド
△早大 0 − 0 大東文化大
以上戦績　14 勝 5 敗 4 分　第 2 位

◇第 29 回関東女子サッカーリーグ
［日程］2023 年 4 月 15 日～11 月 5 日
4/15［場所］水元総合スポーツセンター多目的広場
△早大 0 − 0 南葛 SC WINGS
4/23［場所］東伏見グラウンド
●早大 1 − 2 神奈川大
4/30［場所］東洋大学板倉キャンパスグラウンド
△早大 1 − 1 東洋大
5/14［場所］東伏見グラウンド
●早大 2 − 3 SEISA OSA レイア湘南 FC
5/20［場所］VONDS グリーンパーク
○早大 1 − 0 VONDS 市原 FC レディース
5/28［場所］筑波大学第一サッカー場
○早大 1 − 0 筑波大
6/3［場所］東伏見グラウンド
△早大 0 − 0 東京国際大
6/18［場所］東伏見グラウンド
△早大 0 − 0 南葛 SC WINGS
7/30［場所］神奈川大学中山キャンパスサッカーグラウンド
●早大 1 − 2 神奈川大
10/1［場所］東伏見グラウンド
○早大 1 − 0 東洋大
10/8［場所］愛川町三増公園陸上競技場
●早大 0 − 3 SEISA OSA レイア湘南 FC
10/15［場所］東伏見グラウンド
○早大 1 − 0 筑波大

11/5［場所］東京国際大学坂戸キャンパス第3グラウンド
○早大 3－1 東京国際大
以上戦績 5勝4敗4分 第5位

◇第32回全日本大学女子サッカー選手権大会
［日程］2023年12月24日～2024年1月6日
12/26［場所］ヨドコウ桜スタジアム
2回戦 ○早大 1－0 大阪体育大
12/28［場所］ヨドコウ桜スタジアム
準々決勝 ○早大 3－0 日本大
1/4［場所］味の素フィールド西が丘
準決勝 ○早大 1－0 帝京平成大
1/6［場所］味の素フィールド西が丘
決勝戦 ●早大 2－3 山梨学院大
以上戦績 準優勝

◇第45回関東女子サッカー選手権大会
9/7［場所］フクダ電子フィールドB
2回戦 ○早大 2－0 SEISA OSAレイア湘南FC
9/9［場所］東総運動場陸上競技場
準々決勝 ●早大 0－3 十文字高
9/10［場所］東総運動場陸上競技場
順位決定戦 ○早大 2－0 日体大SMG横浜サテライト
以上戦績 第5位 皇后杯関東代表権獲得

◇第45回皇后杯全日本女子サッカー選手権大会
［日程］2023年11月18日～2024年1月27日
11/18［場所］栃木県グリーンスタジアム
1回戦 ○早大 2－1 吉備国際大学Charme岡山高梁
11/25［場所］Axisバードスタジアム
2回戦●早大 0－1 スフィーダ世田谷FC
以上戦績 2回戦敗退

◇第22回早慶女子サッカー定期戦
7/7［場所］味の素フィールド西が丘
○早大 2－1 慶大

◇第9回早関女子サッカー定期戦
3/30［場所］東伏見グラウンド
○早大 7－0 関西学院大

令和5年度（2024年）卒会員
夏目歩実、後藤若葉（主将）、堀内璃子、浦部美月、藤田智里、笠原綺乃、三谷和華奈、大森美南、菊池朋香（主務）、黒澤舞水

2024 令和6年度

部長・石井昌幸
監督・後藤史

◇第38回関東大学女子サッカーリーグ
［日程］2024年4月1日～11月3日
4/13［場所］東伏見グラウンド
○早大 2－1 国際武道大
4/21［場所］筑波大学第1サッカー場
△早大 1－1 筑波大
4/27［場所］東伏見グラウンド
○早大 2－1 十文字学園女子大
5/4［場所］日本体育大学横浜健志台キャンパスサッカー場
○早大 5－2 日本体育大
5/11［場所］東伏見グラウンド
○早大 1－0 帝京平成大
5/18［場所］東伏見グラウンド
○早大 3－0 国士舘大
5/26［場所］東京国際大学坂戸キャンパス第3グラウンド
○早大 3－1 東京国際大

6/1［場所］東伏見グラウンド
○早大 4－1 神奈川大
6/8［場所］スポーツ日大アスレティックパーク稲城
●早大 0－1 日本大
6/15［場所］東伏見グラウンド
△早大 3－3 東洋大
6/23［場所］山梨学院向町サッカー場
●早大 2－0 山梨学院大学
6/29［場所］国際武道大学グラウンド
○早大 1－0 国際武道大
7/13［場所］十文字学園グラウンド
●早大 0－1 十文字学園女子大学
9/11［場所］東伏見グラウンド
○早大 3－2 日本体育大
9/22［場所］東伏見グラウンド
●早大 0－1 筑波大
9/25［場所］帝京平成大学千葉キャンパスうるいどグラウンド
●早大 1－3 帝京平成大
9/29［場所］国士舘大学町田キャンパスサッカーグラウンド
○早大 2－0 国士舘大
10/6［場所］東伏見グラウンド
△早大 1－1 東京国際大
10/12［場所］神奈川大学付属中・高等学校中山キャンパスグラウンド
○早大 1－0 神奈川大
10/19［場所］東伏見グラウンド
○早大 1－0 日本大
10/26［場所］東洋大学朝霞キャンパスサッカー場
●早大 3－4 東洋大
11/3［場所］東伏見グラウンド
△早大 1－1 山梨学院大
以上戦績 12勝6敗4分 第3位

◇第30回関東女子サッカーリーグ
［日程］2024年4月13日～11月10日
4/14［場所］東伏見グラウンド
○早大 2－1 東京国際大
4/20［場所］東洋大学朝霞キャンパスサッカー場
○早大 3－1 東洋大
4/28［場所］東伏見グラウンド
●早大 0－1 十文字高
5/5［場所］日本体育大学横浜健志台キャンパスサッカー場
●早大 1－2 日体大SMG横浜サテライト
5/11［場所］奥戸総合スポーツセンター陸上競技場
●早大 1－4 南葛SC WINGS
5/19［場所］東伏見グラウンド
●早大 1－4 VONDS市原FCレディース
5/26［場所］東伏見グラウンド
○早大 1－0 神奈川大
6/9［場所］東京国際大学坂戸キャンパス第3グラウンド
●早大 0－3 東京国際大学
6/16［場所］東伏見グラウンド
△早大 1－1 東洋大
6/22［場所］十文字学園女子大学サッカーグラウンド
●早大 1－5 十文字高校
10/6［場所］東伏見グラウンド
●早大 0－1 日体大SMG横浜サテライト
10/13［場所］東伏見グラウンド
●早大 1－2 南葛SC WINGS
10/20［場所］VONDSグリーンパーク
●早大 0－1 VONDS市原FCレディース
11/10［場所］神奈川大学中山キャンパスサッカーグラウンド
△早大 0－0 神奈川大
以上戦績 3勝9敗2分 第8位
1部・2部入替戦
［日程］2024年12月8日
12/8［場所］VONDSグリーンパーク
○早大 6－1 FC町田ゼルビアレディース
以上戦績 1部残留

◇第33回全日本大学女子サッカー選手権大会
［日程］2024年12月24日～2025年1月6日
12/26［場所］ヤンマースタジアム長居
2回戦 早大－徳島文理大vs大阪体育大の勝者

◇第46回関東女子サッカー選手権大会
9/1［場所］IFAフットボールセンターA
●早大 0－1 東京国際大学
以上戦績 1回戦敗退

◇第23回早慶女子サッカー定期戦
8/24［場所］AGFフィールド
○早大 1－0 慶応義塾大

現役会員名簿

男子部

部長・石井昌幸　監督・兵藤慎剛

4年生（2025年卒会員予定）
北村公平（主務）、竹中豪、ヒル袈依廉、アイクソエ怜生オーエンス、石川真丸、神橋良汰、原壮温、泉颯、橋爪暸、石谷光基、伊勢航（主将）、木原爽汰、髙橋竜吾、成定真生也、原聖瑠、東廉、船越嶺、光田脩人、松尾倫太郎、森山絢太、梅林頌英、清井大輔、駒沢直哉、矢萩啓暉（学生コーチ）、中山夏妃（マネジャー）、渡邊朋恵（マネジャー）

3年生
木庭正太郎、村田新直、石井玲於奈、佐久間真寛、佐々木奈琉、笹木大史、増田健昇、宮寺政茂、川辺球尊、北村磨央、谷村峻、谷川宗士、本保奏希、森田大智、山市秀翔、谷口航大、瀧澤暖、中根大晴、伊藤未羽、髙見真史、永戸彩花

2年生
小笠原幹太、海本慶太朗、宮地健輔、金指功汰、小林佳太、谷岡拓、岡井陶歩、武沢健伸、西凜誓、青柳龍次郎、今西正之輔、浦川舜、柏木陽良、関紀信、髙橋作和、髙橋智裕、西井大翔、牧野羽瑠、増川暖、山田皓生、正垣創太、伊藤猛志、鈴木大翔、髙木風ナシーム、山本優時（学生コーチ）、天野いちか（トレーナー）、上原花怜（マネジャー）、久保寿輝（マネジャー）、新谷美羽（マネジャー）

1年生
雨野颯真、斎藤直晴、石場和馬、岩間一希、泉新之助、伊藤稜介、内林佑斗、大野玄、尾崎凱琉、田村天、野田隼太郎、林奏太朗、秋山虎之亮、岡村珀、神田拓人、久米遥太、小西碧波、笹記佑太、瀧澤一心、谷川孝幸、常森瑶平、戸祭博登、山脇舞斗、網代陽勇、川﨑雄斗（学生コーチ）、後藤周平（学生コーチ）、平野裕大（学生コーチ）、伊東大翔（トレーナー）、三輪一晴（トレーナー）、石川愛子（マネジャー）、片山葵泉（マネジャー）、中嶋悠人（マネジャー）、福田新太（アナリスト）

女子部

部長・石井昌幸　監督・後藤史

4年生（2025年卒会員予定）
石田心菜、丸山翔子、田頭花菜（主将）、木南花菜、栗田彩令、白井美羽、築地育、澤田美海、生谷寧々、大庭愛叶（マネジャー）

3年生
小林舞美、宗形みなみ、淀川知華、阪本環、生田七彩

2年生
田村亜沙美、杉山遥菜、ワース恵、新井みゆき、大山愛笑、川本美羽、﨑岡由真、千葉梨々花、岩井一真（マネジャー）、山崎理子（マネジャー）

1年生
佐溝愛唯、吉田玲音、三宅万尋、佐藤美海、福岡結、今井双葉、河合結月、望月美希、米村歩夏、藤田純帆（マネジャー）